高等学校交通运输与工程类专业教材建设委员会规划教材

城市轨道交通线网规划与客流预测分析

马超群　王玉萍　陈宽民　编著

沈景炎　主审

人民交通出版社股份有限公司

北京

内 容 提 要

本书为高等学校交通运输与工程类专业教材建设委员会规划教材,是在作者多年城市轨道交通线网规划、客流预测分析工作实践基础上形成的,主要内容包括:绪论、城市轨道交通主要子系统、城市轨道交通线网规划的战略研究、城市轨道交通线网规模匡算、城市轨道交通单条线路形态分析、城市轨道交通线网形态和布局、城市轨道交通线网规划方案评价、城市轨道交通线网实施规划、城市轨道交通一体化衔接、城市轨道交通客流调查与统计分析、城市轨道交通客流特征与成长规律、城市轨道交通客流预测基础、城市轨道交通客流预测方法与模型、城市轨道交通客流预测结果的分析与评估、城市轨道交通线网规划案例。本书内容丰富、系统,较全面地反映了当前国内外理论上的最新研究成果,也结合了我国城市轨道交通线网规划、客流预测与分析实践工作中的具体问题。本书注重理论联系实践,并附有相关算例与实践案例。

本书可作为城市轨道交通及交通工程、交通运输等相关专业的本科生、研究生教材或教学参考资料,也可供从事与城市规划、城市交通、城市轨道交通相关的政府决策与管理人员,规划、设计与咨询人员参考。

图书在版编目(CIP)数据

城市轨道交通线网规划与客流预测分析/马超群,王玉萍,陈宽民编著.—北京:人民交通出版社股份有限公司,2021.11
  ISBN 978-7-114-17430-8

Ⅰ.①城… Ⅱ.①马… ②王… ③陈… Ⅲ.①城市铁路—轨道交通—交通规划—中国—高等学校—教材 ②城市铁路—轨道交通—客流—预测—中国—高等学校—教材 Ⅳ.①U239.5

中国版本图书馆 CIP 数据核字(2021)第 125746 号

书　　名:城市轨道交通线网规划与客流预测分析
著 作 者:马超群　王玉萍　陈宽民
责任编辑:钱　堃
责任校对:孙国靖　宋佳时
责任印制:刘高彤
出版发行:人民交通出版社股份有限公司
地　　址:(100011)北京市朝阳区安定门外外馆斜街 3 号
网　　址:http://www.ccpcl.com.cn
销售电话:(010)59757973
总 经 销:人民交通出版社股份有限公司发行部
经　　销:各地新华书店
印　　刷:北京虎彩文化传播有限公司
开　　本:787×1092　1/16
印　　张:18
字　　数:428 千
版　　次:2021 年 11 月　第 1 版
印　　次:2024 年 2 月　第 2 次印刷
书　　号:ISBN 978-7-114-17430-8
定　　价:52.00 元

(有印刷、装订质量问题的图书,由本公司负责调换)

前言

在城市化进程高速发展的背景下,城市人口剧增和居民出行总量的增加已成为大势所趋。居民出行需求的日益增长与城市交通有限的供给产生了巨大的矛盾。与其他交通方式相比,城市轨道交通具有载客量大、速度快、可靠性高和受其他交通影响小等特点,能够安全、高效、便捷、舒适地运送乘客,从而能极大限度地满足大城市居民的出行需求。另外,经济发展与人口增长导致城市空间发生变化,而城市轨道交通在引导城市空间结构演化方面也能起到重要作用。

目前,我国城市轨道交通正处于快速发展时期,城市轨道交通线网规划工作具有特殊意义,是引导大城市用地布局优化、促进一体化综合交通体系形成的需要,可以为控制城市轨道交通建设用地和城市轨道交通工程立项提供依据,指导城市轨道交通有序建设,能降低工程造价。而在城市轨道交通的规划与设计中,很多重要问题的判断与决策都需要通过客流预测提供数据支持。本书参考了国内外大量相关文献及国内城市轨道交通规划、建设、运营的实际资料,内容涵盖了绪论、城市轨道交通主要子系统、城市轨道交通线网规划的战略研究、城市轨道交通线网规模匡算、城市轨道交通单条线路形态分析、城市轨道交通线网形态和布局、城市轨道交通线网规划方案评价、城市轨道交通线网实施规划、城市轨道交通一体化衔接、城市轨道交通客流调查与统计分析、城市轨道交通客流特征与成长规律、城市轨道交通客流预测基础、城市轨道交通客流预测方法与模型、城市轨道交通客流预测结果的分析与评估等、城市轨道交通线网规划案例。本书注重理论联系实践,附有算例与案例分析,同时安排了课后思考题,以帮助读者加深对理论知识的理解。

本书第1、3、4、5、6、15章由长安大学马超群撰写,第2、10、11、12、13、14章由西安建筑科技大学王玉萍撰写,第7、8、9章由长安大学陈宽民撰写。全书由长安大学马超群统稿,由沈景炎先生主审。作者对本书所引用国内外相关文献资料和成果的作者表示衷心感谢!

鉴于城市轨道交通规划、客流预测分析的各种技术和方法正处于不断完善和发展之中,由于时间仓促,加之编写人员水平所限,书中不当之处在所难免,敬请读者批评、指正(作者电子邮箱:machaoqun@chd.edu.cn)。

作 者
2021 年 3 月

目录

第1章　绪论 ………………………………………………………………………… 1
 1.1　城市轨道交通的概念 ……………………………………………………… 1
 1.2　国外城市轨道交通发展概况 ……………………………………………… 14
 1.3　我国城市轨道交通发展概况 ……………………………………………… 20
 1.4　城市轨道交通规划体系构成 ……………………………………………… 23
 思考题 …………………………………………………………………………… 26

第2章　城市轨道交通主要子系统 ……………………………………………… 27
 2.1　线路、轨道与限界 ………………………………………………………… 27
 2.2　车站 ………………………………………………………………………… 31
 2.3　车辆及车辆基地 …………………………………………………………… 33
 2.4　供电系统 …………………………………………………………………… 35
 2.5　通信系统 …………………………………………………………………… 36
 2.6　信号系统 …………………………………………………………………… 37
 2.7　环境与设备监控系统 ……………………………………………………… 38
 2.8　给水与排水系统 …………………………………………………………… 39
 2.9　售检票系统 ………………………………………………………………… 40
 思考题 …………………………………………………………………………… 41

第3章　城市轨道交通线网规划的战略研究 …………………………………… 42
 3.1　概述 ………………………………………………………………………… 42
 3.2　功能定位与发展目标 ……………………………………………………… 43
 3.3　发展模式与功能层次 ……………………………………………………… 48

  3.4 服务水平 ··· 50
  3.5 技术原则与技术路线 ·· 52
  思考题 ··· 56

第4章 城市轨道交通线网规模匡算 ·· 57
  4.1 线网规模匡算的含义 ·· 57
  4.2 影响线网合理规模的因素 ·· 59
  4.3 线网规模匡算方法 ·· 60
  4.4 线网规模匡算方法的适应性 ·· 72
  思考题 ··· 74

第5章 城市轨道交通单条线路形态分析 ·· 75
  5.1 单条线路基本形态分类 ·· 75
  5.2 环线 ··· 76
  5.3 主-支组合线 ··· 81
  5.4 半径线 ··· 86
  5.5 直径线与切线 ··· 88
  思考题 ··· 91

第6章 城市轨道交通线网形态和布局 ·· 92
  6.1 基本形态 ··· 92
  6.2 线网构架 ··· 101
  思考题 ··· 106

第7章 城市轨道交通线网规划方案评价 ·· 108
  7.1 评价的基本原则 ··· 108
  7.2 评价指标体系 ··· 109
  7.3 评价指标权重确定 ·· 113
  7.4 综合评价方法 ··· 116
  思考题 ··· 119

第8章 城市轨道交通线网实施规划 ·· 120
  8.1 线路建设顺序规划 ·· 120
  8.2 车辆段规划 ··· 121
  8.3 线路敷设方式规划 ·· 126
  8.4 车站站位及主要换乘点规划 ·· 128
  8.5 线网运营规划 ··· 131

  8.6 联络线规划 ·· 132
  思考题 ·· 135

第 9 章 城市轨道交通一体化衔接 ·· 136
  9.1 城市轨道交通一体化衔接概述 ·· 136
  9.2 城市轨道交通与对外交通枢纽的衔接 ·· 138
  9.3 城市轨道交通与常规公交的衔接 ·· 143
  9.4 城市轨道交通与小汽车停车换乘 ·· 146
  9.5 城市轨道交通与慢行交通的衔接 ·· 147
  思考题 ·· 148

第 10 章 城市轨道交通客流调查与统计分析 ·· 149
  10.1 城市轨道交通客流指标 ·· 149
  10.2 城市轨道交通客流调查 ·· 156
  10.3 西安城市轨道交通客流统计分析案例 ·· 162
  思考题 ·· 171

第 11 章 城市轨道交通客流特征与成长规律 ·· 173
  11.1 客流的形成 ·· 173
  11.2 客流影响因素分析 ·· 174
  11.3 客流特征 ·· 177
  11.4 单线客流成长规律分析 ·· 185
  11.5 全网客流成长规律分析 ·· 191
  思考题 ·· 192

第 12 章 城市轨道交通客流预测基础 ·· 193
  12.1 客流预测的意义与作用 ·· 193
  12.2 基本规定与数据资料 ·· 194
  12.3 客流预测的内容 ·· 197
  12.4 客流预测的复杂性 ·· 200
  12.5 客流预测的基本原则与思路 ·· 202
  思考题 ·· 206

第 13 章 城市轨道交通客流预测方法与模型 ·· 207
  13.1 交通小区划分 ·· 207
  13.2 城市轨道交通网络的拓扑建模 ·· 210
  13.3 出行生成预测 ·· 213

13.4　出行分布预测 ………………………………………………… 216
　　13.5　出行方式划分预测 …………………………………………… 221
　　13.6　客流分配预测 ………………………………………………… 229
　　13.7　客流预测模型的要求 ………………………………………… 237
　　思考题 ……………………………………………………………… 239

第14章　城市轨道交通客流预测结果的分析与评估 ……………… 241
　　14.1　客流预测的不确定性 ………………………………………… 241
　　14.2　客流预测结果的可信度分析 ………………………………… 245
　　14.3　客流预测结果的特性分析 …………………………………… 247
　　14.4　客流预测的风险性分析 ……………………………………… 249
　　14.5　客流预测的敏感性分析 ……………………………………… 249
　　思考题 ……………………………………………………………… 251

第15章　城市轨道交通线网规划案例 ……………………………… 252
　　15.1　规划目标 ……………………………………………………… 252
　　15.2　城市背景研究 ………………………………………………… 253
　　15.3　线网功能定位及结构形态研究 ……………………………… 256
　　15.4　线网合理规模匡算 …………………………………………… 258
　　15.5　线网构架研究 ………………………………………………… 259
　　15.6　线网方案客流测试 …………………………………………… 263
　　15.7　线网方案的综合评价 ………………………………………… 266
　　15.8　修建顺序规划研究 …………………………………………… 268
　　15.9　车辆基地的选址与规模研究 ………………………………… 270
　　15.10　线路敷设方式及主要换乘节点方案研究 ………………… 271
　　15.11　运营管理规划 ……………………………………………… 273
　　15.12　联络线规划 ………………………………………………… 274

参考文献 ……………………………………………………………… 275

第1章
绪论

1.1 城市轨道交通的概念

1.1.1 城市轨道交通的定义

《城市轨道交通技术规范》(GB 50490—2009)中,城市轨道交通是指采用专用轨道导向运行的城市公共客运交通系统,包括地铁系统、轻轨系统、单轨系统、有轨电车、磁浮系统、自动导向轨道系统、市域快速轨道系统。

城市轨道交通系统作为城市客运交通系统的重要组成部分,拥有专用或半专用路权,在特定轨道上编组运行,具有运量大、全天候运行、保护环境、节约能源和用地等特点,属绿色环保交通体系,符合可持续发展的原则,特别适用于大城市。此外,城市轨道交通作为大城市公共交通系统的骨架,可以对城市空间发展和土地利用起到引导作用。

1.1.2 城市轨道交通的类型

目前,世界上城市轨道交通的种类很多,各国对城市轨道交通的分类方法也不一致,同一城市轨道交通类型在不同国家也有不同的称谓。归纳起来,城市轨道交通可以从以下几个方面进行分类。

1. 按照运营范围分类

城市轨道交通按照在城市不同区域的运营范围划分,主要可以分为以下两类:

(1)市区轨道交通系统。它是服务范围以城区为主的城市轨道交通系统。

(2)市域快速轨道交通系统。它是服务范围覆盖城市市域范围的城市轨道交通系统。

有一类轨道交通系统,主要服务于城市市域和邻近地区,服务区域涉及两个或多个行政区。这类轨道交通系统有些主要服务于大城市郊区,习惯称为市郊铁路(Suburban Railway);有些则主要服务于大城市周围的卫星城与中心城,称为通勤铁路(Commuter Railway)。这一类轨道交通在技术特性上接近于铁路或城市轨道交通。因此,可以把这一类轨道交通中与铁路系统在技术特性上基本一致的部分划归到铁路范畴,与城市轨道交通在技术特性上基本一致的部分划归到市域快速轨道交通范畴。

2. 按照运输能力分类

运输能力是指城市轨道交通系统单位时间内单向输送能力,通常以单向小时断面运输量(也称单向运输能力)表示。《城市轨道交通工程项目建设标准》(建标104—2008)和《城市公共交通分类标准(含条文说明)》(CJJ/T 114—2007)把城市轨道交通按系统运输能力划分为高运量、大运量、中运量和低运量系统。

(1)高运量系统。其单向运输能力为4.5万~7万人次/h。

(2)大运量系统。其单向运输能力为2.5万~5万人次/h。

(3)中运量系统。其单向运输能力为1万~3万人次/h。

(4)低运量系统。其单向运输能力小于1万人次/h。

不同运能等级[ⅠⅡⅢⅣ级]的城市轨道交通系统,在线路的路权、敷设方式、车辆选型和编组、信号设备等机电设备配置方面存在不同,如表1-1、表1-2所示。

城市轨道交通线路运能等级　　　　表1-1

线路运能等级	Ⅰ	Ⅱ	Ⅲ	Ⅳ
	高运量	大运量		中运量
	钢轮钢轨			钢轮钢轨/单轨
线路形式	全封闭型			设置部分平交道口
单向运输能力(万人次/h)	4.5~7	2.5~5.0	1.5~3.0	1~2
列车最大长度(m)	185	140	100	60
适用车型	A	B 或 L_b	B、C、L_b 或单轨	C 或 D
最高速度(km/h)	80~100			60~80
平均站间距(km)	1.2~2			0.8~1.5
旅行速度(km/h)	35~40			20~30
适用城市城区人口规模(万人)	≥300			≥150

注:1. Ⅰ、Ⅱ、Ⅲ级线路是全封闭快速系统,采用独立的专用轨道和信号设备,高密度运行。Ⅳ级线路是具有专用轨道和部分信号设备的中低运量系统,但部分路段设置平交道口。

2. "适用城市城区人口规模"对应人口规模能达到或超过此限的城市轨道交通线网中的主干线等级,其余线路可根据运量选用较低等级。

3. "旅行速度"指一般情况下的特征数据。当车辆最高速度大于100km/h时,有关技术标准应另行研究确定。

分车型列车运能　　　　　　　表1-2

车型		列车编组					
		2辆	3辆	4辆	5辆	6辆	7辆	8辆
A	长度(m)		69.2	92.0	114.8	137.60	160.4	183.2
	定员(人/列)		930	1240	1550	1860	2170	2480
	运能(人次/h)		27900	37200	46500	55800	65100	74400
B	长度(m)		58.10	77.65	97.20	116.75	136.30	155.85
	定员(人/列)		710	940	1210	1460	1710	1960
	运能(人次/h)		21300	28200	36300	43800	51300	58800
L_b	长度(m)	34.04	50.88	67.72	84.56	101.40	118.24	135.08
	定员(人/列)	459	701	943	1185	1427	1669	1911
	运能(人次/h)	13770	21030	28290	35550	42810	50070	57330
单轨	长度(m)		42.6	56.5	70.4	84.3	98.2	112.1
	定员(人/列)		467	632	797	962	1127	1292
	运能(人次/h)		11208	15168	19128	23088	27048	31008

3. 按照路权分类

城市轨道交通按照路权可分为以下3种类型：

(1) 全封闭系统。全封闭系统与其他交通方式完全隔离，不受其他交通方式的干扰，具有独立路权。

(2) 不封闭系统。不封闭系统也称开放式系统，不实行物理上的封闭，城市轨道交通与路面交通混合行驶，在交叉口遵循道路交通信号或享有一定的优先权。

(3) 部分封闭系统。部分封闭系统一般在线路区间采用物理措施与其他交通方式隔离，在全部交叉口或部分交叉口与其他交通方式混行，在交叉口设置城市轨道交通优先信号。

4. 按照线路的敷设方式分类

城市轨道交通按照线路的敷设方式可以划分为以下3类：

(1) 地下线。线路设置在地下隧道内。

(2) 地面线。线路设置在地面上。

(3) 高架线。线路设置在高架桥上。

在城市轨道交通的实际工程项目中，同一条线路可能会同时存在不同的敷设方式，也可能只有一种敷设方式。例如，北京地铁13号线就存在地下、地面和高架3种敷设方式，北京地铁2号线就为全地下线。

5. 按照支撑和导向方式分类

城市轨道交通按照支撑和导向方式可以划分为以下3类：

(1) 钢轮钢轨系统。导向轮与支承轮合一，车辆为电力牵引的钢轮走行系统，轨道采用钢轨为车辆支承和导向，能敷设在地面、隧道、高架桥上，承载能力大，适用范围广。例如，北京地铁的1号线、2号线等。

(2)胶轮导轨系统。导向轮与支承轮分设,线路一般设置在高架桥上。胶轮导轨系统的走行轮为胶轮,走行在轨道梁面上,起支承作用;导向轮也是胶轮,依靠导向板或导向槽对车辆起导向和稳定作用。例如,重庆的跨座式单轨系统、广州珠江新城的旅客捷运系统(APM)。

(3)磁浮系统。采用无接触的电磁技术实现悬浮(支撑)、导向。磁浮系统与传统的钢轮钢轨系统有着本质的区别,是一种新兴的交通系统。磁浮系统又分为高速磁浮与中低速磁浮两类。

6. 按照牵引(驱动)方式分类

城市轨道交通按照牵引(驱动)方式可分为以下两类:

(1)旋转电机牵引系统。采用旋转电机作为车辆的驱动力,利用轮轨之间的黏着力驱动车辆行驶。

(2)直线电机牵引系统。采用直线电机作为车辆的驱动力,利用磁场的作用驱动车辆运行,属于非黏着驱动系统。

直线电机可以认为是旋转电机在结构上的一种变形,可以看作一台旋转电机径向剖开,然后拉平而成。直线电机改变了传统电机的旋转运动方式,直线电机牵引系统不再依靠轮轨之间的黏着力驱动,与旋转电机牵引系统相比,具有较大的爬坡能力。

1.1.3 城市轨道交通的技术特征

虽然城市轨道交通可以从专业技术角度按照运营范围、运输能力、路权、线路的敷设方式、支撑和导向方式、牵引(驱动)方式等进行较为细致的分类,但这对于不熟悉城市轨道交通专业的决策者和使用者来说,不容易理解和交流。此外,由于各种原因,有些名称在不同的国家形成了不同的含义。

我国《城市公共交通分类标准(附条文说明)》(CJJ/T 114—2007)将城市轨道交通划分为7种类型。下面根据我国城市轨道交通分类,简述各个类别城市轨道交通的主要特性。

1. 地铁系统

地铁是地下铁道的简称。国际隧道协会将地铁定义为轴重较重、单向运输能力在2.5万人次/h以上的城市轨道交通系统。地铁是采用全封闭线路、专用轨道、专用信号、独立运营的大运量或高运量城市轨道交通系统,其线路通常敷设在地下隧道内,有的在城市中心以外从地下转到地面或高架桥上敷设。地铁系统的主要特点归纳如下:

(1)主要服务于城区,一般适用于骨干线路。

(2)单向运输能力在2.5万人次/h以上。按照客运能力划分,又可分为高运量地铁和大运量地铁。高运量地铁的单向运输能力为4.5万~7万人次/h,大运量地铁的单向运输能力为2.5万~5万人次/h。

(3)采用全封闭线路,独立专用路权。一般设置在地下隧道内,条件允许时,有时也在地面或高架桥上设置。

(4)采用钢轮钢轨支撑和导向、旋转电机或直线电机牵引。我国采用旋转电机牵引的地铁车辆有A型车和B型车,采用直线电机牵引的地铁车辆有L_B型车。

关于地铁的建设条件,《国务院办公厅关于进一步加强城市轨道交通规划建设管理的意见》(国办发〔2018〕52号)中明确规定:地铁主要服务于城市中心城区和城市总体规划确定的重点地区，申报建设地铁的城市一般公共财政预算收入应在 300 亿元以上，地区生产总值在 3000 亿元以上，市区常住人口在 300 万人以上。拟建地铁线路初期客流强度不低于每日每公里 0.7 万人次，远期客流规模达到单向高峰小时 3 万人次以上。

2. 轻轨系统

轻轨是采用全封闭或部分封闭的线路、专用的轨道，以独立运营为主的中运量城市轨道交通系统。在部分封闭线路的平交路口采用轻轨列车优先信号，单向运输能力为 1 万 ~3 万人次/h，线路一般设在地面上、高架桥上或地下隧道内。

轻轨系统是城市轨道交通中最难定义的系统。轻轨的含义是针对车辆对轨道施加的荷载而言，轻轨车辆与地铁车辆比较相对较轻。一般认为，轻轨系统是在传统的有轨电车系统基础上，利用现代技术进行改造后形成的轨道交通系统，英文名称为 Light Rail Transit(LRT)。轻轨系统的主要技术特征如下：

(1) 主要服务于市区，一般适用于特大城市的辅助线路或大城市的骨干线路。

(2) 单向运输能力一般为 1 万 ~3 万人次/h。

(3) 采用全封闭线路或部分封闭线路，基本为独立路权。一般设置在地面或高架桥上，有时也设置在地下隧道内。

(4) 采用钢轮钢轨支撑和导向，旋转电机或直线电机牵引。我国采用旋转电机牵引的轻轨车辆为 C 型车，采用直线电机牵引的轻轨车辆为 L_c 型车。

部分封闭型的轻轨交通线路敷设更加灵活，设置专用道的比例很高，基本实现路权专用。全线设独立信号系统，统一指挥列车运行；在横向通过城市道路的平面交叉处，若道路交通量较大，可设置立体交叉；若道路交通流量较小，可设置平交道口，并增加道口防护信号，使轻轨列车按设定的条件优先通过。

全封闭型的轻轨交通线路，全线随地形条件敷设，可设置在地面、地下或高架桥上，空间位置选择十分灵活，与所有道路交叉口全部立交，完全实现路权专用。全线设独立信号系统，统一指挥列车运行。

关于轻轨的建设条件，《国务院办公厅关于进一步加强城市轨道交通规划建设管理的意见》(国办发〔2018〕52 号)中明确规定：引导轻轨有序发展，申报建设轻轨的城市一般公共财政预算收入应在 150 亿元以上，地区生产总值在 1500 亿元以上，市区常住人口在 150 万人以上。拟建轻轨线路初期客流强度不低于每日每千米 0.4 万人次，远期客流规模达到单向高峰小时 1 万人次以上。

3. 单轨系统

单轨系统是一种车辆与特制的轨道梁组合成一体运行的中低运量胶轮-导轨系统。轨道梁不仅是车辆的承重结构，也是车辆运行的导向轨道。单轨系统的类型主要有两种：一种是车辆骑跨在轨道梁上运行，称为跨座式单轨系统；一种是车辆悬挂在轨道梁上运行，称为悬挂式单轨系统。胶轮—导轨系统中，无论是哪种车型，其相同特点均是车辆分设走行轮和导向轮。单轨系统的主要技术特征如下：

(1) 单向运输能力为 1 万 ~3 万人次/h。车辆因采用胶轮，车轮的承载能力受到限制，橡胶轮的轴载仅是钢轮的 40% ~50%，载客能力低。

(2) 采用全封闭线路，与其他交通方式完全隔离，采用独立路权。单轨以高架结构为主，一般使用道路上部空间设高架桥，土地占用较少，轨道梁宽度窄，占用空间小。胶轮的黏着性能好，有利于在大坡道、小半径平曲线上运行，可以适应急转弯及大坡度，对复杂地形有较好的适应性，选线容易。

（3）车体在走行轨上面（跨座式）或下面（悬挂式），通过主轮支承，水平导向轮起导向和稳定作用，车辆分设走行轮、导向轮，并采用胶轮，受力分散，走行噪声低。主要采用旋转电机牵引，目前也出现了由直线电机牵引的单轨系统（如莫斯科单轨系统）。

单轨系统主要适用于：

（1）城市道路高差较大，道路曲线半径小，线路地形条件较差的地区。

（2）旧城改造已基本完成，但该地区的城市道路比较窄。

（3）大量客流集散点的接驳线路。

（4）市郊居民区与市区之间的联络线。

（5）旅游区域内景点之间的联络线，旅游观光线路等。

4. 有轨电车

有轨电车是一种低运量的城市轨道交通系统，轨道主要铺设在城市道路路面上，车辆与其他地面交通混合运行，遵守道路交通法规。有时也有隔离的专用路基和轨道，隧道或高架区间仅在城市中心交通拥挤的地带采用。根据道路条件，有轨电车又可分为以下两种情况：

（1）混合车道、全开放型的路面有轨电车。

这种路面有轨电车是低运量、低速度、短运距、无专用信号、无专用隔离道路权，采用钢轮钢轨体系的城市轨道交通系统。这种路面有轨电车轨道全部敷设在路面，与路面平齐，该轨道虽然由有轨电车专用，但无专用路权，因此其他车辆可进其轨道行驶，车辆运行可能受到一定干扰。这种路面有轨电车无专用信号系统，列车运行在城市道路交通信号管制下行驶，属地面公共交通层次的交通系统。这种路面有轨电车运行速度与城市公共汽车运行速度相当。

（2）局部隔离、新型有轨电车。

这是在上述路面有轨电车的基础上发展起来的新型有轨电车，对车辆性能进行了改进，对轨道结构进行了改良。有条件的地段，可在局部路段封闭隔离，实现局部路权专用，但占全线比例较小。在横向通过城市道路的平面交叉处，仍设置平交道口，但采用优先通行信号，运行速度略有提高。

5. 磁浮系统

磁浮系统是根据电磁学原理，利用电磁铁产生的电磁力将列车浮起，并推动列车前进的高速交通工具。它利用电导磁力悬浮技术使列车上浮，车辆不需要设车轮、车轴、齿轮传动机构等，列车运行方式为悬浮状态，采用直线电机驱动行驶，主要在高架桥上运行，特殊地段也可在地面或地下隧道中运行。它运行时悬浮于轨道上，因而没有轮轨的摩擦，突破了轮轨黏着极限速度的限制，成为一种比较理想的现代化高速交通工具。

目前，磁浮系统主要有两种基本类型：一种是高速磁浮系统，另一种是中低速磁浮系统。高速磁浮系统一般采用长定子磁浮列车，采用直线同步电机，电机电枢（定子）铺设在轨道全线，而励磁磁极设置在车上，驱动功率直接由地面供给，真正做到无机械接触。中低速磁浮系统一般采用短定子磁浮列车。采用直线感应电机，电机电枢（定子）装在车上，反应板（转子）铺设在轨道全线。牵引电功率由供电轨和接触滑块输入车上定子，因而其运行速度不能太高。

高速磁浮系统由于行车速度很高,通常用于城市之间的远程乘客运输。

中低速磁浮系统由于行车速度相对较低,对于城市区域内站间距大于1km 的中、短程客运交通线路较为适宜。中低速磁浮系统的主要特征包括:

(1)曲线参数和道岔性能与单轨等轨道交通系统相近。

(2)噪声小,轨道的维护费用少。

(3)车辆载荷平均分布,车身较轻,桥梁等建筑物的费用较低。

(4)车辆费用较高。

(5)属于中运量系统。我国《城市公共交通分类标准(附条文说明)》(CJJ/T 114—2007)中,中低速磁浮系统的单向运输能力为1.5 万~3.0 万人次/h。

磁浮系统在世界上还处于新兴技术发展阶段,在城市轨道交通领域的应用经验还有待总结。

6. 自动导向轨道系统

自动导向轨道系统国际上称为 Automatic Guideway Transit(AGT),亦称为 Automated People Mover systems(APM)。

自动导向轨道系统属于胶轮-导轨系统,一般用在高架线上。走行轮为胶轮,走行在桥梁面上,起支承作用;导向轮也是胶轮,依靠导向板或导向槽对车辆起导向和稳定作用。为了控制车辆轴重,保证胶轮运行安全,故采用小车辆、短列车和自动导向。

按照专用导向轨的位置,AGT 系统可以分为3 种形式:一是轨道中央导向方式,二是侧向导向方式,三是中央沟导向方式。

自动导向轨道系统的特点有:

(1)使用橡胶轮胎,噪声小,爬坡能力强;但运行阻力比钢轮钢轨系统大(能耗高),橡胶车轮的使用寿命较短。

(2)可以通过小半径平曲线。

(3)混凝土轨道梁容易发生波形磨耗,使舒适度恶化,维修困难。

(4)受橡胶轮胎影响,载荷能力受到限制。

(5)多采用无人驾驶。

自动导向轨道系统的适用范围主要包括:

(1)机场、港口、高速铁路车站的客运专用通道。

(2)中小城市的主要客运通道。

(3)城市郊区、大型住宅区和新城镇内部的客运通道。

(4)在城市外围与城市主要客运系统(如地铁)的接驳联系。

世界范围内,日本有较多的用于公共交通工具的自动导向轨道系统,其他国家或地区大多将此系统用于机场内部的交通联系。用于公共交通工具的自动导向轨道系统以接驳系统为主,系统运输能力多在1 万人次/h 以下,属于低运量城市轨道系统范畴。

7. 市域快速轨道交通系统

市域快速轨道交通系统是相对于市区轨道交通而言,从运营范围的角度划分的。市域快速轨道交通系统适用于城市区域内重大经济区之间中长距离的客运交通,如法国巴黎的 RER 线(Regional Express Railway)、德国的 S-Bahn(Stadt Bahn)、美国的区域快速轨道交通(Regional

Rapid Rail Transit)等。

市域快速轨道交通系统主要在地面或高架桥上运行,必要时也可设置在地下隧道内。市域快速轨道交通系统的制式并没有特别的限定,可以根据线路的功能定位、沿线的土地利用规划、自然条件、环境保护等综合确定。市域快速轨道交通系统可以采用钢轮钢轨系统,也可以采用磁浮系统;可以采用地铁或轻轨车辆,也可以根据速度或运营的要求采用专用车辆。

1.1.4　城市轨道交通的作用

城市轨道交通以其独有的优势在城市交通中发挥着重要作用,并对城市建设与发展产生深远的影响,在此仅从交通、用地、环境、经济、社会人文等方面阐述城市轨道交通对城市发展的影响和作用。

1. 城市轨道交通对城市空间结构的作用

土地利用与交通运输是形成城市空间结构的两种基本活动,两者相互影响、相互促进。城市轨道交通运能大,其每日所运送的通勤出行是城市中最为稳定和规模最大的一种活动,对城市形态、土地利用、房地产开发等产生了非常重要的影响。城市轨道交通的土地利用效益主要表现在微观与宏观两个层面,其微观层面的土地利用效益主要包括:城市轨道交通促使沿线用地的高密度开发和高强度利用,调整沿线土地利用类型,形成高效益的用地结构;宏观层面的效益则表现为对城市空间结构的引导。

(1) 城市空间结构。

随着经济社会发展,城市活动日益多元化,居民工作和生活更加多样化。城市功能进一步复杂化和细化,以满足人们的各种需求。城市空间结构不断发展,各种功能区在城市空间的分布勾画出各种形态,如何使其更加合理高效成为城市规划和管理的主要研究内容。

功能性是对城市空间的第一要求,艺术性只是在功能性基础上发展起来的。历史上形形色色的城市空间适应着人们的各种使用要求,具有相应的功能。城市空间形态的发展变化主要是基于功能上的要求。

1933 年,国际现代建筑协会发表《雅典宪章》,认定现代城市的 4 大功能:居住、工作、游憩、交通,城市空间相应地分为 4 类空间:居住空间、工作空间、游憩空间、交通空间。当代学者将这 4 类空间进一步细化,发展出如下 10 种空间:城市道路空间,广场空间,带形、环形、半环形游憩空间,生活小区空间,文体科技展览中心的活动空间,商业娱乐空间,园林名胜空间,标志性建筑物及其周围空间,生产集散等工业交通空间,鸟瞰城区的综合视野空间。

由于城市发展的影响因素众多,反映在城市空间结构上,就有不同的表达形式,不同的城市具有不同的空间结构关系。研究方法和目的的不同,对此也有不同的分法。比较有代表性的是将城市空间结构概括为单核点状、线性带状、十字星状、多核网状等形式。

单核点状结构(图 1-1)是城市空间结构的基本形式,城市公共中心为结构核心,公共活动烈度随着距核心距离的增大而衰减。这一空间结构的特点是核心向各个方向具有等同的意义(服务半径相等),城市核心拥有"主宰"城市的影响力,带有强烈的向心和聚集倾向。其规模大小取决于核的"影响范围"的大小。但是,当城市核的影响力无限扩大时,势必会导致城市各种因素在核心区的过度聚集,进而使核心区难以承受,导致衰败。

线性带状结构(图 1-2)是指城市的公共中心由单核点状结构扩展成线性带状结构。城市公共中心带状分布具有单核点状结构的优点,核心的线性带状伸展增加了城市核心的"影响范围",线性带状核心改变了单核结构的向心特征,其功能结构具有良好的均衡感,可伸展性较好地满足了城市继续发展的需要。线性带状核心的完整性和连续性是这一空间结构的关键,一旦线性带状结构核心出现"断裂",那么城市结构将会出现结构性破坏。

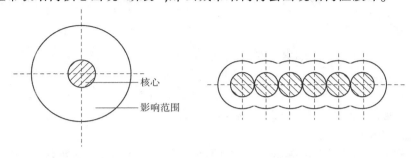

图1-1　单核点状结构示意　　　　图1-2　线性带状结构示意

十字星状结构(图1-3)是指城市公共中心呈现两个方向或多个方向向外扩展的结构形式,城市中任意一点都能以"最短路"的方式到城市的公共部分,这一结构形式呈放射性指状形式,较好地适应了城市规模扩大的需要。十字星状结构类似于单核结构,具有强烈的向心性和聚集特征,城市中心核拥有强大的吸引力,比单核结构更利于规模的扩大。但是,中心核强大的吸引力也伴有消极的一面,一旦城市的各种活动都集中于中心核,中心核的功能可能会出现"效率丧失"的倾向。此外,指状结构的末梢与指间空间位置具有近似相等的区位,因此,星状结构极易演化为含有十字星状核心结构的团状城市形态。

多核网状结构(图1-4)是指城市公共中心以多中心的形式存在,多核之间为网状组织方式("井"字为网状的最简单形式),每个单核具有独立、相对完整的功能形式和各自的影响范围,核与核之间强有力的联系呈现网状结构,共同构成巨大的城市形态。多核网状结构有多种表现形式,这取决于结构组成的核的数目的多少、影响力的大小以及核与核的相互关系,城市的效率取决于各核之间的联系方式和联系效率。

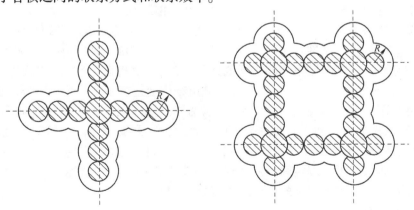

图1-3　十字星状结构示意　　　　图1-4　多核网状结构示意

(2)城市轨道交通对土地开发的微观作用。

城市轨道交通主要通过增加可达性来影响沿线站点附近土地利用的功能、强度以及价格。城市轨道交通的建成运营直接促使沿线(尤其是车站周围)地块可达性提高,使其潜在的商业价值得到空前的提升,从而扩大开发规模,提高用地强度;同时,城市轨道交通将促使住宅和商业等高价值的用地设施向城市轨道交通沿线影响范围内高度聚集,整个作用过程如图1-5所示。

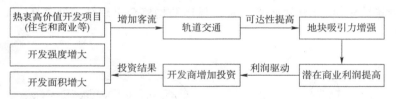

图1-5　城市轨道交通对土地开发的微观作用过程

(3)城市轨道交通对城市空间结构的影响。

①引导城市结构的变迁。

城市轨道交通对城市空间结构的宏观作用是其长期对土地开发微观作用的综合效果。城市轨道交通引导城市结构发展的原理就是通过大幅度提高交通供给,引导周边土地高强度利用。一般整个过程分4个阶段(图1-6):团状开发、波浪状开发、带状开发和面状开发。

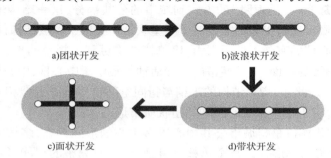

图1-6　城市轨道交通对城市结构引导的作用过程

城市轨道交通的这种对城市空间结构的引导作用将促使城市扩张方式的改变,由以往的"摊大饼"向"点-轴"发展模式转变,城市空间结构将由"单中心"结构转变成"多中心"结构,这将从根本上缓解城市拥挤问题。从这个意义来讲,建设城市轨道交通就是建设城市。

我国城市人口密集,内聚力很强,形成这一状况的一个重要原因就是缺少快捷、安全、大容量的交通通道。一旦交通条件发生改变、制约因素消除,城市结构将会发生大幅度变革。而城市轨道交通的运输特点正与城市空间扩展的条件一致,能够打破常规公共交通无法引导城市空间持续发展的交通瓶颈,使城市轨道交通在城市结构变迁中发挥重要的诱导和促进作用。

城市轨道交通对人口的强大疏解作用,可以诱导人们远离市中心居住从而形成新的城市副中心。例如,东京的山手线上形成了池袋、新宿、涩谷、大崎、上野、锦丝町和临海7个副中心,巴黎的地铁环线上形成了共和国广场、戴高乐广场和巴士底狱广场3个副中心。快速、便捷的城市轨道交通缩短了地理空间、心理空间,突破了集中式空间结构,可以使这些城市形成了空间相对分隔但交通快速联结的多中心轴线式结构。

②促进城市中心的发展。

J.M·汤姆逊曾在分析了世界30多个大城市的发展状况后指出,大城市的吸引力要归功于非常强大的市中心。现在以及将来,市中心仍将具有巨大的吸引力。

大都市(区)一般是国家或地区的经济活动中心区域,而城市中心是大都市的核心地区。对于城市中心来说,有效的公共交通是这些中心地区持续发展的基本条件。而常规公交运输能力很有限,当沿主要辐射走廊的客运量超过其运输能力限值时,就阻碍了市中心区的持续发展。城市轨道交通系统的引入能够促进城市中心继续生机勃勃地发展,能够继续保持一个强大的城市中心。

因此,许多西方发达国家已把发展城市轨道交通作为复兴市中心的一种手段。以强大的城市轨道交通网保持一个强大的市中心,这在国外有许多实例。例如,纽约曼哈顿岛面积为 57km²,集聚了 160 万居民,250 万个工作岗位,是世界发达城市中居民居住密度和工作岗位密度最高的地方之一。曼哈顿岛中心区面积仅为 23km²,但就业岗位却占纽约大都市区总就业岗位的 1/4。

城市轨道交通在促进城市中心强大的同时,也造成市中心区人口密集、环境质量下降等问题。因此,利用城市轨道交通的便捷性建设新的城市副中心成为可能。尤其是在特大城市,单一城市中心已不能满足城市居民的生活时距要求,多中心、多层次的新型城市空间结构可依托轨道交通枢纽构建。例如,新加坡在选择第二个商务中心区时,许多规划人员对此是否可行持怀疑态度,但事实上第二个商务中心区的建设使新加坡集中化的城市中心趋于分散,形成了新的城市空间结构。

我国绝大多数大城市呈单中心结构,很难形成副中心,即使是受地形限制或被河流分隔形成了城市副中心,也缺乏吸引力,难以形成一定规模,其根本原因在于现有的交通方式无法支持副中心的活力,难以使城市中心区与城市副中心区形成一个整体。

③促进城市发展轴的形成。

很多城市空间结构呈明显的轴向发展,形成了城市的高密度发展带,有的城市甚至有若干条轴向发展带。

城市发展轴的形成原因之一是城市轨道交通的建设。由于城市轨道交通线沿线各站点的交通阻力函数值的一致性,即在完全自由竞争且机会均等的情况下,城市轨道交通沿线各车站的可达性是近似一致的,因此,在城市轨道交通的步行合理区,其平均开发强度必将高于全市平均开发强度,车站周边为最高,而车站之间相对较低。如果在城市轨道交通车站周边仅有步行道,那么这条发展轴是不宽的,并且城市轨道交通站距一般均大于步行合理区直径,那么此车站会成为一个孤立的点,这就需要组织其他交通工具进行接驳。事实上,正是因为城市轨道交通有了各种不同速度和运能的接驳方式,才能形成一条鲜明的城市发展轴。

在我国大城市中,早期由于绝大部分城市缺乏快速大容量交通工具,加上在规划上也没有有意识地利用城市轨道交通进行轴向发展的引导,因此,无法形成明显的交通走廊,城市发展轴也不十分明显。

④促进土地利用集约化。

城市轨道交通属于大众化交通工具,其经济受益者以原公共交通乘客为主。因此,人口大量迁入城市轨道交通合理交通区,导致了住宅、商业、办公用地的分区集中布置,城市居民出行的时间成本大大降低。在一定限度之内,这种集中布置能够产生明显的集聚效应,从而使土地利用效率大大提高。促进土地集约化使用主要是以车站为圆心、交通合理区为半径(步行交通合理区为 500m),组成紧凑型的环形用地布局模式,依次沿城市轨道交通线展开,就形成了城市轨道交通沿线"串珠式"的土地空间开发模式,从而为城市空间拓展、土地可持续利用创造了条件。例如,全香港约 45% 的人口居住在离地铁站仅 500m 的范围内;在新界,约 78% 的办公用房集中在 8 个位于地铁站附近的中心区域内。香港岛北部海岸线狭长的城市发展带长 17km,用地走廊平均宽度 1.3km,面积仅为 22.5km²,依托城市轨道交通,却有居住人口 94.7

万人，居住的就业人口47.8万人，其他就业人口71.2万人。人口密集、土地缺乏的香港之所以能够解决其城市发展问题，很大程度上应当归功于这种土地空间开发模式。

⑤促进城市用地布局优化。

城市轨道交通系统对改善大城市空间结构、促进城市用地布局优化提供了一个前提性条件，有了重新调整土地利用的机会，利用土地资源的优化配置，充分合理地使用土地，增加土地的附加值。也就是说，通过对土地使用进行重新规划，使之充分利用城市轨道交通的交通可达性，沿着走廊沿线拓展新的城市片区。

为了避免我国城市出现住宅郊区化现象，防止土地使用的低效益，大城市的发展应充分利用城市轨道交通系统对城市人口与就业离心化的强大推动力，推动城市中心区人口和就业的转移。例如，在多伦多、旧金山等城市，围绕城市轨道交通车站已形成了大量具有相当规模的城市次中心和边缘城市组团，城市空间布局模式也从单中心转向了多中心。在多中心模式中，各中心之间构成了网络关系，促成了多层次城市中心功能组合，遏制了城市用地规模无限扩张，避免了"摊大饼"式的无序发展。瑞典首都斯德哥尔摩的土地开发采用的也是这一模式，其一半人口居住在中心城区，另一半人口居住在边缘城市。这些边缘城市全位于放射形轨道交通的车站处，中心为公共广场、超市、办公楼等设施，周边为住宅。由此可见，城市轨道交通促成了城市中心、次中心的重新分布，使得城市空间结构及其组织更加合理化，充分发挥了各圈层土地的区位优势，极大地提高了土地资源的利用效率，优化了城市用地布局。

2. 城市轨道交通对城市交通的作用

城市轨道交通的运营为乘客提供了高质量的交通服务，同时也改善了城市客运交通结构，缓解了地面交通拥挤的难题。城市轨道交通对城市交通的作用主要包括三大块：①城市轨道交通使用者的效益；②对地面交通的缓解作用；③节省地面交通设施的投入。其具体产生与作用过程如图1-7所示。

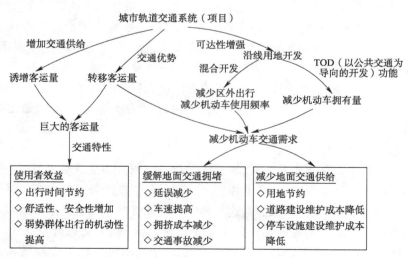

图1-7 城市轨道交通系统（项目）对城市交通系统的作用机理

城市轨道交通由于速度快、准时性高、舒适安全等交通性能，可以使城市轨道交通的广大乘客获得直接效益，包括出行时间的节约、舒适性和安全性的增加以及部分弱势群体出行机动性的提高等。

城市轨道交通还将通过多条途径对地面交通产生影响,包括地面交通延误的减少、车速的提高、拥挤成本的降低和交通事故的减少等。这里需要特别指出的是,城市交通拥挤总是趋于保持一个平衡状态。当交通拥挤增加的时候,人们会通过改变出行方式、出行时间、出行路径等来规避拥挤;而当交通拥挤得到缓和时,人们又会增加出行。当道路通行能力增加时,它又很快被潜在的交通需求所填满。从长远看,降低拥挤的平衡点才是缓解交通拥挤的唯一出路。城市轨道交通以其显著的交通优势吸引大量依靠机动车的出行者转移到城市轨道交通上来,从而降低拥挤的平衡点。城市轨道交通还有利于道路和停车设施的建设维护成本的降低,同时节约了大量的城市土地资源。

3. 城市轨道交通对城市环境的改善

城市轨道交通是一种环保型的交通方式,以污染少、能耗小而成为当今世界各国大城市推崇的一种绿色交通工具。城市轨道交通主要通过3条途径来实现环境效益:①以高效环保的交通方式替代机动车出行来减少车辆污染物的排放;②通过减少地面交通的延误、提高车速来减少车辆污染物的排放;③通过减少机动车保有量、减少机动车出行量来减少车辆污染物的排放。

对美国城市轨道交通发展比较成熟的各大城市的统计资料表明,一个比较成熟的城市轨道交通系统将减少12%~20%的机动车出行周转量,而每减少1%的车公里数将减少2%~3%的污染物排放。城市轨道交通系统一般采用电力牵引,作为一种大运量、集中化运输方式,其每运送一位乘客所产生的污染微乎其微,通常被称为"绿色交通"。各种交通方式每乘客公里能耗与空气污染比较如表1-3所示。

各种交通方式每乘客公里能耗与排放量　　　　　表1-3

交通方式	能耗(peg)	CO排放量(g)	VOC排放量(g)	NO_x排放量(g)
小汽车	60	27	4.2	1.3
公共汽车	25	1.2	0.25	0.80
城市轨道交通	19~19.5	0	0	0

注:1. peg为汽油的油当量;
　　2. VOC为挥发性有机混合物;
　　3. 小汽车为汽油车。

4. 城市轨道交通对城市经济增长的促进作用

城市轨道交通的建设与运营将对城市经济发展产生深远的影响。城市轨道交通对城市经济发展的贡献主要表现在两个方面,即对经济的节约和对经济增长的促进。

(1)对经济的节约。

城市轨道交通对城市经济发展而言,从多方面节约经济资源,主要由交通效益和环境效益引发,包括交通拥挤成本的降低、交通事故及其损失的减少、交通设施建设维护成本的降低以及土地资源的节约等。

(2)对经济增长的促进。

城市经济内生增长理论认为,城市经济增长是城市人力资本及其相关要素的内生作用的结果。该理论的主要论点有:第一,保证经济持续增长并解决资本积累过程中收益递减问题的关键是设计思想创新、产品创新;第二,知识的内生作用在于开发新技术,并促进知识积累、知识更新;第三,人力资本水平将决定经济增长率。也就是说,城市的经济增长是通过知识、技术的内生化来实现的。

城市轨道交通可通过增加劳动力价值来促进人力资本的积累。同时,城市轨道交通本身是一项集合高新科技的重大工程项目,它的建设与运营都将直接促进城市的技术进步,所以城市轨道交通对城市经济增长的作用机制可以用图1-8来表示。

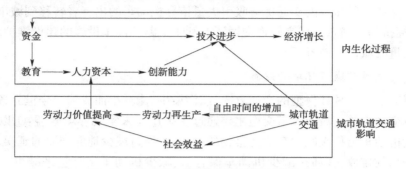

图1-8 城市轨道交通对城市经济增长的作用机制

当然,还需要特别指出的是,城市轨道交通是一项投资巨大的建设项目。巨额的投资和常年的运营补贴将对城市一段时期内的财力造成很大压力。但是,城市轨道交通作为基础设施和准公共产品,将带来广泛的外部正效应。这对城市经济持续增长有重大的意义,它的运营状况也将影响到城市的投资和收入状况,最终影响城市经济增长。

5. 城市轨道交通产生良好的社会人文效益

城市轨道交通还蕴含着巨大的社会人文效益,将促进整个城市人文素质的提高。城市轨道交通将对提高城市地位、城市品位产生重大影响。作为一项社会工程,城市轨道交通对以人为本的可持续发展理念的贯彻以及促进和谐社会的构建有着不可估量的作用;另外,城市轨道交通建设涉及大量的拆迁、安置,将对沿线居民及企事业单位的生产和生活以及社会心理产生影响,并导致人口与就业分布的变化。城市轨道交通的运营将形成独特的地铁文化和地铁文明,这有利于城市居民素质的提高。

从上述分析可以看出,城市轨道交通的效益具有明显的外部效应。城市轨道交通是大城市的大型基础设施,其初期投资巨大,投资回收期相当长。但是从长远和整体的角度来看,城市轨道交通建设不能只考虑项目本身的投资效益,更应看到城市轨道交通巨大的社会经济效益。当然,城市轨道交通的建设时机和建设规模必须进行科学论证,避免因城市轨道交通建设的盲目性而给城市发展带来负面压力。

1.2 国外城市轨道交通发展概况

1.2.1 世界城市轨道交通发展历程

应该说,城市轨道交通的历史比汽车还悠久,其发展历经了一个曲折的过程,大致可以分为以下几个阶段。

1. 诞生和初步发展阶段(1860—1923年)

1863年1月10日，用明挖法施工的世界上第一条地铁在伦敦建成通车，标志着城市轨道交通作为一种新的交通工具进入城市交通系统。特别是1879年电力驱动机车研究成功，这大大改善了地铁运行的环境状况。城市轨道交通由此步入连续发展时期。在这一阶段，欧美的城市轨道交通发展较快，共有13个城市建设了地铁，约平均每5年有1个城市新建地铁，还有很多城市建设了有轨电车。

2. 停滞萎缩阶段(1924—1948年)

1924—1949年，受世界战争和汽车工业快速发展的影响，城市轨道交通的发展在世界范围内一度出现停滞，甚至萎缩。汽车的灵活性、便捷性及可达性使其一开始就得到了用户的欢迎，于是汽车交通迅速发展。在发达国家的大城市中，汽车运输很快就成为交通的主角。相反，尚未成熟的城市轨道交通因为投资大、建设周期长一度失宠。这一阶段只有5个城市发展了城市地铁，有轨电车则停滞不前，不少有轨电车线路甚至被拆除了。1912年，美国已有370个城市建有有轨电车线路，到1970年只剩下8个城市保留了有轨电车线路。

由于地铁在战争中对战火的防护作用，这个时期一些处于战争状态中的国家反而加速了对重点城市的地铁建设，如东京、大阪、莫斯科等。

3. 再度发展阶段(1949—1970年)

汽车的过度增加使城市道路经常堵塞，加之汽车对空气的污染、噪声、石油资源的大量消耗，人们重新认识到，解决城市客运交通拥堵必须依靠公共交通。这一阶段，城市轨道交通又得到重视，而且城市轨道交通从欧、美洲国家扩展到了亚、非洲国家，这期间共有17个城市新建了地铁，平均每年有0.85个城市。

4. 高速发展阶段(1971年至今)

世界各国城镇化的趋势导致人口高度集中，要求城市轨道交通高速发展以适应日益增加的客运需求，科学技术的进步也为城市轨道交通奠定了良好的发展基础。很多国家都确立了发展城市轨道交通的方针，立法解决建设城市轨道交通的资金来源问题。城市轨道交通从欧、美、亚洲又扩展到大洋洲的澳大利亚，也从发达国家扩展到发展中国家。

截至2018年底，全球已有72个国家和地区的493座城市开通了城市轨道交通系统，里程超过26100km，其中地铁、轻轨、有轨电车各占54%、4%和41%；2017年，全球地铁和轻轨累计运送客流600.54亿人次，平均客运强度1.08万人次/(d·km)。

1.2.2 国外主要城市轨道交通发展概况

1. 莫斯科

莫斯科，全市面积2510km^2，常住人口约1154万人(2012年)，为欧洲仅次于巴黎的第二大城市。市区基本上位于109km的公路环线以内，其环内面积约为875km^2。其城市规划属于单中心结构，不同历史时期的建设范围构成了城市的几个圈层，形成了环状和轴线辐射的城市空间结构。

近年来，城市基本上是依靠开发边缘来发展的，居住在地铁环线以外的人口约占全市人口的75%，而就业岗位依旧集中在中心区和中间地带，向心客流巨大。

莫斯科的城市轨道交通网络是典型的放射加环线式线网,其线路布局与城市规划单中心结构吻合,其中 7 条辐射线和 1 条环线将莫斯科的部分住宅区、展览中心、十几个广场、公园、体育场馆等公共设施及附近码头、机场和火车站串联在一起。莫斯科地铁的主要结构为中心向四周辐射状,其全长为 298km,拥有 13 条线路以及 182 个车站,内密外疏,均衡覆盖全市,平均密度 0.28km/km²,环线长度 19.4km,围合面积 30km² 左右,环内密度 1.63km/km²,环外密度 0.24km/km²,环外规划密度 0.35km/km²。目前正在建设的莫斯科地铁大环线,线路总长 70km,设车站 31 座(其中换乘站 19 座),预计 2022 年可全线贯通运营。此外,莫斯科正在建设以下几个层次的新型城市地铁:

(1)新型高速地铁(市域快线)。承担城市中心区与城市外围区域之间的交通,连接市中心区与外环公路以外居住区,保障交通高速快捷。

(2)地上轻型地铁(郊区轻轨)。承担城市中心区与远郊区交通联系,将远郊居民送到城市地铁站。

(3)微型地铁(市区地下小断面地铁)。在核心区,与地铁共同承担地下交通,缓解地面交通压力。

莫斯科城市轨道交通线网

2. 伦敦

伦敦,是英国的政治、经济、文化和金融中心,最大的海港和首要的工业城市,世界十大都市之一。整个大伦敦都会区人口约 1400 万人,其中大伦敦面积 1587km²,总人口 890 万人(2016 年);中央伦敦区面积 27km²,居民 20 万人;内伦敦区面积 293km²,居民 320 万人;外伦敦区 1259km²,居民 510 万人。

伦敦的公共交通系统十分发达,融合了包括公共汽车、有轨电车、地铁、道克兰轻轨及泰晤士河水上交通在内的多种交通方式。伦敦城市轨道交通采用多层次、多类型的交通模式,分为地铁、快速轻轨(以地面或高架形式为主)以及高架单轨等类型,形成了一个综合的轨道交通系统。该城市轨道交通系统由 11 条地铁线、3 条机场轨道快线、1 条轻轨线和 26 条城市铁路线组成。

在伦敦,地铁与市郊铁路共轨也是一种广泛应用模式,既能起到共享线路资源的作用,使铁路运能得到充分发挥,又有利于提高城市周边乘客进入市区的换乘方便度。铁路系统由城市中心区向外辐射,主要服务于城市间以及伦敦西南部区域,城市内部有超过 40 个能与地铁换乘的铁路车站。英国最繁忙的铁路车站有 17 个站台,高峰时段每站台每 2min 就有一列火车到站。

伦敦每天有大量的客流自郊区和东南部地区到市中心上班,客流大致分布在 3 片地区:
(1)离市中心 25km 左右的地区,即大伦敦范围内的地区。
(2)离市中心 65km 左右的地区,该地区有大量新建住宅区。
(3)离市中心 65km 到 100 多 km 的地区(英国东南部地区)。

3. 巴黎

伦敦轨道交通线网

一般所指的巴黎分为"大巴黎"和"小巴黎"。其中,"小巴黎"是指环状公路以内的市区部分,面积约 105km²,人口约 225 万;"大巴黎"则包括周围的 7 个省,面积约 1.2 万 km²,人口约 1100 万(2016 年),占全法国总人口的 20%。在城市空间结构上,大巴黎都市区划分为巴黎市、中心区、内环区和外环区 4 个圈层(表 1-4)。

巴黎4个圈层的人口密度与就业密度 表1-4

圈层	面积(km²)	人口(万)	人口密度(人/km²)
巴黎市	105	213	20240
中心4区	9	13	14625
内环7区	19	46	24441
外环9区	79	153	19357

注：表中数据为2002年统计数据。

巴黎轨道交通系统包括4个层次，即普通地铁、区域快线(Regional Express，RER)、市郊铁路和城市轻轨。巴黎共拥有14条城市地铁线路和2条支线(3号线和7号线)，线路总长度约214km，2016年客运量达12亿人次。巴黎地区共有5条RER线，线路总长度约624km，最高行驶速度100km/h，一线多支、车站外密内疏、穿越市中心是RER系统的三大特点。

通过对大巴黎轨道交通的分析，可以得出其特点：

(1) 层次分明，系统功能明确，对市区和市域分别构筑了低速高密度的城市地铁线网和高速低密度的市域RER线网，以适应不同区域的空间尺度特点。

(2) 重视多方式衔接与综合换乘，不仅同种交通方式间可以方便地换乘，地铁、轻轨、市郊铁路、地面电车等都可以方便地换乘。

巴黎轨道交通线网

巴黎RER线网

大巴黎1998—2003年的客运量及份额统计如表1-5所示。

大巴黎1998—2003年的客运量及份额统计 表1-5

年份		1998年	1999年	2000年	2001年	2002年	2003年
地铁	客运量(百万人次)	1157	1190	1247	1266	1283	1248
	份额(%)	39.8	39.8	39.7	40.0	39.7	39.2
RER及市郊铁路	客运量(百万人次)	858	890	945	950	985	972
	份额(%)	29.5	29.7	30.1	30.0	30.4	30.6
巴黎市区公共汽车	客运量(百万人次)	350	353	358	316	356	346
	份额(%)	12.1	11.8	11.4	10.0	11.0	10.9
郊区公共汽车	客运量(百万人次)	540	560	594	552	560	563
	份额(%)	18.6	18.7	18.9	17.4	17.3	17.7
轻轨	客运量(百万人次)	—	—	—	84	52	52
	份额(%)	—	—	—	2.7	1.6	1.6
合计客运量(百万人次)		2905	2993	3144	3168	3236	3181

4. 东京

大东京地区是世界著名的大都市区之一，包括4个部分：

(1) 核心区，为"都心三区"(千代田区、中央区和港区)。

(2) 中心区,由东京23个市区组成,是东京的历史文化中心,也是整个大东京地区的商业、金融、办公及就业中心,总面积612km²,人口896.8万(2016年)。

(3) 区部外围,包括东京区部及其相邻的26个卫星城、7个町与8个村,总面积为2059km²,人口1378万(2018年)。

(4) 东京都市圈,从中心区外延半径50km的区域,包括东京都及其周边的琦玉县、千叶县、神奈川县和茨城县南部,总面积约1.6万km²,人口约3700万(2016年),城市化水平达到80%及以上。

此外,东京还形成了以铁路及城市轨道交通网络所支撑的多中心城市结构,即"一核七心"的东京都市区,其是以轨道网络为骨架的多中心都市区城镇体系。东京都市区以城市轨道交通线路为骨架形成了"一核七心"的城市结构,即以东京站附近为核心,在铁路山手线上及其外围建立了上野、池袋、新宿、涩谷、大崎、锦丝町和临海7个副中心,如图1-9所示。全世界最密集的轨道交通网托起了整个东京都市区,地铁和城际铁路是绝大多数人每天都要依赖的交通工具。

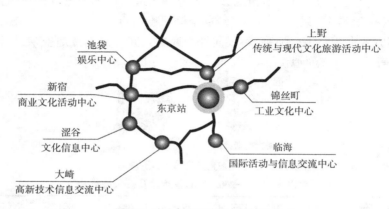

图1-9 东京都市区多中心结构示意

东京都市圈轨道交通线路总长为2419.8km(2010年),其中国有铁路(JR铁道)887.2km,私有(民营)铁路1157.9km,地铁357.5km,有轨电车17.2km。东京都市圈轨道交通以"山手环线"为换乘关键,其向内连接为地铁,向外连接为私有铁路。东京市中心与郊区在各个方向上都有市域铁路相连,促成了东京都市圈的形成,并且目前在通勤交通方面仍发挥重要作用。

东京轨道交通线网

作为较大区域范围的东京都市圈,主要依赖小汽车作为交通工具,其次是轨道交通和步行;而在东京区部,轨道交通是处于第一位的出行交通工具,其次是步行、摩托车及小汽车。东京不同区域内各交通方式分担率如表1-6、表1-7所示。

日本东京区部交通方式分担率(单位:%) 表1-6

交通方式	轨道交通	公共汽车	小汽车	摩托车	自行车	步行
东京区部(2008年)	48	3	11	1	14	23
东京区部(1998年)	41	3	15	2	15	24
东京区部(1988年)	40	3	16	2	13	26
东京区部(1978年)	34	3	18	2	10	33

日本东京都市圈交通方式分担率(单位:%)　　　　　　　表1-7

交通方式	轨道交通	公共汽车	小汽车	摩托车	自行车	步行
东京都市圈(2008年)	30	3	29	2	14	22
东京都市圈(1998年)	25	2	33	2	15	23
东京都市圈(1988年)	25	3	28	3	15	26
东京都市圈(1978年)	23	4	25	2	13	33

东京地铁年均日客运量为684.93万人次,某些方向拥挤度很高,满载率达到200%(车厢站立密度达到6人/m^2)及以上。这种高分担率和拥挤度由两方面因素所影响:其一是东京土地开发利用强度过高而导致的道路交通通行能力不足;其二是东京严重的职住分离现象所引起的大规模通勤出行,整个东京都市圈总的就业岗位为1521万,而中心区(23区)就有职位数605万,占39.78%,以山手线内为界的东京核心区职位数就达420万,占27.61%,从而产生了极大的向心通勤客流。东京都市圈的轨道交通承担了46%的通勤出行,而中心区74%的通勤出行通过轨道交通实现。

5. 纽约

纽约市处于纽约州东南部,是美国人口最多的城市。纽约市与其周边地区的交通流量十分庞大,源于纽约州、新泽西州以及康涅狄格州的通勤客流量较大,形成了发展大纽约地区发达公共交通体系的客观需求。纽约地铁于1904年10月通车,现已过百年。纽约市轨道交通系统包括地铁、通勤铁路、城际铁路3种系统形式。其中,纽约地铁包括27条线路,线路总长度443km(其中地下线258km),共设车站504座。纽约地铁许多线路建设成3轨或者4轨模式,以同向不共线的方式同时运行着快速列车和普通列车,以适应客流潮汐现象,减少短途乘客对中长途乘客的干扰,提高旅行速度和服务水平。纽约443km地铁线路中,171km的线路为并列4线(其中两条线路开行快车),95km的线路为并列3线。

纽约的城市轨道交通按功能分为两个系统,分别为:

(1)服务于市区(830万人口,780 km^2范围),承担市区出行及上下班的地铁系统。

(2)服务于大都市区(1861万人口,19740km^2),承担外围区和临近地区居民至市中心区上下班的通勤铁路。

纽约地铁线网

不同功能的系统,其运营管理和线路结构也有所不同,通勤铁路以放射线形式终止于中心区,地铁线路则穿越中心区,这与不同系统服务的客流特征有关。通勤铁路客流以上下班的通勤客流为主,其主要流向是从中心区向外围区(郊区),因此,通勤铁路多终止于中心区;地铁服务客流是市区客流,包括市区的上下班客流和其他客流,因此地铁线路多以直径线形式穿越中心区,以减少换乘。另外,通勤铁路线路长,站距大,速度快,保证远郊居民能快速到达中心区;地铁线路相对较短,站距小,速度较慢,主要保证中心区居民的出行。纽约地铁运营管理也分为两个层次,即快速线(Express Service)和普通线(Local Service)。

整体上来看,纽约地铁线网呈现棋盘放射状结构。为了适应不同尺度下空间联系的效率需求,纽约地铁广泛采用了多条线路共同设置的规划方案,兼顾了大区域高连通性的快速线路和小范围高可达性的普速线路,并且通过两套系统之间方便的换乘来达到高效率和高服务水平的统一。

1.3 我国城市轨道交通发展概况

1.3.1 我国城市轨道交通发展历程

我国城市轨道交通的发展伴随着城镇化进程,经历了从无到有,从"战备为主、交通为辅"到"交通为主"的发展历程。目前,我国城市轨道交通的建设规模和建设速度史无前例。回顾我国内地城市轨道交通的发展历程,可以分为以下 3 个阶段。

第一阶段:20 世纪 50 年代至 20 世纪 80 年代

我国城市轨道交通是从北京地铁的建设开始的。20 世纪 50 年代,北京首次进行了地铁建设的规划。1965 年 7 月 1 日,我国第一条地铁在北京开工建设,1969 年 10 月 1 日建成通车,线路长 23.6km。1971 年,北京地铁开始售票试运营。1981 年 9 月 15 日,经国家验收正式交付运营,北京地铁二期工程 1971 年 3 月开工,1984 年 9 开通试运营,线路全长 16.1km。1970 年 6 月 5 日,天津地铁一期工程开工建设,1984 年 12 月 28 日竣工通车,线路全长 7.4km。

20 世纪 50 年代,我国经济正处在恢复和建设的初期阶段,城市交通机动化的压力并不突出,对城市轨道交通的需求尚不迫切。20 世纪 50 年代到 20 世纪 80 年代中期的 30 多年时间里,全国只有 2 个城市建设了 47km 的城市轨道交通。这一阶段以"战备为主,交通为辅"作为城市轨道交通建设的指导思想,立足于自力更生,所有车辆和机电设备均为国产设备,总体技术水平较低,建设规模小,建设速度慢,基本采用政府计划投资,运营依靠政府财政补贴。

第二阶段:20 世纪 80 年代至 20 世纪末

随着改革开放的深入,我国国民经济开始以较快速度发展,城镇化及城市机动化也开始进入快速发展时期。在城镇化和机动化的双重作用下,大城市普遍开始陷入难以摆脱的交通困境,城市轨道交通因其运输效率高等特性备受青睐,大批城市逐步启动轨道交通项目建设。

20 世纪 80 年代后期至 90 年代初,以北京地铁复八线、上海地铁 1 号线、广州地铁 1 号线的建设为标志,我国真正开始了以缓解城市交通为目的的城市轨道交通建设历程。

进入 20 世纪 90 年代,随着北京、上海、广州地铁项目的建设,大批城市(包括沈阳、天津、南京、重庆、武汉、深圳、成都、青岛等)开始上报建设城市轨道交通项目。这一时期,由于资金短缺,上海、广州等城市多利用国外贷款,由于贷款需购买贷款国的车辆和机电设备,其价格又远高于国际市场价格,致使城市轨道交通造价居高不下。同时,由于大批量引进国外设备,又缺乏统一标准,致使同一设备出现多种制式和规格,给后期运营带来很大隐患。

1995 年,《国务院办公厅关于暂停审批城市地下快速轨道交通项目的通知》(国办发〔1995〕60 号)发布,暂停了城市轨道交通项目的审批,提出:根据我国城市现有经济发展水平和国家财力状况,当前必须严格控制城市快速轨道交通的发展,并对在建项目加强管理。这一阶段,新建完成的城市轨道交通项目只有北京地铁复八线、上海地铁 1 号线和广州地铁 1 号线 3 条线路,线路总长度约 54km。

第三阶段:20 世纪末至今

进入 21 世纪,我国城镇化和城市交通机动化速度加快,交通拥堵、行车困难、环境恶化等问题十分严重,交通需求总量的增长与交通设施供给不足的矛盾已十分突出。在这一背景下,各城市对城市轨道交通的需求也进入了膨胀阶段。

1998年底开始,国家开始研究城市轨道交通设备国产化政策,先后提出以深圳地铁一期工程、上海城市轨道交通明珠线、广州地铁2号线等项目作为国产化依托项目,并先后批复3个项目,城市轨道交通建设又开始启动。随着实施积极的财政政策,进一步扩大内需,国家于1999年陆续批准一批城市轨道交通建设项目,并投入40亿元国债资金予以支持。

2003年,《国务院办公厅关于加强城市快速轨道交通建设管理的通知》(国办发〔2003〕81号)发布,针对一些地方出现的不顾自身财力、盲目要求建设城市轨道交通项目的现象,提出了坚持量力而行、有序发展的方针,并设置了城市轨道交通的准入条件。城市轨道交通建设项目的审批也从单一审批项目转变首先审批建设规划。

2003年至2005年,国家陆续批准了上海、北京、天津、重庆、广州、深圳、南京、杭州、武汉、成都、哈尔滨、长春、沈阳、西安、苏州15个城市的城市轨道交通建设规划。在10年左右时间里,这15个城市提出规划建设62条线路,总长约1700km,总投资在6200亿元左右。

至2009年底,国家又陆续批准了宁波、无锡、长沙、郑州、东莞、大连、青岛、昆明、南昌、福州10个城市的城市轨道交通建设规划。这10个城市在不到10年的时间里,规划建设21条线路,总长近540km,总投资约为2500亿元。

在国家政策的指导下,城市轨道交通开始进入高速、有序发展阶段。据中国城市轨道交通协会统计数据显示:截至2019年12月31日,中国内地累计有40个城市建成投运城市轨道交通线路208条,运营线路总长度6736.2km。其中,地铁5180.6km,占线路总长的76.8%;轻轨217.6km,占线路总长的3.2%;单轨98.5km,占线路总长的1.5%;市域线754.6km,占线路总长的11.2%;现代有轨电车417km,占线路总长的6.2%;磁浮交通57.7km,占线路总长的0.9%;APM线10.2km,占线路总长的0.2%。

1.3.2 我国主要城市轨道交通发展概况

1. 北京

北京市域面积16411km^2。截至2017年末,北京市常住人口2170.7万。

截至2018年底,北京城市轨道交通运营线路共有22条,运营里程637km,共设车站391座,其中换乘站59座,如图1-10所示。2018年,北京城市轨道交通共运送乘客38.5亿人次。

2. 上海

上海位于长江三角洲,是长三角经济区中的核心城市和国内最大的港口。目前上海市域面积为6340.5km^2,人口密度为0.30万人/km^2,其中城市核心区土地面积为289.44km^2,人口密度为2.26万人/km^2;市中心区面积为600km^2,人口密度为0.57万人/km^2。

截至2018年底,上海地铁运营线路共16条,共设车站415座(含磁浮线2座),运营里程共705km(含磁浮线29km),如图1-11所示。2018年,上海地铁总客运量达到37.05亿人次,日均客运量1015.28万人次。

3. 广州

广州市域总面积7434.4km^2,2016年末,广州常住人口1404.35万,比2015年末增加了54.24万,增量居全国第一。户籍人口870.49万,城镇人口比重为86.06%。

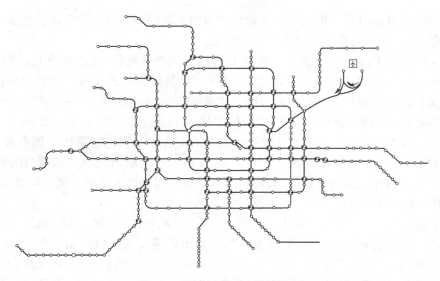

图 1-10　北京城市轨道交通运营网络

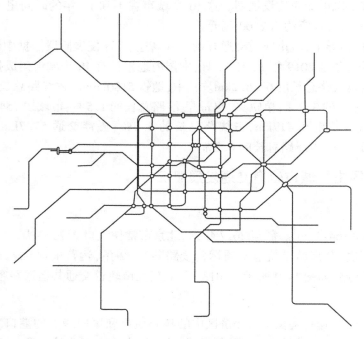

图 1-11　上海城市轨道交通运营网络

广州地铁首条线路于 1997 年 6 月 28 日开通,成为内地第四个开通并运营地铁的城市。截至 2018 年底,广州城市轨道交通共有 14 条运营线路,总长为 478km,257 座车站,如图 1-12 所示。2018 年线网总客运量达到 30.26 亿人次,日均客运量达 829.03 万人次,地铁客运量占城市公共交通的比重上升至 51%,单日最高客运量达 996.2 万人次。

4. 深圳

深圳是中国南部海滨城市,毗邻香港。全市面积 1997.27 km²,2016 年末常住人口 1190.84 万,比上年末增加 52.97 万,增长 4.7%,其中户籍人口 384.52 万。

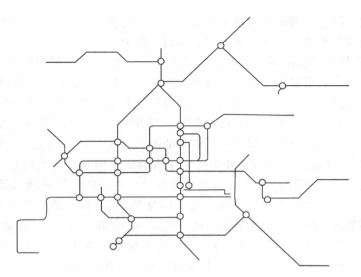

图 1-12 广州城市轨道交通运营网络

  截至 2017 年底,深圳地铁已开通运营线路共有 8 条,运营线路总长 285km,共 199 座车站,如图 1-13 所示。2016 年年客运量 12.97 亿人次,日均客运量 354.41 万人次。7、9、11 号线开通后,日均客流高达 450 万人次,同比增长 46.5%,城市轨道交通公交分担率上升至 40%,极大地改善了市民交通出行条件。

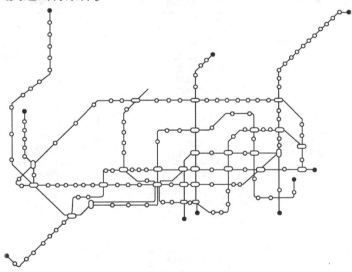

图 1-13 深圳城市轨道交通运营网络

1.4　城市轨道交通规划体系构成

1.4.1　城市轨道交通规划与相关规划的关系

作为对城市发展影响深远的基础设施,城市轨道交通线网规划是城市总体规划的强制性内容,同时也是城市综合交通规划的重要组成部分。因此,城市总体规划和综合交通规划作为上位规划,自始至终紧密贯穿于城市轨道交通规划工作中。

城市轨道交通规划工作由多项内容组成,其中"城市轨道交通线网规划"是在城市总体规划、综合交通规划以及城市远景发展战略研究的基础上,确定远期和远景线网规划方案,是城市轨道交通规划工作的核心。"城市轨道交通建设用地控制规划"是在线网规划的基础上,结合城市用地控制性详细规划,深化城市轨道交通工程方案,确定用地控制红线,并纳入城市规划控制管理体系,是线网规划在城市用地规划中的落实。按照城市轨道交通用地控制要求和影响范围,城市规划部门应组织开展"城市轨道交通沿线土地利用调整规划",协调沿线用地开发建设、地下空间合理利用,促进城市轨道交通与城市用地的协调发展,是线网规划对城市用地规划的反馈。"城市轨道交通与城市交通一体化规划"是在城市综合交通规划战略目标指导下,进一步明确落实城市轨道交通在城市交通中的功能定位和作用,以城市重要交通枢纽点锚固线网,形成以城市轨道交通站点为核心,衔接各种交通方式的一体化体系,是线网规划对城市综合交通规划的深化与反馈。"城市轨道交通近期建设规划"是在上述一系列规划指导下,结合城市近期建设目标、经济发展规划、交通需求等,在研究近期建设必要性、建设时机、建设规模后,提出城市轨道交通建设项目选择和实施方案。"城市轨道交通近期建设规划"是城市申报城市轨道交通建设的文件,经国家批复后视同立项,可作为"城市轨道交通项目可行性研究"的依据。整个规划体系如图1-14所示。

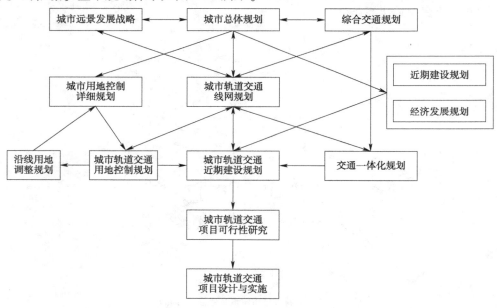

图 1-14　城市轨道交通规划体系

在上述层次关系中,一方面要强调城市轨道交通规划和上位规划的符合性,应按照城市总体规划、综合交通规划制定的发展目标要求来进行规划;另一方面要注意城市轨道交通规划会对上位规划和相关规划起到重要的反馈作用,在编制时应做到彼此的互动、协调与反馈。

1.4.2　城市轨道交通工作体系构成

城市轨道交通工作自成体系,而且具有很强的系统性和专业性,其中主要包括线网规划,建设用地控制规划、近期建设规划、项目可行性研究、项目设计等，其基本构成如图 1-15 所示。线网规划是确定城市轨道交通的长远发展目标；建设用地控制规划是根据工程方案落实建设用地；近期建设规划确定建设时机、建设目标、建设方案、主要技术标准等，可替代项目建议书。建设规划获批意味项目立项，应在建设规划的指导下，开展项目可行性研究，确定单条线路的功能定位、技术标准、建设方案等，明确项目可行性，并指导下一步的项目初步设计和施工图设计。

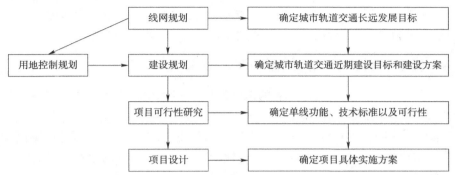

图 1-15　城市轨道交通工作体系基本构成

在实际操作中，不同城市结合自身的管理特点不断完善城市轨道交通工作体系，丰富规划建设内容，包括在项目可行性研究、项目设计阶段围绕线路和车站开展的土地调整规划、城市一体化设计、交通衔接规划和设计等内容。例如，《武汉市轨道交通规划管理办法》中明确，城市轨道交通规划体系包括线网规划、建设规划、用地控制规划、线路综合规划和修建性详细规划。但无论如何，在整个工作体系中，线网规划始终是基础、是根本依据，线网规划成果必须纳入城市总体规划，并作为强制性内容。

1.4.3　城市轨道交通线网规划的作用

城市轨道交通具有非逆转性，线路一旦建成不易更改，线网规划是指导城市轨道交通建设的上位规划，是城市轨道交通建设的根本依据，其科学性、合理性尤为重要。合理的线网规划具有如下作用：

（1）引导城市用地布局优化、支持城市总体规划目标的实现。作为城市重要的基础设施和城市空间的主骨架，合理的城市轨道交通线网应与城市总体布局相匹配，形成以城市轨道交通为导向的集约、可持续的土地利用模式，改善城市功能、优化空间结构，从而支持城市总体规划目标的实现。

（2）构建一体化综合交通体系，促进综合交通规划目标的实现。作为城市骨干客运交通方式，城市轨道交通大运量、可靠、快速的出行优势具有不可替代的作用。合理的线网规划能够保障城市轨道交通与其他交通方式、内外交通系统的紧密衔接，促进和引导城市客运交通系统整体协调发展，形成一体化的综合交通体系，从而优化城市客运出行结构、改善交通出行质量、缓解道路交通压力、提高城市活力。

（3）为控制城市轨道交通建设用地和轨道交通工程立项提供依据。按照我国城市轨道交通工作体系，线网规划是最根本性工作，是城市轨道交通建设用地控制规划工作开展的依据，也是城市轨道交通建设规划上报的必备支撑文件内容。

（4）指导城市轨道交通的有序建设，降低工程造价，促进自身可持续发展。合理的城市轨道交通线网规划具有良好的线网结构和网络运营效益，能为漫长的城市轨道交通网络形成过程提供合理的建设时序，确保近期建设方案的稳定性并与远期建设相协调，为实现资源共享、网络化运营等创造条件，为降低工程造价和工程风险奠定基础，并指导城市轨道交通系统自身不断完善，从而取得预期的社会经济效益。

（5）为城市大型基础设施布局和建设的统一安排创造条件。作为城市最大规模的基础设施之一，合理的线网规划能够促进城市轨道交通建设与城市相关基础设施建设相互协调、配合，为大型基础设施布局和建设的统一安排创造条件，促进城市整体协调发展。

1.4.4　城市轨道交通线网规划的基本要求

线网规划是城市轨道交通长远发展的总体设计，是近期建设规划的重要依据，线网规划应具备科学性、稳定性、前瞻性和协调性。

（1）科学性。线网规划目标应与城市总体规划和城市综合交通规划目标协调统一，线网规划方案应与城市规模、布局和自身特点相适应，与城市居民出行需求相匹配，并与城市其他相关规划相协调。

（2）稳定性。各规划年限线网构架应稳定。远期规划方案应落实，为城市轨道交通近期建设规划提供可靠依据；远景规划方案应适度留有灵活性，能够应对城市发展风险。

（3）前瞻性。应结合城市远景发展设想提出合理的远景线网方案和综合交通发展模式，支持和引导城市长远发展。

（4）协调性。线网规划是涉及城市规划、交通工程、建筑工程以及社会经济等多项专业的系统工程，要处理好各种内外界因素和边界条件的影响，要与城市其他交通子系统及城市基础设施规划相协调。

思考题

1. 简述城市轨道交通规划与相关规划之间的关系。
2. 城市轨道交通规划体系包含哪些具体内容？
3. 线网规划在城市轨道交通建设中有何作用？
4. 城市轨道交通如何对城市用地产生影响？

第 2 章
城市轨道交通主要子系统

城市轨道交通是一个复杂的技术系统,其专业涵盖土建、机械、电气、电子信息、环境控制、运输管理等领域。城市轨道交通系统由一系列相关设施和设备组成,这些设施设备包括线路、车站、车辆及车辆基地、供电系统、通信系统、信号系统、环控系统、给排水系统以及售检票系统等,它们的协同工作是确保城市轨道交通为乘客提供满意服务的前提。本章介绍上述几个主要子系统。

2.1 线路、轨道与限界

2.1.1 线路

线路是城市轨道交通的重要组成部分,是列车运行的基础。城市轨道交通线路按其与地面的关系可分为地下线路、地面线路和高架线路,按其在运营中的作用可分为正线(包括支线)、配线(辅助线)和车场线。

1. 正线

正线是指供载客列车运营的贯穿全程的线路。城市轨道交通正线是独立运行的线路,一般按双线设计,采用与我国城市街面一致的右侧行车制。大多数线路为全封闭,与其他交通线路相交处,一般采用立体交叉。

2. 配线

配线是指在运行过程中为列车提供收发车、折返、联络、安全保障、临时停车等功能服务,通过道岔与正线或相互联络的轨道线路,包括折返线、渡线、联络线、停车线、出入线、安全线等。配线是轨道交通系统的重要组成部分,直接关系到系统运营组织的效率。

折返线是指为能开行折返列车而设置的专供改变列车运行方向的线路。城市轨道交通线路的终点站一般设置折返线。另外,城市轨道交通线路全线的客流分布一般不太均匀,通常根据需要开行区间折返列车,这些可提供折返的车站也需配置折返线。常见的折返线形式如图2-1所示。

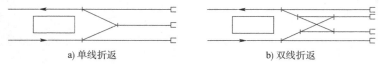

图2-1 常见的折返线形式

渡线可满足改变列车进路的需要,也可改变列车运行方向。但在中间站利用渡线进行区间列车折返时,需占用正线进行作业,故对行车组织要求十分严格,且列车运行间隔受其制约将加大,导致线路通过能力下降,安全可靠性存在隐患。所以运行速度较高、运行间隔较短时,不宜采用渡线作为折返方式。常见的渡线形式如图2-2所示。

图2-2 常见的渡线形式

在城市轨道交通网络中,同种制式的线路实现列车过轨运行,一般通过线与线之间的联络线实现,联络线的位置由线网规划确定,如图2-3所示。

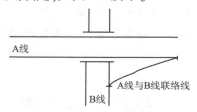

图2-3 联络线

停车线一般设置在终点站或区间车站,专门用于列车停放使用,并可进行少量检修作业。在正线运营过程中,列车运行间隔通常非常小,如出现非正常情况,为使故障列车能及时退出正线运营而不影响后续列车运行,通常每隔3~5个车站应加设停车线,停车线设置形式与折返线类似。

出入线是从车辆段到运营正线之间的连接线。车辆段出入线可设计为单线或双线、平交或立体交叉线路,具体方案要根据具体地理条件和远期线路通过能力需要来确定。典型的车辆段出入线布置形式如图2-4所示。

安全线是为防止车辆段出入线、折返线或岔线(支线)上行驶的列车未经允许进入正线,与正线上行驶的列车发生冲突;确保正线列车安全、正常运行的一种安全防护设备,主要是为了确保正线列车安全、正常运行。安全线一般设在尽端线的末端,或其他线路列车进入正线区间线路前。

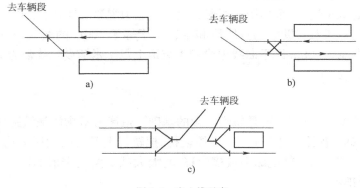

图 2-4 出入线示意

3. 车场线

车场线是车辆基地内各种作业线,主要包括以下几种。

(1) 检修线:设置在车辆基地检修库内,专门用于检修车辆的作业线,配有地沟和架车设备。

(2) 试验线:设置在车辆基地,用于对检修完毕的车辆进行运行状态检测的线路。

(3) 洗车线:专门用于清洗车辆的作业线。

(4) 出入库线:是车辆基地与正线联系的线路,专供列车进出车辆基地。一般分入库线和出库线。

2.1.2 轨道

轨道是城市轨道交通工程的主要技术装备之一,是行车的基础。轨道由钢轨、轨枕、道床、道岔、联结零件等组成,它的作用是引导列车运行,直接承受由车轮传来的荷载,并把它传递给路基或隧道建筑物。轨道必须坚固稳定,并具有正确的几何形位,以确保列车的安全运行。

1. 钢轨

钢轨直接承受轨道交通列车荷载,并传递到扣件、轨枕、道床和结构地板,依靠钢轨的头部内侧和列车轮缘的相互作用引导列车前进。在列车静荷载和冲击动力荷载作用下,钢轨产生弹性挠曲和横向弹性变形,因此,钢轨须具备足够的承载能力、抗弯强度、断裂韧性、稳定性、耐磨性、耐腐蚀性。钢轨的断面形状采用具有最佳抗弯性能的工字形断面,如图 2-5 所示。

我国生产的钢轨,长度一般有 12.5m 和 25m 两种,在铺轨时,均焊接成无缝钢轨。钢轨习惯上以每米质量来分类,主要有 43kg/m、50kg/m、60kg/m、75kg/m 几种。质量越大,表示断面强度等性能指标越高。轨道交通选择钢轨类型目前尚未出台相关标准,选型时主要考虑运量、旅客运输的安全、舒适、低噪、寿命长、维修少等因素。不同作用线路选型有所区别,正线钢轨宜选用重型钢轨,其他依情况而定。

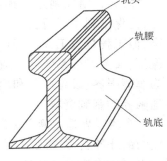

图 2-5 钢轨断面

2. 轨枕

轨枕类型随轨距、道床种类及使用处所不同而异。正线隧道内线路一般采用短轨枕或长轨枕的整体钢筋混凝土道床，车场线采用普通钢筋预应力混凝土轨枕，在道岔范围内少数区段采用木枕。隧道的正线及辅助线的直线段和半径大于等于 400m 的曲线段，每千米铺设短轨枕数为 1680 对，半径为 400m 以下曲线地段和大坡道上每千米铺设轨枕数为 1760 对。车场线每千米铺设轨枕数为 1440 根。

3. 道床

道床是轨道的重要组成部分，是轨道框架的基础。道床通常指的是铁路轨枕下面，路基面上铺设的石砟（道砟）垫层。主要作用是支撑轨枕，把轨枕上部的巨大压力均匀地传递给路基面，并固定轨枕的位置，阻止轨枕纵向或横向移动，大大减少路基变形的同时还缓和了车轮对钢轨的冲击，便于排水。

道床分为普通有砟道床和混凝土整体道床（也称为无砟道床）。有砟道床通常由具有一定粒径、级配和强度的硬质碎石堆集而成，在次要线路上，也可以使用级配卵石或粗砂。整体道床常为现浇钢筋混凝土结构，常用于不易变形的隧道内或桥梁上。

4. 道岔

道岔是一种使机车车辆从一股道转入另一股道的线路连接设备。它的基本形式有 3 种：即线路的连接、交叉、连接与交叉的组合。常用的线路连接有各种类型的单式道岔和复式道岔，交叉有垂直交叉和菱形交叉，连接与交叉的组合有交分道岔和交叉渡线等。常用的道岔种类有单开道岔、三开道岔、交叉渡线道岔和复式交分道岔等。

5. 扣件

钢轨扣件是联结钢轨与轨枕的中间零件，要求联结可靠、结构简单、便于拆装，还要具有弹性、减振和绝缘等性能。不同类型的轨枕和有砟、无砟轨道使用的扣件不同。木枕扣件，包括普通道钉和铁垫板。混凝土轨枕扣件，有扣板式、拱形弹片式和弹条式等类型扣件。最常用的为弹条式扣件，它们包括螺纹道钉、螺母、平垫圈、弹条、轨距挡板、挡板座和橡胶垫板等零件。

2.1.3 限界

城市轨道交通列车是沿固定轨道快速运动的物体，它需要在特定的空间中运行，根据各种静态和动态的参数与特性，经计算确定的空间尺寸称为限界。规定限界的目的是防止列车在直线和曲线运行时与其他物体发生接触，保证列车行驶的安全。

限界是由控制点及其连线组成的，是保证列车沿固定轨道安全运行时所需的空间尺寸，为保证列车运行安全，各种建筑物及设备均不得侵入限界范围。限界越大，安全度越高，但工程量及工程投资也随之增加。因此，合理限界的确定既要考虑对列车运行安全的保证，又要考虑系统建设成本。根据城市轨道交通系统的构成和设备运营要求，限界可分为车辆限界、设备限界和建筑限界。车辆轮廓线依据车辆横剖面包络而成，是设计轨道交通限界的基础资料。

车辆限界是车辆在正常运行状态下形成的最大动态包络线，是以线路为基准的基准轮廓线的最外各点，如图 2-6 所示。其值必须根据车辆技术参数、最大行车速度、轨道参数、接触网（接触轨）参数及各种磨耗值计算确定。

设备限界是用于限制设备安装的控制线,是列车在故障运行状态下所形成的最大动态包络线。列车在运行中以机械故障产生车体额外倾斜或高度变化,此类故障主要指一系悬挂或二系悬挂意外损坏,以此计算最大值为设备限界的包络线。除另有规定外,建筑物及地面固定设备的任一部分,即使涉及了它们的刚性和柔性运动,也不得向内侵入此限界。

建筑限界是位于设备限界以外的一个轮廓线,是在设备限界基础上,满足设备和管线安装尺寸后的最小有效断面。它规定了地下隧道的形状、尺寸、位置,地下车站及站台位置以及地面建筑物(包括接触网支柱、声屏障和屏蔽门等)的位置。图 2-7 所示为圆形隧道建筑限界。

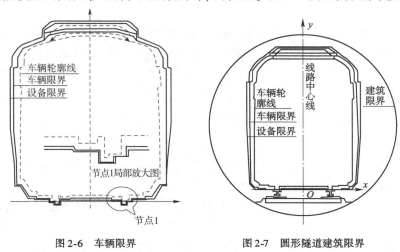

图 2-6 车辆限界   图 2-7 圆形隧道建筑限界

2.2 车　　站

2.2.1 车站分类

城市轨道交通车站是系统与服务对象的接口处。各类车站的设置、线路布置、设施的配置对提高服务质量、增强客流吸引、保证行车安全有重大影响,进而决定了系统的效率和效益,应引起规划、设计者的高度重视。车站是城市轨道交通中最复杂的建筑物,有很多类型。车站按运营功能可分为中间站、折返站、换乘站、接轨站、越行站、终点站等,如图 2-8 所示。

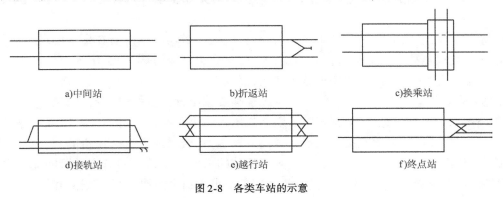

图 2-8 各类车站的示意

中间站是仅供乘客乘降用的车站,其设施比其他各类车站都要简单。

折返站是在车站内有尽端折返设备的中间站,能使列车在站内折返或停车。

换乘站是能够使乘客实现从一线到另一线换乘的车站,它除了配备供乘客乘降的站台、楼梯或电梯之外,还要配备供乘客由一线站台至另一线站台的换乘设施。

越行站是每个行车方向具有一条以上停车线的中间站,其中一条供站站停的慢车使用,其他供非每站都停的快车使用。

接轨站是位于轨道交通线路分岔处的车站,其中有一条是正线,可以在两个方向上接车和发车。

终点站是位于线路起、终点处的车站,除了供乘客乘降外,还用于列车折返及停留,因此终点站一般设有多股停车线。如果线路需要延长时,则终点站可作为中间站或折返站来使用。

2.2.2 车站建筑

车站建筑由两个重要部分组成,分别是车站主体建筑和车站附属建筑。

1. 车站主体建筑

车站主体建筑主要包括两个部分:一个是站厅、站台公共区,也就是乘客能够出入的使用空间;另外一个是车站设备区,包含设备房间和管理房间等。

站厅、站台公共区是乘客能够参与其中的场所,为乘客提供交通服务,分为付费区与非付费区,主要包括售票机、进出站检票设施、乘客服务中心、商铺、楼扶梯及垂直电梯、公共卫生间、候车室、无障碍厕所等。站厅层应有足够的公共区面积来保证高峰时段客流的集散,应有数量匹配的售检票设备和其他公共设备设施;站台层应有满足要求的站台宽度,楼扶梯应分布均匀,满足紧急情况下旅客疏散需要。另外,还应根据列车编组要求保证所需的有效站台长度。

车站设备区是车站工作人员办公、设备安装和操作的空间,能够保证车站正常运转。主要包括车站控制室、站长室、警务室、交接班会议室、站务员室、清扫工具间、屏蔽门设备室、通信设备室、信号设备室、AFC 票务室、AFC 维修室、环控电控室、消防泵房、污水泵房、行车备品库、废水泵房、商用通信设备室、气瓶间、变电所、照明配电室、通风机房、更衣室等,它们通常设置在站厅层和站台层的两端端部。

2. 车站附属建筑

一般地下车站附属建筑主要包括出入口及通道、无障碍电梯、通风风道、地面风亭、冷却塔等。

车站附属建筑的出入口、无障碍电梯以及风亭、冷却塔均需结合所在地区的城市规划,其地面部分的立面需要做到简洁、自然、美观、大方,与周边环境协调一致;出入口应考虑兼顾地下过街通道功能,出入口的个数应根据车站周边环境并结合车站远期预测客流量取值来计算确定,通常设置不宜少于 4 个,如果车站客流量确实较小,可以适度减少,但最少不能少于两个。车站出入口通道总宽,应根据车站远期预测超高峰小时客流量计算车站出入口通道总宽度,使与楼扶梯连接的通道宽度满足最大客流通过能力,兼顾地下过街通道的,其宽度可以依据过街客流量适当加宽,并确保满足旅客紧急疏散的需要。车站出入口应尽可能地吸引各个来向客流,合理设置,让居民的出行变得便捷。车站出入口和风亭可以根据实际周边条件,在考虑城市景观的前提下,尽量选择与周围建筑结合布置。要控制地面出入口、风亭的体量,并且外观要做到简洁、美观,和周围的建筑风格和谐统一。

2.3 车辆及车辆基地

2.3.1 车辆

城市轨道交通车辆作为城市公共交通旅客运载工具,不仅要保证车辆运行的安全、准点、快速,而且要为乘客提供良好的服务条件,使乘客乘车舒服、方便,还要考虑对城市景观和环境的影响。城市轨道交通车辆可分为 A 型车、B 型车、C 型车、D 型车、单轨胶轮车、L 型直线电机车辆等。

车辆类型应根据当地的预测客流量、行车密度、线路条件、供电电压、车辆与备品来源、技术发展、产品价格和维修能力等因素,综合比较而选定。城市轨道交通车辆尽管形式不同,但其均可由车体、转向架、制动系统、风源系统、电气传动控制系统、辅助电源、通风采暖及空调、内部装饰及设备、车辆连接装置、受流装置、照明系统等组成。

1. 车体

车体是城市轨道交通车辆重要的组成部件之一,设置在转向架上。除了载客之外,几乎所有的机械、电器、电子等设备都安装在车体的上部、下部及内部,驾驶室也设置在车体中。车体应满足隔音、减振、隔热、防火以及尽可能保证乘客安全的作用,因此车体应具备足够的刚度、强度,自重要轻量化。

2. 转向架

转向架是城市轨道交通车辆重要的组成部件之一,是支撑车体并负担车辆沿轨道走行的支撑走行装置。转向架的结构及各部参数是否合理直接影响车辆的运行品质、动力性能和行车安全。

3. 制动系统

使车辆根据需要减速,直至在规定的距离内停车须由制动系统来实现。制动系统由制动控制系统和制动执行系统组成。制动系统可分为摩擦制动、电气制动和磁轨制动等形式。摩擦制动又称机械制动,分为闸瓦制动和盘型制动;电气制动分为能耗制动和再生制动;磁轨制动是用电磁铁与钢轨间的作用力实施制动的。

4. 风源系统

城市轨道交通车辆的转向架上的空气弹簧、机械制动、门的开闭等都需要压缩空气,所以必须有风源系统。风源系统一般由电动空气压缩机、除油除湿装置、散热装置、压力控制装置、管路等组成。

5. 电气传动控制系统

电气传动控制系统由电器控制系统及电气执行系统组成。电气传动控制由控制信号发生、控制信号传输的电子器件及控制电器组成。电气执行系统由牵引电动机组成。

电气传动控制系统分为直流控制系统和交流控制系统。所谓直流控制系统就是采用直流牵引电动机的控制系统,所谓交流控制系统就是采用交流电动机的控制系统。

6. 辅助电源

城市轨道交通车辆上照明、通风、空调、控制等用电均由辅助电源供给。辅助电源早期为电动发电机组,现多采用逆变电源。

7. 通风、采暖及空调

城市轨道交通车辆运输大量乘客,必须设有通风装置,一般采用机械通风。在地面高架及运行在较冷地区的车辆,还设有采暖电热器,一般由供电线路直接供电。为提高舒适度,车辆一般设有空调装置。

8. 内部装饰及设备

车辆内部装饰及设备要求美观、舒适、隔音、减振、安全、防火。内部装饰包括内部的墙板、顶板、地板及驾驶室布置等。设备包括车窗、车门及机构、座椅、扶手、吊环及乘客信息装置等。

9. 车辆连接设备

轨道交通列车多辆编组,车辆之间设有连接装置。连接装置由车钩及缓冲器、电气联结及风挡、渡板组成。车钩及缓冲器作用是连接车辆及减少车辆间的纵向冲撞。为便于相邻车辆间乘客的流动,调节客流的疏密,现代车辆之间采用全贯通式连接,设有风挡及渡板。

10. 受流装置

受流装置就是接受供电的装置。一般城市轨道交通车辆采用直流供电,分750V和1500V两种。直流750V供电采用第三轨供电,在车辆的转向架上装有受流器;直流1500V供电采用架空线接触网式供电,车辆采用受电弓受流。

11. 照明系统

城市轨道交通车辆照明系统包括内部照明和外部照明两部分,其中内部照明又分为驾驶室照明和客室照明两部分。驾驶室照明由驾驶室照明灯、阅读灯及相应开关组成。客室照明是列车在运营过程中为乘客提供的舒适的视觉照明。客室照明包括客室正常照明和客室应急照明。外部照明包括头灯、尾灯及运行灯。头灯用于列车运行中的前进照明,便于驾驶员对前方路况及信息进行观察;尾灯显示列车尾部所在的位置;运行灯用来显示列车运行状态的指示灯。头灯、尾灯和指示灯都不能通过开关进行控制,与列车运行状态有关。

2.3.2 车辆基地

车辆基地是车辆维修、保养、停放、运营设备综合维修、物质总库和培训中心的综合基地。车辆基地按承担车辆维修任务不同可分为检修车辆段(简称车辆段)和运用停车场(简称停车场)。一般一条线路可设一个车辆段,也可多线路共用一个车辆段。当一条线路长度超过20km时,可以考虑设一个车辆段、一个停车场。

车辆段一般具有以下功能:

(1)车辆停放、调车编组、日常检查、一般故障处理和清洗、消毒。

(2)车辆修理——月修、定修、架修与临修。

(3) 车辆技术改造或厂修。

此外,车辆段还应为乘务员的换班作业提供必要条件。在很多情况下,乘务计划的编制和乘务员的组织管理工作也在车辆段进行。据城市轨道交通线路的情况,有时可以另外设置仅用于停车和日常检查维修作业的停车场或检车区,在管理上一般附属于主要车辆段。

2.4 供 电 系 统

供电系统是城市轨道交通各系统的动力能源和心脏,向轨道交通各机电设备提供安全可靠的电力供应,满足各系统的供电要求,它主要包括主变电所(对于集中供电方式)、牵引供电系统、变配电系统、电力监控系统和杂散电流防护系统。供电系统的功能包括接受并分配电能,降压整流及通过接触网传输直流电能、降压及动力配电,各级供电网络在正常、事故和灾害情况下的控制、测量、监视、计量和调整,安全操作连锁功能和故障保护。

2.4.1 供电方式分类

高压供电源系统是城市电网对城市轨道交通系统内部的变电所的供电方式。高压供电电源方式有3种:集中式供电、分散式供电和混合式供电。

集中式供电:沿城市轨道交通线路,根据用电容量和线路的长短,设置专门的主变电所。主变电所有两路独立的110kV,由主变电所变压为内部供电系统所需的电压级,一般为10kV或35kV。由主变电所构成的供电方式为集中式供电。我国上海、广州、香港即为此种供电方式。

分散式供电:沿城市轨道交通线路沿线直接由城市电网引入多路电源,电源电压等级一般为10kV,供给各牵引变电所。分散式供电应保证每座牵引变电所和降压变电所皆能获得双路电源。

混合式供电:混合式供电是前两种供电方式的结合,以集中式供电为主,个别地段引入城市电网电源作为集中式供电的补充,使供电系统更加完善和可靠。北京地铁1号线和2号线即为此种供电方式。

2.4.2 供电系统组成

1. 电源系统

主变电所将城市电网的高压(110kV)电能降压后以相应的电压等级(35kV或10kV)供给牵引变电所和降压变电所。为保证电的可靠性,一条城市轨道交通线路一般设置两座或两座以上的主变电站。

2. 中压网络

中压供电网络(35kV或10kV)把主变电站的电能输送到各牵引变电所和降压变电所。纵向把主变电站(或开闭所)和牵引、降压变电所连接起来,横向把各个牵引变电所、降压变电所连接起来。

3. 牵引变电所和接触网

牵引变电所将主变电站送来的中压(35kV或10kV)电能经过降压和整流变成牵引车辆所用

的直流电能(DC1500V 或 DC750V),送至接触网。接触网将牵引变电所的直流电能(DC1500V 或 DC750V)传输到在线路上移动的轨道交通车辆上的用电设备。架空接触网,又分为架空柔性接触网与架空刚性接触网,一般在地下区间采用架空刚性接触网。

牵引网包括接触网、钢轨回路(包括大地)、馈线和回流线。

4. 降压变电所

将主变电站送来的中压电能(35kV 或 10kV)经过降压变成 380V/220V 低压电能,向车站和线路区间的动力、照明负荷和其他用电设施供电。

当该车站设有牵引变电所时,一般和牵引变电所合建为牵引降压混合变电所。当车站规模较大时,为了减少低压供电电缆和满足供电质量要求,可能需要增设一座或两座降压变电所,增设的降压变电所称为跟随式降压变电所。

5. 电力监控系统

电力监控系统又称 SCADA(Supervisory Control and Data Acquisition)系统或者远动系统。它对城市轨道交通供电系统主变电所、牵引变电所、降压变电所等不同类型变电所内的高压 110kV 设备、中压 10kV/35kV 设备、直流 750kV 或 1500kV 设备、低压 400V 设备、交直流电源屏、排流柜、钢轨电位限制装置等对象进行监控,实现对各种设备的控制、信息采集、数据分析处理、远程维护、统计报表、事故报警、画面调阅、历史数据查询等功能。

2.5 通 信 系 统

为保证城市轨道交通系统列车运行的安全、可靠、准点、高密度和高效率运行,实现运输的集中统一指挥及行车调度自动化和列车运行自动化,城市轨道交通系统必须配备专用的、完整的、独立的通信系统。

城市轨道交通通信系统是一个既能传输语音信号,又能传输文字、数据和图像等各种信息的综合业务数字通信网。

城市轨道交通通信系统的主要作用有以下 3 方面:

(1)通信系统与信号系统共同完成行车调度指挥,通信系统为信号系统尤其是 ATC(列车自动控制系统)提供传输通道。

(2)通信系统是城市轨道交通内部公务业务联系的主要通道,使城市轨道交通各个子系统之间密切联系,以提高整个系统的运行效率。

(3)通信系统是城市轨道交通内外联系的通道。

城市轨道交通通信系统一般设置专用通信、警用通信、商用通信三大通信系统。商用通信系统是地面公众通信系统在地铁的延伸部分,通过设置移动电话引入系统将地面各运营商的移动通信业务引入地铁,使乘客在进入地铁后仍然能享受与地面一样的公众移动通信服务。警用通信系统是城市公安通信网络在地铁的扩展部分,为保障轨道交通警用各管理部门业务的正常开展,实现轨道交通安全运营以及打击各种犯罪行为。专用通信系统是地铁指挥列车运行、组织运输生产、提高运营管理效率和服务质量的重要手段。

城市轨道交通专用通信系统主要按业务划分子系统,主要由传输系统、无线通信系统、公务电话系统、专用电话系统(也称调度电话系统)、闭路电视监视系统(简称CCTV)、广播系统、时钟系统、信息网络系统、乘客信息系统(简称PIS)、通信电源及接地系统、集中网管系统等11个子系统组成。

2.6 信号系统

传统的信号系统即以地面信号显示为依据,司机按行车规则操纵列车运行。目前,世界各国的城市轨道交通的信号系统大都采用ATC系统。ATC系统主要包括ATS(Automatic Train Supervision,列车自动监控)、ATP(Automatic Train Protection,列车自动保护)、ATO(Automatic Train Operation,列车自动运行)3个子系统。它是一套完整的控制、监督、管理系统,位于管理级的ATS模块较多地采用软件方法实施联网、通信及指挥列车安全运行;发送和接收各种行车命令的ATP系统确保列车的安全运行;车载ATP设备接收轨旁ATP设备传递的信号指令,经校验后送至ATO系统完成部分运行的操作功能。3个子系统既相对独立又相互联系,完整的ATC系统能确保列车安全、快速、短间隔地有序运行,ATC系统设备分布于控制中心(Central Control)车站、轨旁及车上。

在控制中心内计算机系统、中心数据传输系统、控制台及CRT显示、信息管理系统及调度表示盘等,其控制及表示信息通过数据传输系统与车站及轨旁的信号设备连接;轨旁设备通过车站数据传输系统与车站ATC系统相连,车站的ATC系统通过ATP子系统发出列车检测命令检查有无列车,并向车上送出ATP限速命令、门控指令及定位停车的位置指令;车上ATC系统通过ATP命令的数据和译码,控制列车的运行和制动,完成定位停车。

1. ATP系统

ATP系统主要用于对列车驾驶进行防护,对与安全有关的设备或系统实行监控,实现列车间隔保护、超速防护等功能。ATP系统的工作原理是:将信息(包括来自联锁设备和操作层面的信息、地形信息、前方目标点信息和容许速度信息等)不断从地面传至车上,从而得到列车当前容许的安全速度,以此来对列车实现速度监督及管理。

ATP系统的功能如下:自动检测列车的位置,实现列车间隔控制,以满足规定的通过能力。连续监视列车的速度,实现超速防护。当列车实际速度大于允许速度时,施加常用制动;当列车速度大于最大安全速度时,施加紧急制动,保证列车不冒进至前方列车占用的区段。

2. ATO系统

ATO系统主要用于实现地对车控制,即用地面信息实现对列车驱动、制动的控制。由于使用ATO系统,列车可以经常处于最佳运行状态,避免了不必要的、过于剧烈的加速和减速,因此可显著提高旅客舒适度,提高列车准点率及减少轮轨磨损。通过与列车再生制动配合,还可以节约列车能耗。

ATO系统的优点是可缩短列车间隔,提高线路的利用率和行车的安全可靠性。ATO系统的功能包括:控制列车在允许速度下运行,并自动调整列车的速度。列车在区间或站外停车后,一旦信号开放,即可自动启动。系统控制列车到达站台的最佳制动,使列车停于预定目标点。停站结束后,保证车门关闭后,列车能自动启动。当列车到达折返站时,自动准备折返。

3. ATS 系统

ATS 系统主要是实现对列车运行的监督,辅助行车调度人员对全线列车运行进行管理。它可以显示全线列车运行状态,监督和记录运行图的执行情况,为行车调度人员的调度指挥和运行调整提供依据,如当列车偏离运行图时及时作出反应等。通过 ATO 接口,ATS 还可以向旅客提供运行信息通报,包括列车到达、出发时间、列车运行方向、中途停靠点信息等。

ATS 系统的功能包括:自动显示列车车次、运行位置和信号设备工作状态,自动或人工办理进路;编制和管理列车运行图,自动调整运行计划,自动描绘或复制列车运行实绩图,进行列车运行模拟仿真;进行车辆维修周期管理,向旅客向导系统提供信息,对运行数据自动统计和制表等。

2.7 环境与设备监控系统

环境与设备监控是对车站和区间隧道内的温度、湿度和空气质量进行调节,为乘客和工作人员提供舒适的环境。环控系统是指站厅、站台、隧道、设备及管理用房等场所进行空气处理过程的系统。环控系统为车站提供舒适的乘车环境,也为车站内所属的机电、通信、信号等设备提供正常工作所需的外在条件,并且在紧急情况下,起到排烟、排毒、输送新鲜空气的作用,但环境与设备监控系统(简称环控系统)不是灭火系统。

环控系统的组成包括隧道通风系统、空调大系统、空调小系统、空调水系统。

1. 隧道通风系统

隧道通风在正常运行时,维持区间内温度不超过标准;如果超标,则需要开启隧道风机。行车阻塞时,需要开启隧道风机,控制隧道温度,并为人员提供新风。区间火灾时,开启本站和相邻车站的隧道风机,近排远送,控制烟气流向,为乘客疏散提供新风。停站列车火灾时,开启本站隧道风机或排热风机,通过轨顶和站台板下的风道排出烟雾和热。车站隧道通风系统主要形式采用以下两种:第一种为车站隧道排风系统分成两组,分别布置在车站两端设备房内,每组设一台风机,各负责半个车站隧道的排风,气流组织采用轨顶和站台板下排风;第二种形式为整个车站为一个排风系统,在车站一端设备房内设两台风机并联,负责整个车站隧道的排风,气流组织采用轨顶和站台板下排风,补风来自车站两端的活塞风井、相邻区间隧道和屏蔽门开启时的漏风。

2. 空调大系统

对车站公共区进行通风和排烟的系统就是大系统。由组合式空调机组、排风机、排烟机、新风机、各类风阀、消音器和风管等组成。

3. 空调小系统

车站根据设备管理用房实际布置情况,在满足各房间使用功能的前提下,车站内分设有多个小系统。车站小系统由空调器、送风机、排风机、风量调节阀、防火阀及一系列的风管等组成。

4. 空调水系统

地铁车站一般采用各站自设冷源,电力制冷,冷水机房设于站内站厅层或站台层。机房内设置冷水机组、冷冻水泵、冷却水泵、集水器、分水器及各类管路,在室外设置冷却塔。车站空调水系统采用一次泵末端变流量,管道采用异程式布置,车站各空调小系统与车站大系统冷冻水管分别从分、集水器上接出。分、集水器间设压差旁通装置,空调设备末端设动态平衡电动调节阀,根据管理区的温湿度调节水量及满足水力平衡要求。

2.8 给水与排水系统

城市轨道交通给水与排水系统(简称给排水系统)由给水系统和排水系统组成。给水系统用来保证车站内的生产生活及消防用水,直接利用市政自来水作为水源。排水系统用来保证车站、车辆段的生活、生产污废水、结构漏水、洞口雨水等能就近排入市政排水管网。

2.8.1 车站给水系统

车站给水系统由生产生活给水系统、消火栓给水系统、自动喷水灭火系统组成。

1. 生产生活给水系统

车站生产生活给水系统由两路市政给水引入管中的一根引入管的消防水表前引出一根生产生活给水干管,并单独设置水表后进入车站。生产生活给水管进入车站后呈枝状分布,主要供给车站工作人员饮用水、盥洗水、厕所用水及站台、站厅层冲洗用水和冷却塔补给水。

2. 消火栓给水系统

地下车站采用生产生活和消防分开的给水系统。地下车站及地下区间隧道的消火栓给水系统为环状管网。地下站厅吊顶内设 DN150 的环状给水管道,站台板下设一根 DN150 的给水管道,站厅及站台板下的给水管道在车站两端设竖向连通管,这样又构成竖向环状管网。上下行区间隧道内,在行车方向的右侧各设一根 DN150 的给水管,并在区间联络通道处连通,站厅两端各设两根竖管和区间的给水管相接,这样车站及前后各半个区间形成一个环状管网给水系统,如仅引一路市政给水,需要设消防水池一座。这样就构成了地下车站及区间的生产、生活及消防共用的安全可靠的环状管网给水系统。

区间消防干管不超过 50m 应预留栓口,每 5 组消火栓栓口间设检修蝶阀。区间不设消火栓箱,仅预留栓口,在进入区间车站站台端部适当位置分别设置区间专用消防器材箱。

3. 自动喷水灭火系统

自动喷水灭火系统是一种利用固定管网、喷头能自动作用喷水灭火,并同时发出火警信号的灭火系统。它利用火灾时产生的光、热、可见或不可见的燃烧生成物及压力信号等传感器传感信号而自动启动,将水洒向着火区域,用来扑灭火灾或控制火灾蔓延。

湿式自动喷水灭火系统,主要由水泵及稳压设备、湿式报警阀、信号阀、水流指示器、管线阀门、喷头末端试水装置等组成。

2.8.2 车站排水系统

1. 车站废水排放系统

车站废水排放系统主要是将车站结构渗漏水、冲洗水及消防废水集中到废水泵房,排入城市污水排水系统。

2. 车站局部废水排放系统

车站局部废水排放系统是将自动扶梯下基坑、折返线车辆检修坑及车站盾构端头井等低洼处的集水,通过排水泵排入城市雨水排水系统。

3. 区间废水排放系统

车站局部废水排放系统是将区间隧道的结构渗漏水、冲洗水及消防废水,通过线路排水沟集中到线路坡度最低点的排水泵房,排入城市雨水排水系统。

排水泵房内的终端控制器根据水位高低自动控制给排水泵的启停;当终端控制器失灵时,由邻近车站的车站控制室通过 BAS(综合监控)系统的控制器进行人工干预,现场可用手动控制。被控对象均要求返回运行状态信号、故障信号、手自动控制信号、水位信号。

4. 车站污水排放系统

车站污水排放系统主要是将车站生活污水集中到污水泵房内的污水池内,由潜污泵提升后排入城市污水排放系统。

5. 洞口雨水排放

列车出入隧道洞口,其线路坡度坡向洞口外为下坡时,其排水沟的水能自流排入城市排水系统时,则不设雨水泵站。当洞口坡度坡向洞口内部为下坡时,则在适当地点设置排雨水泵站。

2.9 售检票系统

目前,国内城市轨道交通采用的售检票系统有人工售检票系统和自动售检票系统两种。

人工售检票系统是单一的采用纸制车票作为介质,通过人工出售、人工检验票、人工统计的一种售检票系统。虽然设备比较简单,车票单一、投资成本低,但是分段计费效果差、不利于在复杂的城市轨道交通网络中应用,运营成本大,而且不利于统计和分析。随着城市轨道交通的发展将逐步为自动售检票系统代替。

自动售检票系统是通过计算机集中控制的,以磁卡及非接触器或 IC 卡为介质的一种售检票方式。它是城市轨道交通实现票务管理自动化的基础,贯穿了城市轨道交通票务运营的全过程,包括:乘客自动/半自动购票、进出站检票(包括验票、计费、收费和单程票回收)、客流和收费统计、售/检票设备监控、车票初始化/个人化、车票分发/回收/循环/退票/挂失/报废、系统密钥的生成和管理、票务清算等。根据技术制式的不同,自动售检票设备主要有以下 3 种系统:①磁卡型自动售检票系统;②接触式 IC 卡型自动售检票系统;③非接触式 IC 卡型自动售检票系统。自动售检票系统方便了乘客,保证了通道,提高了服务质量,因储值票还有储值功能,简化了乘客购票手续,受到了普遍欢迎。对城市轨道交通运输的客运组织、收入审核、决策分析起着重要的作用。设置自动售检票系统,可使城市轨道交通合理计费、吸引客流(特别是短途乘客)、遏制舞弊及逃票、减少管理人员、增加收入、减少运营成本,提高社会效益和经济效益。

从国外的经验和发展趋势来看,凡实行计程票价制,绝大多数都相应采取自动或半自动售检票方式。虽然采用自动或半自动售检票方式要增加设备投资，但优点十分明显，譬如能高效准确地售检票，既节约时间，节省大量劳动力，又避免因人为误解产生纠纷，确保乘客迅速通过售检票口。采用自动或半自动售检票方式还可以加强票务管理，减少人为因素影响，尤其在客流调查方面具有人工售检票无法比拟的优越性。

为方便乘客，许多城市在推行"一卡通"，即市民持有"一卡通"、IC 卡，乘坐市内地铁、公共汽车等交通工具均可使用该卡付费，有的城市还将其和金融机构的系统相连，可持卡进行金融活动及各种消费的付费。随着 IC 卡技术的发展，其可进一步简化，使用更加可靠，建设和维修费用还可降低。此外，随着互联网技术的发展，城市轨道交通售检票系统还纳入了微信支付、支付宝支付等多种移动端支付形式。

思考题

1. 城市轨道交通线路中的配线都有哪些？各自有何作用？
2. 什么是限界？城市轨道交通设计中为什么要确定限界？如何确定限界？
3. 从运营功能角度可将城市轨道交通车站分为哪几类？简述各自功能。
4. 简述车辆段的基本功能。

第 3 章
城市轨道交通线网规划的战略研究

3.1 概 述

城市轨道交通发展战略的主要包括功能定位与发展目标、发展模式与功能层次、服务水平、技术原则与技术路线 4 部分内容,其中功能定位与发展目标是战略分析的第一层级,它由城市与综合交通等宏观需求共同决定,并受地理、人文等宏观因素约束。功能定位与发展目标明确了城市轨道交通在城市以及综合交通系统中的定位与角色,为功能层次的构建提供指引;功能层次是发展模式的核心内容,明确了城市不同区域轨道交通的系统需求;服务水平是基于功能层次,从乘客感知的角度得出的对城市轨道交通的具体需求指标,如图 3-1 所示。

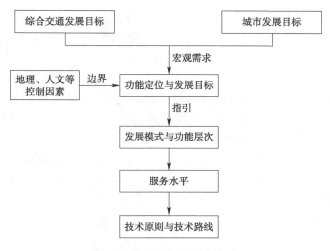

图 3-1 城市轨道交通发展战略

3.2 功能定位与发展目标

3.2.1 概念界定

1. 确定功能定位与发展目标的目的

城市轨道交通线网规划战略研究首先要解决的关键问题是：如何使城市轨道交通的发展与城市的社会经济发展目标、城市建设发展目标、城市交通发展目标以及城市所处的自然、人文环境相协调。明确城市轨道交通发展目标与城市发展目标之间的相互关系、城市轨道交通在实现城市发展目标过程中所起的作用，是做好城市轨道交通线网规划的必要前提。

2. 功能定位定性描述

所谓城市轨道交通的功能定位，就是城市发展目标对城市轨道交通的发展需求，也就是在实现城市社会经济发展目标、城市建设发展目标、城市交通发展目标过程中，城市轨道交通发展的必要性、可能性、基本需求特点以及发展方向。其中：

（1）为实现社会经济发展目标，建设城市轨道交通的必要性、可能性以及需求特点取决于社会经济发展对城市交通的需求，一般表现在城市交通的效能是否满足社会经济发展的需要、是否满足城市社会经济可持续发展的要求、城市轨道交通的建设对社会经济发展产生什么样的影响、社会经济发展是否能够支撑城市轨道交通的建设与运营。

（2）城市建设发展目标对城市轨道交通的必要性、可能性以及需求特点主要表现在城市的交通系统是否满足现状城市建设和未来城市发展的需要，城市的现状和城市规划确定的城市规模、空间范围、空间格局、用地结构、功能配置对城市轨道交通有什么样的需求等。另外，城市的其他公共基础设施、地形地质、自然环境等对修建城市轨道交通有哪些约束，也是确定城市轨道交通修建可能的重要因素。

（3）实现城市交通发展目标对城市轨道交通建设需求的必要性、可能性和需求特点的要求。主要表现在现状城市交通以及未来交通发展在城市的不同空间范围、城市交通不同服务对象、综合交通系统配置等方面，对城市轨道交通规模和服务水平的需求。

通过以上宏观需求，可以确定城市轨道交通在整个城市以及综合交通系统中所发挥的作用。

（1）明确城市轨道交通的服务范围和对象。服务范围中，尤其对于市域范围，要分析市域交通出行需求特性，以及城市轨道交通与区域铁路、道路交通相比的优势和发展必要性；服务对象要明确不同区域轨道交通服务的出行距离群体。

（2）明确城市轨道交通在综合交通体系中承担的作用。一般来说，城市轨道交通在城市公共交通体系中的作用分为主体、骨干两种，在不同区域内可能有所差异。特大型城市中，核心区的城市轨道交通线网往往处于主体地位，在中心城区则一般为骨干地位。

3. 发展目标内涵

确定城市轨道交通的发展目标，通常从以下几方面入手。

（1）城市空间目标：提出城市轨道交通对城市空间结构的作用形式，包括旧城更新改造、支撑功能中心、引导外围发展等。

（2）交通出行结构：主要包括城市交通中公共交通占比以及城市轨道交通占公共交通比例。

（3）时间目标：主要包括城区各功能区或主要客流集散点之间、外围新城至中心区之间的出行时间目标，用小时或分钟表示。

（4）覆盖目标：主要包括不同区域的城市轨道交通服务直接、间接覆盖率。

3.2.2 城市轨道交通在综合交通中的地位

城市轨道交通不仅是增加了一种新的交通方式，更是在城市综合交通体系发展中促成了交通方式结构的变化和功能转换。小汽车、公交车、自行车、出租车等其他交通方式通过城市轨道交通实现了功能转换，各自发挥有别于城市轨道交通的独特优势，与城市轨道交通紧密结合，形成新的综合交通体系，形成了合理稳定的出行方式结构。在小汽车尚不发达的20世纪八九十年代，我国大城市的出行者纷纷转向以自行车、摩托车为主的交通工具。随着城市经济的快速发展和居民生活水平的不断提高，进入21世纪后，私人小汽车开始呈现快速增长趋势。公共汽电车自身发展缓慢带来的运行时间长、准点率低、车厢拥挤程度增加等服务水平的下降问题，导致部分公共汽电车乘客由原来的向"两轮"交通方式分流演变成了向小汽车交通方式分流，从而促进了城市交通结构向个体交通主导方式的演变。因此，发展城市轨道交通，加快城市轨道交通的建设和网络的形成，引导我国大城市形成合理的出行方式结构已经迫在眉睫。

根据城市轨道交通在城市综合交通体系中的地位，其可分为两种模式：

（1）城市轨道交通主体型模式。

城市轨道交通主体型模式是指，城市轨道交通是城市综合交通体系的主体，城市综合交通体系完全依赖于城市轨道交通发展形成，城市轨道交通完全主导了城市空间结构的发展和城市用地规划。城市轨道交通在城市发展和城市综合交通体系演化中完全处于垄断地位。这种模式的城市轨道交通有两大主要特征：

第一，高密度的城市轨道交通线网。城市轨道交通线网非常发达，一般情况下，轨道交通车站600m半径可以覆盖2/3以上的中心城区范围，大部分乘客步行就可以到达城市轨道交通站点,中心城区的出行活动可以由高密度的城市轨道交通线网来支撑。

第二,高运量的城市轨道交通客流。中心城区城市轨道交通客运量占整个公共交通客运量比例的50%以上,客运周转量占整个公共交通客运周转量的70%以上。

在中心城区,规划人口规模500万及以上的城市,城市轨道交通应在城市公共交通体系中发挥主体作用。这些城市人口、就业岗位高度密集,用地紧张,交通供需矛盾突出,应突出城市轨道交通在城市交通方式结构的主体地位,在中心城区,城市轨道交通占城市公共交通出行的比例宜大于50%。

(2)城市轨道交通骨干型模式。

城市轨道交通骨干型模式,是指城市轨道交通形成一定规模,但在城市用地规划和城市综合交通体系中只发挥主导、骨干作用,而不是垄断或主体作用。居民出行方式强调多种交通方式的组合,呈现多样化的出行方式结构。

出行的方式组合是骨干型轨道交通模式的重要特征,即通过一定规模的城市轨道交通网络衔接各交通方式,充分发挥各种交通方式的优势,建立出行方式链,实现组合出行。因此,骨干型轨道交通模式强调的是各种交通方式的综合与协调。由于有较为发达的城市轨道交通网络,相当部分的出行可以依赖城市轨道交通来完成。但城市轨道交通在城市综合交通体系中并不处于垄断地位,一般是高峰时段主要客运走廊上城市轨道交通处于主导地位,非高峰时段则呈现多样化出行。

在中心城区,城市轨道交通占城市公共交通出行的比例,规划人口规模300万至500万的大部分城市大于40%,规划人口规模150万至300万的城市一般大于30%,这些城市的城市轨道交通主要发挥骨干作用。

《国务院办公厅关于加强城市快速轨道交通建设管理的通知》(国办发〔2003〕81号)中要求,申报建设轻轨的城市,城区人口应在150万以上。该文件明确了城市建设轻轨系统达到建设审批条件应具备的人口门槛。目前,国家尚未具体明确开展编制城市轨道交通线网规划应具备的门槛条件。《城市轨道交通线网规划标准》(GB/T 50546—2018)指出:对于规划人口规模不满150万人、确有必要发展建设城市轨道交通的城市,可在城市总体规划中预先安排城市轨道交通线路,规划预留相关设施建设用地。

城市区位、经济水平、规模、形态、地形甚至气候等条件均是城市轨道交通规划必须考虑的因素。一般而言,城市规模越大、用地开发越集中的城市越需要城市轨道交通支撑。而那些人口规模不大、用地比较分散的城市不一定需要建设城市轨道交通,或只需要建设少量的城市轨道交通支撑。因此,城市轨道交通规划时首先应明确城市轨道交通在城市的功能定位,特别是在综合交通体系中的定位。当然,城市也在不断发展中,不同时期城市轨道交通功能也会发生变化。从其他国家的城市发展经验来看,人口和就业岗位高度集中、经济社会活动特别发达的国际大都市如东京、纽约、伦敦等,其中心城区就建设了垄断型轨道交通系统,而大阪以及欧洲的一些人口规模相对较小、经济社会活动比较活跃的城市则采用了骨干型轨道交通系统。

3.2.3 确定发展目标需关注的重点问题

1. 建设条件问题

城市轨道交通是一个庞大、复杂的系统,对建设条件具有特殊的要求,因此建设条件是否满足城市轨道交通的建设需要,是线网规划成败的关键问题之一。以往线网规划重点关注从交通需求角度来分析线网的结构、线路的走向等,缺乏对重要边界条件,如自然地理、社会人文等控制因素的研究,导致对城市轨道交通发展模式界定、网络布局、网络可实施性的考虑有所欠缺,从而对后续的实施工作造成不利影响,甚至导致网络无法实施。因此,在确定城市轨道交通发展目标时,除满足交通需求外,应结合建设条件和可能性来统筹考虑。

我国幅员辽阔,不同地区的城市社会经济发展差别大、自然地理条件迥异,有山地城市、平原城市、滨海(湖、河)城市等。我国历史悠久,很多城市城区内留有不少历史文化遗迹。这些地理、文化、地形、地质等要素都有可能成为不同城市轨道交通规划的边界条件,如有比较特殊的情况,应做专题研究,分析其对城市轨道交通线网规划的影响。

案例3-1:济南泉水专题研究部分内容

济南市作为我国第三经济大省的省会,其城市轨道交通线网规划的批复时间远远落后于同级别城市,其主要原因便是出于对"泉水"这一控制因素的考虑。为保证地铁的修建不对遍布济南泉城的"泉脉"造成影响,在线网规划阶段完成了《济南市轨道交通建设对泉水影响研究》专题报告,给出如下成果:

(1)济南泉水敏感区及周边主要道路地层结构特点。泉水保护敏感区内,泺源大街石灰岩埋深浅、承压水水位高、压力大;泉城路火成岩风化严重、透水性好、水力联系密切,泺源大街和泉城路的岩溶水水位都较浅。上述两条主干路不宜布设地铁线路,最终网络中,城市核心区的线网密度降低。

(2)与泉水喷涌密切相关的地下水主要是岩溶水,地下岩溶水具有承压性,大部分区域内泉水的径流通道都很深,一般在100多米以下。因此,在城市轨道交通建设中只要不揭露、不破坏岩溶水,就不会影响泉水喷涌。

(3)济南市除泉水保护敏感区内,泺源大街、泉城路不宜布设地铁线路外,其他区域都能够修建城市轨道交通;但经十路广电中心至千佛山路局部地段建议地铁埋深不超过16m,历山路、解放路至文化路局部地段建议地铁埋深不超过12m。

基于上述专题研究成果,济南城市轨道交通线网规划在战略研究阶段就确定在城市中心区的敏感区范围,城市轨道交通的覆盖密度不同于其他特大城市,线网密度会有所降低,需要强化地面中低运量公交系统的补充作用和衔接,而且对城市轨道交通地下敷设的埋深提出了总体指导建议。

案例3-2:温州地质专题研究部分内容

温州作为一个滨河、滨海城市,广泛分布着20~70m厚的第四纪泻湖相、溺谷相与滨海相等海相沉积软土层,其工程地质特性对地铁地下线造成了一定影响,因此在线网规划阶段专门进行了温州城区岩土工程条件对地铁修建可行性影响分析的专题研究。提出如下结论:

(1)温州广泛覆盖较厚的淤泥,因此建设城市轨道交通地下线难度较一般城市大;其中,中心城区中部有几块区域地质条件稍差,地下线埋深30m左右,但又是建设密度较高区域,城市轨道交通在此处建议局部改线或增加工程措施。龙湾区总体地质条件较差,地下线埋深几乎都在30m以上,建议以高架或地面线为主。

(2)温州除局部区域外,是具备建设城市轨道交通地下线的条件的。温州城区地质基本情况能够控制,但由于地处火成岩地区,地层变化大,各调查点之间还存在一定变化的可能,需精心规划、设计、建设。

上述研究是对城市轨道交通线网布局适应性的重要调研工作,根据地质这一边界条件,可以指导城市轨道交通线网方案的整体布局和局部区域的优化调整。

2. 清晰界定城市轨道交通的功能定位

城市交通是由各种交通方式共同构成的综合交通系统。当各个交通系统的功能得到充分发挥、设施得到充分利用时,城市综合交通系统的效能才会提高,才能满足城市社会经济发展的需要。城市轨道交通是城市综合交通系统的重要组成部分,它在综合交通系统中的功能定位主要表现在轨道交通与其他交通方式在确定范围内的分工是否清晰,如果不清晰将造成不同交通方式之间的分工重叠、功能冲突。如与城际铁路的功能关系和衔接关系、与城市内部BRT(快速公交)的功能关系以及不同时期的作用等,功能定位不清往往会导致重复建设、资源浪费或衔接不到位等问题。

城市轨道交通主要的功能通常是服务于中长距离出行,具体作用如下:

(1)在不同区域的作用不同,如对于特大城市,外围区城市轨道交通线路主要服务于进出城方向客流,承担交通骨架作用;中心城外围区城市轨道交通需要与其他交通方式配合服务日常出行客流,承担综合交通骨干作用;而中心城核心区城市轨道交通则主要服务于城市居民的日常出行,承担综合交通的主体功能;其他类型城市以此类推。

(2)与其他交通系统的分工。作为城市综合交通系统中的一环,城市轨道交通必须与其他交通系统分工协作、有机组合,才能发挥更大的作用,因此处理好城市轨道交通与其他交通系统之间的分工关系十分重要,必须在线网规划阶段予以明确。在线网规划中,必须对整个综合交通系统进行通盘考虑,分析不同交通方式在各区域的适应性,通过不同交通方式的合理组合、衔接,构建综合交通体系,并避免功能的重叠。如城市轨道交通与城际铁路虽具备各自的适应性和技术标准,但二者的功能在市域范围存在重叠,因此需要处理好二者之间的关系,做好衔接工作,适当条件下可以利用城际铁路承担市域线网的功能,提高轨道资源的利用效率,如呼和浩特城市轨道交通线网中就利用呼包鄂城际铁路承担市域线功能;在中心区和组团内部,则需要处理好BRT(快速公交)等中低运量公交系统与城市轨道交通之间的衔接关系,避免出现二者争抢客流的情况。

3. 确定适合城市轨道交通特点的服务水平和发展目标

城市轨道交通具有自身的技术经济特点和交通运输特点,城市轨道交通的发展目标应符合城市轨道交通的实际,能够指引城市轨道交通线网规划获得与城市发展需求和城市轨道交通自身特征相匹配的规划网络。线网规划应重点研究城市轨道交通需求与供给的匹配性,制订城市轨道交通合理的范围、分担率、层次、速度、密度等目标。不切实际的目标,如城市轨道交通占城市客运系统结构的比例不是建立在城市出行特点和未来客流需求分析的基础上,那么将会过于乐观地估计城市轨道交通的作用或者是低估轨道交通的作用;如盲目提高居民出行结构中公共交通出行比例和城市轨道交通出行占公共交通出行比例,将导致线网规模规划得过大而造成运能浪费,不能取得良好的经济效益等。因此,需要密切结合城市交通出行特性,制订合理、切实可行的城市轨道交通发展目标。

(1)城市空间目标:在城市轨道交通线网规划中,应首先根据城市现状及规划资料明确城市的发展轴线、空间结构、发展动力,在此基础上确定城市未来的发展区域及相关人口、用地规模。在规划中,使城市轨道交通线网覆盖城市主要的发展轴线,引导城市空间结构的调整、优化,同时根据不同区域的远景发展规模确定是否设置城市轨道交通线路、设置何种等级的线路。

(2)交通出行结构:城市轨道交通在公共交通结构中或交通系统结构中承担的比例。确定交通出行结构,应首先分析城市现状交通出行结构特征以及城市空间规模、结构、经济发展变化下的交通出行特性发展趋势,借鉴类似城市交通结构目标的成熟经验,并结合城市综合交通规划中设施供给策略,提出不同区域或通道的公共交通比例及城市轨道交通占公共交通比例。

除了通常交通结构界定因素外,还要特别考虑特定城市形态和特定交通瓶颈影响下交通结构的选择,如团状平原城市,在一定空间尺度范围内非机动化比例较高;山地城市如重庆,自行车比例相对较少;特殊跨河、跨海、跨铁路形成的交通瓶颈处,公共交通比例,尤其是大容量集约式公共交通方式比例应适度提高等;对于市域外围组团与中心城通道之间的城市轨道交通分担比例,要考虑外围组团规模、距离、自平衡能力等因素,甚至不同组团应区别对待。

(3)时间目标:通常包括不同圈层至中心区的出行时间目标、城区内出行时间目标或不同功能区之间的时间目标。时间目标的确定主要依据城市轨道交通服务范围的可接受通勤时间要求(如不同圈层至中心区之间),以及满足社会经济快速发展下的通达性要求(如城区不同功能区之间)。城市规模、形态不同,时间目标有所不同,一般中小城市的目标要高于特大城市(时间更少)。

(4)覆盖目标:一般是指城市轨道交通线网密度、站点的服务覆盖率(集中连片区),或对通道、外围区域的覆盖要求。根据不同区域的人口分布情况、居民出行需求、道路交通状况、交通结构目标,确定该区域合理的城市轨道交通线网密度或站点覆盖率,为城市轨道交通合理规模的匡算提供参考。

这里需要注意,在考虑合理覆盖的同时,要考虑综合交通体系,尤其是其他公交系统的服务能力,并综合考虑城市经济承受能力,制订城市轨道交通的合理覆盖目标。

3.3 发展模式与功能层次

3.3.1 概念界定

城市轨道交通发展模式是指为实现其功能定位和发展目标而制定的策略。功能层次是城市轨道交通发展模式的重点内容之一,是由多种功能城市轨道交通方式组合而成的层次结构。

3.3.2 确定发展模式需要关注的重点问题

随着我国城市化进程的加快,越来越多的城市规模迅速扩大,交通问题日益突出,各城市均相继开展了城市轨道交通线网规划研究。由于城市所处的自然环境、社会经济发展水平、城市发展进程的不同,城市的规模和布局呈现多样性,城市的空间形态、用地结构、功能区分布等都具有较大的区别。交通设施的不断完善和社会经济的发展,使得大多数城市已不局限在中心城范围,部分城市向都市区或市域扩大,而由于所处的自然环境、社会经济发展水平、城市发展进程、城市规模的不同,城市向市域扩张的空间范围、形态、尺度也不尽相同,其按人口规模可划分为特大城市,大城市,中、小等城市;按城市形态可划分为团状城市、带形城市、星形城市等。不同空间尺度、规模和形态的城市交通需求不同,城市轨道交通功能作用和服务水平不同,发展模式和功能层次自然不同。因此,线网规划中分析交通出行需求特征、研究城市轨道交通服务水平,是确定轨道交通发展模式、功能层次的基础和前提,否则就会出现无论城市规模大小均采用单一的地铁模式,或简单用地铁延伸方式解决市域轨道交通出行问题,或城市轨道交通的服务水平与客流需求特征不符,导致线路的技术标准达不到应有水平等。

(1)明确轨道交通功能层次,结合城市自身的规模、形态以及交通需求特点建立适宜的轨道交通发展模式,避免照搬照抄。

市域快速轨道交通和市区轨道交通共同构成通常意义上的城市轨道交通系统。不同功能定位指引下的城市轨道交通系统功能需求组合即构成不同的功能层次。根据我国的城市发展,典型的城市轨道交通功能层次大致分为以下三种。

第一种:特大型都市区,形成以市域快速轨道交通为市域范围公共交通骨架线路,地铁、轻轨等大中运量轨道交通为城区或组团内的骨干线路、有轨电车(或 BRT)等中低运量交通方式为城区或组团内补充和加密交通线路,形成多层次、立体化轨道交通体系;此种类型适宜一线城市以及区域首位度极高的区域中心城市,规划中心城区常住人口规模在 500 万以上,市域常住人口在 1000 万以上的城市。

从国外城市发展经验来看,市域快速轨道交通系统是都市圈轨道交通网络必不可少且最主要的组成部分,其规模通常远大于市区轨道交通系统规模。如伦敦、纽约、巴黎、东京等,其城际铁路与市域快速轨道交通(包含市郊铁路)占轨道交通的规模比例均达到 70% 及以上。因此,特大型城市应及早构建包含市域快速轨道交通在内的不同运量等级、快慢结合的轨道交通网络,选择合理市域快速轨道交通模式。系统类型可以是新建的市域快线,也可以是市郊铁路,若选择新建的市域快线,轨道交通廊道应及早控制预留,否则后期打补丁式的修建将造成非常大的工程代价(如巴黎),甚至难以实现。北京中心城快速轨道交通线网从最早的米字形变为井字形,一直在调整规划设计稳定,就是由于中心区区段的工程实施难度大。因此,超前规划市域快速轨道交通线网、及早预留控制尤其是中心区内的轨道交通走廊,是非常有必要的。

第二种:大城市可形成以地铁、轻轨等大中运量轨道交通为骨干,有轨电车(或 BRT)等中低运量系统为补充和加密的城市轨道交通体系;此种类型多为我国中西部省会城市或二线城市,一般规划中心城区常住人口规模在 300 万人左右,市域常住人口在 500 万人左右的城市。

第三种:中小城市,形成以轻轨为代表的中运量轨道交通系统为骨干、有轨电车(或 BRT)等中低运量交通系统为补充和加密的交通体系;或由有轨电车(或 BRT)等中低运量交通系统构成以快速公共交通系统为骨干、常规公交为主体的公共交通发展模式。

对于以上第二种、第三种是否需要市域快速轨道交通,要结合市域交通出行特点以及区域铁路、道路综合交通系统情况进行分析。当然,上述三种层次仅是按照典型特征进行划分,具体城市要结合各自特点进行详细论证。

在不同层级轨道交通的联系方面,铁路的规划建设与运营相对独立,通常通过在城市地区设站、打造对外交通枢纽、在交通枢纽引入市域快速轨道交通和市区轨道交通等措施,实现换乘衔接。市域快速轨道交通与市区轨道交通的技术差异相对较小,运营和管理通常隶属同一机构,两者衔接紧密,功能上也可互有兼顾,因此规划上应统筹考虑。

(2) 正确处理发展模式和车辆制式的关系,从功能角度先提出需求,再从技术方案角度因地制宜地选择车辆制式。

发展模式是从功能要求出发,车辆制式则属于技术层面选择,两者不可混为一谈。不同城市规模、形态、社会经济水平下,发展模式应多样化,不应千篇一律,而车辆制式则根据各城市的具体特点因地制宜进行选择。随着轨道交通车辆技术的发展,新的车辆制式不断出现,包括中低速磁浮、单轨、直线电机、自动导轨(AGT)等,各系统有其适应性和优缺点,在全国范围内车辆制式会出现多样化。但就某个城市而言,车辆制式选择应遵从发展模式要求,不应过分追求车辆制式多样化和某种技术先进性而忽略功能需求,因此车辆制式应首先满足功能要求,其次确保经济实用,以利于资源共享和网络化运营管理。

3.4 服务水平

城市轨道交通服务水平主要包括时效性、便捷性和舒适性等内涵。目前,城市轨道交通规划建设缺乏服务水平方面的技术指标指导,部分城市的线网服务时效性较差,出行时间长,城市运转效率不高;部分城市由于线网规划中线路衔接不顺,或为了节省工程建设投资等多种因素影响,牺牲了线网服务中的便捷性;部分城市的轨道交通车厢拥挤不堪,舒适度较低,与日益提高的居民交通需求不相适应。

城市轨道交通服务水平应以交通需求特征为依据,研究确定不同空间层次轨道交通服务时效性、便捷性和舒适性等服务水平指标,并提出与之相适应的技术标准。不同规模、不同形态的城市,结合不同空间层次交通需求特征要求,研究确定与本城市经济发展水平相适应的线网服务水平和技术指标。

3.4.1 出行时间目标要求

出行时间目标是协调城市轨道交通和城市空间关系的核心要素,是城市发展的空效率指标。从城市轨道交通引导、优化城市空间发展的角度,城市主要功能区之间城市轨道交通系统内部出行时间应符合下列规定:

(1) 规划人口规模500万人及以上的城市,中心城区的市级中心与副中心之间不宜大于30min;规划人口规模150万人至500万人的城市,中心城区的市级中心与副中心之间不宜大于20min。

(2) 中心城区市级中心与外围组团中心之间不宜大于30min。当两者之间客流以非通勤客流为主时,其出行时间不宜大于45min。

中心城区的市级中心、副中心是城市主要功能区,两者之间的联系强度要大于市级中心与外围组团之间的联系强度,对城市轨道交通出行时间目标要求更高。对于规划人口规模500万人及以上的城市,考虑到城市规模较大,部分城市的市级中心、副中心之间空间距离较远,可选择城市轨道交通出行时间目标跟第(2)条市级中心与外围组团中心之间的出行时间目标相同,为30min,加上两端步行衔接的时间约15min,市级中心、副中心之间全方式总出行时间可控制在45min之内。对于双中心布局的城市,两个市级中心之间的出行时间目标同样适用本条的规定。

对于规划人口规模150万人至500万人的城市,城市规模相对前者较小,中心城区的市级中心、副中心之间空间距离相对较近,可选择城市轨道交通出行时间目标高于第(2)条市级中心与外围组团中心之间的出行时间目标,为20min,加上两端步行衔接的时间约15min,市级中心、副中心之间全方式总出行时间可控制在35min之内。

第(2)条规定实质上是以中心城区市级中心为核心,使外围组团中心处于45min通勤圈的范围之内,即确保城市轨道交通系统内部出行时间30min加上两端步行衔接的时间约15min。如果外围组团与中心城区之间客流特征不是以通勤交通为主,而是有商务、通勤、旅游等多种目的,外围组团中心到达中心城区市级中心的时间按1h交通圈考虑,即城市轨道交通系统内部出行时间45min加上两端步行衔接的时间约15min。

案例3-3:部分城市交通服务水平规划主要内容

北京要在市域三圈层范围内构建1h通勤圈,确定外围新城—中心区45min～1h"在乘"交通圈,中心城区各功能区45min"在乘"可达;昆明相对北京空间尺度要小,确定外围组团—中心区构建30min"在乘"交通圈,各功能中心30min"在乘"可达;西安市构建主城区30min通勤圈,都市区内形成1h交通圈,以多层次、多方式交通网络支撑和引导都市区一体化发展,提供快速、高效、可靠的运输服务。

3.4.2 换乘便捷性要求

换乘的平均步行时间是衡量换乘是否高效的重要指标之一。换乘站规划设计应优先考虑换乘便捷性,减少乘客的换乘时间。据相关调查和研究显示,让出行者感觉舒适的换乘时间一般不超过3min,换乘距离一般不超过200m。在换乘站的实际规划建设中,由于缺乏规划的前瞻性,一些换乘站是后期增加的,涉及工程上的衔接问题,换乘距离和换乘时间均较长,乘客换乘不方便。结合我国换乘站的规划建设经验,以及乘客对换乘时间的容忍度,对城市轨道交通换乘步行时间要求为:不同线路站台之间乘客换乘的平均步行时间不宜大于3min,困难条件下不宜大于5min。

3.4.3 城市轨道交通车厢舒适度要求

确定车厢舒适度等级和指标的出发点是通过提高乘车舒适度,吸引人们逐渐放弃私人小汽车,转而以城市轨道交通方式出行,以缓解城市交通供需矛盾,优化城市交通结构,引导绿色交通出行。

中国城市轨道交通协会2015年完成的"地铁列车定员、车站规模动态计算方法及其标准研究"课题对上海、广州、深圳等城市部分地铁线路进行了车厢站席密度调研,调研结果显示:

每平方米站立3人及3人以下,乘客之间基本没有身体接触,有一定的自由空间。

每平方米站立4～5人,乘客之间有身体接触。

每平方米站立5～6人,乘客之间相互接触。车站内的乘客产生二次候车现象。

每平方米站立6～7人,车门处人贴人,乘客很难转身。车站内的乘客很难挤上车。

该课题结合世界上部分国家关于地铁列车车厢中站席密度(人/m²)标准研究,将车厢服务水平等级由高到低分为 A、B、C、D、E、F 六级,分别对应非常舒适、舒适、一般、拥挤、非常拥挤和极端拥挤。

《地铁设计规范》(GB 50157—2013)规定:在确定地铁系统运能时,车厢有效站立面积上乘客标准宜按每平方米站立 5~6 人计算。

2013 年 8 月,《城市轨道交通工程设计规范》(DB 11/995—2013)中要求:城市轨道交通车厢内有效站立面积上乘客标准宜按 4.5~5.0 人/m² 设计。

《城市轨道交通设计规范(条文说明)》(DGJ 08—109—2004)中要求:车厢空余面积宜按每平方米站立 4~5 人计算。

国际地铁联盟(CoMET)各成员企业的地铁列车定员标准中站席密度相差较大,为统一标准,提出各成员列车车厢内的乘客站席密度按 4 人/m² 统计。

在参照上述成果的基础上,《城市轨道交通线网规划标准》(GB/T 50546—2018)规定:城市轨道交通车厢舒适度由高到低可分为 A、B、C、D、E 5 个等级,各等级车厢舒适度的技术特征指标宜符合表 3-1 的规定。普线平均车厢舒适度不宜低于 C 级,快线平均车厢舒适度不宜低于 B 级。当线路客流方向不均衡系数大于 2.5 时,平均车厢舒适度可适当降低。

城市轨道交通车厢舒适度等级　　　　　表 3-1

舒适度等级及对应描述	车厢站席密度(人/m²)
A:非常舒适	≤3
B:舒适	3~4(含)
C:一般	4~5(含)
D:拥挤	5~6(含)
E:非常拥挤	>6

3.5 技术原则与技术路线

3.5.1 技术原则

根据国内外城市轨道交通规划理论研究,总结出城市轨道网络规划的原则主要基于两方面的考虑,即规划理论以及对类比城市的成败经验的总结,具体如下:

(1)符合国家对城市轨道交通发展的总体战略和发展计划,符合对象城市总体发展方向和交通政策,引导城市向主导方向发展,促进城市合理发展模式的形成。

(2)加强城市轨道交通与区域铁路之间的衔接。坚持交通一体化发展原则,加强城市轨道交通与城际交通、城市道路、公共汽车交通、机场、铁路客运站等对外交通枢纽和城区内主要客流集散点网络的有机衔接,方便各交通方式之间的换乘,提高整个城市交通系统的运营效率。

(3)以枢纽为核心进行线网编织,整合城市客运枢纽和不同等级的城市轨道交通网络系统,实现轨道交通与其他公共交通系统、私人交通和城市对外交通系统的衔接。城市轨道交通网络骨干系统要符合城市的主导客流方向,实现城市轨道交通网络与道路网络的互补,并与城市其他公共交通网络系统衔接顺畅。

(4)线网规划要体现稳定性、灵活性、连续性的统一。城市中心城区的线网规划要相对稳定,城市边缘区要为发展留有余地,整个线网要能随城市规模的调整扩大而不断扩充、发展。城市轨道交通线网的方案主要在网络构架的基础上形成,对于构架中重要而且发展潜力大的交通走廊,考虑由多条线路承担,以城市的重点开发地区为核心布局,考虑系统换乘的组织和线网的服务效率。

(5)轨道交通方式选择要因地制宜,功能层次的构成要合理统一。正如城市道路系统规划需要明确不同等级的道路功能一样,城市轨道交通网络也需要划分不同的功能层次。不同功能层次的轨道交通线路采取不同的标准,灵活的建设、运营、交通组织方案,以满足各个层次的交通需求。按照线网功能等级划分编织不同等级的网络系统。不同特征线路的客流交换通过规划的交通枢纽进行,尽量实现不同线路之间的直接换乘,提高城市轨道交通系统的运营效率。

(6)车站要选择在主要客流集散点和线网中的换乘点。车站站间距应考虑合理的吸引半径及车辆的运营组织。主线与主线之间要有很好的衔接关系,要以方便乘客换乘、最快疏导客流为主。要形成多个换乘枢纽以分散换乘客流,利于线路运营,提高服务水平。换乘站尽量不设为尽端站,以免引起客流的积聚,不利于人流的疏解。

(7)城市轨道交通线网规划的各种方案要进行定性、定量分析。要依据城市功能、性质、规模、形态、土地使用、人口出行特征、未来交通发展战略、城市周边的关系以及地形、工程条件等因素建立模型,并结合专家经验加以确定,线网方案要以多种体系进行评价,以获得最优方案。

3.5.2 技术路线

城市轨道交通作为一项重要的城市基础设施,主要服务于城市居民出行,其服务对象和城市轨道交通的自身系统结构都是复杂的群体系统,有着不同尺度的需求和要求。城市轨道交通作为城市综合交通体系中一种重要交通方式,是服务于城市居民生产、生活中空间位移活动的功能系统,系统构建与发展的最终目的是促进城市的全面发展和城市人居环境条件的改善。

城市轨道交通线网规划就是研究在城市远景的规划发展情景之中如何嵌入城市轨道交通运输服务系统的问题。

1. 宏观和动态的角度

从宏观和动态的角度来看,城市用地的聚散、人口的迁移、产业的兴衰都与城市交通的服务特性(包括服务能力和水平等)息息相关。城市交通以特征各异的位移服务,促进或制约着居民生产、生活活动效率的提高。在城市总体规划所展现的未来发展前景中,城市轨道交通作为综合交通体系中的一环,与其他交通方式配合或竞争,最终整合形成了服务于居民(及游客)出行活动全过程的综合交通运输服务能力和水平。

由此可见,一方面,未来城市轨道交通运输服务系统的发展目标、功能定位、服务层次与模式取决于城市及区域用地空间和产业布局、人口和就业分布等特定发展前景的要求。而另一方面,城市及区域发展前景也受到未来城市综合交通体系服务特征的影响。

规划城市轨道交通线网作为未来城市综合交通体系中的一个子系统,也部分地决定了未来城市综合交通体系的运输服务能力和水平。因此,为了给出对未来城市轨道交通线网规划建设发展科学合理的目标选择、功能定位和模式选型,必须通过城市空间布局、产业布局、用地和人口分布趋势等方面,多角度、多层面地探究其与城市轨道交通之间的互动关系,深入解读城市和区域的相关规划发展前景,以达到明确城市轨道交通发展环境边界条件的目的。

2. 微观和静态的角度

从微观的角度而言,规划的城市综合交通供给与未来的需求,通过交通参与者的效用判断和选择过程,达到性质各异的平衡状态。这一平衡状态之中,城市居民、游客的行为决定了城市社会经济活动的效率和城市人居生活的水准,也表征了城市轨道交通系统完成其目标和功能的程度。交通供需模拟就是:

(1)运用交通网络技术分析平台,在规划的综合交通体系中叠加规划的城市轨道交通线网方案,整合形成未来城市综合交通供给特征情境。

(2)运用交通小区分析技术平台,嵌入未来城市社会经济发展前景以及空间关系,分析形成未来城市交通需求特征情境。

(3)分析城市居民、游客的效用判断和选择过程,以透析交通供需平衡的机制。

(4)通过交通模型系统再现供需平衡机制,模拟未来城市交通供给与需求的平衡情境和其中居民、游客的交通行为情境。

(5)通过对交通参与者(居民、游客)行为特征的分析、评价,做出城市轨道交通规划方案能否达成促进城市全面发展和城市人居环境条件改善的判断。

从静态的角度来看,城市轨道交通系统的运输服务能力和水平取决于其线路和站点设施选址、车辆装备选用以及运营管理的整合。而规划研究区域内的地理地质和水文条件、文物遗址遗迹和生态环境资源分布、重大市政基础设施及综合管网布设等因素构成了城市轨道交通技术运用的客观环境。在一定时期内,依照科学技术发展的程度,上述因素形成对城市轨道交通技术运用的抑制性边界条件,故理清上述客观环境,就成为城市轨道交通规划方案最终能否实施的重要保障。

综上所述,为了构建科学合理的城市轨道交通线网方案,就必须深入解读城市和区域的相关规划,明确城市及区域发展前景,从居民和游客的出行模式、自然地理条件、城市空间布局、产业布局、用地和人口分布、文物和生态保护要求、重大市政基础设施及综合管网布设等方面,多角度、多层面地探究其与城市轨道交通之间的互动关系。从而全面、深刻地掌握城市轨道交通线网规划的客观环境和边界条件,一方面服务于以线网方案构架、客流测试和综合评价为关键技术环节的规划研究工作;另一方面在遵从客观环境的条件下,保障规划方案能够付诸实际。

从宏观和动态的角度、微观和静态的角度出发,首先深化解读服务对象的各种属性、特征对城市轨道交通的需求以及可适应的环境边界条件,从而剖析出各类"点""线""面"社会经济的、空间关系的、交通系统的定性和定量属性;进而按照城市轨道交通自身系统结构的特征,在遵循服务对象的要求下,构架线网;为了进一步确认所规划线网的可实施性,需要结合工程实际实施规划。为了反映所规划的线网在城市发展、社会经济、环境影响和可持续发展方面的作用,对规划线网方案进行综合评述。

城市轨道交通线网规划的总体技术路线如图 3-2 所示。

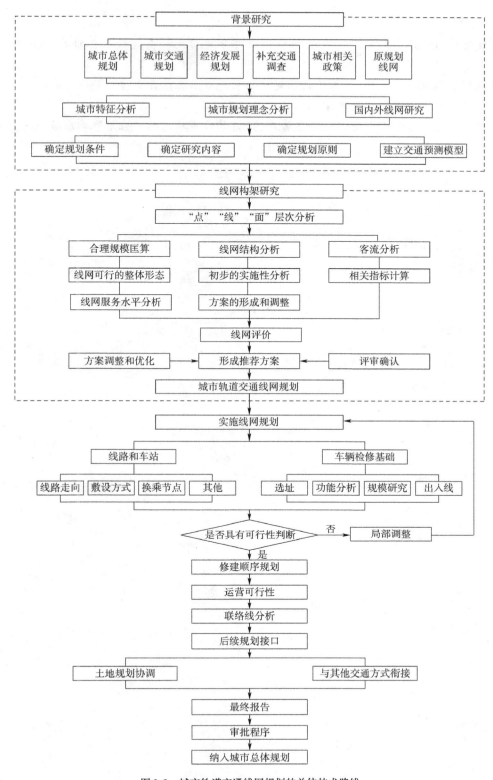

图 3-2 城市轨道交通线网规划的总体技术路线

思考题

1. 城市轨道交通在综合交通中的功能定位可分为哪几种类型？各自的要求和适用情况如何？
2. 根据我国城市发展情况，应如何确定城市轨道交通在综合交通中的地位？
3. 简述城市轨道交通线网规划原则。
4. 就您所在的城市或您熟悉的一座城市，谈谈其城市轨道交通应采取的发展战略。

第4章
城市轨道交通线网规模匡算

4.1 线网规模匡算的含义

4.1.1 线网合理规模的含义

在进行城市轨道交通线网规划时,一个十分重要的问题就是如何根据城市的发展规划、交通需求、经济水平等,从宏观上合理地控制城市轨道交通线网的规模。所谓合理规模,是指在一定的发展阶段、一定的城市规模及经济发展水平上,建立起的经济、高效的线网。线网规模由线网中线路条数和线路总长度两部分组成。线路条数可根据城市的主干道路网情况和主客流方向选定,但一个城市究竟要规划多少线路总长度才比较经济合理,是线网规划设计中人们比较关切的问题。

规模是从交通系统供给的角度来说的,从一个侧面体现系统所能提供的服务水平。它主要以线网密度和系统能力输出来反映,其中系统能力输出又与系统的运营管理密切相关。从系统能力和线网密度来看,有4种性质的规模度量,如图4-1所示。从国内的发展状况来看,绝大多数大城市应采用图4-1中"中等规模

图4-1 轨道交通线网规模类型

2"的低密度高能力策略来推进城市轨道交通发展。

4.1.2 确定线网合理规模的作用和意义

合理规模是一个带有目标性质的量值,它是对一个城市轨道交通线网总量的宏观控制。在城市轨道交通规划中对其合理规模进行匡算有着重要的作用和意义,具体表现在:

(1)依据城市自身的特点(包括经济水平、交通需求、用地形态等)对未来城市轨道交通线网总量予以科学估计,寻求经济而高效的规模,可以防止规划与建设的盲目性。

(2)确定线网的合理规模是构建一个高效线网的前提,一个规模合理的线网,不仅能够满足城市未来的交通需求,提高公共交通系统的服务水平,还能够以较小的投入取得最佳的效益。

(3)对于城市轨道交通线网规划而言,合理规模是进行多方案比选的基础。在线网规划时,一般会通过定量研究和定性分析相结合提出多个方案,经过多层筛选和综合评价,最后形成一个最佳方案。事先确定一个合理规模,就可以为网络构架提供一个约束条件,使得各个比选方案的规模基本处于同一个范围,从而使方案之间具备可比性。从这个角度来讲,也可以说合理规模是线网规划的一个重要的质量控制点。

总之,合理的线网规模会为后续确定线路布局,网络构架及优化,估算投资总量、总运输能力、总经营成本、总体效益等工作的开展奠定基础。规模的合理性关系到建设投资、客流强度,也关系到理想服务水平的设定和建设用地的长远控制。因此,合理的线网规模不仅是城市轨道交通线网规划的宏观控制量,而且是一项至关重要的投资依据,也是决策者做决策的辅助依据。

4.1.3 线网规模的表征指标

城市轨道交通线网规模指标主要有以下3种:

(1)城市轨道交通线网总长度。

$$L = \sum_{i=1}^{n} l_i \tag{4-1}$$

式中:L——城市轨道交通线网总长度,km;

l_i——城市轨道交通线网第 i 条线路的长度,km,$i=1,2,\cdots,n$。

由线网长度规模可以估算投资量、总运输能力、总设备需求量、总经营成本和总体效益等,并可以据此决定相应的管理体制与运作机制。

(2)城市轨道交通线网密度。

$$\delta_1 = \frac{L}{A} \text{ 或 } \delta_2 = \frac{L}{P} \tag{4-2}$$

式中:δ_1——城市轨道交通线网密度,km/km²;

δ_2——城市轨道交通线网人口密度,km/万人;

L——城市轨道交通线网总长度,km;

A——城市轨道交通线网规划区面积,km²;

P——城市轨道交通线网规划区总人口,万人。

城市轨道交通线网密度是单位人口或单位面积上分布的线路长度规模,它是衡量城市轨道交通服务水平的一个重要因素,同时对轨道车站合理吸引范围的接运交通组织有影响。实际上,由于城市区域开发强度的不同,对交通的需求也是不平衡的,通常由市中心区向外围区呈现需求强度的逐步递减,因此线网密度也应相应递减。

(3)城市轨道交通线网日客运周转量。

$$Z_R = \sum_{i=1}^{n} Q_i d_i \tag{4-3}$$

式中:Z_R——城市轨道交通线网日客运周转量,人次·km/d;

Q_i——城市轨道交通第i条线路的日客运量,人次/d;

d_i——城市轨道交通线网第i条线路的平均运距,km。

日客运周转量体现了城市轨道交通在城市客运交通中的地位与作用、占有的份额与满足程度。

城市轨道交通线网规模在规划实施期内可以根据城市的需求进行适当的调整。相对而言,总长度的调整幅度不应很大。因此,城市轨道交通线网的总长度是一个必须框定,也是可以框定的基础数据。

4.2 影响线网合理规模的因素

由于城市轨道交通作为一种公共交通的出行方式,与人民的生活密切相关,这就表明城市轨道交通系统与外部的诸多影响因素密切相关、相互影响。因此,在对城市轨道交通的线网合理规模进行匡算的时候,要对其影响因素进行综合分析。

1. 城市规模

城市规模包括人口规模、用地规模(面积)、经济规模等。人口规模决定了城市交通出行的总量,用地规模影响了居民出行时间和距离,即城市规模决定了城市的交通需求,也就影响到城市轨道交通的规模。城市经济规模是实现城市轨道交通建设的经济基础,城市轨道交通建设资金需求量很大,因此城市轨道交通单公里造价和城市市政府的财政承受能力也是制约城市轨道交通合理规模的关键因素,对城市轨道交通系统的选择、建设速度等目标都具有重大影响。建设城市轨道交通系统一定要考虑城市自身的经济实力,不能盲目攀比。

2. 城市形态和土地布局

城市形态和土地布局也是影响到城市轨道交通规模的因素。城市的形态有多种形式,分为带状、中心组团式、分散组团式等。不同的城市形态和用地布局决定了居民出行的空间分布,也就决定了城市轨道交通的几何形态、长度以及规模。带状城市的城市主客流方向比较单一,主要是狭长带的方向,城市轨道交通也主要沿着城市狭长带的方向布设;分散组团式城市要求城市轨道交通将其各个组团紧密连接,以缩短组团之间的出行时间,使其成为一个整体;中心组团式城市的轨道交通多为放射状。

3. 城市交通需求

城市轨道交通的服务对象是乘客,而城市居民出行将产生大量交通需求,尤其是对公交的需求,表征城市交通需求的指标有:人均出行次数和公交总出行量等。居民出行的需求量可以直接反映在人均出行次数上,而大到城市大小、布局、人口结构、气候特点等,小到个人家庭状况、生活特点、工作学习方式均影响着城市的人均出行次数。根据国内外经验,越发达城市的居民人均出行次数越高,经济、交通设施等变量越会诱导居民出行次数的增加,但是当城市的规模达到较高的水平后,出行次数也会稳定在一定水平附近,甚至会逐渐减少。

城市的大小和交通出行总量决定了城市公共交通的总出行量的大小以及公交分担率,城市的公共交通出行比例越高,则代表着其交通服务水平越高,而城市轨道交通发展越完善,就会吸引越来越多的人选择城市轨道交通出行,从而提高公共交通分担率。

4. 城市交通发展策略

我国从经济水平、财政能力、社会稳定、环境保护等方面在相关文件中提出了交通规划和管理的基本要求。对于经济的要求水平,应该考虑以高回报为优先投入项目资金的目标;对于财政的可承受性,在交通的发展上应当建立在城市的财政可接受并有符合实际的投资及财政策略上进行系统的交通规划;对于社会的可接受,应该统筹考虑社会各阶层对交通的要求,着重考社会底层人群的交通需求,做到交通面前人人平等的落实;在环境的可持续性问题上,应着重限制交通产生的大气、噪声等对环境的污染及对城市日常生活的不良影响,同时节约能源、提出合理化建议等。

因此,应当依据具体的实际现状,制定符合城市可持续发展的交通结构政策,明确对城市轨道交通发展的态度,建设满足城市需求的适宜城市轨道交通线网,并与其他交通出行方式统筹协调发展,提供高质量的交通服务水平,满足居民的交通出行需求。

5. 国家政策

我国人多地少,能源短缺,大规模的基础设施建设项目需要国家层面审批,国家的政策导向对城市轨道交通的规模有直接的影响。西方发达国家以小汽车为主的交通模式不适合我国国情,大力发展公共交通是我国的基本国策。

4.3 线网规模匡算方法

4.3.1 按出行需求推算线网规模

1. 算法

城市轨道交通线网规模可以从出行总量与城市轨道交通线网客流强度之间的关系推导出来,具体公式如下:

$$L=\frac{\alpha \cdot \beta \cdot \varphi \cdot Q}{q} \tag{4-4}$$

式中:L——城市轨道交通线网长度,km;

Q——城市居民全日出行总量,万人次;

α——公共交通出行方式在总出行中所占比例;

β——城市轨道交通出行方式在公共交通出行中所占比例;

φ——城市轨道交通线网换乘系数;

q——城市轨道交通线网客流强度,万人次/(km·d)。

以下着重说明几个指标参数。

(1) 城市居民出行总量。

由于线网规划的远景年限往往超越城市综合交通规划年限,因此线网规划往往无法得到所需的远景年限出行总量,但却能从远景人口和出行强度的关系推算:

$$Q = P \cdot \tau \tag{4-5}$$

式中:P——城市远景人口规模,万人;

τ——居民出行强度,人次/(人·d)。

根据我国的人口政策和人口发展状况,城市人口规模是政策控制影响下的规模,各城市往往都有城市远景人口的控制目标。如果缺乏这一数据,也可由当地权威部门根据城市特点和人口发展规律进行统计及预测。

居民出行强度的影响因素主要有城市的结构、经济发展水平、交通设施的完善程度等。一般情况下,居民出行强度相对比较稳定。例如,东京1968年的人均出行强度为2.48次/(人·d),1978年为2.53次/(人·d),10年内增加0.05次/(人·d),增长不多。所以从长远看,大部分城市出行强度也不会有很大增长。从表4-1中可以看出,各大城市居民出行强度基本上在2.5次/(人·d)左右。

部分城市居民出行强度　　　　表4-1

序号	城市	市辖区人口(万)	人均GDP(万元)	家庭人均可支配收入(万元)	居民出行强度[人次/(人·d)]	统计年份
1	上海	13130	3.073	1.093	1.95	1999年
2	广州	7200	4.188	1.552	1.86	2003年
3	杭州	6220	2.234	0.967	2.07	2000年
4	南京	5450	1.855	0.823	2.44	2000年
5	深圳	4050	3.934	2.024	1.59	1999年
6	佛山	3442	4.044	1.482	2.45	2003年
7	长春	3100	1.963	0.791	2.54	2003年
8	南宁	2945	1.109	0.791	2.51	2001年
9	苏州	2072	2.669	0.927	2.43	2000年
10	贵阳	1911	1.318	0.691	2.49	2001年
11	乌鲁木齐	1548	1.348	0.644	2.59	2000年
12	福州	1480	3.246	0.794	2.72	2000年
13	合肥	1340	0.890	0.529	2.84	2000年
14	邯郸	1300	0.700	0.536	2.70	2001年
15	常德	1130	0.811	0.790	2.27	2001年
16	无锡	1096	2.221	0.694	2.58	1997年

注:数据来源:邹志云,蒋忠海,梅亚南,等.大中城市居民出行强度的聚类分析[J].交通运输工程与信息学报,2007(2):8-13.

(2) 交通方式结构分析。

交通方式结构的影响因素主要有居民出行的特征、未来交通发展战略以及可能提供的交通方式。交通方式结构分析主要探讨公共交通方式出行量占总出行量的比例和城市轨道交通方式出行量占公共交通方式出行量的比例。

①公共交通方式出行量占总出行量的比例。

从国外情况看,在世界上大城市客运交通中,因为公共交通客运效率比私人交通高得多,所以公共交通在城市综合交通运输中占有明显的优势。城市远景公共交通方式出行比例应根据城市未来出行的需求与供给平衡关系,通过适合城市特点的数学模型进行预测得来。但合理规模的研究目的是大致推算城市轨道交通线网规模,因此无法事先给出一个公共交通的供给能力,科学预测就失去了基础。所以,比较可行的办法是从分析城市居民出行特征入手,结合类比其他城市的情况,根据城市未来交通发展政策,以定性分析的手段进行估计。

目前,我国多数城市交通结构不尽合理,最主要的反映就是公共交通比例过低。我国大城市与国外城市相比,道路面积率低、人口密度大,因此,必须鼓励公共交通、高效的交通结构。

②城市轨道交通方式占公共交通方式出行量的比例。

城市轨道交通方式占公共交通方式出行量的比例,与城市道路网状况、常规公共交通网密度、常规公共交通服务水平、轨道交通线网密度、运送速度及车站分布有关。从国外一些大城市的城市轨道交通运行情况看,各城市轨道交通占公共交通方式出行量的比例分别为:巴黎65%、纽约54.9%、墨西哥城42.9%、莫斯科40%。

巴黎的轨道交通线网密度大,服务水平非常高,吸引了大量的客流,其中也包括许多短途的乘客,平均运距只有5.3km,线路平均客流强度较低,约为1.64万人次/(km·d)。莫斯科轨道交通的运量基本上已经饱和,近几年,随着其他地面交通客运方式的蓬勃发展,城市轨道交通占公共交通方式出行量的比例呈下降趋势,说明莫斯科的线网能力已不能够满足城市日益增长的客运需求。

未来交通方式结构可根据城市综合交通规划发展目标、类比其他城市确定。

城市轨道交通垄断型(主体型)城市:中心城区公共交通出行可以占整个机动交通方式的70%以上,中心城区轨道交通占整个公共交通方式出行量的50%以上,应突出城市轨道交通在城市出行方式结构中的主体地位。

城市轨道交通骨干型城市:中心城区40%~50%的区域实现城市轨道交通车站600m半径全覆盖,同时该区域城市轨道交通方式占整个公共交通方式出行量比例达到30%及以上。

(3)线网换乘系数。

城市轨道交通线网换乘系数在不同规模、不同形态情况下有较大差别:

①线网构建初期换乘系数增长明显,而进一步向成熟期过渡时换乘系数增长则趋缓:如北京市2000年双线运营时换乘系数为1.31;2007年线网规模达到5条线路,换乘系数增至1.72;2007—2013年,虽然城市轨道交通运营里程由142km发展为456km,但换乘系数仅由1.72增至1.82。

②线网形态不同,换乘系数也有所不同,如北京是方格状线网,2007年5条线时换乘系数就达到了1.72;而广州是放射状线网,2012年9条线时换乘系数才达到1.65。

(4)线网客流强度。

线网客流强度的影响因素有社会的经济发展水平、城市结构和线路布局等。资料表明,国外城市轨道交通建设有两种模式:一种是采用高运量、低密度的线网,客流强度高;另一种是采用低运量、高密度的线网,客流强度低。像巴黎和伦敦这样的发达城市着重于提高城市轨道交通的舒适度和方便程度,以吸引私人交通,减少私人交通工具泛滥带来的城市交通阻塞,所以采用的是低运量、高密度的线网,城市轨道交通的服务水平很高,效率相对较低;而莫斯科、墨西哥城、香港采用的是高运量、低密度的线网,它注重的是提高城市轨道交通的运输能力和运输效率,以缓解客运需求与公共交通运力严重不足的矛盾。

因此,城市轨道交通线网客流强度的取值需要综合考虑线网规模、线网模式、城市规模、城市密度等。

①对于以地铁模式为主的线网,线网客流强度一般取 1.5 万~2.5 万人次/(d·km),低于 1.5 万人次/(d·km)和高于 2.5 万人次/(d·km)时,则应有针对性的专门分析。如 2012 年底,北京、上海、广州、深圳城市轨道交通线网客流强度分别为 2.13 万人次/(d·km)、1.61 万人次/(d·km)、2.11 万人次/(d·km)、1.26 万人次/(d·km),网络规模分别为 442km、439km、221km、176km,而根据伦敦、纽约、巴黎、东京等城市的统计,线网客流强度为 1.0 万~2.7 万人次/(d·km)。

②对于其他模式线网,要考虑系统自身能力。如以有轨电车为主要模式的舟山城市轨道交通线网,在规划时考虑发展的是以"半封闭路权、区间物理隔离、交叉口平交"为主的有轨电车系统,采用低地板、模块化列车,普遍采用支线运营、大小交路运营以扩大服务范围,适当采用共线运营、跨线运营以提供服务便利性,因此结合系统能力和服务特点,参考国外其他城市经验,线网平均客流强度采用 0.8 万人次/(d·km)。

2. 算例

2020 年及远景年某市公共交通总客运需求量及城市轨道交通的全日客运量如表 4-2 所示。

2020 年及远景年某市公共交通总客运需求量及城市轨道交通的全日客运量　　表 4-2

年份	2020 年	远景年
城市居民全日出行总量(万人/d)	1825.66	2037.99
公共交通出行在总出行中所占比例(%)	42.3	50.0
公共交通出行量(万人/d)	772.25	1019.00
城市轨道交通出行在公共交通出行中所占比例(%)	25.0	50.0
城市轨道交通出行量(万人/d)	193.06	509.50
城市轨道交通线网换乘系数	1.45	1.50
城市轨道交通的全日客运量(万人/d)	279.94	764.25

对于 2020 年,结合该市实际情况,城市轨道交通建设处于起步阶段,还没有形成完整的网络,线网客流强度取 $q=2.0$ 万人次/(km·d),则有:

$$L = \frac{279.94}{2.0} = 139.97(\text{km})$$

对远景年,考虑到远景城市轨道交通线网全部形成后,线网客流强度取 $q=3.0$ 万人次/(km·d),则有:

$$L = \frac{764.25}{3.0} = 254.75(\text{km})$$

4.3.2 按线网服务覆盖面推算线网规模

1. 算法

城市轨道交通线网作为一种公共交通网络,应该具备一定的线网密度,对于呈片状集中发展的城市,人口和就业岗位密度比较平均,这时候就要求城市建设区都处于城市轨道交通的吸引范围之内。根据这一特点,可以利用城市建成区面积和线网密度的关系,推导线网规模,即:

$$L = A\delta_1 \tag{4-6}$$

式中:L——城市轨道交通线网长度,km;

A——城市建成区面积,km^2;

δ_1——线网密度,km/km^2。

也可以按照人口密度来计算:

$$L = P\delta_2 \tag{4-7}$$

式中:P——市区人口总数,百万人;

δ_2——线网密度,km/百万人。

在不考虑城市轨道交通运量的前提下,当整个城市用地都在城市轨道交通的合理吸引范围内时,城市轨道交通的覆盖面最大,此时在城市的各个角落都可以乘坐城市轨道交通。但是覆盖面相同时,线网密度并不相同。

根据以上原则,对于拥有棋盘性道路网的城市,不考虑客运量的需要,在市中心区,要求轨道交通的线网全部覆盖并满足4个客流方向的需要,把城市轨道交通线网简化成一个均匀的棋盘形路网,按线路的间距为1.5km计算,线网(理论)密度约为$1.33km/km^2$。在城市中心外围区,城市轨道交通的线网基本上只考虑向市中心区的客流需要,线路间距为4km,线网理论密度为$0.25km/km^2$。从国外大城市的轨道交通线网的指标上看,由于各城市轨道交通发展策略不同,线网密度也多有不同。同一城市,不同区域的城市轨道交通线网密度也有所不同,一般从中心市区向城市外围递减。例如,伦敦、莫斯科城市轨道交通线网在市区的平均线网密度分别为$1.28km/km^2$、$0.26km/km^2$,但伦敦、莫斯科城市轨道交通线网在$30km^2$的市中心范围内,线网密度分别为$2.0km/km^2$、$1.98km/km^2$,两者均为放射性线网。放射性线网的特点是线网分布不均匀,城市中心区的线网密度较高。根据我国城市情况,取$1.2km/km^2$比较适宜。

2. 算例

从原理上讲,运用线网密度对线网规模进行匡算的方法适合于集中连片的城市区域。针对某市的城市特点,将主城区划分为3个圈层,即中心圈层、中间圈层、外围圈层(图4-2),对于各个圈层的线网覆盖密度则可分别计算。

中心圈层($57.33km^2$):线网密度取$1.2km/km^2$。

中间圈层($307.67km^2$):线网密度取$0.4km/km^2$。

外围圈层($235km^2$):线网密度取$0.25km/km^2$。

该市主城区范围内远景年城市轨道交通线网规模为:

$$L = 57.33 \times 1.2 + 307.67 \times 0.4 + 235 \times 0.25 = 250.61(km)$$

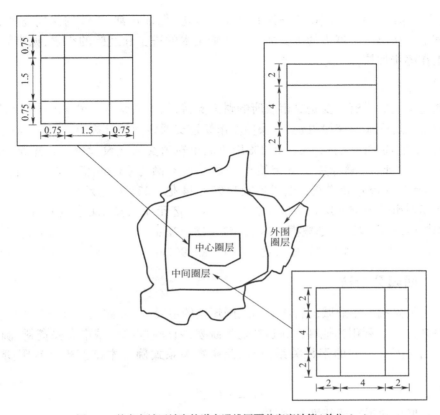

图 4-2 某市主城区城市轨道交通线网覆盖密度计算(单位:km)

4.3.3 从"可能"的角度分析线网规模

1. 算法

"可能"是指线网近期实施的规模,主要取决于城市财政实力,按 GDP(国内生产总值)分析可能投入城市轨道交通建设的资金额度,估计可能的建设规模;另外,也要考虑城市轨道交通工程施工的适度规模以及施工对城市的交通和环境影响的承受能力。

城市轨道交通是一项耗资巨大的系统工程,其建设速度很大程度上受城市财力限制。衡量一个城市经济实力的主要指标是 GDP。联合国有关组织的研究表明:一个城市的基础设施投资,占该城市 GDP 的 3%~5% 是比较合适的;而城市公共交通包括城市轨道交通在内的投资,占该城市基础设施投资的 14%~18%,即公共交通投资约占城市 GDP 的 0.9%,并认为这是一个合理的、财力可以承受且无明显副作用的指标。中国国际工程咨询有限公司曾组织专家进行了城市轨道交通项目建设投资及相关政策的研究,研究认为,若取公共交通投资额的 80% 作为城市轨道交通的投资份额,则每年可有 0.72% 左右的 GDP 投资力度支持此项工程,并以此作为城市轨道交通建设资金的年度积累目标。国际上,城市轨道交通建设投资占城市 GDP 的份额为 0.5%~1.5%。根据投资额度,结合城市轨道交通项目的基本造价,即可估计可能的建设规模。

城市轨道交通工程实施对城市环境和城市生活影响很大,所以每一个城市全年所有工程必定会有一个全面的安排和控制,以保证城市正常的生活秩序。作为城市轨道交通工程建设安排,在建成一条线路后,也应逐年逐段有计划地推进,保证正常、连续的修建速度。因此,工程实施进度也反映出一个城市的承受能力。随着技术的进步和经验的积累,城市轨道交通的建设进度正在逐步加快。

2. 算例

城市轨道交通的投资主要是靠市政府的财力支持,某市的城市轨道交通项目起步较晚,应适当增加城市轨道交通的建设投资,尽快使城市轨道交通线网初具规模。

2020 年以前,将 GDP 的 0.7% ~ 0.8% 用于城市轨道交通建设投资。根据某市社会经济预测,2005—2010 年,可累计用于城市轨道交通的投资额为 65.69 亿 ~ 75.07 亿元;2005—2020 年,可累计用于城市轨道交通的投资额为 298.44 亿 ~ 331.6 亿元。

当时我国城市轨道交通综合造价为 3.5 亿 ~ 4.5 亿元/km,按 4.0 亿元/km 初步匡算:

(1)2010 年,该市线网规划规模可达 16.42 ~ 18.77km。

(2)2020 年,该市线网规划规模可达 74.61 ~ 82.90km。

4.3.4 回归分析法

这种方法是先找出影响城市轨道交通线网规模的主要因素(如人口、面积、GDP、私人交通工具拥有率等),然后利用其他城市轨道交通系统发展比较成熟的城市有关资料,确定线网规模与各主要相关因素之间的函数关系,利用此函数关系式确定本市到规划年限所需的线网规模:

$$L = b_0 P^{b_1} S^{b_2} \tag{4-8}$$

式中: L——城市轨道交通线网长度,km;

P——城市人口,万人;

S——城市面积,km^2;

b_0, b_1, b_2——回归系数。

4.3.5 基于溢出交通需求的城市轨道交通线网规模测算模型

1. 算法

城市轨道交通建设投资额庞大,必须考虑到城市轨道交通项目建成后其资源能得到充分利用,最大限度地缓解城市地面交通压力。要求城市编制交通规划时尽量利用常规交通,城市轨道交通作为缓解交通拥挤的手段,则是在常规交通供给不能满足城市交通需求的基础上产生的,这就要求城市轨道交通的线网规模至少要达到能够承担常规交通供给能力之外的交通需求,但是,为了确保地面交通的服务水平,提高交通运行效率,城市轨道交通应该承担更大比例的交通需求,即城市轨道交通方式和常规交通方式在一定的服务水平下,其供给总量与城市整体交通需求达到平衡,如图 4-3 所示。基于这一思想,构建城市轨道交通线网规模测算的概念性模型,如式(4-9)所示。

$$L = \frac{(Z_V - \lambda Z_S)f}{q_h} \tag{4-9}$$

式中:L——城市轨道交通线网总长度,km;

Z_V——高峰小时城市机动车出行交通需求,pcu·km/h,具体计算见式(4-10);

Z_S——城市道路供给，即路网容量，pcu·km/h，具体计算见式(4-11)；

λ——城市道路交通总体饱和度；

f——机动车出行交通需求对客运量的转换系数，具体计算见式(4-12)；

q_h——城市轨道交通线路高峰小时客流强度，万人次/(km·h)。

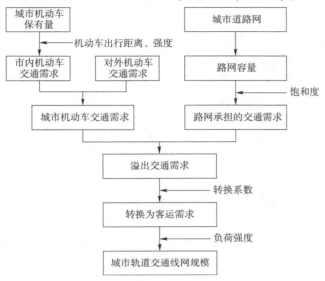

图4-3 基于溢出交通需求的城市轨道交通线网规模测算流程

其中，$Z_V - \lambda Z_S$为保证城市道路一定饱和度下的溢出交通需求，即城市轨道交通需要承担的交通需求。由于城市轨道交通只为客运交通提供服务，因此需要通过转换系数f将溢出交通需求由机动车出行需求量转换成相应的客运量。

(1) 城市机动车出行交通需求。

城市机动车出行交通需求可分为市内交通和对外交通两大部分，其计算如式(4-10)所示。

$$Z_V = \frac{h}{1-\theta} \sum_{i}^{n} M_i \eta_i \mu_i d_{vi} \tag{4-10}$$

式中：Z_V——高峰小时城市机动车出行交通需求，pcu·km/h；

h——机动车高峰小时流量比；

M_i——第i类机动车保有量，veh；

η_i——第i类机动车出行强度，veh/d；

μ_i——第i类机动车典型车型的换算系数，pcu/veh；

d_{vi}——第i类机动车的平均出行距离，km；

θ——城市机动车对外交通占城市总交通需求的比例；

i——车辆类型，包括客运车辆和货运车辆。

对外交通包含出入境交通和过境交通，如果过境交通大量选择了绕城高速而不占用市内道路，与市内交通不发生关系时，可以对过境交通忽略不计。

(2) 路网容量。

城市路网容量是指单位时间内，对应于一定的饱和度，城市道路网络系统所能通过的最大车公里数，其计算方法如式(4-11)所示。

$$\begin{cases} Z_S = \sum_i^4 C_i W_i a_i b_i \\ W_i = \sum_{j=1}^n L_{ij} N_{ij} \end{cases} \tag{4-11}$$

式中：Z_S——道路网络总容量，pcu·km/h；

C_i——第 i 类道路一条车道的理论通行能力，pcu/h；

W_i——第 i 类道路的车道总里程，km；

a_i——第 i 类道路的交叉口折减系数；

b_i——第 i 类道路的车道综合折减系数；

i——道路类别，分别为快速路、主干路、次干路、支路；

L_{ij}——第 i 类、第 j 条道路的里程，km；

N_{ij}——第 i 类、第 j 条道路的车道数；

n——第 i 类道路的总条数。

(3) 溢出交通需求及其转换。

溢出交通需求，也就是城市交通总需求与城市道路交通供给能力之间的差额，同时为了保证路网能够在一定的服务水平下提供交通服务，确保较高的交通运行效率，需要对路网供给能力乘以一定的饱和度来确定路网承担的交通需求量。机动车出行需求量与客运量之间的转换系数 f 具体计算如式(4-12)所示。

$$f = \sum_i^m \sum_j^m \frac{M_i \eta_i r_i}{M_j \eta_j \mu_j d_{vj}} \tag{4-12}$$

式中：f——机动车出行交通需求对客运量的转换系数；

M_i——第 i 类机动车保有量，veh；

η_i——第 i 类机动车出行强度，veh/d；

r_i——第 i 类机动车平均载客人数，人/veh；

μ_j——第 j 类机动车典型车型的换算系数，pcu/veh；

d_{vj}——第 j 类机动车的平均出行距离，km；

m——车辆种类数，这里仅包含客运车辆。

于是，溢出交通需求的计算如式(4-13)所示。

$$Q_{Rh} = (Z_V - \lambda Z_S) f \tag{4-13}$$

式中：Q_{Rh}——溢出交通需求，即高峰小时城市轨道交通应承担的客运需求，人次/h。

(4) 城市轨道交通线网规模。

利用高峰小时城市轨道交通线网承担的客运需求与城市轨道交通客流强度之间的关系，可以来计算城市轨道交通线网总长度，计算公式如式(4-14)所示：

$$L = \frac{Q_{Rh}}{q_h} \tag{4-14}$$

式中：L——城市轨道交通线网总长度，km；

Q_{Rh}——溢出交通需求，即高峰小时城市轨道交通应承担的客运需求，人次/h；

q_h——城市轨道交通线路高峰小时客流强度，万人次/km·h。

根据各个城市居民出行的高峰小时系数，将城市轨道交通线网的日平均客流强度转换成高峰小时线路客流强度。

2. 算例

(1) 路网容量计算。

根据某市城市总体规划,2020年快速路321.52km,主干路705.51km,次干路823.54 km,支路1051.68 km。进而求得2020年规划道路网的路网容量为8062899pcu·km/h,如表4-3所示。

某市2020年规划城市道路路网容量计算　　　　表4-3

道路类别	长度(km)	平均车道数(条)	车道里程(km)	单车道理论通行能力(pcu/h)	交叉口折减系数	车道综合折减系数	路网容量(pcu·km/h)
快速路	321.52	6.0	1929.12	1730	0.9	0.9	2703276
主干路	705.51	4.5	3174.80	1640	0.6	0.9	2811598
次干路	823.54	3.2	2635.33	1550	0.5	0.9	1838141
支路	1051.68	1.5	1577.52	900	0.5	1.0	709884
合计	2902.25	—	9316.77	—	—	—	8062899

(2) 城市机动车出行交通需求。

2020年市区各类机动车保有量为120万辆。其机动车出行交通需求测算如表4-4所示。取高峰小时系数 $h=0.11$,城市对外交通机动车出行占城市总交通需求的比例 $\theta=0.11$,进而计算得到高峰小时机动车出行需求量为8234266pcu·km/h。

某市2020年城市机动车出行交通需求测算　　　　表4-4

车型	保有量(万辆)	出行强度(车次/d)	出行距离(km)	车型换算系数	需求量(pcu·km/d)
小客车	78.4	4.50	10	1.0	35284500
出租车	2.0	36.80	10	1.0	7360000
大客车	2.5	4.80	10	3.0	3528000
公交车	0.8	18.60	15	3.0	6696000
小货车	15.3	3.80	10	1.0	5817800
大货车	9.5	2.20	10	3.0	6296400
摩托车	10.0	4.60	5	0.4	920000
特殊车辆	1.5	3.20	10	1.5	720000
合计	120	—	—	—	66622700

(3) 溢出交通需求。

根据抽样调查,确定机动车(小客车、出租车、大客车、公交车、摩托车)的平均实载人数,如表4-5所示。

某市机动车平均实载人数　　　　表4-5

车型	小客车	出租车	大客车	公交车	摩托车
平均实载(人/车)	1.5	1.8	18	26	1.2

于是,根据式(4-13),结合表4-3～表4-5中的参数值,可以求得在城市道路网处于不同饱

和度下的溢出交通需求,如表4-6所示。

某市在城市道路网处于不同饱和度下的溢出交通需求　　　表4-6

饱和度	1.0	0.9	0.8	0.7	0.6
溢出交通需求(pcu·km/h)	171367	977657	1783947	2590237	3396527
溢出客运量(人次/h)	41911	239106	436301	633495	830690

(4)城市轨道交通线网规模。

某市城市轨道交通线路客流强度取2.7万人次/(km·d),城市轨道交通客流的高峰小时系数取0.13,则高峰小时线路客流强度为3510人次/(km·h),根据式(4-14)测算出2020年某市城市轨道交通线网规模,如表4-7所示。

2020年某市在城市路网不同饱和度下的城市轨道交通线网规模需求　　　表4-7

道路网饱和度	1.0	0.9	0.8	0.7	0.6
客运量(人次/h)	41911	239106	436301	633495	830690
线网长度(km)	11.94	68.12	124.30	180.48	236.66

若要保证2020年城市道路网的总体饱和度保持在0.8左右,则需要124km左右的城市轨道交通线路投入运营。

4.3.6 基于网连通度的线网规模测算方法

1. 算法

网连通度定义为构成路网的边数与节点数目的比值,记为 D ,如式(4-15)所示。

$$D = \frac{L/\xi}{H \cdot N} = \frac{L/\xi}{\sqrt{S \cdot N}} \tag{4-15}$$

式中:D——网连通度;

L——网络线路总里程,km;

H——相邻两个节点之间的平均空间直线距离,km,$H = \sqrt{S/N}$;

S——城市连片发展区面积,km²;

N——城市连片发展区应连通的节点数目,个;

ξ——网络线路展线系数,与线路的弯曲情况有关,其含义为线网各节点间实际线路总里程与直线总里程之比。

网连通度从整体上反映了路网中各节点的连通和通达状况,其值从平均意义上反映了路网节点间的连通强度。根据式(4-15)可以得出城市轨道交通网络总里程的测算公式:

$$L = D \cdot \xi \cdot \sqrt{S \cdot N} \tag{4-16}$$

式中各符号的含义同式(4-15)。

(1)节点数目。

对于节点的确定,主要可采用2种方法:一种是根据城市交通现状和城市规划确定客流集散点,另一种是根据交通小区的发生/吸引量的大小确定客流集散点。

节点的通达性是指与该节点衔接的边的数目,它从一个侧面反映了节点的可达性。若某节点只有一条边与之相接,则该节点的通达性为1,称其为悬点;若某个节点没有边与之相连,则该节点的通达性为0,称其为孤点。

根据节点的通达性和城市轨道交通线网的特点,可以将网络节点分为3类,即悬点、一般节点和交叉点,分别对应于城市轨道交通线网中的线路首末站点、一般中间站点和换乘站点。按照节点通达性的定义,一般节点的通达性为2,悬点的通达性为1,交叉点的通达性为4(这里只考虑换乘站均为2路交叉的情况)。

对线网结构的要求,在理论上每一条线均应与其他线有相交的换乘点,使乘客在每一条线路上仅需一次换乘就能到达目的地。因此,在理想情况下,对于无环形线的放射型线网,应做到线线相交,其换乘节点合理数量的计算如式(4-17)所示:

$$n_x = \frac{1}{2} n \cdot (n-1) \tag{4-17}$$

式中:n_x——换乘节点数;
n——线网中线路条数。

在上述放射型线网的基础上,增加一条环线形成有环线的放射型线网,如果每一条放射线与环线均有2次交叉,则其换乘节点合理数量的计算如式(4-18)所示:

$$n_x = \frac{1}{2} n_0 \cdot (n_0 - 1) + 2 n_0 \tag{4-18}$$

式中:n_x——换乘节点数;
n_0——线网中不含环线的线路条数。

由于悬点一般选择连片区域内靠近内侧边缘的节点,因此连片区域内的直径线路起终站点一般会落在悬点上,故悬点的数目基本上可以确定直径线路的条数,即为悬点数目 N_1 的1/2左右。因此对于无环形线的放射型线网,其线路条数可视为 $n = N_1/2$,而有环形线的放射型线网中不含环线的线路条数也可视为 $n_0 = N_1/2$,令交叉点数目 N_3 = 换乘节点数 n_x,则式(4-17)可改写为式(4-19),式(4-18)可改写为式(4-20)。

$$N_3 = \frac{1}{2} \cdot \frac{1}{2} N_1 \cdot \left(\frac{1}{2} N_1 - 1 \right) = \frac{1}{8} N_1 \cdot (N_1 - 2) \tag{4-19}$$

$$N_3 = \frac{1}{2} \cdot \frac{1}{2} N_1 \cdot \left(\frac{1}{2} N_1 - 1 \right) + 2 \cdot \frac{N_1}{2} = \frac{1}{8} N_1 \cdot (N_1 + 6) \tag{4-20}$$

式中:N_3——网络中交叉点数目;
N_1——网络中悬点数目。

于是,一般节点的数量为:

$$N_2 = N - N_1 - N_3 \tag{4-21}$$

式中:N——网络中节点总数;
N_1——网络中悬点数目;
N_2——网络中一般节点数目;
N_3——网络中交叉点数目。

(2)网连通度。

网连通度 D 可以通过节点通达性的计算获得。网连通度 D 为构成路网的边数与节点数目的比值,也就是网络节点通达性平均值的1/2,具体计算如式(4-22)所示。

$$D = \frac{1}{2N}\sum_{i=1}^{3}(E_i \cdot N_i) \tag{4-22}$$

式中：i——节点类型，$i=1$ 代表悬点，$i=2$ 代表一般节点，$i=3$ 代表交叉点；

E_i——第 i 类节点的连通性，当 $i=1$ 时，$E_1=1$；当 $i=2$ 时，$E_2=2$；当 $i=3$ 时，$E_3=4$；

N_i——第 i 类节点的数目；

N——节点总数，$N=\sum_{i=1}^{3}N_i$。

（3）展线系数。

一般而言，城市轨道交通线路多沿城市主次干路铺设，这样不但客流汇集多，而且施工时拆迁工程量也相对较小。此外，为了避免交通资源的浪费，城市轨道交通线路应避免过长距离地与城市快速路重合，因此，展线系数 ξ 可采用城市主干路和次干路组成的路网的平均展线系数。由于北方平原城市道路普遍比较平直，因此展线系数 ξ 一般都比较小，接近于 1.0；而对于南方多水多山的城市，由于城市道路受河流山川的限制变形弯曲程度比较严重，展线系数 ξ 相对较大。

2. 算例

根据某市城市总体规划，绘制出主要客流集散点分布情况，共有客流集散点 63 个，其中连片区域 57 个。在连片区域的 57 个客流集散点中，边缘悬点有 11 个。该市城市道路为棋盘型，很少有弯曲，因此取展线系数 $\xi=1.0$，另根据规划连片区域用地面积 $S=600\text{km}^2$。

如果采用无环形线的放射型线网，则根据式（4-19）求得网络交叉点大约为 12 个，根据式（4-21）求得一般节点为 32 个，于是城市轨道交通线网的网连通度为：

$$D = \frac{1}{2N}\sum_{i=1}^{3}(E_i \cdot N_i) = \frac{1}{2\times57}\times(11\times1+34\times2+12\times4) = 1.11$$

最后得到连片发展区城市轨道交通线网合理规模为：

$$L = D \cdot \xi \cdot \sqrt{S \cdot N} = 1.11 \times 1.0 \times \sqrt{600\times57} = 206.02(\text{km})$$

如果采用有环形线的放射型线网，由式（4-20）和式（4-21）可分别求得网络交叉 23 个、一般节点 21 个，则线网的网连通度为：

$$D = \frac{1}{2N}\sum_{i=1}^{3}(E_i \cdot N_i) = \frac{1}{2\times57}\times(11\times1+23\times2+23\times4) = 1.31$$

最后得到连片发展区城市轨道交通线网合理规模为：

$$L = D \cdot \xi \cdot \sqrt{S \cdot N} = 1.31 \times 1.0 \times \sqrt{600\times57} = 241.71(\text{km})$$

从上面的计算结果来看，如果采用无环形线的放射型线网，则其在连片发展区内线网的合理规模为 206.02km；如果采用有环形线的放射型线网，则其在连片发展区内线网的合理规模为 241.71km。

4.4 线网规模匡算方法的适应性

这里需要特别指出的是：按线网服务覆盖面推算线网规模和基于网连通度的推算线网规模的方法仅适用于城市发展的连片区域，还需根据城市发展的实际情况，适当地增加部分至外围重要组团的延伸线。

1. 按出行需求推算线网规模的优缺点

该方法实质上是一种策略性的、目标性的规模。因为该方法中所采用的交通结构具有策略性和目标性。该方法思路清晰、计算简单,是目前城市轨道线网规划中常用的一种方法。其难点在于未来的出行总量、公共交通占总出行量的比重以及城市轨道交通出行量占公共交通的比重难以把握。

2. 按线网服务覆盖面推算线网规模的优缺点

该算法简单易行,但是算法中的关键参数,各圈层区域的城市轨道交通线网密度是以车站吸引范围为基准确定的,而车站吸引范围的确定多靠主观定性分析,缺乏理论依据。

3. 从"可能"的角度分析线网建设规模的优缺点

该方法主要从城市财政实力和工程施工进度等角度来考虑,能够较好地控制规模,使其不脱离城市的经济水平发展趋势,做到量力而行。由于对远景年的经济发展和造价等难以把握,目前该方法一般只用于对近期建设规模的匡算。

4. 基于溢出交通需求的线网规模测算模型的优缺点

该方法从本质上来讲,也是从"需求"的角度出发来匡算线网规模的,不同的是它考虑了各种不同的交通需求。

(1)模型从整体的交通供给与交通需求出发,建立平衡关系,更切合实际,也更符合城市交通一体化发展的原则。

(2)该模型不仅能测算规模,还能根据不同特征年溢出交通需求的大小从另一个侧面为"是否有必要引入城市轨道交通方式"和"什么时候引入"这两个问题的决策提供依据,如果规划年溢出交通需求为负数或者溢出交通需求很小,则可以暂时不考虑城市轨道交通方式的引入。

(3)利用该模型还可以估计一定规模的城市轨道交通方式的引入对整个交通系统的影响,特别是对地面交通服务水平的改善,主要是估计城市道路网饱和度的降低情况。

(4)模型中参数比较多,标定起来有一定难度,由于远景年城市道路网规划的模糊性,模型在确定远景年城市轨道交通线网规模时的适用性受到一定的限制。

5. 基于网连通度的线网规模测算方法的优缺点

该方法从本质上来讲,是从"线网覆盖"的角度出发来匡算线网规模的,不同的是它不是以圈层区域出发,而是重点考虑了分布在区域内的一些大型客流集散点。

(1)该模型在一定程度上综合考虑了交通需求、城市面积、城市形态、线网形态以及地形等对城市轨道交通线网规模的影响。客流集散点的数量从一个侧面反映了交通需求,客流集散点的分布也从一定程度上反映了城市形态,展线系数 ξ 则很好地反映了城市地形对城市轨道交通线路长度的影响,而交叉点数量的确定则在一定程度上考虑了线网形态。

(2)客流集散点可依据现状和城市总体规划来把握,对一个熟悉当地城市情况的规划师而言,这相对比较容易,而且准确性比较高,客流集散点的确定也能使得城市轨道交通线网很好地与城市总体规划配合。

(3)该算法总体上概念清晰,计算很简便,具有较强的可操作性。

鉴于各种计算方法各有侧重,在实际工作中可共同使用,相互印证。

思考题

1. 城市轨道交通对城市发展和居民出行有很重要的作用,某市在城市轨道交通线网规划过程中,市区远景人口规模为800万人,公共交通出行比例为60%,远景年城市轨道交通方式占公共交通的比例为60%,远景年线网客流强度为2.0万人次/(km·日),人口出行强度为2.2次/人·日,试计算该城市远景年城市轨道交通线网规模。

2. 试列举城市轨道交通线网规模匡算方法,并说明各自的适用条件。

第 5 章
城市轨道交通单条线路形态分析

城市轨道交通线网多由环线、半径线、直径线和主-支线等几种基本线形或其变形构成。城市轨道交通规划建设以提供高效的运输服务为最终目的，轨道交通不同的线路形态在适应城市空间形态结构、客流分布以及运营要求方面均存在较大的差异。所以，在分析城市轨道交通线网的构架前，先分析单条线路形态，进而把握不同线形的特征和适用条件，可为线网规划布局提供参考和借鉴。

5.1 单条线路基本形态分类

研究城市轨道交通网络结构必须联系运营关系，为此，需要在国内外城市轨道交通实际运营线路进行归纳总结的基础上，寻找城市轨道交通单条线路形式与城市空间、客流分布以及线路运营之间的关系，以便能够更好地服务于轨道交通网络规划研究。尽管在现实中，世界上各城市的轨道交通线路间具有较大的特殊性，但总可以按照其主要的几何形态和运营特征将其划分为不同的类别，如表 5-1 所示。

不同形态线路为不同性质的出行提供服务，根据出行在城市空间上的分布形式，可将出行性质分为以下几类（图 5-1）。

（1）向心型：指城市中心区域和外围区域之间的出行活动，一般以通勤出行为代表。

(2) 穿心型：指往返于两个相对外围区域之间的出行活动，出行的中段将穿越城市的核心区域，此类性质的出行距离一般较大。

(3) 切向型：指往返于外围区域两个相对较接近位置之间的出行活动，此类性质的出行一般与城市核心区域无关。

城市轨道交通单条线路基本形态分类　　　　　　　表 5-1

类型	基本形式	变形形式		
环线	 环线	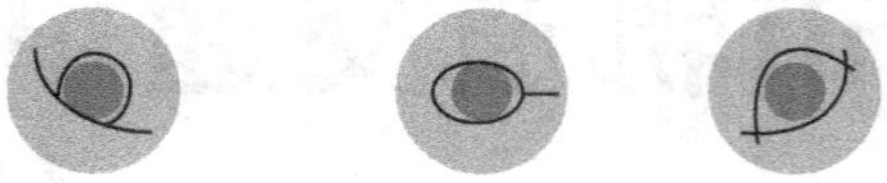 共线环线	勺形环线	组合环线
径向线	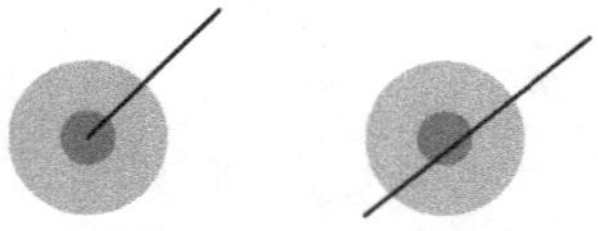 半径线　直径线	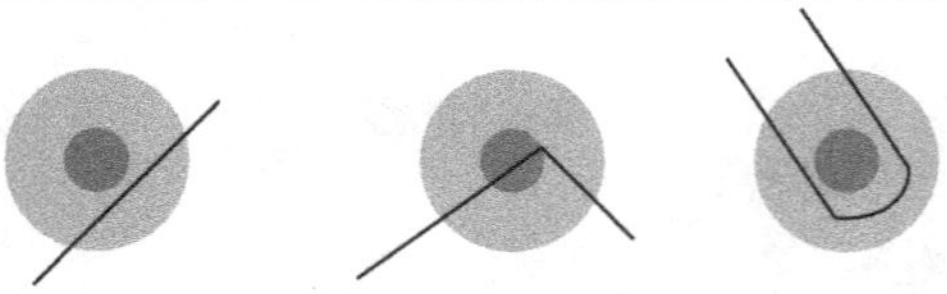 切线	直径线变形(L形)	直径线变形(U形)
主-支组合线	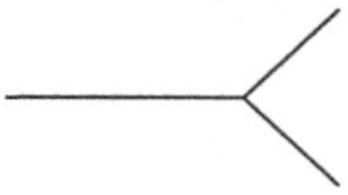 主-支线	—		

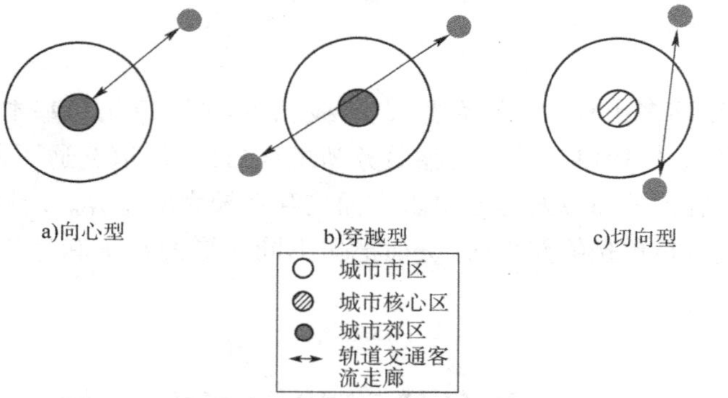

图 5-1　出行活动在城市空间上的分布形式

a) 向心型　　b) 穿越型　　c) 切向型

○ 城市市区
◎ 城市核心区
● 城市郊区
↔ 轨道交通客流走廊

5.2　环　　线

城市轨道交通环线指的是线路构成一个环形，列车在其上环形运行的交通线。依据苏联学者的观点，城市轨道交通网络由"肢段"和圈层构成，圈层的形态可以区分世界各国的轨道交通形式，而环线就是环上任一点不用换乘均可到达环上另一点的特殊圈层，在环线上可以与所有相交线路一次换乘通达。因此，环线是城市轨道交通网络中一类特殊的线路形式。正因其特殊性，是否需要设置环线成为城市轨道交通线网规划过程中人们广泛讨论和关注的焦点。

5.2.1 环线的作用

环线设置与否,首先需要分析环线设置的目的与作用。环线由于其特殊性质,在线网中发挥特殊的作用。城市轨道交通的环线不同于道路环线,道路环线是屏蔽径向车流穿越核心区,而城市轨道交通环线的作用是:

(1)联络城市轨道交通放射线路,通过客流转换,提高城市轨道交通网络的可达性。通过环线将不同服务方向的放射线或直径线串接,交织成线网,方便不同线路之间的横向联系,提高网络整体可达性。

(2)提供多点换乘,减缓中心区客流压力。通勤客流通常具有明显潮汐式,外围客流从各个方向进入中心区,必将给中心区带来较大的客流压力,使中心区城市轨道交通线路受到较大冲击,尤其是在有限的换乘节点上。因此,在中心区边缘设置环线可以对向心客流进行有效的拦截,通过环线进行多方向快速换乘,均衡网络客流分布。

(3)满足环线沿线客流出行需求,提供横向联系,并带动新中心发展。环线能够有效连接沿线区域,提高网络覆盖率,便于沿线横向联系。同时,借助环线上换乘节点的高可达性,围绕换乘节点形成高强度开发,促进城市次中心或副中心建设,优化城市空间布局。例如,日本山手线上形成了多个城市副中心。

5.2.2 环线的分类

1. 按运营方式分类

尽管线网中的环线从几何形态上看是一个环形,但是由于环线与其他线路联系的方式不同、行车组织方式不同,会形成不同的运营方式,比较典型的运营方式有独立环线运营、勺形环线运营、共线环线运营、组合环线运营和大小环线运营,如图5-2所示。

a)独立环线　　b)勺形环线　　c)共线环线　　d)组合环线　　e)大小环线

图5-2 环线的基本运营形式

(1)独立环线运营。

独立环线运营是指列车只在环线上由一个运营机构负责运营,在此方式下,列车不进入环线以外的线路运营,而环线以外的列车也不占用环线的线路,是世界城市轨道交通环线中应用最为广泛的一种形式,大约占已运营环线总数的50%以上。这种环线的特点是运输组织简单、各区段通过能力均等、识别性强,但对客流的要求也最为严格;适合于周向客流比例较大且各区段客流较均匀的场合。这种运营方式以莫斯科地铁5号线、北京地铁2号线、东京山手线为代表。

(2)勺形环线运营。

勺形环线运营是指环形线路与进出环线的放射线路组合起来运营,列车沿放射线路进入环线,沿环线运行,然后再沿出环线的线路离开。这种方式在端头到环线客流量较大时比较适宜。例如,日本东京的大江户线,该线全长40.7km,环线部分27.8km,设站38座,采用由内到外自端头到端头的运营方式。

(3)共线环线运营。

共线环线运营是指环线列车与来自环外线路列车在整个或其中一部分线路上共线运营,共线环线的应用比例仅次于独立环线,适用于环周部分区段客流量较小的情况。例如,上海4号环线全长33.6km,设站26座;在虹桥路—宝山路站区间与3号线共线,共线段长11.8km,设站9座。共线环线兼具独立环线和勺形环线的特征,因此在运营组织上十分灵活。

(4)组合环线运营。

组合环线运营是指由两条或多条线路组合起来运营,其中包括一个完整的环线运营路径。以巴黎地铁环线为例,其由地铁2号线及6号线组成,2号线使用的是橡胶轮车辆,6号线使用的是钢轮车辆,各自独立运行,分顺时针和逆时针方向,在两条线路的连接点可以实现两条线路之间的换乘。这种环线适于环周两个部分存在量级上的客流差异,且其间换乘量较小的情况。

(5)大小环线运营。

大小环线运营是指由环线上的多个交路组合运营,大交路可采取全环运营,而小交路采用中间折返的方式运营部分环线,如北京地铁10号线。

2. 按功能结构分类

根据城市轨道交通环线与网络中其他线路相互关系及其位置与功能的角度,可将其分为结构性环线和非结构性环线。

(1)结构性环线。

结构性环线指的是对城市轨道交通线网结构起着重要支撑作用的环线,一般都环绕城市中心区设置,与网络中全部或多数放射线都相交,并多在线网形态上呈现"放射环式"结构。按照环线与城市中心区的相对位置,又可以划分为中心区环线(内环)和多中心环线(外环)两种类型。

①中心区环线。

中心区环线指的是整个线路都处于城市中心区范围内的环线,其线路规模通常在20km左右,如伦敦环线(Circle Line,22.5km)、莫斯科5号线(19.4km)、马德里6号线(23km)、北京2号线(23.1km)等。莫斯科是拥有中心区环线的典型代表城市,整个线网呈典型的"放射环式"结构,其轨道交通网络总长275.6km,由1条环线、11条直径线及半径线构成;其中环线长19.4km,与另外11条线路均存在交叉和换乘关系,环线上的12座车站也全部是大型的换乘站。

莫斯科环线

②多中心环线。

多中心环线通常位于中心区外围,并串联多个城市副中心或者外围组团中心,其环线规模一般都比中心区环线大。日本东京的山手线是最典型的多中心环线。山手线全长34.5km,设站29座,环绕在以银座地区为核心的中央商务区(CBD)周围;环线上串联着新宿、池袋、涩谷、大崎、上野等多个城市副中心。整个城市呈现"一核七心"的典型多中心组团式结构。

东京山手线

(2)非结构性环线。

美国纽约肯尼迪机场快线就是典型的非结构性环线。在轨道交通线路位于机场的一端形成串联多个航站楼的环。巴黎地铁7号线在端部也有类似的结构。新加坡轨道交通网络中3条环线(榜鹅轻轨线、盛港轻轨线以及武吉班让轻

肯尼迪机场快线

轨线)基本上也都属于这种类型。另外,一些规模较小的、属于城市观光旅游性质的环线也是非结构性环线,如底特律的单向高架轻轨环线,长度仅5km;迈阿密的新交通系统环线仅3km。

总的来说,非结构性环线的换乘站数量较少甚至没有,起不到通常意义上环线的连续换乘作用,仅仅是对环形的客流集散点起连通作用。其功能相对单一,对线网结构的影响较小,受到的限制性因素也少。

5.2.3 环线的设置条件

城市轨道交通环线的设置与否,与整个轨道交通线网的形态、客流流向有很大关系,但首先还是取决于城市空间发展的用地布局结构。目前,世界上城市空间发展大体上有两种模式:一是城市由同心圆向外扩展,转变为沿轴线发展模式,如哥本哈根、日内瓦、汉堡等;二是城市由单中心向外扩展,转变为多中心向外扩展模式,如东京、巴黎等。我国城市大多为单中心同心圆结构,在未来发展和规划方面则上述两种模式兼而有之。对于同心圆向外扩展模式而言,环线一般主要在中心区或靠近中心区边缘的区域设置,而是否需要设置环线则取决于以下两方面的因素。

1. 客流条件

环线上要有足够客流,同时分布应较为均衡,以利于系统配置和运营组织。环线的客流一方面来自与其相交的放射线的换乘客流,另一方面来自其通过客流集散点吸引的客流。

(1) 当放射状线网规模足够大,且放射线达到一定数量时,对环线能起到较好的客流支持作用,从而满足环线设置的客流条件。

放射线与环线之间换乘客流的大小,取决于放射线的位置和性质、换乘站的换乘便捷性和环线车站周围就业岗位数量等因素;放射线客流量大且出行方向多样化将增加放射线与环线的客流交换;环线上的换乘站换乘便捷,将吸引乘客在环线上换乘;环线车站周围就业岗位数量多,环线车站将成为居民出行的目的地,吸引城市各个方向客流通过放射线换乘环线到达工作地点。因此,设置环线时应与尽可能多的放射线连接,并保证放射线本身具有较大的客流需求;同时,环线上设计的换乘站要便捷,环线通过的区域应有较多的就业岗位。

(2) 环线通过的客流集散点越多,通达性越好,周向出行客流越多,越能满足环线设置的客流条件。

环线的客流还取决于沿线人口和就业岗位数量,也就是环线自身串联的客流集散点的规模。环线越靠近市中心区域,通过的大型客流集散点越多,沿线区域内人口和就业岗位越密集,则环线本身的客流集散能力越强,在局部区域环线就可以承担更多的出行。世界上城市轨道交通环线大多都与城市对外客运枢纽相连,如著名的伦敦地铁环线(Circle Line),全线串联了13座铁路车站,这些铁路车站基本上都是伦敦市区向伦敦大区辐射的放射形铁路的起点站,所以无论是高峰时段还是平时,都始终具备较高的客流;莫斯科的地铁环线(5号线),12座车站中有7座也是与干线铁路枢纽站衔接,环线平均运营速度达到了40km/h,高峰小时最小发车间隔90s,但环线上有6座车站超负荷运行。

2. 工程条件

城市轨道交通线路需要设置停车场、车辆段等,占地面积大,工程条件要求高。穿越市区的放射线两端位于城市外围区域,建设条件和用地条件都较好,可以较便利地设置车场;而环线为了保证足够的客流吸引能力,并对线网构架发挥相应的作用,往往设置在市中心内或边缘,通过区域的建设条件和用地条件紧张,场段(停车场与车辆段)设施的设置困难。为了解决工程条件的制约,一般可以采用以下两种方式解决:

(1)增加环线的长度,使环线向城市外围扩大或局部线路通过城市较为外围的区域,以保证环线部分区段所通过的区域其建设条件和用地条件能够满足设置场段设施的要求。

(2)在环线上增加支线或利用联络线与其他放射线联系,在支线或放射线上设置场段设施,通过相应的运营管理措施,保证环线与支线或其他放射线共享场段设施。

5.2.4 环线的长度

环线的长度也是城市轨道交通环线在线路设置过程中需要重点考虑的因素之一,它对环线今后的运营及服务水平有着重要影响。环线过短,其串联的区域有限,与网络中其他放射性线路交叉换乘的概率会下降,环线的功能将大打折扣;而环线的长度过长,其客流的均衡性、运营时间及服务水平都会受到影响,车辆投入等方面的运营成本也会大大增加,最终也会削弱环线的吸引力。

表 5-2 是对部分城市轨道交通环线应用情况的统计,除去非结构性环线,这些环线平均长度为 30.7km,若再扣除明显较长的北京 10 号线(57.1km)、首尔 2 号线(48.8km),其余环线平均长度为 26.3km。

部分城市轨道交通环线应用情况统计　　　　　表 5-2

城　市	环线名称	环线长度(km)	车站数量(座)	换乘站数(座)	环线类型① CL	环线类型① NCL	备　注
伦敦	环线	22.5	27	16	√		带单放射端
东京	山手线	34.5	29	24	√		带单放射端
莫斯科	5 号线	19.4	12	12	√		—
马德里	6 号线	23.4	28	1		√	
北京	2 号线	23.1	18	7	√		
北京	10 号线	57.1	45	16	√		大小环线运营
上海	4 号线	33.6	26	17	√		虹桥路—宝山路站区间与 3 号线共线,长 11.8km,设站 9 座
巴黎	2 号线	12.3	25	13	√		呈组合环状线,目前未按环线运营
巴黎	6 号线	13.7	28	12	√		
名古屋	名城线	25	28	9	√		带单放射端
首尔	2 号线	48.8	43	16	√		带双放射端
奥斯陆	4 号线	19.5	14	5	√		—
柏林	S41,S42②	35	27	17	√		带多放射端
布加勒斯特	M1	24	21	8	√		长 8.63km,设站 6 座

注:数据来源于各城市轨道交通运营公司官网。
①符号 CL 代表结构性环线,NCL 代表非结构性环线。
②S41 为顺时针运行方向;S42 为逆时针运行方向,是同一条环线。

根据世界各国地铁运营经验,为使调度合理,通常单条地铁线路的长度为30km左右。而环线由于换乘车站数量较多,相应的在站点累计停靠时间较一般线路要长。因此,对于中心区环线,其长度应以20~25km为宜;而对于多中心环线,35~40km则较为合适。长度超过40km的城市轨道交通环线,其运营一周的时间通常都在1h以上。例如,巴黎最新规划的RER环线,长度达到了50km,虽然采取了无人驾驶和市域快线的形式,站间距比市中心线路也大得多,但运营时间还是达到了75min。

5.3 主-支组合线

5.3.1 国外支线应用情况

支线作为一种灵活的线路模式,在国外多个城市有广泛的运用,多见于特大城市的市域、市郊线网,如法国巴黎的RER系统、日本东京都的JR和私铁系统、德国的S-Bahn系统等;或者中小城市的地铁及有轨电车系统,如意大利米兰、法国波尔多等。

支线的设置可以较好地兼顾解决外围组团覆盖率不足和中心城区通道资源紧张的问题。支线的服务水平应同时满足所在片区的出行需求和主线的系统容量。

1. 巴黎的RER系统

巴黎的RER系统现有A线、B线、C线、D线、E线共5条线路,24条分支线路。所有线路均通过巴黎市中心区,主线和部分支线与巴黎地铁网有众多换乘车站,换乘便捷。根据相关运营资料,RER主线高峰时期可保证2~3min发车间隔,支线多采用7~15min发车间隔。各条线路运营组织非常灵活,交错开行大量快慢车、区间车,以缓解高峰时期客流不均衡的矛盾。

巴黎RER系统

A线设有5条分支,分别为连接西北部的A1分支、A3分支和A5分支,以及连接东南部的A2分支和A4分支。

B线设有4条分支,分别为连接东北部的B3分支和B5分支,南部的B2分支和B4分支。

C线呈多岔双环状,含有连接西北部的C1分支、C5分支和C7分支,东南部的C2分支、C4分支、C6分支和C8分支。

D线设有4条分支,分别连接北部的D1分支、D3分支(线路图中没有标注)以及东南部的D2分支、D4分支。

E线设有3条分支,分别连接巴黎市区的E1分支以及东部的E2分支和E4分支。

2. 东京都国家铁路和民营铁路系统

东京都轨道交通历经百年发展,拥有庞大的轨道交通网络和众多运营公司,按照服务区域划分,主要由内城区的地铁、外围区的地铁及民营铁路,以及郊区的民营铁路和国有铁路组成。

外围区线路多设有支线,以民营铁路京滨急行电铁为例,除56.7km的本线外,还设有4条支线,分别为久里滨线13.4km、逗子线59km、大师线4.5km、空港线6.5km,如图5-3所示。

线路开行普通、急行、特急、快速特急、机场快速特急等多种线路。根据列车运行时刻表,高峰期主线开行列车间隔多为3~4min,而且线路与其他线路的重要换乘节点始终保持较高的发车密度,以满足转乘客流需求。

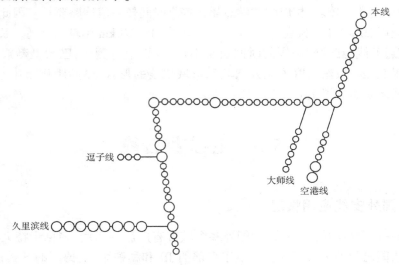

图 5-3 京滨急行电铁线路示意

3. 柏林的 S-Bahn 系统

S-Bahn 系统发展之初即定位为"近郊通勤列车",服务于城市中心以及近郊和附近乡镇交通。其显著特点就是在城市外围区域设置众多支线,并于中心区汇入少数主线。整个系统采用高效、同调的运营安排,通常支线的发车间隔不少于 20min,会合到主线的最短间隔仅为 2～3min。

相比于巴黎和东京的市域线,柏林的 S-Bahn 系统更具备国有铁路特征,对支线的运用更为广泛。线路向柏林市郊各个方向放射有 15 条线路,最终汇入城市中心的仅为"环 + 十字"的简单路网形态。支撑 S-Bahn 系统良好运行的前提是合理的车站和配线设置以及周密的运营组织,S-Bahn 系统在柏林市中心区采取共用廊道和复杂的配线方式,以实现大量不同起终点线路的共线和转乘。

4. 总结分析

从国外轨道交通的支线应用来看,通常市域快速轨道交通中对支线(区域快线、通勤铁路、市郊铁路等)应用较广,该系统中往往有多个支线,而且与主线贯通运营,尽管支线发车间隔较大,但能够实现严格按照运行图发车,鼓励定点出行。为提高支线出行的快捷性,在支线往往设置有越行站,通过开行直达车、大站快车满足不同时间、不同群体的出行需求。

柏林 S-Bahn
线路

京滨急行电铁
开行列车

5.3.2 国内支线应用情况

1. 上海

上海城市轨道交通线网中 10 号线、11 号线开行支线列车。10 号线主线由新江湾城站至虹桥火车站,设站28座,长约30km;支线由龙溪路站接轨,止于航中路站,含3站3区间,长约5km。支线与主线贯通运营,高峰期共线段发车间隔为5min,支线发车间隔为10min。平峰期共线段发车间隔8min,支线发车间隔为13～15min。

11号线主线由罗山路站至嘉定北站,设站28座,长约53km;支线由嘉定新城站接轨,止于江苏境内花桥站,含7站7区间,长约19km。支线与主线贯通运营,高峰期共线段发车间隔为5min,支线发车间隔10min。平峰期共线段发车间隔8min,支线发车间隔为13～15min。

10号线、11号线支线接轨站位于城市外围区域,主线末端及支线多连通外围新城以及体育场馆、大型交通枢纽,如虹桥机场、火车站、安亭F1赛车场等。由于新城开发强度不及中心区,而且机场、火车站以及体育场馆等客流性质属于阶段性、突发性客流,目前支线对发车间隔要求降低,地铁运营较为顺畅。

2. 广州

广州地铁3号线设置支线运营,是呈南北走向的"Y"形线路(图5-4),主要贯穿市区新城市中轴线和番禺区发展轴线。主线为天河客运站至番禺广场,衔接城区大型住宅区、主城区商业中心区等重要区域,设站16座,长约35km;支线也称北沿线,由体育西路站接轨至机场南站,主要衔接城区居住集聚区和主城区商业办公区等重要区域,设站12座,长约29km。

图5-4　广州地铁3号线示意图

3号线2006年底实现主线贯通运营,2010年支线通车。有别于常规支线运营方式,3号线支线在建成初期采用独立运营模式,仅开行机场南站至体育西路小交路列车,不进入主线。

由于支线接轨站采用单线站前折返,导致支线发车间隔最小只能达到4min30s,对运能限制较大。加之支线线路较长,客流并入主线后造成全线客流压力增大。

支线段的拥挤程度也日益严重,早高峰期支线段永泰至燕塘5站需要限流,2013年支线早高峰满载率达139%。为应对以上问题,广州地铁公司于2013年5月工作日早高峰期间开行同和站至大石站的单向短线车。短线车由支线直接进入主线,减轻了接轨站的换乘压力。调整运行线路后,支线高峰期最小行车间隔可达3min30s,主线最小行车间隔缩短至2min15s。2015年实现了番禺广场至机场南直通交路,实现南北车站纵贯直达,运营模式变为分别互通型交路方案,运营模式的改变在减少换乘客流的同时,也增大了主线的发车间隔,对主线的运力造成一定的负面影响。

3. 总结分析

相对于欧洲、日本等国家,国内城市轨道交通起步较晚,目前各大城市轨道交通网络基本以服务中心城区的地铁网为主。由于我国地铁系统普遍采用小编组高密度的运营模式,线路主要覆盖中心城区,线路长度有限,系统配置较多考虑经济性,而大城市中心城区普遍人口总量大且集中,地铁全线客流较为均衡,发车间隔较密,基本没有设置支线的条件。上述已运营的3条含支线的轨道线路,均为地铁线路。其中,上海地铁10号线出于京沪高铁站重大规划调整原因而改线,由此衍生出支线,并非规划产物。广州地铁3号线支线原型为机场快线,目前以独立运营为主,也不同于常规概念的支线。

市域、郊区轨道交通线路的规划多处于起步阶段,已经建成或在建的市域快线中,设置支线的仅有上海11号线。

综上所述,国内的支线运用案例较少,且不具备典型性。尽管国内对支线设置没有明确规范,但各个城市对支线的规划较为保守,甚至对支线设置较为排斥,对于什么情况应设置支线和如何设置尚未达成共识。支线设置受到较大排斥的原因包括:与单一线路运营相比较复杂,担心引起安全问题;由于发车频率降低,投资效益比下降;城市轨道交通沿线用地有较大的不确定性,支线服务水平难以保证。对于运营安全问题,实际上是国内支线运营经验不足,并非技术难点;对于支线的成本效益问题,需要合理的建设标准与其对应,使得投资与需求相匹配;而对于沿线用地开发的不确定性,需要强化用地控制和管理,这也是城市发展中必然要解决的问题。

5.3.3　主-支线的功能特征

主-支组合线简称主-支线。从设施本身上说,由于独立线路不涉及任何分流或合流的运营过程,因此其往往比带有支线的组合线路能够提供更高的通过能力。然而,径向线在一般情况下会降低离开城市中心的客流量,因此也就导致了某些区段较低的运能利用率。增加运能利用率的唯一手段(换句话说,就是提高运营效率的手段),可能就是开行大小交路。但大小交路套跑的方式将会在其衔接的折返点上导致轻微的运营混乱和服务频率的降低。

尽管如此,相对于独立运营的单条线路,主-支线有两个与生俱来的优势:一是支线能够极为显著地增加线路在郊区部分的覆盖范围,二是主-支线的布设将导致支线比主线具有更长的发车间隔。第一个好处是可以以较小的支线建设投入,大幅增加城市轨道交通线路对郊区较小规模客流集散点的连接,从而提高线网整体的服务面积。第二个好处是支线能够选用更小运量的系统,以便获得较高的单位运能经济效益。

但相比之下,主-支线存在建设投入高(因为附加了支线段建设费用)和行车控制困难的问题。主-支线的优点在于覆盖面积和网络服务潜在交通出行量的增加,并且其运能利用率高,可降低单位周转量运营成本。但不同支线上不均匀的客流分布很可能导致支线甚至主线上不规则的发车间隔和列车编组,给乘客带来不便。在这两者之间的选择,主要依赖于主线单元和支线单元之间的相对重要性,要分析整个线路上是主线还是支线占主导地位,占次要地位的部分将不可避免地出现不同的发车间隔或列车编组。

5.3.4　主-支组合线路的规划设置

对于主-支线组合线路,主线和支线的客流需求和运营特征均需要仔细地考虑,因为这些特征都会直接影响主线和另一条支线的发车间隔,并且限制了其他区段的可用发车间隔。主-支线的形式在服务于通勤出行的时候效率很高。设计主-支线时,主线的客流强度是最为重要的设计因素,平衡支线需求也要重点考虑。在实在难以平衡主、支线路之间的运营要求时,最可行的办法就是在衔接点将主-支线截断,形成"喂客支线",如图5-5所示。在连接端,主线车辆中的一部分或许需要折返运行,这会稍微增加运营上的复杂性。但总的来说,喂客支线增加了主线的运能利用率,并且不会打乱主线的发车间隔。

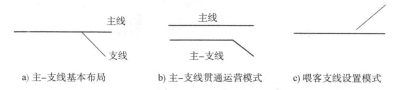

图 5-5 主-支线示意

重庆城市轨道交通 6 号线就是主-支线,如图 5-6 所示。6 号线定位为网络骨干线路,其客流量和客流强度都很大,国博线连接在礼嘉站,即属于喂客支线的情况。国博线的客流没有 6 号线主线那么大,将这两条线转化为主-支贯通运营形式将会导致共线部分上不规则的发车间隔,造成整体运力的下降,运能利用率较低。因此,6 号线主线的利用率越高,作为一条具有固定发车间隔的独立线运营模式可行性就越高。

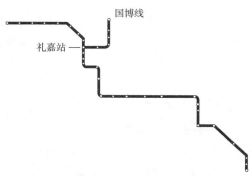

图 5-6 重庆城市轨道交通主-支线(6 号线)示意图

香港地铁线网在主-支线方面也有一个应用较好的例子(图 5-7、图 5-8)。荃湾线的定位为骨干线路,其客流量和客流强度都很大,观塘线连接到其上,类似于一种喂客支线的情况。尽管观塘线的客流不像荃湾线那么大,但具有全日时间上的持续变化特点。然而,将这两条线转化为主-支线的形式将会导致共线部分上不规则的发车间隔。这样不规则的发车间隔容易引发延误的传递,因此上述两条线不应该作为单一的主-支线路,特别是当每个部分独立拥有自身持续的客流时。

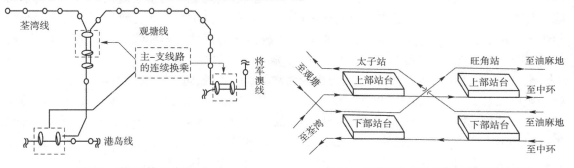

图 5-7 香港地铁主-支线　　图 5-8 香港地铁太子站和旺角站的换乘布置

因此,荃湾线的利用率越高,就越宜于作为一条具有固定发车间隔的独立线运营。利用率略低的观塘线在荃湾线上的终端,乘客将被要求进行必要的换乘。为了适应较大的换乘客流,连续设置两个换乘车站以扩大换乘能力。这样的设置是很有效率的。香港地铁在其他线路中,通过使用"连续换乘车站"设计,给线路提供更强的换乘能力。

主-支线最为重要的好处就是增加郊区的轨道交通覆盖面积,因而最适用于主线是径向线的情况。主-支线的几何形态拓展了其能够服务的区域,提升共线部分外围段的客流吸引力和线路利用率。这种形态适宜服务带有分散的子通道且客流较大的走廊,尽管这样的服务可能需要乘客换乘。

5.4 半 径 线

5.4.1 半径线的概念与应用情况

1. 半径线的概念

半径线,其严格的学术定义最早由美国宾夕法尼亚大学公共交通专家 Vuchic 教授在公交网络规划中提出:沿城市主要客流方向设置,两端点分别位于城市中心与郊区,沿出城方向客流逐渐减小的线路。

半径线止于城市中心区边缘或环线,并没有深入中心区,与其他线路形成较少的换乘节点。半径线也称"断头线",以下所说的"半径线"均为此类型。

2. 半径线的应用情况

世界范围内半径线的应用为数不少,但对于大部分城市的线网而言,半径线所占比例较小,并非主流线路形式。很多单边或多边受限的城市,由于自然屏障等地理区位因素的限制,城市往往呈单向扩张的发展趋势,从而导致城市轨道交通线路呈放射状发展,出现不少半径线。此类城市大多具有滨水的地理特征,如布宜诺斯艾利斯、芝加哥、斯德哥尔摩等城市,在这些城市中半径线比较常见。

如瑞典的第一大城市斯德哥尔摩,位于波罗的海西岸,市区分布在 14 座岛屿和一座半岛上,属于典型的海湾型城市,其城市轨道交通 10、11 号线很好地配合了城市的地理特征,而且在中心区与其他线路均有换乘,保证了线网的整体连通性,避免了大量客流在中心区的集中乘降。与之类似,匈牙利的首都布达佩斯被多瑙河一分为二,其中城市的行政、文化、商业中心均集中于东岸的佩斯,因此其城市轨道交通 M1 号线及 H5 号线均为半径线,避免了穿越河流,同时通过与 M2 号线的换乘保证了网络的整体性,满足市民的过河需求。

半径线在大型城市轨道交通线网中也较为常见。一方面,近年来随着城市空间尺度增大,这些城市在解决市域交通需求时为了避免超长线路带来的运营问题,往往通过几条线路的全部或部分区段的组合形成一条跨越整个线网的直径线,以此来降低线路运营长度;另一方面,考虑到外围客流具有潮汐性、向心性等特点,与市区客流存在显著差异,在规划中为了避免二者在运营组织上的不协调,往往分开运营,从而使线网外围形成一些半径线。

斯德哥尔摩　　　布达佩斯
城市轨道交通网　城市轨道交通网

国内城市中,城市轨道交通线网中包含半径线最多的就是北京,典型代表即为连接近郊新城的郊区线,如房山线、9 号线、亦庄线、八通线、昌平线等。

相对北京而言,上海城市轨道交通线网呈现"环 + 放射"的形态,线路类型以直径线为主。但随着城市轨道交通线网向外围的不断扩张,上海城市轨道交通线网中也出现了一些半径线,如5号线、12号线、13号线、16号线,其2号线东延伸段虽然名义上属于2号线,但由于二者通过换乘站衔接,因此本质上依然属于前文定义的半径线。

也有一些线路,由于分期建设实施而使规划中的直径线在一段时期内作为半径线运营。如北京尚未全线建成时的8号线、14号线、15号线同样具备半径线特征,均由于线网分期实施时优先建设较易的外围线路造成。

5.4.2 半径线的特征与问题

世界上许多城市建设或规划有连接边缘组团到中心区的半径线,而半径线能够在世界范围内得到广泛的使用,得益于其在线网中可以解决部分城市轨道交通规划、运营中的困难,因此受到一部分规划者的推崇。

(1)半径线的设置符合客流方向,对城市中心客流起到了部分疏解作用。

(2)通过规划半径线,可以避免线路过长,从而可以避免司机的疲劳驾驶、线路调车困难及运营组织复杂等一系列问题。

(3)半径线的规划与城市总体规划相协调,即在TOD(公共交通引导发展)模式下,先期建设半径线有利于引导城市的发展方向并带动沿线经济、商业发展。

但是,我国一些城市轨道交通线网中也出现了各种形式的半径线问题,这些线路往往终结于城市中心区或外围,在实际运营中表现出以下问题:

(1)半径线往往较少与线网中其他线路相交,导致乘客不便利用城市轨道交通出行、换乘过度集中。

(2)与直径线相比较,半径线增加了出行的换乘次数,既降低了出行方便程度又增加了出行时间,违背了城市轨道交通高效直达的原则。

(3)半径线解决了超长线路的调车等运营问题,对于乘客而言,出行时间反而因为额外的换乘进一步拉长。

(4)半径线客流分布往往呈现出明显的楔形,在客流最大的断面处,所有乘客的上下车势必造成停站时间的增加,而此时列车折返能力能否保证最小行车间隔也成为问题,给列车的正常运营造成风险。

(5)半径线终止于城市中心区,其中会有一定的过路客流需要换乘其他地面交通,从而加剧了中心区地面交通的拥堵状况,形成新的交通瓶颈。

(6)半径线设置的最初目的为满足上下班等客流的交通需要,所以就无法避免在非高峰时段线路始终处于客流量较低的水平;为平衡非高峰期间低客流水平,需要增加发车间隔运行,这反而会进一步降低非高峰期间的客流强度。

尽管半径线存在上述缺点,但是在城市轨道交通线网建设中具有较广泛的应用,主要因为半径线线路较短,能够与客流走廊高度重叠,以较少的投入在短时间内形成轨道交通走廊。另外,半径线能够最大限度发挥城市轨道交通定时、准点的特点,便于满足通勤通学等出行目的的需求。

5.4.3 半径线规划要点

1.合理规划线网布局,尽量避免半径线

对于不存在空间地理限制的城市,在城市轨道交通线网规划阶段,须合理分析城市圈层,确定合理的城市轨道交通服务范围,合理构建城市轨道交通网络,尽可能采用穿越中心的方式规划线路。例如,日本东京山手线外围的线路以民营铁路(私铁)为主,通过市郊铁路的方式解决外围组团进城需求,同时采用跨线的方式连通民铁(私人企业运营的铁路)与地铁,提高直达性,北京地铁大兴线与4号线的贯通运营也具有类似效果。

2. 采用半径线时应尽量深入中心并与网络形成多点换乘

在规划中,对于必须采用半径线的线路,首先必须避免半径线路终点断在大客流断面处,同时,应令其尽量向中心区内部延伸并与多条线路相交,形成多点换乘,从而分散换乘客流压力,并加强网络可达性。如北京地铁9号线虽然属于半径线,但由于其中段与1号线、6号线分别相交,因此终点国家图书馆站的换乘压力反而不大。

3. 采用灵活高效的运营组织形式

对于超长线路存在的市区内外客流特征差异的问题,可以借鉴日本东京轨道交通线网采用的灵活编组、交路套跑、快慢车混跑等运营组织方式进行解决。

通过两个交路的嵌套,可在超长线路中心区形成交路的叠加,从而提高线路能力;或者通过在城市中心外围区设置解编站,实现"城市中心大编组,郊区小编组"的运营模式,从而解决客流不均衡问题。

在半径线的运营组织中,可以在靠近城市中心区的终点站采取人工疏导方式,以提高乘客上、下车效率,还可以通过站后折返、交替折返等措施提高折返能力,从而保障列车运营安全;同时,应做好交通一体化衔接,使乘客在换乘其他交通方式的过程中尽量不干扰地面交通。

4. 合理安排建设范围和时序,避免线路分期建设过程中出现半径线

对于一些分期建设的直径线,应在线路建设首期尽量与既有线形成不少于两个换乘节点,避免由于线路分期建设导致半径线问题出现。

例如,北京地铁的8号线、14号线、15号线等线路首期工程均只与其他线路单点换乘,这就会大大降低乘坐该条线路出行的方便性。

再如,上海地铁9号线一期工程早期规划是从松江新城至徐汇区的东安路站,一期工程可与1、3、4号线3条线路换乘,拥有宜山路站、徐家汇两座换乘站,后来由于工程进度原因,一期工程先后缩线至桂林路站和宜山路站。这样,线路开通初期,只能和3号线换乘,给3号线宜山路站带来了巨大客流压力。而11号线一期工程早期规划终点是3号线、4号线曹杨路站,后来规划调整延伸至2号线江苏路站,有效缓解了3号线、4号线曹杨路站共线车站的客流压力。

5.5 直径线与切线

5.5.1 直径线

1. 直径线的特征和分类

直径线通常被定义为有两个位于城市外围区域的对向终端,用一条穿越市中心区域的直线连接的线路。此类线路往往也是沿高强度开发的交通走廊布设,且服务于通勤客流,会吸引

从城市一端到另一端的乘客。但此类线路的两端并非一定是关于城市中心对称的两个端点，如被称为 L 形线或 U 形线的线路，其本质依然是直径线。

如果单纯从几何的角度来看，直径线从某种意义上能够被视作两条相互连接的半径线，事实上也是如此。正因为这样，直径线在很大程度上带有半径线的某些特征，如存在早晚高峰期间的单向性客流问题、中心区拥挤加剧问题以及非高峰期间的运量显著下降问题，并且难以服务于城市外围区域之间的切向型和环形客流等。但同时也应注意到，直径线毕竟不是两条半径线的简单连接，其特征与半径线还是存在显著差异的。

2. 直径线的功能特征

直径线突出的功能有：

(1) 与半径线相比，最为明显的差异是直径线不需要在拥挤的城市中心区域设置终端站。直径线直接穿越城市中心区域，其所需要的终端可极为方便地安排在城市外围广阔而丰富的可用建设用地中，以保障其运营所必需的车辆停放、折返和维修空间以及厂（架）修所需的设备和器具。在城市中心区域安排终端，无论是对政府财政还是对城市空间都是一个极为严峻的挑战。而直径线则很好地避免了这一缺陷，更为重要的是，郊区的终端在高峰期间与出行需求具有很好的方向一致性。

在早高峰期间的进城方向上，列车清客完毕后再转到出城方向上，必将有很长一段时间收集不到足够的客流，致使上述区段线路运营维持一个较低的利用率水平；同样地，晚高峰期间，出城方向上靠近外侧的部分也存在这样的问题。只有在非高峰期间，快慢车或小交路的运营方式能够被应用在这些低利用率区段，以提高整体运营效率。

(2) 直径线能够提供更多的中心区连接和换乘机会。直径线拥有的车站数量大约是半径线的两倍，并且能够提供更高的可达性和更多的换乘点，这对于达到较高水平的线路利用率是非常有好处的。在大多数情况下，直径线能够对一定范围内的城市外围区域间出行需求提供无须换乘的运输服务。这种一站式的服务将会增加一个好处，就是提升对非高峰期间的非工作相关出行的吸引力，但这种增加的出行需求往往很难持续填充非高峰期间的运能富裕。

因此，即便在这样的情况下，快慢车或小交路的运营服务仍然是有必要的，直径线的运营效率仍然远远高于两条组合的半径线。

(3) 从理论上讲，直径线在城市中心区域的部分，其客流分布要比半径线均匀得多。因为直径线在中心区域有更多的车站用于乘降客流，不但提高了乘客接近城市轨道交通的机会，同时也使得其可达性提高。可达性的提高，也意味着乘客在城市轨道交通直径线路上乘车的平均距离会拉长，这样的拉长在空间位置上往往存在某几个区段的重叠。那么重叠区段的客流断面客流量将较大，故在设计直径线的时候平衡两个半径段的客流，对于获得较高效率和服务水平尤为重要。

3. 直径线的设置条件

直径线可以使城市中心区连接两个各自均衡且分离的郊区端，但与两个在中心区衔接的半径线在功能上有很大差异。在形式上，直径线还是具有半径线很多方面的特征，L 形和 U 形线即是最常见的例子。直径线两个半径区段的选择取决于客流量的大小，以及能否很好地为中心区和郊区之间的通勤出行需求服务。在高峰时段，在直径线上到达或离开市中心的路段客流断面呈现驼峰形，所以直径线具有分散中心市区的出行、提高全线利用效率和整体性的作用。

除通勤出行外，城市轨道交通直径线所有的离心和向心出行(U形和L形线)所面对的竞争交通方式为私人小汽车，若没有持续的客流效益，则很难保持城市轨道交通对乘客的竞争力。所以，直径线的设置需要高水平、精细化的规划设计。除了需要平衡不同通勤区段的客流量外，还要考虑直径线局部短距离出行和非基于城市中心区出行的重叠将形成较高的客流高峰断面，此类直径线可在构成的半径区段或直径线全线上采用混合交路的运营模式。

5.5.2 切线

1. 切线的特征和分类

一个切线形式的城市轨道交通线路可将城市中心区域以外的2个或2个以上的部分直接连接，并且这样的连线并不通过城市核心区域。这样的线路适应于周边地区无须穿越城市核心区域的、郊区与郊区之间的横向联系。

典型情况下，切线往往沿着核心区之外的一条高度商业化的干道路布设。线路的客流分布也通常不会出现陡峰和方向上的不均衡现象。一般地，切线要么是弓形，要么是直线。莫斯科地铁6号线，巴黎地铁5号、10号线都是成功的切线形式的城市轨道交通线路。此外，也有一些切线出现在连接分散的客流集散点的情况下。尽管切线的实际线路形态各异，但其非通勤、外围区域横向联系客流的特点，以及与此相关的运营特征不会改变。

2. 切线的功能特征

切线沿线的整体客流分布比半径线、直径线更为均匀，并且在线路的两个端点附近的断面客流量以及线路中段断面客流量的变化幅度都是比较小的。然而，若切线线路的终端位于既已形成、功能清晰的对城市空间结构起锚定作用的地点时，其客流分布的形态会有所不同。例如，切线的两个终端位于城市主要商业中心和机场。在这种情况下，两个终端之间的直达出行不太可能常见，但两个终端各自独立地服务于不同的出行目的，形成本地乘客的流量高峰断面。与此同时，线路中段的客流断面水平是比较低的。这种分布形态也出现在切线的终端与其他线路相交的换乘节点的情况下，沿线断面客流将在接近换乘枢纽的区段形成典型的高峰。

切线最为显著的优点是易于与个体机动方式形成竞争，从而起到规范个体机动方式出行分布的作用。切线形式的城市轨道交通线路通过提供内-外、外-外邻近区域间直达(或仅需1~2次换乘)的运输服务，提高了乘客的机动性，从而减少个体机动方式出行的可能。通过提供快速直达的可选出行方式，切线能够吸引某一通道上不同目的的机动方式出行，与个体机动方式形成直接竞争。切线形式的城市轨道交通线路并不像半径线和直径线那样常见，因为切向的客流通道上的出行需求规模往往不像那些与工作相关的径向走廊上规模那么大。但与非工作出行相关的切线线路也同时具有全日时间内客流变化比较平稳的特征。

3. 切线的设置条件

切线连接了城市外围区域分散的客流集散点，并与个体机动方式出行竞争。因此，切线城市轨道交通线路应被规划以消解或取代个体机动化方式，而且应该被作为城市空间发展政策中增强外围组团活力和遏制无序蔓延的一部分。良好规划的切线轨道在现代城市交通系统中具有重要的战略价值。

尽管切向线有很多独到的优点，但如同定义所展现的那样，切线不能够为城市中心区域提供运输服务,可能将对长久地保持城市中心的活力造成负面影响。

思考题

1. 简述环线的作用与设置条件。
2. 分析半径线的优缺点。
3. 分析半径线在我国城市轨道交通建设中的适用性。
4. 分析切线的设置条件。
5. 试分析城市轨道交通环线与道路环线在规划设计中的差异性。

第6章 城市轨道交通线网形态和布局

6.1 基本形态

6.1.1 基本形态的特征分析

不同的线网形态结构对运营效率及城市发展都有不同的影响。在城市轨道交通建设初期,其线网形态由较为简单的几何图形构成,随着线网的加密,并受各个城市具体的人文地理环境等条件制约,便形成了千姿百态的线网形态。日本学者曾总结了18种不同类型的城市轨道交通线网模式,如图6-1所示。

通过对不同城市线网形态抽象、归类,最基本的形态结构主要有无环方格式、无环放射式、有环方格式、有环放射式及混合式等几种。

1. 无环方格式线网

无环方格式线网的各条线路纵横交叉,形成方格网,呈格栅状或棋盘状,方格式线网中的线路走向比较单一,其基本线路关系多为平行与"十"字形,基本结构如图6-2所示。

优点:线路分布比较均匀,客流吸引范围比较高,线路按纵横两个走向,多为相互平行或垂直的线路,乘客容易辨识方向;换乘站分散布置,纵横线路间的换乘方便;线路顺直,易于施工。

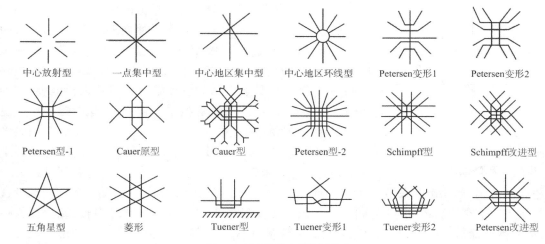

图 6-1 城市轨道交通线网类型

缺点:线路走向比较单一,对角线方向的出行及城市中心区与郊区之间的出行需要换乘,有时可能要换乘多次;平行线路多,相互交叉次数少,平行线间相互联系较差,换乘比较麻烦,一般要换乘 2 次或 2 次以上,当线网密度较小、平行线之间间距较大时,平行线间的换乘是很费时间的。对此,墨西哥城采用敷设 L 形线路的方法来增加平行线路间的联系。

网格式结构的线网是由纵向和横向的平行线交织而成的,所以它能在两个主要方向上形成很大的客流输送能力,从而引导城市沿着这两个方向均匀地向市郊发展。但是,在同样的线网规模下,网格式线网所覆盖的区域范围要比无环放射式及有环放射式的范围小。在线网的覆盖范围内,网格式线网分布比较均匀,各地块上的可达性差异不大,这种差异较小的可达性难以造成城市土地利用密度的较大差异,因而它所引导的城市居民分布也比较均匀松散,由此产生的城市结构趋于均匀分布,不容易形成明显的市中心。居民的生活空间较开阔,居住环境较好,交通压力相对较小,但也会导致城市用地的效率降低。

图 6-2 无环方格式线网示意

这种线网结构适合于人口分布比较均匀、市区呈片状发展,而街道呈棋盘式布局的城市。大阪、墨西哥城、纽约等城市的地铁线网就是这种类型。

大阪地铁线网　　墨西哥城地铁线网

2. 无环放射式线网

无环放射式线网是由若干穿过市中心的直径线或从市中心发出的放射线构成的,基本结构如图 6-3 所示。

优点:线网中心点的可达性很好,由于各条线路之间都相互交叉,任意两条线路之间均可实现直接换乘,因此线网连通性很好,线网任意两车站之间最多只需换乘一次。符合一般城市

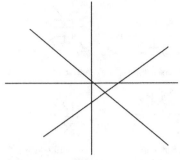

图 6-3　无环放射式线网示意

由市中心区向边缘区土地利用强度递减的特点。

缺点：市中心区的线路过多，容易使换乘客流集中，庞大的客流量难以疏解，鉴于此，线型应以直径线为宜(半径线需在市中心进行大量的换乘)。尤其当 3 条及以上城市轨道交通线路在同一点交汇时，其换乘站的设计施工及运营都很困难，这种车站一般会在 4 层以上，乘客换乘不便，日常运营维护费用也高。因此，一般将市中心的一点交叉改为在市中心区范围内多点交叉，形成若干"十"字形、三角形线路关系，这样既有利于换乘站的设计与施工，又有利于乘客的集散，还有利于扩大市中心区的范围，台北市就采用了这种处理方法。由于没有环形线，圆周方向的市郊之间缺少直接的城市轨道交通联系，市郊之间的居民出行需要经过市中心区的换乘站中转，绕行很长距离，或者需要通过地面交通方式来实现，交通联系很不方便，这种不便程度随着城市规模的扩大而增大。

放射式线网的线路走向比较多，且它们都指向或穿过市中心区，这种结构使得市中心与市郊间的联系变得非常方便，大大提高了市中心的可达性，也方便了市郊居民到市中心的工作、购物和娱乐出行，有助于保证市中心的活力，维持一个强大的市中心。导致市中心区在平面和立面上同时发展，即一方面市中心区密度不断增加，向地面以上或地面以下的立体空间发展，促使市中心区容积率的不断提高；另一方面城区面积扩大，市中心区 CBD 向周围渗透蔓延。

从市中心伸向市郊的放射线不仅能够有效地将市郊的居民出行引向市中心，而且能够促成城市轨道交通沿线居住密度的提高，形成城市居民的带状分布。由于这类放射线最初一般都是沿着重要的交通走廊布置的，其线路两侧的居民本来就不少，城市轨道交通线路经过这些地方后，大大提高的交通可达性强力地吸引出行不便的市郊居民纷纷向城市轨道交通线两侧迁移，这种趋势沿着城市轨道交通轴线向郊区纵深发展。由于良好的环境、低廉的地价及房价，市郊吸引了一部分市中心区的居民来此居住，于是，在市郊的放射线引导城市形成一条条高密度的带状交通走廊。有些城市利用这种原理进行城市用地规划，如哥本哈根手指状规划、日内瓦规划、汉堡区域规划，在城市中形成若干发展轴线，在轴线之间间以绿地，通过轴线来引导城市居住功能和其他功能的迅速发展。

当城市规模较大，尤其是对特大城市来说，这种线网结构有一些严重缺点：①加剧市中心的交通拥挤；②增大城市居民的平均出行距离；③造成市中心地价过高，反过来抑制市中心的发展；④造成市中心人口和工作岗位过分密集、人均居住空间减少及居住环境的恶化；⑤市郊不同区域之间的交通联系不便。

因此，这种无环放射式线网结构适合于有明显的市中心、城市规模中等且市郊周边方向客流量不大的城市。慕尼黑(图 6-4)、台北(图 6-5)和斯德哥尔摩等城市的轨道交通线网都是这种形式。

3. 有环方格式线网

随着城市空间尺度的扩大和密度的进一步提高，城市轨

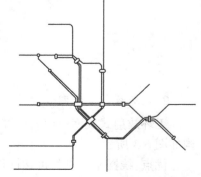

图 6-4　慕尼黑城市轨道交通线网

道交通网络规模也将随之扩大,当方格网内平行线路达到一定数量,为提高平行线路之间换乘便捷性,会增加环线,以提高网络通达性,如图6-6所示。

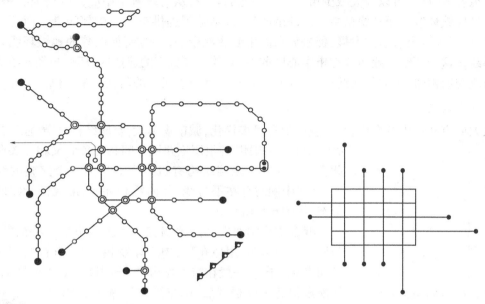

图6-5 台北城市轨道交通线网　　　　图6-6 有环方格式线网示意

优点:在方格网的基础上增加环线的优点在于减少平行线路间的换乘次数,提高客流直达性。通过环线换乘可减轻中心区线路的客流负荷,起到疏散客流的作用。

缺点:仍存在方格网换乘次数相对较多的不足。

有环方格网主要适用于以方格状道路网为基本特征的特大城市,如北京城市轨道交通线网就是典型的有环方格式线网。

4. 有环放射式线网

有环放射式线网由穿越市中心区的径向线及环绕市区的环形线共同构成。径向线的条数较多,走向多样,但都经过市中心区,如图6-7所示。

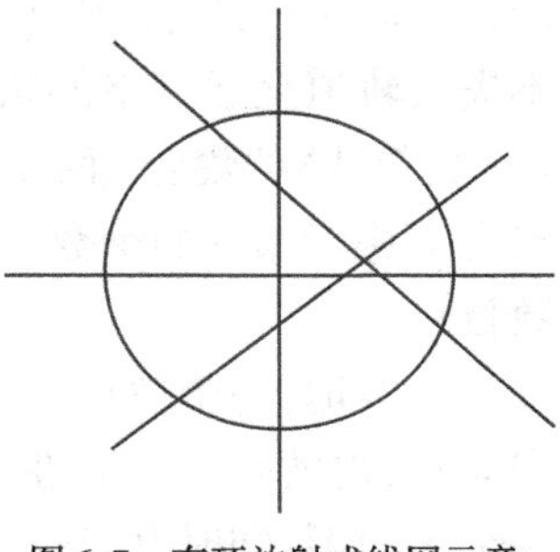

优点:有环放射式线网结构是在无环放射式线网结构的基础上加上环形线形成的,环线可以加强中心边缘各客流集散点的联系,截流外围区之间的客流,通过环线进行疏解,减轻中心区的交通压力。有环放射式是对无环放射式的改进,因而既具有无环放射式线网的优点,又克服了其周边方向交通联系不便的缺点。对于郊区城市化阶段的城市,这种形式便于线网的有效扩展。

缺点:与无环放射式线网一样,这种线网在市中心区交汇成一点是不利的,为了避免中心站超载,各条辐射线的交叉点不集中于一点,而在若干个车站相交,改进成为在市中心区范围内多点交叉。在大城市里,当城市边缘地区人口稠密时,可考虑用环线路线。

图6-7 有环放射式线网示意

莫斯科、伦敦、上海等许多城市的轨道交通线网都采用了有环放射式。有环放射式线网的主要线路是径向线,因此它具有放射式线网的基本特征:高密度从市中心向城市四周伸展的发展轴。然而由于有了环线,它与放射式线网又有所不同。环线的位置不同,其与径向线配合时所起的作用也不同。环绕在 CBD(中央商务区)周围的环线,在一定程度上可以截住进入 CBD 区的过境客流,这样可以大大减少市中心区的地面客流,从而缓解市中心区的交通拥挤状况,如莫斯科地铁环线。而环绕市中心区外围的环线,则除了提供市郊与市郊间直接而便捷的联系外,还可引导城市形态的发展,促进城市副中心或次中心的发展,如巴黎的地铁环线和东京的山手线。这些环线一般布置在市中心区的外围,并穿过城市的建成区,环线与径向线的交叉点会形成交通枢纽,很容易在此形成新的副中心,东京山手线上的新宿就是一例。

5. 混合式线网

在大城市和特大城市中,城市空间形态呈多样化,城市规模大,空间结构复杂,往往具有主副多中心、多组团,各组团道路网之间相对独立又相互关联。因此会由多种单一线网结构有机结合而形成一个完整的线网形式,网络中同时存在平行线、径向线和环线,形成混合线网结构形态,如图6-8所示。

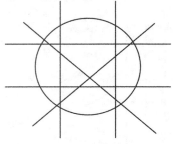

图 6-8 混合式线网示意

混合式线网通常是因地制宜地适应城市形态特征的结果,与城市空间结构、用地布局、中心体系相契合,符合城市交通特征和客流方向。一般在特大城市中,当线路数量逐渐增加,线网规模累积到一定程度后,网络形态通常都会趋向于混合式。

马德里城市轨道交通线网

马德里的轨道交通线网具有一定的代表性。马德里整个地铁网络包括12条主线及1条支线,合计长度为296km。在以"环+放射"为主的网络中同时建设有若干平行线,从而使整体呈现混合式形态。

6.1.2 网络拓扑结构特征

1. 基于图论的分析指标

从几何上来看,轨道交通网络可看作是一个由点(轨道交通站点)和边(区间段)所组成的图,记作 $G(V, E)$,其中 V 为网络 G 的节点集,E 为网络 G 的边集。为了简化分析过程,同时又不失去轨道交通网络的拓扑特征,在这里将节点集 V 取为轨道交通线路端点(首末站)和交叉点(换乘站)的集合,而舍去一般中间站,相应地,边集也忽略一般中间站的影响。设 n_v 表示顶点集 V 中元素 v_i 的个数,即网络中节点的数目;n_e 表示边集 E 中元素的个数,即网络中边 e_i 的数目。

一般地,一个轨道交通网络应该是一个连通图,分支个数 $p=1$;轨道交通线路通常都是双向运营,也就是说方向性对于每条边都是同质的,因此,这里简单地把一个轨道交通网络看作一个无向图;同时,由于把交叉点(换乘站)都视为网络的节点,因此根据平面图的定义(如果能把一个无向图 G 的所有节点和边画在平面上,使得任何两边除公共节点外没有其他交叉点,则称 G 为平面图),一个轨道交通网络还应该是一个平面图。

下面就具有这样的共性特征的轨道交通网络进行拓扑分析。对于轨道交通网络 $G(V, E)$,反映其网络结构特性的指标主要有:零度、α 指数、β 指数、γ 指数等。

(1)零度。

$$N(G) = n_e - n_v + 1 \tag{6-1}$$

一个图的零度就是该图的环路空间的维数,即基本回路数,表示网络$G(V,E)$的边数与它的支撑树的边数之差,因此,零度也可以称为回路秩、圈数、环秩。基本回路数表示了网络中回路的多寡,在一定意义上反映了网络连通程度。

(2)α指数。

网络G的实际回路数与可能存在的最大回路数之比,称为网络G的α指数,即:

$$\alpha = \frac{n_e - n_v + 1}{2n_v - 5} \tag{6-2}$$

由于最大平面网络的面都是K_3,即每个面的边界都是长度为3的回路,那么平面网络的最大边数为$M = 3(n_v - 2)/(3 - 2) = 3n_v - 6$;网络内最大的回路数,即为最大边数减去最低限度网络中的边数$(3n_v - 6) - (n_v - 1) = 2n_v - 5$。

α指数是度量网络回路性的指标,其数值变化在0和1之间。α指数为0时,意味着没有回路;α指数为1时,说明网络已达到最大的回路数目,作为平面网络,其每个面都是三角形。

(3)β指数。

网络G内每一个节点所邻接的边的平均数目,称为网络G的β指数,即:

$$\beta = \frac{n_e}{n_v} \tag{6-3}$$

β指数是度量一个节点与其他节点联系难易程度的指标。对于平面图,这一指数的范围由0至3。β指数为0时,表示无网络存在;线网的繁复性增加,则β指数增高。β指数为1的网络具有最低限度的联结,为没有孤立的节点存在的网络;β指数较高是由增加了网络的繁复和联结造成的。

(4)γ指数。

网络G的实际边数与它可能存在的最大边数的比值,称为网络G的γ指数,即

$$\gamma = \frac{n_e}{3n_v - 6} \tag{6-4}$$

对于连通的平面网络来说,$1/3 \leq \gamma \leq 1$。当γ指数接近$1/3$时,网络呈树状;当γ指数接近1时,网络近似于最大平面网络。

下面分别给出由2条线、3条线、4条线构成的典型网络形式(图6-9),分别分析其网络拓扑特性,其网络特性指标如表6-1所示。

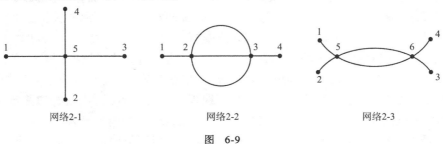

图 6-9

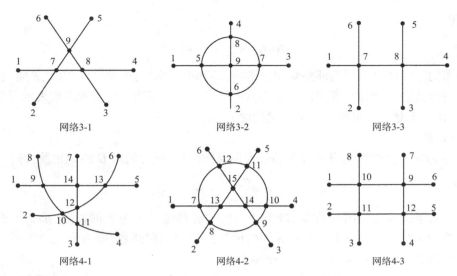

图 6-9 典型网络示意

网 络 特 性 指 标 表 6-1

网络	n_v	n_e	$N(G)$	α	β	γ
二线网络						
网络 2-1	5	4	0	0.00	0.80	0.44
网络 2-2	4	5	2	0.67	1.25	0.83
网络 2-3	6	6	1	0.14	1.00	0.50
三线网络						
网络 3-1	9	9	1	0.08	1.00	0.43
网络 3-2	9	12	4	0.31	1.33	0.57
网络 3-3	8	7	0	0.00	0.88	0.39
四线网络						
网络 4-1	14	16	3	0.13	1.14	0.44
网络 4-2	15	21	7	0.28	1.40	0.54
网络 4-3	12	12	1	0.05	1.00	0.40

　　从各项指标来看,总体而言,带环的网络性能比较优越。这是由于环线与网络中其他线路几乎均有两次相交,这无形中极大地增强了线网的网络化。但是特别要注意的是,对于道路环线和轨道交通环线应予以区别。首先,两者选线的指导思想、目的和效果不同。在道路网络中,环线的作用在于屏蔽中心区过境交通,虽然环线会造成车辆一定程度的绕行,但高速度却抵消了空间距离上的损失,所以环线对过境或跨区交通有较大的分流作用。轨道交通是方向固定的交通系统,受技术条件的限制,线路间的交通转换不能像汽车那样灵活,而是要通过乘客换乘的办法实现,而换乘的时间损耗比汽车改变行车方向的时间损耗大。同时,由于轨道交通是独立的、准点运行的运输系统,穿越中心区不会影响旅行速度,即便拥挤也不会对综合服务水平产生明显影响,使用环线反而增加换乘次数、造成延误,因此轨道交通环线的交通分流作用受到限制,尤其是交通屏蔽作用不如道路环线那么明显。其次,线路的功能定位也不同。轨道交通环线一般在核心区边缘,联通该圈层客流集散点,促进用地开发,形成客流效益。道路环线多为通过性交通,道路等级较高(一般为快速路),对两侧用地有一定的分割。

2. 基于复杂网络的分析指标

城市轨道交通网络可以看作轨道线路和车站所构成的复杂网络。城市轨道交通网络拓扑一般可以采用 L 空间(Space L)、P 空间(Space P)两种方法建立结构模型。在 L 空间方法中，节点是车站，边是线路，用站点间的距离表示边的长度，若两车站在同一条轨道交通线路上且相邻，则两者之间有连边；在 P 空间方法中，路网中任意两站点间至少存在 1 条线路，同一条轨道线路上任何两个车站间均有连边相连。L 空间、P 空间建立网络结构如图 6-10 所示。两站点最短距离若为 1，表示从一个站点不需要换乘即可到达另一个站点；若为 2，则表示换乘 1 次可到达。其实，用 L 空间方法构建的是线网物理位置网络拓扑结构，而用 P 空间方法构建的是换乘网络拓扑结构。L 空间方法构造的复杂网络反映的是轨道交通线网中各车站间的地理联系，是轨道线网中车站网络，基本保留了原轨道网络的拓扑结构特性；P 空间方法构建的网络则反映了网络中的换乘情况，是轨道交通的换乘网络。

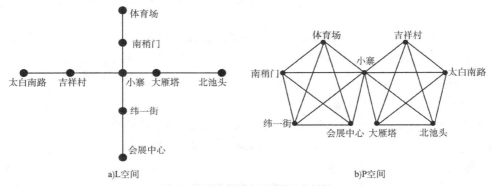

图 6-10　城市轨道交通网络拓扑结构

可运用复杂网络理论，统计网络中微观量的统计分布或宏观统计，计算规划网络或运营网络的网络特征值，来分析轨道交通网络的发展变化规律。常用的复杂网络统计指标包括度和度分布、聚类系数和平均最短路径长度等。

(1) 度和度分布。

节点 i 的度 k_i 定义为节点 i 直接相连接的节点总数，所有节点度的平均值称为网络的平均度，定义为 $\bar{k}$。复杂网络的度分布也具有实际的含义，在 L 空间中，节点度反映了通过各个站点的轨道交通线路的条数；在 P 空间中，网络节点度，表明不须换乘(直达)可到达该站点的平均站点数目。网络中节点的累计度分布用分布函数 $P(k)$ 表示，其含义为节点度不小于 k 的概率的分布情况，其计算公式为：

$$P(k) = \sum \frac{k_i}{N} \tag{6-5}$$

式中：N——网络中节点的总数；

k_i——$k_i \geq k, i = 1,2,\cdots,n$。

(2) 聚类系数。

聚类系数用来描述复杂网络中节点的集聚情况，是指网络中一个节点相邻的 p_i 个节点之间的连接情况。复杂网络中，如果与节点 i 相邻的节点有 p_i 个，与节点 i 相邻的节点间最多可能的直接连接数为 $p_i(p_i-1)/2$，i 节点的聚类系数为实际相邻边数与所有可能边数 e_i 比值，即 $C_i = e_i / [p_i(p_i-1)/2]$；网络的聚类系数为所有节点聚类系数的均值，计算公式为：

$$\overline{C} = \frac{1}{n}\sum_{i=1}^{n} C_i \tag{6-6}$$

式中：n——网络总节点数。

在 L 空间中，聚类系数分布反映各个站点附近轨道交通线路的密集程度；在 P 空间中，聚类系数反映轨道交通线路网络的集团化程度。

（3）平均最短路径长度。

网络的最短路径长度 $d_{i,j}$ 指的是从 i 节点到 j 节点的最短距离，在无权网络中，即表示连接其间最少边数目。规定 $i=j$ 时，$d_{i,j}=0$。网络中任意两点间 $d_{i,j}$ 的最大值，称为该网络的直径 D。网络中任意两点间共有 C_N^2 条最短路径，平均最短路径长度 L 是指所有节点对的最短路径长度的平均值，其计算公式为：

$$L = \frac{2}{N(N-1)}\sum_{i\geqslant j} d_{ij} \tag{6-7}$$

在 L 空间中，平均最短路径长度反映轨道交通网络系统中任意两个站点之间平均的站点数；在 P 空间中，平均最短路径长度连接两个顶点的平均边数，与网络平均换乘次数的关系为任意两个车站之间平均换乘次数减 1。

3. 网络特征指标与网络换乘效率

以上海（2009 年）、广州（2015 年）城市轨道交通网络发展演变过程中线路条数相同的结构为例进行分析，运营线路条数均为 9 条，上海和广州的网络形态分别为"环 + 放射"、棋盘形网络，其网络拓扑结构如图 6-11 所示。运用 L 空间和 P 空间两种建模方法对上海、广州城市轨道交通网络进行分析，分别计算两个网络节点数、边数、平均度、平均路径长度和平均聚类系数等复杂网络分析指标，计算步骤如下：

（1）根据 L 空间和 P 空间的网络拓扑结构，构造拓扑邻接矩阵和距离邻接矩阵。

拓扑邻接矩阵：如果网络中的两节点相连，则对应元素赋值为 1，否则赋值为 0，并将节点自身连接情况的对角线上的元素赋值为 0。

距离邻接矩阵：若网络中的两节点相连，则 L 空间中邻接矩阵的对应元素赋值为相邻站点距离；P 空间中赋值为 1，否则赋值为 0，对角线上的元素赋值为 0。

（2）分别计算 L 空间和 P 空间的网络特征值，其结果如表 6-2 所示。

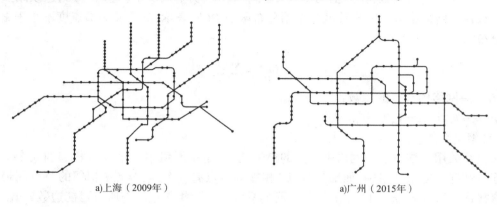

a) 上海（2009 年）　　　　　　　　a) 广州（2015 年）

图 6-11　上海、广州在相同线路条数下的网络结构

上海、广州城市轨道交通复杂网络分析指标　　　　　表6-2

特征指标	L空间		P空间	
	上海	广州	上海	广州
节点数	149	144	149	144
边数	179	154	1723	1561
平均度 k	2.21	2.13	26.18	19.32
平均最短路径长度 L	14.95	14.57	1.98	2.37
聚类系数 C	0.017	0	0.926	0.945

L空间反映了网络的出行距离特征,通过表6-2可知,上海城市轨道交通网络每个车站的度数为2.21,表示网络中平均每个车站有2.21个邻接车站,广州市为2.13个,表明上海市平均每个车站经过的城市轨道交通线路较广州多,线路之间的交叉较多;平均路径长度上海为14.95,两个车站之间平均需要经过13.95个车站即可到达,广州则需要13.57个,表明广州的网络平均最短出行距离较小;上海城市轨道交通网络的聚类系数为0.017,广州城市轨道交通线网的聚类系数为0,表明上海城市轨道交通网络的密集程度更好,即网络结构稳定性更高,网络中某个节点失效对整个网络的连通性影响相对较小,网络具有较高的容错性。

P空间反映了网络的换乘情况,通过表6-2可知,上海网络中各车站的平均度为26.18,即任一个车站无须换乘平均可直接到达其他26.18个车站,广州为19.32个;平均最短路径长度上海为1.98,表明上海城市轨道交通网络任一个车站到达网络任意车站需要平均换乘0.98次,广州需要换乘1.37,表明上海的网络换乘效率比广州高;广州城市轨道交通网络聚类系数为0.945,数值较上海高,这是因为聚类系数为1的站点所占比例较高,表明城市轨道交通线网的换乘节点占总站点数的比例相对较小,从而提高了整个线网的平均聚类系数。

上述结果表明,相同线路条数构成的不同形态的网络,其复杂网络的特征值存在差异。城市轨道交通网络的特征值反映了其网络结构的特性,可通过分析复杂网络特征值与网络实际运营的数据的关系,进而分析不同的网络结构形态对网络运营的影响规律,得到运营效果好、效率高的网络结构特征。

6.2 线 网 构 架

城市轨道交通线网构架研究在目前并无一成不变的模式,各城市均有不同的特点。在分析不同规划流派的基础上,以下重点介绍线网构架的基本要素和一般方法。

在城市轨道交通线网的合理规模确定后,即可进行线网的初始方案架构。城市轨道交通的初始线网是在城市总体规划和道路网规划的指导下,针对城市轨道交通网规划的基本目标,考虑若干有限因素提出的,以作为后续客流测试及最终评价的基础。

6.2.1 基本分析要素

城市轨道交通具有引导城市空间发展、促进城市土地开发的作用。因此,城市轨道交通线网布局与城市空间结构吻合,与城市用地功能布局相协调,可使城市轨道交通建设发挥引导城市空间和用地功能布局优化调整的作用。城市轨道交通走廊串联城市重要客运枢纽和大型客流集散点,如市级公共服务中心、就业中心,沿就业岗位与居住功能集中的道路布设,可大大提高车站服务人口、就业岗位的覆盖率。《城市轨道交通线网规划标准》(GB/T 50546—2018)中指出:线网布局方案应在分析城市空间结构、用地布局、客运交通走廊分布、重要客运枢纽和大型客流集散点分布的基础上研究确定。

1. 城市空间结构与用地布局

城市空间结构形态是城市土地利用的空间特征的集中表现,在全局高度上决定了城市交通需求的宏观格局。城市空间结构形态发展趋势特征上的不同,将导致城市轨道交通线网的布局形式展现出空间形态上的明显差异。

城市轨道交通的作用不仅是为解决大城市的交通问题,也不仅是为市民提供一个快速、安全、准时的出行环境,更重要的是通过科学的线网规划,引导和支撑城市用地布局的合理发展。城市轨道交通线网与道路网络对城市用地布局规划的作用是不同的,相比道路网络,城市轨道交通能在更大的空间上引导城市拓展,实现跨越式发展,引导大城市形成不同的交通空间;同时可以使城市围绕轨道交通站点线路实现集约式发展和轴向发展。城市用地布局规划有单一中心紧凑型、组团化松散型等。单一强中心的城市强调向心交通,因此,城市轨道交通线网以径向线为主。组团化松散型的城市用地强调组团之间的快速交通联系。圈层式大都市交通圈的轨道线网规划也应该体现层次性。

网络形态与城市用地布局的适应性是城市轨道交通线网方案评价的基础,偏离城市用地布局规划,或对城市用地布局规划的导向或支持不够的线网规划应该重新进行优化调整。当然,从另一方面看,城市轨道交通线路或网络形成后,也应对城市布局做适当调整,从而促成城市轨道交通与城市布局的协调发展。大城市的用地布局往往体现区域差别化,市中心区高密度、外围区中密度、郊区低密度,线网和站点密度应与人口密度相对应。通常,高密度地区交通量大,交通拥堵严重,需要较多城市轨道交通服务,因此,城市轨道交通线网和站点密度要高于其他地区。相应地,高密度的城市轨道交通站点,支撑了高容积率的用地规划。

2. 客运交通走廊

出行径路是城市中客流相对较为集中的假想线,具有出行活动高发的区位性质。当出行径路达到一定规模量级时,就有设置城市轨道交通线路的必要。出行径路是城市轨道交通线路布局的首选位置,当出行径路与城市轨道交通线路相互重合时,城市轨道交通将获得较好的客流效益。显然,这样的出行径路规模及分布格局将对城市轨道交通线网的布局方案产生直接的影响。

3. 重要客运枢纽和大型客流集散点

城市轨道交通作为城市公共交通系统的主骨架,不会达到城市常规公交网那样的高覆盖率与高密度,为了最大限度地集散客流,缓解城市道路网的压力,城市轨道交通线路的布设应尽可能串联城市关键性的大型客流集散点。大型客流集散点主要包括大型客运枢纽站(如火车站)、公交枢纽站、大型居住中心、大型商业中心、大型文化中心(如博物馆)、大型体育场馆等,这些设施产生和吸引大量的客流,必须发挥城市轨道交通的大运量与高效的优势,迅速集散客流。

客流集散点是城市轨道交通枢纽和一般车站的设置区位,客流集散点之间的联系关系是城市轨道交通节点之间线路联系的基础。同时,客流集散点的规模和空间结构对轨道枢纽的等级以及城市轨道交通线网的整体结构影响明显。

城市对外交通枢纽和内部公交枢纽也是客流重要的集散场所,其现在和规划位置对客流的分布也有重要影响。它们的布局形态也影响着城市轨道交通与对外交通及常规公交的衔接换乘方式以及居民的出行时间。

6.2.2 线网构架方法

城市轨道交通线网优化设计的思路通常有两种模式,即解优法(或正推法)和证优法(或验算法),如图 6-12 所示。前者是在对城市轨道交通需求预测分析的基础上,根据一定的原则,用图论和数学规划方法设定特定的目标函数和约束条件建立优化模型,通过对优化模型的求解得到线网优化方案。后者则根据城市的交通现状和用地发展方向,构架城市轨道交通初始线路或线网,通过对备选线网方案的客流测试与反馈,对线网方案进一步优化,构建线网方案的评价指标体系和评价方法对线网方案进行评价,按照优劣提出线网的推荐方案。

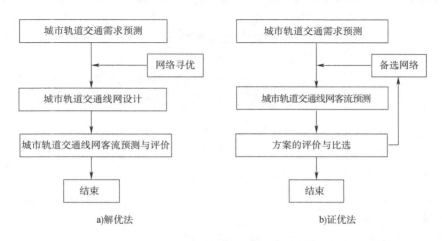

图 6-12 城市轨道交通线网优化设计的基本模式

城市轨道交通线网规划涉及年限长、需要考虑的因素多,其中有很多影响因素(如城市规划理念、地形地质工程条件等)很难在数学模型中得到反映,因此解析优化线网可能在灵活性、工程可实施性等方面存在一定问题;同时,纯经验式的线网构架方法由于受到规划者个人经验和水平的影响很大,比较容易陷入局部最优。因此,在实践应用中,两种方法经常结合使用,如将解析优化线网与经验线网共同构成备选线网集,或对解析优化得到的线网根据实践经验进行调整,或以经验线网为初始网络进行解析优化调整等。

城市轨道交通线网构架的研究应采用定性和定量分析相结合且以定性分析为主的方法进行。所谓定性分析主要是指对城市背景的深入分析,对方案工程问题的比较论证,对远景各种边界条件的合理判断等。所谓定量分析主要是指利用先进的预测模型,对远景交通需求分布进行预测。因此,这种规划方法也被形象地称为"规划师和模型师的有效结合"。这里的理论基础主要来自城市规划学和交通工程学中的相关理论。它既可避免主观臆断,又避免过于依赖模型而失去对模糊边界条件的合理把握,比较符合我国的实际情况。目前,国内城市使用比较多的线网构架方法主要有"点""线""面"要素层次分析法,以枢纽为纲、线路为目进行编织的方法,基于"蛛网"客流分配的线网构架方法等。

1. "点""线""面"要素层次分析法

大城市轨道交通线网往往是一个覆盖数百平方千米的庞大而复杂的系统工程,所以线网构架方案研究必须分类、分层进行分析。"点""线""面"既是3个不同的类别,又是3个不同层次的研究要素。

1)"面"的分析:确定研究范围和边界条件、研究线网形态

"面"代表整体性、全局性的问题,"面"的分析即整体形态控制,线网的形态结构和对外交通衔接点的分布形态分析。在进行线网构架方案研究时,"面"上的因素是控制构架模型和形态的决定性因素,这些因素主要包括城市地位、规模、形态、对外交通衔接、自然条件、土地利用格局以及线网作用和地位、交通需求、线网规模等。

(1)城市背景研究。

城市背景研究是城市轨道交通规划的研究基础,主要包括3个方面:

①城市总体规划中对城市轨道交通线网规划有影响的城市结构和形态、土地利用布局、人口与就业分布、社会经济发展水平、大型建设项目、环境和文化保护等方面的规划意图。

②城市综合交通规划中明确的城市交通发展战略、道路网结构、合理的交通结构、交通枢纽布局、公交网络以及对城市轨道交通线网规划构想等。

③城市远景交通宏观分析。该部分主要针对总体规划和综合交通规划的局限,通过对城市远景土地发展和交通分布的宏观分析,对城市轨道交通线网的基本形态做必要的深化、调整和补充。

(2)拟定城市轨道交通线网基本构架。

这主要包括两个方面的研究:

①根据背景研究提供的资料,对线网规划的前提条件进行研究。

②对城市轨道交通线网基本构架形态作出科学判断,提出线网内线路的组成和功能分工,作为形成候选线网方案的基础。

2)"线"的分析:选择主要客流走廊,穿"点"引"线"

"线"代表方向性问题,"线"的分析即客运走廊分析,线网内各线路可能的路径分析。"线"的分析是研究道路交通网络,即城市客流经过的路线,尤其是主要客运走廊,是分析和选择线路走向的基本因素。主要客运走廊反映城市的主客流方向,对其识别方法主要有:经验判断法、出行期望径路图法、两步聚类识别法、期望线网法等。

(1)经验判断法。

根据城市人口和就业岗位分布情况设定影响范围,通过对线网覆盖率的判断来确定线路的走向。此方法较为简单,需要将人口与就业岗位分摊到交通小区中,并绘制出相应的人口与岗位空间分布图,在此图上根据经验判断并画出线路走向。这种方法目前使用较多,但仅考虑了人口与就业岗位密度的分布情况,而忽视了人员出行距离与方向。因此,在线网布设时可能与实际客流方向不完全吻合。

(2)出行期望径路图法。

通过出行预测得到远期全人口、全方式出行 OD 矩阵;将远期 OD 矩阵按距离最短路径分配到远期道路网上得到出行期望径路图;按出行期望径路图上的交通流量选线,产生初始线网。

(3)两步聚类识别法。

先通过动态聚类,将所有的出行 OD 对分类成 20~30 个聚类中心,而后通过模糊聚类法,

以不同的 λ 截矩阵选择合适的分类,并进行聚类计算,最后可获得交通的主流向及流量,并结合走廊布局原则及方法确定主要客运走廊。

(4) 期望线网法。

这里的期望线有别于城市交通规划中通常使用的期望线,更多地考虑了小区之间的路径选择,期望线网可以清晰地表达交通分区较细情况下理想的交通分布状况。首先,连接各交通小区形成一个虚拟空间网络,然后在该网络上采用全有全无分配法将公交 OD 矩阵进行分配,从而识别客流主流向,确定客运交通走廊。

3)"点"的分析:以大型客流集散点为控制点、以"点"引"线",纲举目张

"点"代表局部、个体性的问题,"点"的分析即线网服务对象的甄选,城市大型客流集散点分析。客流集散点,即客流发生、吸引点和客流换乘点,是城市轨道交通设站服务、吸引客流的发生点。

作为城市客运的骨干系统,城市轨道交通必须要串联城市大型客流集散点,分析这些客流集散点的规模等级、建设顺序、相互关系和可能的变化,作为规划线网构架的基点。

2. 以枢纽为纲、线路为目进行编织的方法

该方法也是定性分析与定量分析相结合,由中国城市规划设计院在《北京市城市轨道交通线网优化调整》中加以应用,注重城市轨道交通对城市发展和土地开发的作用,以交通枢纽为节点,以现有和潜在的客运走廊为骨干,综合考虑城市轨道交通线网的功能层次划分,最终建立以枢纽为核心、功能层次分明的城市轨道交通网络,充分发挥城市轨道交通线网"依据城市规划、支持城市规划、超越城市规划、回归城市规划"的功能特征。在这种方法中,尤其突出了枢纽类客运集散点的地位和作用,采用以枢纽为核心的"两两换乘"的设计方法实现线路之间的一次换乘,提高城市轨道交通线网的整体运输效率。在线网规划中,采取换乘枢纽整体布局来实现城市轨道交通线网与城市其他交通系统的有效衔接,并将线网构建层次划分为外围层次和市区层次,由市域快线、市区干线、市区辅助线共同构筑网络状的城市轨道交通系统结构。具体研究过程所划分阶段与"面、点、线要素层次分析法"一致,但方案构思的依据侧重点不同。

3. 基于"蛛网"客流分配的线网构架方法

将规划交通小区之间的形心点相连接,形成交通阻抗和容量完全相同的虚拟边,这些虚拟边共同构成一个虚拟空间网络,称为"蛛网"。以建立的"蛛网"为交通网络,进行客流出行分配。通过"蛛网"分配的流量图,找出城市客运的主流向和客流走廊,基于这些客流走廊规划轨道城市交通线网。这种城市轨道交通线网的规划技术称为基于"蛛网"客流分配的规划。上海城市轨道交通线网规划曾采用了这一技术。

传统的城市轨道交通线网规划主要是基于道路的线路规划,带有道路规划的思想,基于道路的轨道城市交通线网规划方案往往会与道路网络类似。"蛛网"分配技术突破了基于道路的传统规划思想,体现了基于客流走向的客运交通规划思想,其规划方案与道路网络存在很大区别,是两张不同的网络形态。这种分配方法完全摆脱了现有道路设施的约束,对于城市轨道交通线网规划是完全适合的。

6.2.3 线网构架研究过程

在研究线网构架前,首先要确定线网的规划范围,对线网规模进行总量控制,通过分析客流控制点、路径和方向研究线网形态。线网构架受到众多因素的影响,对其进行归纳并沿着一

定的思路将分析过程系统化,是保证线网构架科学合理的关键。关于线网构架方法,业内人士曾进行过大量的探索工作,在规划实践中,由于构架研究是一项综合性很强的工作,许多影响因素很难量化。其基本思路为:初始方案集生成→客流测试→方案评价→推荐线网方案的形成。其具体研究过程大致可分为以下几个阶段。

1. 第一阶段:方案构思

根据线网规划范围与要求,分析城市结构形态和客流特征,线网构架基本要素的分析,通过现场踏勘,广泛搜集资料,从宏观入手对线网方案进行初始研究,构思线网方案。这些方案除各自的特点外,还拥有许多共性,成为线网构架方案研究的重要基础。

2. 第二阶段:归纳提炼

对初始构思方案进行分类归纳后,经内部筛选提炼,推选出其中的部分方案,向各有关单位征求意见,并要求提出补充方案。经过以上"筛选→方案补充→再筛选"的提炼过程,形成基础方案。这次筛选中,保留各种有较强个性的方案,合并共性方案,尽量全面听取各种思路和观点,形成代表不同政策倾向、不同线网构架特征和规模的方案。

3. 第三阶段:方案预选

以基础方案为基础,以线网规划的技术政策和规划原则为指导,根据合理规模和基本构思要求,进一步选择出几个不同线路走向和不同构架类型的典型方案,成为初步预选方案。

4. 第四阶段:预选方案分析与客流测试

前几阶段的方案深化主要以定性分析为主,从这一阶段开始,需要通过定量分析对方案做进一步的论证,用交通模型进行测试,进入定性与定量分析相结合的系统分析阶段。通过客流测试的反馈,对线网进行必要的调整补充。

5. 第五阶段:调整补充预选方案,并选出候选方案

通过分析和测试,分析预选方案各自存在的优点和不足之处,对其进行优化完善。在此基础之上可以对方案进行补充。由于补充方案只是通过定性分析进行的优化,其线网整体性能是否真正得到优化还是未知的。因此,接下来对补充方案进行同等条件下的客流测试,进一步以定量分析论证,确定补充方案为优化方案,并推荐为候选方案。

6. 第六阶段:推荐最终方案

在以上定性与定量分析的基础上,采用线网方案评价系统,对预选方案分组评价、排序,推选出最佳方案作为最终线网规划方案。

思考题

1. 城市轨道交通线网有哪些基本图式?各自有哪些优缺点?
2. 如何识别城市中的客运走廊?
3. 针对图 6-13 所示的西安地铁线网,采用 L 空间和 P 空间构建复杂网络,并计算主要网络指标。

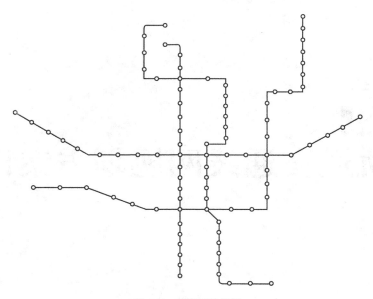

图 6-13　西安地铁线网

第7章 城市轨道交通线网规划方案评价

7.1 评价的基本原则

一个线网方案的总体性能水平将是取舍方案的关键,但其总体性能水平往往体现在诸多方面,有时很难通过直观的判断来决定最佳方案,这就要求通过综合评价来辅助决策。

应本着定性与定量相结合的原则,运用系统工程学原理,对城市轨道交通线网规划方案进行评价。具体应遵循以下基本原则。

1. 客观性

应尽量保证城市轨道交通线网评价的客观性,减少主观因素的影响。这就要求选取的指标尽可能真实、客观地反映城市轨道交通线网的整体状况。

2. 可操作性

评价指标体系应具有良好的可操作性。同时要注意,所采用的决策指标应使方案之间具有可比性。在能反映评价方案的基础上,应尽可能地减少评价指标的数量,因为过多的指标会使得处理过程过于复杂,并且不利于方案的评价。此外,评价指标体系应结构清晰、层次分明;指标定义应清楚,计算方法应简单可行。

3. 全面性

评价指标应能够全面准确地反映城市轨道交通规划评价决策选优问题的各方面特性特征,评价指标应成体系,尽可能全面地反映城市轨道交通线网的特点。

4. 目的性

评价的目的是进行轨道网规划方案的优选,每一个评价指标应能独立反映线网规划某一具体方面的特征,并与线网规划方案选优的目标相联系。

5. 定性与定量相结合

评价指标体系应当尽可能采用定量化指标,以便进行方案之间的比选。但是限于城市轨道交通线网规划所处的阶段,在进行规划影响评价中,有些影响因素很难量化,或者无法精确量化,若不考虑这些方面的影响,又失去了评价的全面性。所以要定量与定性相结合,以全面反映评价线网的特性。

7.2 评价指标体系

7.2.1 评价指标体系概述

目前,我国上海、广州、南京、深圳等城市在进行城市轨道交通线网规划的工作中,根据自身城市的特点对线网综合评价有过相应研究,但是,各城市所确立的评价指标体系的准则层不一,对决定城市轨道交通线网方案的主导因素的反映有所不同。广州线网规划指标体系准则层包括线网结构、客运效果、可实施性、社会效益、战略发展 5 个方面;上海线网规划指标体系准则层包括远景网络规划原则和思路、轨道系统结构和规模合理性评价、对城市发展目标的支持、对城市交通改善的作用评价、建设量和投资、分期建设 6 个方面;南京线网规划指标体系准则层包括网络形态、交通功能、社会经济效益及战略发展 4 个方面。表 7-1 给出了国内有代表性的城市轨道交通线网评价指标体系。

国内有代表性的城市轨道交通线网评价指标体系　　表 7-1

准则层	评价指标	广州	沈阳	南京	深圳
运营效果	线网客流强度	√	√	√	√
	客流断面不均衡系数	√	√	√	
	日客运量	√	√	√	
	换乘系数	√	√	√	
	日客运周转量				√
网络结构	中心区线网密度	√	√	√	
	覆盖中心区面积率	√	√	√	
	线网客流覆盖率				
	线网规模	√	√	√	
	与大型客流集散点衔接程度	√	√	√	

续上表

准则层	评价指标	广州	沈阳	南京	深圳
网络结构	换乘节点数	√	√	√	
	非直线系数	√	√		
	轨道网覆盖人口和就业岗位				√
社会效益	公共交通出行比例	√			
	公共交通平均出行时间	√			√
	平均机动车速	√			
	城市轨道交通占公共交通出行的比例			√	√
	公共交通平均出行时间的节约			√	
战略发展	与土地利用吻合程度	√	√	√	√
	沿线土地开发价值	√	√	√	
	线网发展适应性	√	√	√	
	综合交通发展目标				√
	与城市布局结构的协调				
	与城市自然景观风貌的协调				
	与对外交通设施的协调				
可实施性	工程难易度	√	√		√
	近期线网可实施性	√	√		√
	工程实施可行性				
	分期建设计划的合理性				

各城市评价指标体系,对于运营效果、网络结构、社会效益、战略发展、可实施性 5 个准则层,共采用了 29 个指标来反映。

建设城市轨道交通的最终目的是解决城市交通现存的问题和未来将产生的问题,引导城市用地发展和空间结构优化调整;而城市轨道交通线网得以成为现实的前提条件是工程建设的可行性;制约因素是城市轨道交通系统经营企业的经济效益。

另据国外研究表明,处于不同成长期的城市,城市轨道交通线网产生的作用(改善交通、支持和引导城市发展)侧重点不同,线网的规划目标、原则也不同,评价体系的指标权重也不相同,指标也可有所不同。我国的大多数城市正处于城市化进程加速时期,城市规模不断扩大,城市空间结构逐渐向组团式发展,这种多中心的城市发展模式是基于轨道交通的建设。城市轨道交通线网的形成使得在城市轨道交通的建设融资与沿线开发建设成为可能,可通过城市轨道交通建设引导城市功能结构优化调整,合理布局城市居住、产业等。因此,现阶段城市轨道交通线网规划应重视适应和引导城市发展的指标。

结合线网评价基本原则,由表 7-1 可以得到:

就运营效果方面来看,各城市所选的 5 个指标中,由于线网客流强度、日客运量、网络结构准则层的线网规模相互关联,日客运量与日客运周转量关联较大,而线网规模在网络结构层选定,如果票价与运营里程挂钩,日客运周转量指标还可反映运营收入,鉴于此,就不再考虑日客运量指标。因此,对于运营效果准则层,最终选取线网客流强度、客流断面不均衡系数、换乘系数及日客运周转量4个指标。

就网络结构方面来看:各城市所选的8个指标中,线网规模与线网密度关联较强,而线网规模是不同方案进行比选的基础,因此选用线网规模指标,放弃线网密度;覆盖中心区面积率与线网客流覆盖率含义重叠,轨道网覆盖人口和就业岗位则和二者关联较大,可选用常用的覆盖中心区面积率,而弃选其余两个指标。换乘节点数、非直线系数和运营效果准则层的换乘系数都是反映线网直达程度的指标,而换乘节点数与线网规模关联性较大,最终选定运营效果准则层的换乘系数这一指标。因此,对于网络结构准则层,最终选取覆盖中心区面积率、线网规模、与大型客流集散点衔接程度3个指标。

就社会效益方面来看,各城市所选的5个指标中,公共交通出行比例与城市轨道交通占公共交通出行的比例重叠,公共交通平均出行时间与公共交通平均出行时间的节约有重叠,平均机动车速所反映的内容目的性不强,且与公共交通平均出行时间相关联。因此,对于社会效益准则层,最终选取城市轨道交通占公共交通出行的比例、公共交通平均出行时间的节约2个指标。

就支持城市战略发展方面来看,各城市所选的7个指标中,与土地利用吻合程度和与城市布局结构的协调性两指标重叠;沿线土地开发价值与线网发展适应性、综合交通发展目标反映的内容重复。在表7-1中选取沿线土地开发价值及与城市自然景观风貌的协调2个指标的基础上,综合形成城市轨道交通网络与城市形态协调指数指标。

就线网建设可实施性方面来看,各城市所选的4个指标中,由于工程难易度与工程实施可行性表达含义相同,近期线网实施性与分期建设计划的合理性含义重叠,因此任选其一即可。对于线网建设实施性准则层,最终选取工程难易度与近期线网可实施性2个指标。

最后确定如表7-2所示的城市轨道交通线网评价指标体系以供参考。各城市由于城市特色不同、线网规划目标不同,具体评价指标可根据具体情况做调整。

城市轨道交通线网评价指标　　　　表7-2

子系统	评价指标
1. 运营效果	1.1 线网客流强度(万人次/km·d)
	1.2 客流断面不均衡系数
	1.3 日客运周转量(万人·km/d)
	1.4 换乘系数
2. 网络结构	2.1 覆盖中心区面积率(%)
	2.2 线网规模(km)
	2.3 与大型客流集散点衔接程度(%)
3. 社会效益	3.1 占公共交通出行的比例(%)
	3.2 公共交通平均出行时间的节约(万 h/d)
4. 战略发展	4.1 与城市空间形态协调指数
	4.2 沿线土地开发价值
	4.3 与城市景观风貌的协调性
5. 可实施性	5.1 工程难易度
	5.2 近期线网可实施性

7.2.2 各评价指标含义

1. 运营效果

(1) 线网客流强度。

线网客流强度(万人次/km·d)是指城市轨道交通线网日客运量与线网总长之比,反映了线网单位线路长度承担的客流量,以评价线网的运营效率和经济性。

(2) 客流断面不均衡系数。

客流断面不均衡系数是指城市轨道交通线网各线路客流断面最大值与平均值之比,反映线网承担客流的均衡程度,以评价线网的客运效率。该指标通常根据客流测试结果计算获得。客流断面不均衡系数越小,线网交通负荷越均匀,线路布局越合理。

(3) 日客运周转量。

线网所承担的日客运周转量(万人次·km/d)是指各条城市轨道交通线路的日客运周转量之和。主要反映线网的直接运营效果,城市轨道交通线网吸引长距离出行的优势。该指标通常根据客流测试结果计算获得。该值越大,表明城市轨道交通运营公司的预期经济效益越好。

(4) 换乘系数。

换乘系数是用城市轨道交通线网出行人次与换乘人次之和(客运量)除以线网出行人次,是衡量乘客直达程度的指标,也反映了一个城市轨道交通线路、站点设置的优劣程度。该指标通常根据客流测试结果计算获得。

2. 网络结构

(1) 覆盖中心区面积率。

覆盖中心区面积率(%)指城市中心区以轨道站点为中心半径600m范围的用地面积与中心区总用地面积之比。该指标直观反映了城市轨道交通线网在中心区的服务水平,从总体上表征线网的结构性能。

(2) 线网规模。

线网规模(km)是指城市轨道交通线网各条线路长度之和,是客观评价线网投入性的一个指标。显然,在建设标准相同的条件下,工程造价随长度增加而增加。在功能和效果相同的条件下,线路越短越好。

(3) 与大型客流集散点衔接程度。

与大型客流集散点衔接程度(%)指各方案中线网连通主要客流集散点的换算个数与规划区内主要客流集散点换算个数的比值,反映线网对主要客流集散点的覆盖水平。

3. 社会效益

(1) 占公共交通出行的比例。

城市轨道交通占公共交通出行的比例(%)指城市轨道交通出行量占公共交通出行量的比例。该指标反映了城市轨道交通线网对城市交通结构的改善情况,进而评价城市轨道交通线网的影响。实际计算通常是以客流测试结果为依据。该值越大,说明城市轨道交通在公共交通系统中发挥的作用越大,对改善地面交通系统拥挤状况及环境越有利。

(2) 公共交通平均出行时间的节约。

公共交通平均出行时间的节约(万h/d)是指每日以公共交通方式出行所节约的平均出行

时间,用来评价城市轨道交通线网的修建对居民出行时间的改善程度。通常来讲,该指标要根据客流测试的结果进行计算。该指标值越大,表明出行者的出行距离越短或出行速度越高,出行越方便,说明线网结构及换乘布置总体上越合理。

4. 战略发展

(1) 与城市空间形态协调指数。

评估城市轨道交通线网与城市总体规划拟定的空间形态和发展方向之间的协调吻合程度,对促进城市空间拓展的贡献度。

(2) 沿线土地开发价值。

城市轨道交通线网沿线土地利用开发价值,符合城市空间发展战略的基本要求。从沿线土地开发角度来考察城市轨道交通线网的作用与潜力。一般通过对线网的综合分析得出,结合线路的用地覆盖情况和专家咨询确定其取值。

(3) 与城市景观风貌的协调性。

线路走向、布设不影响城市景观、不破坏文物古迹,促进对文物保护与利用。从历史风貌保护与城市景观的角度,评价城市轨道交通线网。一般通过对网的综合分析和专家咨询确定其取值。

5. 可实施性

(1) 工程难易度。

工程难易程度是一个定性指标,从工程实施角度考察各方案具体施工条件的难易程度(如是否跨越各类工程难点),利用现有设施(如既有铁路)的可能性,动迁居民及单位的数量等,在一定程度上反映了工程建设投资规模。该指标主要由技术人员根据经验确定,通过对城市轨道交通线路跨越各类工程难点的分析得出相对指标。该指标主要是从施工角度评价线网的实施难易程度。

(2) 近期线网可实施性。

近期线网可实施性是一个定性指标,形成近期线网的修建难度和运营效率。从近期线网与远景线网结合的角度,评价城市轨道交通线网可实施性。

7.3 评价指标权重确定

一般来说,一个指标仅反映总体特征的某一个方面,要想比较全面地反映总体的状况,就要将多个单一指标特征综合起来考虑。对于具有多个指标的评价系统,各评价指标的相对重要程度,即指标权重值有所不同。评价决策中的权重,是指每项指标对总目标实现的贡献程度,它反映了各指标在评价对象中的价值地位。不同的权重将导致不同的评价结果。如果权重数值确定得不合理,那么评价指标的全面与否将失去意义。合理地确定指标权重对任何评价系统都是非常重要的。

7.3.1 层次分析法

确定评价指标的权重,层次分析法(AHP 法)无疑是一种简单而行之有效的方法。层次分析法是美国匹兹堡大学于20世纪70年代提出的一种系统分析方法,它是一种将定性分析与定量分析相结合的系统分析方法,是分析多目标、多准则的复杂大系统的有力工具。应用层次分析法解决问题的思路是:首先将所要分析的问题层次化,根据问题的性质和要达到的目标,将问题分解为不同的组成因素,按照因素之间的相互影响和隶属关系将其分层聚类组合,形成一个多层次的结构模型。最后将问题归结为最底层(方案层)相对于最高层(总目标)的比较优势的排序问题。用层次分析法分析问题一般要经过以下4个步骤。

1. 建立层次结构模型

通过调查研究和分析,弄清问题的范围和目标,问题包含的因素,各因素间的相互关系,建立递阶层次结构。

2. 构造判断矩阵

构造判断矩阵是层次分析法最关键的步骤,通过对每一层次中的一系列因素进行两两判断比较,根据一定的标度将判断定量化,形成比较判断矩阵。该判断矩阵表示上层因素 A 与下一层因素 $B_1,B_2,\cdots,B_N$ 之间的联系,在此要对 $B_1,B_2,\cdots,B_N$ 这 N 个因素之间的相对重要性进行比较,以确定 $N\times N$ 阶的判断矩阵 $\boldsymbol{B}=(b_{ij})_{N\times N}$。

通常采用美国运筹学家萨迪(A. L. Saaty)提出的9标度法,如表7-3所示。

相对重要性的比例标度   表7-3

标度	含义	标度	含义
1	两个因素相比同样重要	9	两个因素相比,前一个因素比后一个因素"极端"重要
3	两个因素相比,前一个因素比后一个因素"稍微"重要	2、4、6、8	上述两相邻判断的中值,需要折中时采用
5	两个因素相比,前一个因素比后一个因素"明显"重要	倒数	若元素 i 和 j 的重要性之比为 b_{ij},则元素 j 与 i 的重要性之比为 $b_{ji}=1/b_{ij}$
7	两个因素相比,前一个因素比后一个因素"强烈"重要		

3. 层次单排序

所谓层次单排序是指根据判断矩阵计算对于上一层某一因素而言,本层次与之有关系的因素的重要性次序的权值,可以用最大特征根法求解。对于判断矩阵 $\boldsymbol{B}$,由 $BW=\lambda W$ 解出最大特征根 $\lambda_{\max}$ 及其对应的特征向量 $\boldsymbol{W}$,将特征向量 $\boldsymbol{W}$ 归一化,就得到 $B_1,B_2,\cdots,B_N$ 相对于上层因素 A 的权重值。

为了测试评判的可靠性和一致性,引入一致性比率 $CR=CI/RI$(CI 为一致性指标,RI 为随机一致性指标)作为矩阵偏离一致性的指标,则当 $CR<0.10$ 时,即认为判断矩阵具有满意的一致性,否则就需要对判断矩阵进行调整,并重新计算权重值。其中,$CI=(\lambda_{\max}-n)/(n-1)$,其中 $\lambda_{\max}$ 为最大特征值,n 为阶数,1~10阶判断矩阵的 RI 取值如表7-4所示。

平均随机一致性指标   表7-4

阶数 n	1	2	3	4	5	6	7	8	9	10
RI	0	0	0.58	0.90	1.12	1.24	1.32	1.41	1.45	1.49

4. 层次总排序

采用同一层次中所有层次单排序的结果,就可以计算对上一层次而言的本层次所有元素的权重,直至最高层次。假定上一层所有因素 $A_1, A_2, \cdots, A_m$ 的总排序已经完成,得到的权值分别为 $a_1, a_2, \cdots, a_m$,与 a_i 对应的本层次因素 $B_1, B_2, \cdots, B_n$ 单排序的结果为 $b_1, b_2, \cdots, b_n$,若 B_j 与 A_i 无关,则层次总排序如表 7-5 所示。

层 次 总 排 序   表 7-5

层次	A_1	A_2	...	A_m	B 层次总排序
	a_1	a_2	...	a_m	
B_1	b_1^1	b_1^2	...	b_1^m	$\sum_{i=1}^{m} a_i b_1^i$
B_2	b_2^1	b_2^2	...	b_2^m	$\sum_{i=1}^{m} a_i b_2^i$
$\vdots$	$\vdots$	$\vdots$	$\vdots$	$\vdots$	$\vdots$
B_n	b_n^1	b_n^2	...	b_n^m	$\sum_{i=1}^{m} a_i b_n^i$

显然,$\sum_{j=1}^{n} \sum_{i=1}^{m} a_i b_j^i = 1$。

在进行层次总排序时,也需要进行一致性检验:

$$CI = \sum_{i=1}^{m} a_i CI_i \quad RI = \sum_{i=1}^{m} a_i RI_i \quad RC = \frac{CI}{RI} \tag{7-1}$$

式中:CI_i, RI_i——与 a_i 对应的 B 层次中判断矩阵的一致性指标和随机一致性指标。

7.3.2 评价指标的权重

结合专家咨询意见和层次分析法计算结果,确定评价子系统及指标权重可供参考,具体如表 7-6 所示。

线网评价指标权重   表 7-6

子 系 统	子系统权重(%)	评 价 指 标	指标权重(%)
1. 运营效果	25	1.1 线网客流强度[万人次/(km·d)]	32.1
		1.2 客流断面不均衡系数	17.3
		1.3 日客运周转量(万人次·km/d)	29.7
		1.4 换乘系数	20.9
2. 网络结构	21	2.1 轨道网覆盖中心区面积率(%)	38.5
		2.2 线网规模(km)	25.3
		2.3 与大型客流集散点衔接程度(%)	36.2
3. 社会效益	19	3.1 占公共交通出行的比例(%)	45.0
		3.2 公共交通平均出行时间的节约(万 h/d)	55.0

续上表

子　系　统	子系统权重(%)	评价指标	指标权重(%)
4.战略发展	21	4.1 与城市空间形态协调指数	41.7
		4.2 沿线土地开发价值	31.6
		4.3 与城市自然景观风貌的协调性	26.7
5.可实施性	14	5.1 工程难易度	50.0
		5.2 近期线网可实施性	50.0

7.4　综合评价方法

城市轨道交通线网的布局本身是一个复杂系统，同时它还涉及一个城市社会的众多方面，对它的评价无疑是一个多层次、多变量的综合评价问题。多指标综合评价方法是把多个描述被评价事物不同方面且量纲不同的统计指标转化成无量纲的相对评价值，并综合这些评价值得出对该事物一个整体评价的方法系统。目前，多指标综合评价方法很多，这里介绍几种简单易行的方法。

7.4.1　线网方案的广义效用函数法综合评价

其计算步骤是：在计算出各评价指标分级指数和确定出系统及指标权重的基础上，运用广义效用函数法，分别计算各线网规划方案的广义效用函数值。

1.指标的标准化

由于各指标具有不同的属性导向，有的指标其属性值越大越好，称为正向指标；有的指标其属性值越小越好，称为负向指标；也有的指标其属性值太大了不好，太小了也不好，称为适中指标。这将给评价带来一定的难度，在不改变指标之间差异的前提下，应该对其进行必要的标准化、无量纲化。可采用线性函数对其进行标准化。

(1)正向指标。

$$r_i = \begin{cases} 1, x_i \geq Z_i \\ \dfrac{x_i}{Z_i}, x_i < Z_i \end{cases} \tag{7-2}$$

(2)逆向指标。

$$r_i = \begin{cases} 1, x_i \leq Z_i \\ \dfrac{M_i - x_i}{M_i - Z_i}, Z_i < x_i < M_i \\ 0, x_i \geq M_i \end{cases} \tag{7-3}$$

(3)适中型指标。

$$r_i = \begin{cases} \dfrac{x_i - m_i}{Z_i - m_i}, x_i \in (m_i, Z_i) \\ \dfrac{M_i - x_i}{M_i - Z_i}, x_i \in (Z_i, M_i) \\ 0, x_i \leq m_i \text{ 或 } x_i \geq M_i \end{cases} \tag{7-4}$$

(4)区间型指标。

$$r_i = \begin{cases} 1, x_i \in (Z_{i1}, Z_{i2}) \\ \dfrac{x_i - m_i}{Z_{i1} - m_i}, x_i \in (m_i, Z_{i1}) \\ \dfrac{M_i - x_i}{M_i - Z_{i2}}, x_i \in (Z_{i2}, M_i) \\ 0, x_i \leq m_i \text{ 或 } x_i \geq M_i \end{cases} \quad (7\text{-}5)$$

式中:x_i——指标实际值;

r_i——指标的标准化值;

Z_i——指标的最佳值;

m_i, M_i——指标的合理区间的下限、上限;

Z_{i1}, Z_{i2}——指标的合理区间的下限、上限。

2. 计算子系统得分 U_i

$$U_i = \sum_j r_{ij} \cdot f_{ij} \quad (7\text{-}6)$$

式中:r_{ij}——第 i 个子系统第 j 个指标的标准化值;

f_{ij}——第 i 个子系统第 j 个指标的权重。

3. 计算整个系统的得分 U

$$U = \sum_i U_i \cdot f_i \quad (7\text{-}7)$$

式中:f_i——子系统 i 的权重;

U_i——对应子系统的得分。

以 U 值的大小,作为线网方案优选的依据。

7.4.2 线网方案的灰局势决策法

城市轨道交通线网方案的效果体现在建设完成后,虽然很多指标可以在建设前预测或定性分析,实际上还属于信息不完全确知的状态,对此灰局势决策提供了一种有效的决策办法。灰局势决策可基于多因素、多目标问题建立决策模型,它完全依赖于指标之间的数量关系揭示其内在联系和制约的规律,可以充分利用已有的白化信息减少误差。因此,可选用灰局势决策方法来探讨城市轨道交通线网方案的决策问题。

灰局势决策是基于灰色系统的灰关联、灰靶等概念和方法而建立起来的决策方法。灰局势决策理论的优点在于可进行多目标的分析及决策,可采用此法以分析最佳线网方案的决策选择。

1. 建立局势矩阵

若 a_i 为事件,b_j 为对付事件 a_i 的对策,则 $s_{ij} = (a_i, b_j)$ 为利用第 j 个对策去对付第 i 个事件的局势。若事件集合 $A = \{a_i, i = 1, 2, \cdots, n\}$,对策集合 $B = \{b_j, j = 1, 2, \cdots, m\}$,$n$ 个事件用 m 个对策去对付的全部局势集合(A 与 B 的笛卡尔集)构成局势矩阵:$S = \{s_{ij}\}_{n \times m}$。

就城市轨道交通线网方案决策而言:

事件:a_1,"某市城市轨道线网规划"(唯一的)。

对策：b_i，第 i 个预选方案。

局势：$s_{1i} = (a_1, b_i)$，$i = 1, 2, \cdots, n$。

2. 建立效果测度矩阵

评价一个局势的优劣，往往是个多目标评判问题，对任何一个局势 $s_{ij} = (a_i, b_j)$，针对第 p 个目标下的取值就是评估对应的实测效果为 $u_{ij}^{(p)}$，针对不同的目标、不同的对策建立起效果矩阵 $U^{(p)} = \{u_{ij}^{(p)}\}_{n \times m}$。

考虑到各项指标的量纲有差异，评价时将效果值转换成效果测度来衡量。由于对目标的要求不同，对目标的效果测度便不同，一般对应于具有极大值极性、极小值极性、适中值极性的目标可分别采用上限效果测度（Upper Effect Measure，UEM）、下限效果测度（Lower Effect Measure，LEM）和适中效果测度（Medium Effect Measure，MEM）。这 3 种效果测度计算公式分别如式(7-8)～式(7-10)所示。

上限效果测度（UEM）：

$$r_{ij}^{(p)} = \frac{u_{ij}^{(p)}}{u^{(p)}(\max)} \quad u^{(p)}(\max) = \max_i \max_j u_{ij}^{(p)} \tag{7-8}$$

下限效果测度（LEM）：

$$r_{ij}^{(p)} = \frac{u_{ij}^{(p)}}{u^{(p)}(\min)} \quad u^{(p)}(\min) = \min_i \min_j u_{ij}^{(p)} \tag{7-9}$$

适中效果测度（MEM）：

$$r_{ij}^{(p)} = \frac{u_{ij}^{(p)}}{u^{(p)}(\text{opt})} \quad u^{(p)}(\text{opt}) = \frac{1}{n \cdot m} \sum_i \sum_j u_{ij}^{(p)} \tag{7-10}$$

于是在 p 目标下，有一致效果测度矩阵 $R^{(p)} = \{r_{ij}^{(p)}\}_{n \times m}$。

根据指标体系提出 14 个目标，各个目标的极性及效果测度算式如表 7-7 所示。

目标极性及效果测度算式 表 7-7

目标 p	极性	效果测度算式
$p = 1$ 线网客流强度(万人/km·d)	极大值极性	UEM
$p = 2$ 客流断面不均衡系数	极小值极性	LEM
$p = 3$ 日客运周转量(万人·km/d)	极大值极性	UEM
$p = 4$ 换乘系数	极小值极性	LEM
$p = 5$ 轨道网覆盖中心区面积率	极大值极性	UEM
$p = 6$ 线网规模(km)	极小值极性	LEM
$p = 7$ 与大型客流集散点衔接程度(%)	极大值极性	UEM
$p = 8$ 占公共交通出行的比例	极大值极性	UEM
$p = 9$ 公共交通平均出行时间的节约(万 h/d)	极大值极性	UEM
$p = 10$ 与城市空间形态协调指数	极大值极性	UEM
$p = 11$ 沿线土地开发价值	极大值极性	UEM
$p = 12$ 与城市景观风貌的协调性	极大值极性	UEM
$p = 13$ 工程难易度	极大值极性	UEM
$p = 14$ 近期线网可实施性	极大值极性	UEM

3. 建立综合效果测度矩阵

在多目标决策中,经常出现的情况是各目标之间并不等同重要,这时应对目标加权处理,设目标权重向量为:

$$\boldsymbol{w} = (w(1), w(2), \cdots, w(l))^{\mathrm{T}} \tag{7-11}$$

其中,$\sum_{p=1}^{l} w(p) = 1, 0 \leqslant w(p) \leqslant 1$。

由 $r_{ij}^{\Sigma} = \sum_{p=1}^{l} w(p) r_{ij}^{(p)}$,得到多目标局势决策的综合效果测度矩阵为:

$$\boldsymbol{R} = \{r_{ij}^{\Sigma}\}_{n \times m} = \begin{pmatrix} r_{11}^{\Sigma} & r_{12}^{\Sigma} & \cdots & r_{1m}^{\Sigma} \\ r_{21}^{\Sigma} & r_{22}^{\Sigma} & \cdots & r_{2m}^{\Sigma} \\ \vdots & \vdots & \cdots & \vdots \\ r_{n1}^{\Sigma} & r_{n2}^{\Sigma} & \cdots & r_{nm}^{\Sigma} \end{pmatrix} \tag{7-12}$$

4. 决策准则

对综合效果测度矩阵 $\boldsymbol{R}$ 中,若有:

$$r_{ij*}^{\Sigma} = \max r_{ij}^{\Sigma} = \max\{r_{i1}^{\Sigma}, r_{i2}^{\Sigma}, \cdots, r_{im}^{\Sigma}\} \tag{7-13}$$

则相应的 s_{ij*} 为满意局势,相应的 b_{j*} 为对付事件 a_i 的满意对策,即为最佳线网方案。

思考题

1. 线网评价指标体系各指标的权重如何确定?
2. 如何评价线网方案的优劣?

第8章
城市轨道交通线网实施规划

8.1 线路建设顺序规划

城市轨道交通建设是一项长期、庞大的系统工程,在资金、人力、物力等客观因素一定的条件下,线网的修建顺序不仅对线网的可实施性起作用,而且直接影响到城市轨道交通的运营效益,甚至影响到城市交通的整体运行和城市未来的发展与建设。所以必须对轨道交通线网规划的修建顺序进行深入研究,使具体轨道交通线路的建设与城市社会经济发展以及交通需求增长紧密结合。

城市轨道交通线网修建顺序研究的基本要求为:有利于最大限度吸引客流、有利于网络的逐步形成与完善、有利于支持城市规划的实现、有利于支持城市综合交通的发展。具体来说就是:

(1)线网实施规划(即城市轨道交通线网的可实施性规划)是一项长远规划,因此既要有预见性,又要有灵活性。近期年限要突出可实施性,远期线网要适应远景的城市总体规划的发展,既有宏观的控制性,又留有相应调整的可能性。

(2)线网实施顺序必须与城市发展规划、城市综合交通规划相结合,与土地开发、城市重大建设项目实施计划相匹配,支持城市总体规划。

(3)在修建顺序安排上应有层次、有重点,先骨干后辅助,先中心后外围,先市区线后市域线,循序发展。修建顺序从时序上安排的重点是近期,近期线网规模应该注重交通发展的供需分析和城市综合实力的分析。

(4)线网规划的实施顺序应讲求实效,应考虑工程和运营的连续性和效益性水平。

(5)修建顺序的制定,应特别强调保证线路能够修建一段、运营一段。

(6)线网中各条线路修建顺序规划必须同时考虑车场的配置、行车组织方案以及所需要的配套线路工程。

8.2 车辆段规划

车辆段是车辆的维修保养基地,用于车辆停放、运用、检查、整备和修理。按照《地铁设计规范》(GB 50157—2013)的规定,车辆基地应包括车辆段、综合维修中心以及配套生活设施等,也可设置物资总库(分库)和培训中心。其中车辆段的设置应符合下列要求:

(1)车辆段根据其作业范围可分为定修段和厂、架修段。定修段承担车辆定修、月检、日常检修和停放的任务;厂、架修段除承担定修段的任务外,还应承担车辆厂修和架修任务。有条件的城市可集中设置车辆大修厂。

(2)停车场承担车辆的月(周)检和停车、列检的任务,仅承担停车、列检任务的停车场称辅助停车场。停车场一般设置在车辆段内。

(3)每条运营线路宜设一个定修车辆段,当车辆段距终点站超过 20km 时,宜增设停车场(或辅助停车场)。

(4)厂、架修段和综合维修中心,宜结合城市轨道交通线网和车型情况,按多线共用设置。

车辆段设置应根据线网规划统一考虑,按具体情况不同,可以一条线路设一个车辆段,或几条线路合建一个车辆段。一般情况下,车辆段应在线网规划中统筹安排,并明确各车辆段在全线网中的地位和分工。一条线路设一个车辆段或是几条线路使用同一个车辆段,应根据线路数量、技术经济条件和线网规划的安排等具体情况确定。

8.2.1 车辆段规模估算

1. 车辆检修制式和修程

城市轨道交通车辆的检修规程通常分为列检、月检、定修、架修和厂修(大修)。根据修理规程的规定,各种修程包含的主要检修范围和内容如下。

(1)列检:对容易出现危及行车安全的各主要部件(如轮对、弹簧、转向架、受电弓、控制装置、空气制动装置、车钩及缓冲装置、蓄电池、车门风动开关装置、车体、车灯等)进行外观检验,对危及行车安全的故障及时进行重点清理。

(2)月检:对车辆外观和一般功能进行检查,即对车辆主要部件的技术状态进行外观检查和必要试验,对危及行车安全的故障进行全面修理。

(3)定修:主要是预防性修理,需要架车。对各大部件的技术状态和作用做仔细检查,对检查发现的故障进行针对性修理,对车上的仪器和仪表进行校验,车辆组装后要经过静调和试车。

(4)架修：主要任务是检修和修理大型部件（如走行部、牵引电机、传动装置等），同时，通过架车对车辆各部件进行解体和全面检查、修理、试验，对计量的仪器、仪表进行校验，车体要重新油漆标记，组装后进行静调和试车。

(5)厂修：全面恢复性修理。需要对车辆全面解体、检查、整形、修理和试验，要求完全恢复其性能，组装后重新油漆、标记、静调和试车。厂修后的车辆基本上要达到新车出厂水平。

《城市轨道交通工程项目建设标准》（建标104—2008）建议的城市轨道交通车辆的检修周期如表8-1所示。

车辆检修周期 表8-1

检修种类		定期检修			日常维修		
		厂修	架修	定修	月检	周检	列检
定检周期（万km）	A、B	120（10年）	60（5年）	15（1.25年）	3.0（3月）	0.5（15天）	每日或双日
	L_b	160	80	20	2	—	—
	单轨	全面检修 60（6年）	重点检修 30（3年）	换轮 10（1年）	三月检（3月）	—	列检（3日）

2. 车辆段的规模估算

车辆段的规模主要取决于停车库和检修库两大部分的能力，再辅以其他的场、库。停车库和检修库的需求能力取决于城市轨道交通初、近、远期不同年限的配属车数量（包括运用车、在修车、备用车）。

(1)运用车计算。

①按线路系统能力计算运用车列数的计算公式：

$$N_y^{tx} = \frac{2L/V \times 60 + t_z}{60} \times \frac{60}{t_0} \tag{8-1}$$

式中：N_y^{tx}——按线路系统能力计算的运用车列数，列；

L——线路长度，km；

V——线路列车旅行速度，km/h；

t_z——线路两端列车折返时间之和，min；

t_0——线路的设计最小行车间隔，min。

②按线路高峰客流量计算运用车列数的计算公式：

$$N_y^{kl} = \frac{2L/V \times 60 + t_z}{60} \times \frac{P}{S \cdot m} \tag{8-2}$$

式中：N_y^{kl}——按线路高峰客流量计算的运用车列数，列；

P——线路高峰小时单向最大断面客流量，人/h；

S——线路车辆定员，人/辆；

m——线路列车编组，辆；

其他符号意义同上。

③按线路最低服务水平计算运用车列数的计算公式：

$$N_y^{fw} = \frac{2L/V \times 60 + t_z}{60} \times \frac{60}{t_0^{\min}} \quad (8\text{-}3)$$

式中：N_y^{fw}——按线路最低服务水平计算的运用车列数，列；

$t_0^{\min}$——按线路最低服务水平要求的最小行车间隔，min；

其他符号意义同上。

按系统能力计算的运用车列数，可以作为线路远景车辆段用地最大规模控制的依据；而按客流需求和按最低服务水平计算得到的运用车列数取其大者，作为确定线路远期车辆段实施规模的依据。

（2）车辆年检修工作量。

厂修：

$$N_1 = \frac{S}{L_1} \cdot N_y \quad (8\text{-}4)$$

架修：

$$N_2 = \frac{S}{L_2} \cdot N_y - N_1 \quad (8\text{-}5)$$

定修：

$$N_3 = \frac{S}{L_3} \cdot N_y - N_1 - N_2 \quad (8\text{-}6)$$

月修：

$$N_4 = \frac{S}{L_4} \cdot N_y - N_1 - N_2 - N_3 \quad (8\text{-}7)$$

式中：N_1, N_2, N_3, N_4——线路车列厂修、架修、定修、月修的年检修工作量，列次；

S——线路车列全年走行里程（由行车组织专业提供），km；

L_1, L_2, L_3, L_4——线路车列厂修、架修、定修、月修的定检里程，km；

N_y——线路运用车列数，列。

（3）日检修车列次计算。

$$N_j = \sum_{k=1}^{4} \frac{N_k \cdot t_k \cdot a_k}{d} \quad (8\text{-}8)$$

式中：N_j——线路日检修车列次，列次；

N_k——线路车列第 k 种修程的全年检修工作量，列次；

t_k——线路第 k 种修程车列库停时间，d；

a_k——线路第 k 种修程平衡系数，推荐值：厂修、架修取 1.1，定修、月修取 1.2；

d——全年法定工作日天数，251d；

k——线路修程，$k=1$ 表示厂修，$k=2$ 表示架修，$k=3$ 表示定修，$k=4$ 表示月修。

（4）检修列位数。

$$Q = \frac{N_j}{c} \quad (8\text{-}9)$$

式中：Q——线路检修列位数；

c——线路检修工作班制；

其他符号意义同上。

(5) 日在修车列次计算。

$$N_z = \sum_{k=1}^{4} \frac{N_k \cdot T_k \cdot a_k}{d} \tag{8-10}$$

式中：N_z——线路日在修车列次，列次；

T_k——线路第 k 种修程车列停修时间（$T_k > t_k$），d；

其他符号意义同上。

(6) 配属车列数计算。

$$N_P = N_y + N_z + N_b \tag{8-11}$$

式中：N_b——线路备用车列数；

其他符号意义同上。

(7) 车辆段规模。

车辆段规模应根据车辆技术条件、配属的列车编组和数量、列车年走行公里（或间隔年限）、车辆检修周期、检修作业时间等进行计算。车辆段内应根据列车运用整备和检修作业的需要设停车、列检库、月修库、定修库、厂架修库和调机及工程车库等，并配备相应的设备和设施。

列检列位宜按停车列检列位的50%确定。停车列检规模达12列位级以上的车辆段或停车场应设机械化洗车设备和洗车线。车辆段的运用整备和检修设施，初期建设规模应按近期规模设计，按远期规模预留。对远期改扩建困难的检修车库可按远期规模一次建成。车辆段远期停车能力，不考虑沿线车站夜间的停车线列位。

车辆段的用地规模一般为 $0.20 \sim 0.45 \text{km}^2$，停车场的用地规模一般为 $0.05 \sim 0.20 \text{km}^2$。具体应根据平面设计方案，逐项进行估算。

8.2.2 车辆段的选址

《地铁设计规范》（GB 50157—2013）中规定，车辆段与综合基地选址应满足下列要求：

(1) 用地应与城市总体规划协调一致。

(2) 应有良好的接轨条件。

(3) 用地面积应满足功能和布置的要求，并应具有远期发展余地。

(4) 应具有良好的自然排水条件。

(5) 应便于城市电力、给排水及各种管道的引入和城市道路的连接。

(6) 有足够的有效面积及远期发展余地。

车辆段选址的具体原则如下：

(1) 车辆段、停车场要选择地势平坦、地质良好、无大的水文地质影响的地域，用地应相对集中，一般为长方形，便于车辆段、停车场的布置。

(2) 城市轨道交通线路一般都穿越市区，线路中部多为市中心地区，要征用车辆段那样的大规模用地很困难。因此，往往在郊外征用土地，采取在线路端部设置车辆段的方法。这种方式与线路起终点在郊外、线路中部穿过市中心的情况相配合，早上车辆由车辆段向市中心方向发车，晚上往郊外方向入车辆段，配车的损失时间减少。

(3) 由于车辆段上除了列车停车库外,还有试车线、车辆检修设备、综合维修中心等,为充分利用这些设备,减少车辆段用地总量,应尽量将车辆段集中于一处设置。若分散布置,则所需用地面积将会增大。在技术经济合理,城市用地规划许可时,可以两条线路共用一个车辆段。当一条线路的长度超过20km时,为减少列车空走距离,及时对车辆进行检查,可以在线路的另一端设一个停车场。

(4) 车辆段和停车场应靠近正线,且位于容易铺设较顺直的出入段线路的位置,以利于缩短出入线长度,降低工程造价,改善使用条件。

(5) 车辆段及停车场的选址要考虑防火灾、防水害的要求,周围应有雨、污水排放条件。

(6) 各车辆段线路应尽可能与地面铁路专用线相接,以便车辆及物资运输,部分车辆段不具备上述条件时,也可通过相邻线路过渡。

(7) 各车辆段和停车场的任务分工必须从全网着眼,统筹规划,合理布局,有序发展。试车线长度应根据场地条件和城市规划要求设定。

(8) 整个线网车辆的大修任务应集中统一安排,并集中设一处职工培训中心。

(9) 各综合检修基地及车辆段用地规模应按规划分工所承担的作业量,并考虑将来技术发展及适当留有余地进行规划。

(10) 车辆段和停车场用地性质应符合城市总体规划及环境保护要求。

在车辆段中,要设置能够对全部保有车辆按列车编组进行停放的停车线。因此,各停车线的有效长度应为(列车长度+8m)或其2倍长。虽然这个条件非常苛刻,但是由于列车在运行间隔为2min或其以下的高密度行车状态下列车编组是不可能的,因此原则上要避免分开存车。各存车线线间距视车辆宽度而定,通常为3.80m。

车辆段的选址不仅要考虑其技术条件,还要考虑其经济条件。选址要考虑尽量减少拆迁、少占农田的要求,建成后尽量减少对周围居民生活的影响,尽量减少对地面交通的影响。

8.2.3 车辆段的基本图式

车辆段及停车场的平面布置应力求作业顺畅、工序紧凑合理。根据所需的各种线路的使用功能和有效长度,并结合地形的具体情况,车辆段及停车场一般可布置为贯通式或尽端式。贯通式布置中,车辆的入段、停车、检修、出段等作业基本顺向布置,如图8-1所示。尽端式布置中,若干种作业设备往往并列设置,列车折返走行较多,如图8-2所示。

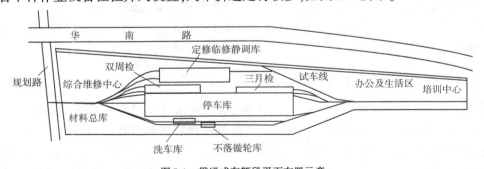

图8-1 贯通式车辆段平面布置示意

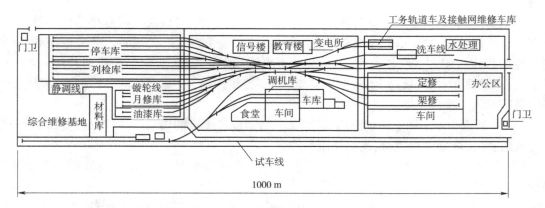

图 8-2 尽端式车辆段平面布置示意

贯通式车辆段和尽端式车辆段布置形式各有特点,两者的比较如表 8-2 所示。

车辆段贯通式和尽端式布置形式的特点比较　　　　表 8-2

车辆段布置形式	优　点	缺　点
尽端式车辆段	1. 工艺要求相对简单。 2. 只有一个咽喉区,在相同的停车条件下,占地面积小,线路短,铺轨工程量较小	1. 只能一个方向接发车。 2. 列车出入段灵活性差。 3. 列车折返走行较多,咽喉区交叉作业多
贯通式车辆段	1. 可向两个方向同时接发车。 2. 两端列车出入灵活、方便、迅速。 3. 列车折返走行较少,咽喉区交叉作业少	1. 工艺要求相对复杂。 2. 两端都布置咽喉区,占地较大,线路较长,铺轨工程量较大

8.3　线路敷设方式规划

8.3.1　线路的敷设方式

城市轨道交通线路敷设方式可分为地下线、地面线(含路堑、路堤)和高架线 3 种方式。

城市轨道交通的线路敷设方式,应根据城市总体规划和地理环境条件因地制宜地选择,一般在城市中心地区宜采用地下线,其他地区条件许可时宜采用高架线或地面线。

在城市中心区,通常建筑密集、道路狭窄、交通拥挤,为减少建设中的困难和噪声、振动等对城市的有害影响,城市轨道交通宜设在地下。城市轨道交通线路进入地面建筑稀少、路面宽阔的地区及郊区,可考虑设在高架桥或地面上以降低工程造价。设在地面时要充分考虑线路封闭给地面带来的隔离影响。

8.3.2　线路敷设方式规划的一般要求

线路敷设方式应根据城市总体规划的要求,结合城市现状以及工程地质、环境保护等条件,选为地下线和地上线。线路敷设的位置,应尽量选择在道路红线以内,以避免或减少对道路两侧建筑物的干扰。当线路偏离红线而进入建筑区的地段,应予统一配合规划或做特殊处理。线路的敷设方式还要从整个线网协调统一考虑,尤其是在线网上的交织(交叉)地段,要处理好两线间的换乘或相互联络的问题。

1. 地下线

城市轨道交通地下线的建设一般选择在城市中心繁华地区,它是对城市环境影响最小的线路敷设方式。

地下线埋置深度的选择应根据地质情况和地下构筑物情况确定。在城市中,一般以浅埋为好。在工程方案制订时,要由浅入深进行选择比较,以确定最佳方案。

轨道位于城市规划道路范围内,是常用的线路平面位置。对道路红线范围以外的城市建筑物干扰较少。

在有利的条件下,地下线置于道路范围之外,可以达到缩短线路长度、减少拆迁、降低工程造价的目的。这些条件主要包括以下几个:

(1) 地质条件好,基岩埋深很浅,隧道可以用矿山法在建筑物下方施工。
(2) 城市非建成区或广场、公园、绿地(耕地)。
(3) 老的街坊改造区,可以同步规划设计,并能按合理施工顺序施工。除上述条件外,由于施工复杂度大和造价高的原因,选线时要尽量避免从既有多层、高层房屋建筑下面通过。

2. 地面线

城市轨道交通地面线是造价最低的一种敷设方式,一般敷设在有条件的城市道路或郊区。为保证城市轨道交通车辆的快速运行,一般为专用道形式,与城市道路相交时,一般应设置为立交。由于市区一般用地较为紧张,道路交叉口较多,干扰较大,穿越市中心的城市轨道交通线路一般很少设置为地面线。在连接中心城与卫星城之间或城市边缘地带,应尽可能创造条件,设置地面线,以减少工程造价。

地面线位于道路中心带上,带宽一般为20m左右。当城市快速路或主干道的中间有分隔带时,地面线设于该分隔带上,不阻隔两侧建筑物内的车辆按右行方向出入,不需设置辅路,有利于城市景观及减少交通噪声的干扰。其不足处是乘客均需通过地道或天桥进入。

地面线位于快车道一侧,带宽一般为20m左右。当城市道路无中间分隔带时,该位置可以减少道路改移量,其缺点是在快车道另一侧需要建辅路,增加了道路交通管理的复杂性。当道路范围之外为江、河、湖、海岸滩地、不能用于居住建筑的山坡地等,可考虑线路设于这些地带上,但要充分考虑路基的稳固与安全。地面线一般应设计成封闭线路,防止行人、车辆进入,与城市道路交叉一般应采用立交形式。

3. 高架线

高架线是介于地面线和地下线之间的一种线路,既保持了专用道的形式,占地也较少,对城市交通干扰较小。高架线是城市轨道交通中一种重要的线路敷设方式。高架区段中的高架桥是永久性的城市建筑,结构使用年限要求按100年来考虑。

目前,国内外对穿越城区的城市轨道交通甚至道路设置高架线存在一些争议,问题的焦点在于3方面:一是高架线路对市区景观有些影响,可能破坏市容;二是高架系统产生的噪声和污染对线路周围环境有不良影响;三是高架线路对沿线居民的隐私权有所侵犯,易引起某些纠纷。

高架线路平面位置选择,较地下线严格,自由度更少,一般要顺城市主路平行设置,道路红线宽度宜大于40m,两侧建筑物之间的距离大于50m。在道路横断面上,线路高架桥墩柱位置要与道路车行道分幅配合，一般宜将桥柱置于分隔带上。

高架线路位于道路中心线上，对道路景观较为有利，噪声对两侧房屋的影响相对较小，路口交叉处对转弯机动车影响小。但是，在无中间分隔带的道路上敷设时，改建道路工程量大。

高架线路位于快慢车分隔带上，充分利用道路隔离带，减少高架桥柱对道路宽度的占用和改建，一般偏房屋的非主要朝向面，即东西街道的南侧和南北街道的东侧。缺点是噪声对一侧市民的影响较大。

除上述两种位置外，还可以将高架线路置于慢车道、人行道上方及建筑区内。它仅适用于广场、公园、绿地及江、河、湖、海岸线等空旷地段或将高架线与旧房改造规划成一体时。

总之，上述3种敷设方式的选择应结合城市的总体规划、线路所穿越的地区环境、工程具体技术要求及造价综合比选后确定，其中与城市规划相结合是最重要的方面。由于我国城市道路交通环境复杂，新建轻轨交通线路如不能做到全封闭，一般认为达到65%及以上才符合快速的要求。一般在城市中心地区宜采用地下线，其他地区条件许可时宜采用高架线或地面线。

8.4 车站站位及主要换乘点规划

8.4.1 车站分布规划

1. 车站分布规划的意义

车站分布主要考虑客流集散、城市规划、地区发展、与其他交通衔接等，还要考虑城市轨道交通本身的许多技术条件。所以，为了满足城市轨道交通客运量要求，从"以人为本"的原则出发，车站分布尽量做到经济、合理，方便乘客。线路上各车站位置的规划，对于城市轨道交通作用的发挥起关键作用，而车站位置的确定是一个十分复杂的过程，因此车站最终位置的确定只有在可行性研究甚至初步设计阶段才可以完成。但是，线网规划阶段进行车站位置初步选择是必要的，主要有以下意义：

(1) 有利于车站用地控制。
(2) 有利于城市土地利用规划的调整和配合。
(3) 有利于沿线大型建设项目的配合。
(4) 有利于规划可实施性研究的进行。
(5) 有利于其他交通方式衔接和客流发展倾向的引导。

2. 影响车站分布的因素

(1) 大型客流集散点。

大型客流集散点往往是城市的政治、经济活动中心，是城市的窗口地段。该地段不但客流数量大，而且集中，对地面交通造成很大压力。

(2) 城市规模大小。

城市规模大小包括城市建成区和规划区域面积及人口。城区面积越大，人口越多，当线路上客流量大、乘距长时，城市轨道交通应以长距离乘客为主要服务对象，车站分布宜稀疏一些，以提高乘客的交通速度。反之,车站分布宜密集一些。

(3)城区人口密度。

我国地域辽阔,各地城市人口密度差异很大。人口密度大,同样区域范围内,发生的交通客流量大,因此车站分布宜密集一些。

(4)线路长度。

一条线路的长度一般不小于15km,也不宜大于35km,不同的线路长度,车站的疏密宜有所不同,短线路宜多设站,长线路宜少设站。

(5)城市地貌及建筑物布局。

城市中的江、河、湖、山和铁路站场、仓库区等,人口密度低甚至无人,城市轨道交通在穿越这些地区时可以不设站,但若有开发公园的条件,则应在主出入口处考虑设站。

(6)城市轨道交通线网及城市道路网状况。

两条城市轨道交通线路交叉时,在其交叉点应设换乘站;在与城市主干道交叉时,为了让乘坐城市其他交通工具的乘客方便乘坐城市轨道交通,也宜设车站。

(7)对站间距离的要求。

在车站分布数量上,除大型客流集散点及换乘站外,其他车站的设置,主要受人们对站间距离要求所支配。对于平均站间距离,世界上有两种趋向:一种是小站间距,平均为1km左右;另一种是大站间距,平均为1.6km左右。例如,香港地铁平均站间距为1050m,其中港岛线平均站间距仅947m;莫斯科地铁平均站间距为1.7km左右。总的来说,站间距小,有利于吸引更多客流;站间距大,有利于提高旅行速度。

我国地铁在吸收世界地铁建设经验的基础上,在《地铁设计规范》(GB 50157—2013)中规定:车站间距在城市中心区和居民稠密地区宜为1km左右,在城市外围区宜为2km,超长线路的车站间距可适当加大。

除上述各因素外,线路平面、纵剖面、车站站位的地形条件,公交线网及车站位置,也会对城市轨道交通车站分布数目产生一定影响。

3. 车站分布对市民出行时间的影响

车站多,乘客步行到车站的平均距离短,节省平均步行时间,可以增加城市轨道交通对短距离出行乘客的吸引量;车站少,可以提高长距离出行乘客的平均旅行速度,可以增加城市轨道交通对长距离出行乘客的吸引量。

4. 车站位置的要求

(1)车站选址要满足城市规划、城市交通规划及轨道交通线网规划的要求,并综合考虑该地区的地下管线、工程地质、水文地质条件、地面建筑物的拆迁及改造的可能性等情况合理选定。

(2)方便乘客使用。客流的吸引要靠车站,为最大限度地吸引客流和方便乘客,车站通常应设置在客流量大的地方,如商业中心、文化娱乐中心、大的居住区及地面交通枢纽等处,同时为方便不同线路间的乘客换乘,在不同线路交会处也应设置车站。

(3)车站站位应为乘客使用提供方便,使多数乘客步行距离最短。尽量通过短的出入口通道,将购物、游乐中心、住宅、办公楼与车站连通,为乘客提供无太阳晒、无雨淋的乘车条件。对于大型客流集散地段的车站,还应考虑乘客进出站行走路线,尽量避免人流不顺畅、出入口被堵塞和车站站厅客流分布不均匀的现象。对于存在突发性客流的大型客流集散点(如体育场),车站不宜靠近观众主出入口处。

(4)与城市道路网及公共交通网密切结合。城市轨道交通线网密度和车站数目均比不上地面公交线线网,因此必须依托地面公交线网,为城市轨道交通车站往返输送乘客,使其成为快速大运量的骨干系统。一般将城市轨道交通车站设在道路交叉口,公交线路在城市轨道交通车站周围设站,方便公交与城市轨道交通之间的换乘。车站可设在广场、干线街道交叉点、城市交通枢纽、城市轨道交通线路交叉点,使之与道路网及公共交通网密切结合,为乘客创造良好的换乘条件。

(5)设站要考虑该地区的发展,与城市规划相协调;应与城市建设密切结合,与周边土地利用性质和发展意图匹配;与旧城房屋改造和新区土地开发结合。

(6)方便施工,减少拆迁,降低造价。满足工程可实施方面的要求,如线路、土建、设备或施工组织等。具体站位还要考虑施工条件、道路状况、交叉口等道路形态及地面交通情况。

(7)兼顾各车站间距离的均匀性。

(8)满足运营在最短站间距、旅行速度、列车牵引特性等方面的要求。

(9)尽量避开地质不良地段,尽可能减少对周围环境的干扰。

5. 车站与城市道路位置关系

根据线路和城市道路的关系,车站设置大致可分为以下几种情况。

(1)跨路口站位(图8-3)。

这种站位便于各个方向的乘客进入车站,减少了路口人流与车流的交叉干扰,而且与地面公交线路可有良好的衔接。在有条件的情况下,可优先选用。

(2)偏路口站位(图8-4)。

这种站位偏路口一侧设置,在施工时可以减少对城市地面交通及对地下管线的影响。高架时,也比较容易与城市景观相协调。不过,它的缺点是路口客流较大时,容易使车站两端客流不均衡,影响车站的使用功能。这种站台一般在高架线或跨路口施工难度较大时采用。

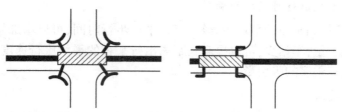

图8-3 跨路口站位图示　　图8-4 偏路口站位图示

(3)位于道路红线以外站位。

车站位于道路红线以外可以有各种各样的站位设置,典型的有:设于火车站站前广场或站房下,以利客流换乘;与城市其他建筑同步实施,和新开发建筑物相结合;结合城市交通规划,建设城市综合交通枢纽等,这些站位一般都需结合城市的其他设施建设统一规划、统一考虑,才能建设好城市轨道交通车站。

8.4.2 换乘站的规划

换乘站是城市轨道交通线网构架中各条线路的交织点,是提供乘客转线换乘的重要地点,乘客通过换乘点的车站及其专用（或兼用）通道设施，实现两座车站之间人流沟通，达到换乘的目的。

换乘站规划在城市轨道交通线网设计中有着特别重要的地位及作用。从日常的城市轨道交通线网运营现象看，线路之间的交叉点的个数、位置决定着城市轨道交通线网的形态，影响着城市轨道交通线网中各换乘站客流量的大小、乘客的换乘地点、出行时间及方便程度，从而影响整个城市轨道交通线网的运输效率。从交通与城市发展的相互作用关系看，由于换乘站有更大的客流，久而久之，会导致换乘站附近土地利用价值的超常升值（与一般车站相比），并对换乘站周围的土地利用格局和规模产生深远的影响，最终可能会导致整个城市布局结构体系的变化及调整。

因此，在城市轨道交通线网规划中，要非常慎重地选择换乘站的位置，而且仅靠交通部门的努力是不够的，必须与城市规划部门紧密协作，从城市长远发展的战略高度认识换乘站位置对城市规划结构的重要影响，合理选择换乘站位置，并对其周围空间进行长远而周密的规划。

换乘站的分布应符合以下原则：

（1）换乘节点应适当分散，避免过分集中在城市中某个狭小区域。

（2）换乘节点最好为两线交叉，既有利于分散换乘客流、合理控制换乘站规模、简化换乘站客流组织、降低工程施工难度、节省工程造价，又有利于车站维持良好乘车秩序、组织高密度行车、有利提高运行质量。

（3）换乘站点应尽量避免3条以上线路交叉于一点，这样一方面换乘客流干扰较大，另一方面工程难度较大。

（4）换乘点应主要分布于城市重点区域，如中心区或外围特大型客流集散点。

8.5　线网运营规划

运营规划是线网规划的重要内容，对于线路建成后的运营效果有重要影响。网络整体的运营模式安排科学与否将对网络的各个系统产生截然不同的影响。

8.5.1　运营规划的目的和内容

运营规划的目的是进一步对线网布局的合理性进行验证。如果说线网构架规划完成了结构布局、线路走向和换乘点的确定，那么运营规划就是要研究每条线的运量等级、运行方式与运行路线，并形成不同运量等级的运行系统和规模。

因此，运营规划研究的主要内容包括：

（1）各线运量等级划分。

（2）研究各线路的功能定位及运营组织方式。

（3）确定系统主要设备（如车辆制式）选型。

（4）论证并规划不同等级的运营方式及特殊运营模式。

8.5.2 各线运量等级与制式的划分

线网各线运量等级与制式划分原则：

(1)各线应根据地形条件和运量需求，分别选择相应运量等级的城市轨道交通系统，相互衔接成网，并与公共汽电车配合有序，共同组成公交客运系统。

(2)从运行的经济、调度的方便灵活、车辆设备和零件的统一配置、维修技术一致性等方面考虑，城市轨道交通各线应尽可能地统一制式。如果因运量要求，需采用多种城市轨道交通制式时，从运行的经济考虑，每种制式都应具有一定的规模。

(3)城市轨道交通制式的选择应充分考虑国情，尽可能采用成熟技术，立足国内设备，减少工程投资。

(4)在规划阶段，对城市轨道交通的制式不宜只考虑一种方案，应预留多方案的可能性。

8.5.3 列车运营组织方式

城市轨道交通各线应根据各自的线路特点、不同的实施阶段选择适宜的列车运营组织方式。

1. 全线独立运营方式

全线独立运营方式是线网最基本的运营方式。城市轨道交通各条正线原则上应采用独立运营方式，并根据线路长短和客流分布情况采用分区运行。各线的旅行速度不低于35km/h。

2. 分段延伸运营方式

分段延伸运营方式是一种临时性过渡运营方式。根据线网实施规划采用分期施工、分段运营时，可建成一段、运营一段，逐渐延伸。也可能出现两条线的各自一段线路因城市发展的要求组织临时运营，两线之间可设置联络线，但要考虑工程经济性和运行需求的矛盾，应予慎重抉择。

3. Y形线的运营方式

Y形线对解决线路客流不均衡和增加线网覆盖面积有很大作用。根据Y形线线路特点，列车运行采用并线贯通运营方式，正线列车分别交替驶入两条岔线，全线贯通运营。

除了以上提到的运营方式以外，对主线及较长的线路(>30km)还可采用大站快车线方式，以提高旅行速度，减少乘客的出行时间。

8.6 联络线规划

在城市轨道交通线网规划过程中，对联络线进行合理的布局是线网实施性规划的重要组成部分，也是城市轨道交通线网实施和线路建设的前提条件。城市轨道交通联络线是连接两独立运营线的辅助线路，其主要功能是发挥城市轨道交通线网的作用，使线路之间建立一定的联系，保证运营所必需的车流、物流顺畅运转。

8.6.1 联络线的作用

1. 车辆跨线运营

城市轨道交通服务于城市旅客运输,城市轨道交通线路沿城市主要客运走廊布设是线网规划的原则之一。我国现行设计规范规定:每条线路应按独立运行设计。另外,为提高线路运输能力,城市轨道交通线路通常很少有车辆技术作业。因此,目前国内各城市轨道交通线路均没有车辆跨线运营,国外有些城市轨道交通线路为提高运输效率和服务水平,通过联络线实现车辆过轨跨线运营。

2. 调转运营车辆

各轨道交通线路配属的运营车辆数理论上是根据线路运输能力计算得出的,但实际运营过程中运营车辆保有量是随不同时期的客运需求、运营商的经济实力、运营管理水平和车辆状况等多方面因素而变化的变量。因此,在各轨道交通线路之间设置联络线作为调转运营车辆的通道成为必须。

3. 运营车辆送修

《城市轨道交通工程项目建设标准》(建标 104-2008)规定:厂、架修段和综合维修中心,宜结合轨道交通线网和车型情况按多线共用设置。则对于同属一个车辆基地承担车辆厂、架修的线路之间应设置联络线,以保证车辆送修途径的顺直和通畅。另外,当两条线路共用一个车辆段完成存车或修车任务时,与车辆段没有直通的线路必须设置联络线与直通线路沟通。

4. 向新建线运送物料

城市轨道交通是大多数人认可的现代化城市交通工具,但是在城市轨道交通建设的过程中,特别是在市中心繁华闹市主要街道上占地施工,往往造成空气污染、噪声扰民、道路拥堵、交通不畅等严重负面影响。因此,选用既有线路及联络线作为通道,向在建线路运送物料设备等将是较理想的选择。

5. 线路之间车辆救援

联络线除在正常条件下完成以上任务外,在非常情况出现时将成为两独立运营的城市轨道交通线路之间车辆救援、撤出和转移的通道。联络线作为线网的冗余措施,对于保证城市轨道交通运营安全、提高系统可靠性具有重要意义。

8.6.2 联络线的布置形式

1. 双线联络线

跨线运营或者作为临时运营正线使用的联络线可采用双线联络线,如图 8-5 所示。双线联络线分为两种形式:

(1) 立体交叉形式,双线联络线通常是立体交叉形式。
(2) 平面交叉形式,在某些特殊条件下,也可与正线平面交叉。

2. 单线联络线

为车辆检修和调转运营车辆设置的联络线可采用单线联络线,如图 8-6 所示。这种形式的联络线使用最广、数量最多。

图 8-5 双线联络线图示　　　　图 8-6 单线联络线图示

3. 渡线联络线

当两条线路在某站采用同站台平行换乘时,其车站可采用平面双岛四线式车站和上下双岛重叠四线式车站,车站采用单渡线将两条线路联通形成渡线联络线,如图 8-7 所示。

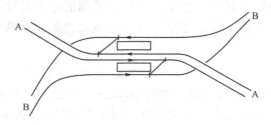

图 8-7 渡线联络线图示

8.6.3 联络线的数量选择

联络线的数量应在满足运营需要和尽可能降低造价的双重约束条件下确定。一般是先确定最低数量,再用运营条件来进行检验校核。

1. 跨线运营的需要

通常条件下,线路之间的跨线运营只发生在线路建设的过程中,属临时运营性质。这种运营时间一般不超过一条线的建设周期,为 3～5 年。

2. 车辆调配、大修的需要

一般轨道交通车辆在运营 8～10 年后需进厂大修一次。各条轨道交通线路车辆配属通常相对不变,跨线调车仅在车辆更新换代、线路运力调整等情况下才会发生。在独立的运营线路之间的跨线调车作业列数仅为正常营业列车数的万分之一到十万分之一,即 $10^{-4} \sim 10^{-5}$ 数量级。然而即使是这样低的比例,仍是运营不可缺少的需求,它只能说明应尽可能减少建设联络线的数量,而不可以成为在哪条线不建联络线的理由。

3. 运营安全的需要

城市轨道交通联络线是保证运营安全的冗余设施之一。城市轨道交通运营过程中除了有大量车辆设备之外,系统中还有众多的乘客,系统运行过程中一旦发生险情,联络线将作为转移撤出的通道。仅凭这一点,运营线上设有 1～2 处联络线也是十分必要的。

4. 满足调车时间需要

在正常运营时间内城市轨道交通线路维持高密度行车,跨线调车等作业只能利用晚上非营业时间封闭线路后进行。因此,在线网内的长距离调车受到"天窗"时间的限制。如果按早

5:00 到晚 12:00 运营,扣除车辆回库、停送电和必要的检查技术作业时间,可用时间只有 3 个小时。如果运营线平均长度 30km,自出发地到目的地跨运营线路不宜超过两条,最长的迂回调车距离不宜超过 80~100km。

8.6.4 联络线设置的一般要求

在 3~4 条以下线路组成的网络中可按树形结构设置联络线(图 8-8);在 5~9 条以内线路组成的网络中可按单环方案考虑设置联络线(图 8-9);在 10 条以上线路组成的网络中,应在单环方案设置联络线的基础上核算最远迂回路径能否满足在停运期间完成调车作业,如不能则应该增加联络线,使之构成捷径,满足上述要求。

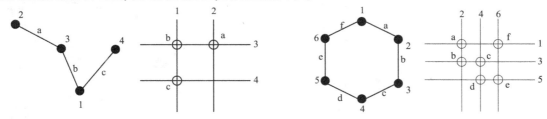

图 8-8 树形连通图与对应路网示意 图 8-9 单环连通图与对应路网示意

作为临时运营的联络线,应按正线标准建设为双线。作为辅助线的联络线,按下列要求设置:

(1)联络线是一种辅助线路,利用率较低,因此一般都按单线双向运行设计。

(2)为大修车辆运用设置的联络线,要尽可能设在最短路径的位置上,同时要考虑到工程实施的可能性。

(3)联络线的设置要考虑线网的建设顺序,使随后建设的线路通过联络线从先建的线路上运送车辆和设备。

(4)联络线的布局应从线网的整体性、灵活性和运营需要几方面综合考虑,使之兼顾多种功能,发挥最大的经济效益。

(5)联络线的设置应根据工程条件并考虑和其他建设项目的关系,在确保联络线功能的同时,减少对其他项目的影响。

(6)联络线尽量在车站端部出岔,便于维护和管理。困难情况下也可在区间出岔,但应注意避免造成敌对进路。

(7)联络线的设置应考虑运营组织方式,要注意线路制式及限界的一致性。

思考题

1. 请简述城市轨道交通车辆段的规划要求。
2. 城市轨道交通车辆段的选址要求是什么?
3. 请简述影响城市轨道交通系统车站分布的因素。
4. 简述联络线的规划要求。

第9章 城市轨道交通一体化衔接

9.1 城市轨道交通一体化衔接概述

9.1.1 交通一体化的概念与内涵

交通一体化(Integrated Transport)规划,就是通过对城市交通需求量发展的预测,为较长时期内城市的各项交通用地、交通设施、交通项目的建设与发展提供综合布局与统筹规划,并进行综合评价。交通一体化规划是城市总体规划的一部分。

交通一体化政策的重要目标就是使交通和社会能够可持续地发展。一般说来,出行数量的过快增长、小汽车拥有数量的增加及运输外部费用的发生都是不可持续的标志。交通一体化就是一种通过对基础设施、既有设备的管理及基础设施的价格等因素的协调来解决城市交通问题,从而提高运输体系整体效益的方法。

建立完整高效的交通一体化运输体系,就是要研究包括城市轨道交通、私人小汽车、常规公交、自行车及步行等方式在内的综合运输体系的整体效应,以建立良好的交通秩序。因此要实现以下目标:各级管理部门权限的一体化,不同运输方式发展策略的一体化,基础设施、既有设备的管理及基础设施的价格等因素发展策略的一体化,交通与土地利用的一体化。

在进行城市轨道交通规划时,当确定了轨道交通的方式、规模及线网的布置形式后,还应该进一步考虑城市轨道交通与其他交通方式的衔接体系。各种交通方式的有效衔接是整个交通系统优化的关键,一体化是城市客运交通的发展趋势。城市轨道交通的衔接体系是以大运量的轨道交通与铁路、机场、港口、长途客运站、常规公交、小汽车、自行车等其他各种交通方式衔接的体系。衔接换乘系统规划设计的优劣是城市轨道交通能否发挥功能作用的重要因素。

9.1.2 目标

车站外部乘客通过其他交通方式接驳城市轨道交通车站进入线网,各交通系统自身节点(公交站点、铁路枢纽、航空枢纽等)设施与城市轨道交通车站的衔接尤为重要。而这种"衔接"不仅体现在各设施的设计层面,同时体现在两类节点的规划布局层面。只有同时做好两个层面的衔接,才能落实交通一体化原则,以保证客流流线的顺畅与完整。具体目标为:

(1)建立相互配合、共同发展的综合交通体系,以满足城市现代化运输需求。

(2)指导城市轨道交通站点周围土地规划,促进城市对外交通站场合理布局,支持城市空间发展和地区中心的形成,提供一个高效的公共交通运输网络。

(3)根据交通衔接点的交通量,规划为不同等级、不同规模的客运枢纽,发挥各种交通集聚效应,加强系统之间的有效衔接,以扩大城市轨道交通系统服务范围,提高公交整体运输能力,使公共交通出行比例稳步增长,确立公共交通在城市交通中的主导地位。

(4)提供良好的换乘空间和设施,通过对站点城市规划综合设计,合理组织换乘客流和集散人流的空间转移,达到系统衔接的整体优化,主动创造就近换乘条件。

(5)不断优化城市内部公共交通线路和站点布置。

9.1.3 一般要求

城市轨道交通线网为城市大运量交通走廊、对外交通站场的接驳、地区中心的形成、交通集散点的疏散等提供了高效的运输服务,可使城市客运交通的整体水平发生飞跃。对于网络上的节点(站点),根据其服务范围和性质,以及周围土地可能诱发高强度的开发,将产生大量的人流和交通方式间的换乘客流,形成交通集聚效应,而其中常规公交与城市轨道交通间的接驳,是主要的交通换乘模式之一,但应兼顾私人交通的接驳。私人交通包括小汽车、摩托车、自行车,具有使用灵活方便、直达性好的优势,但因其人均占用道路面积大,大量的私人交通必将造成交通拥挤堵塞,因此对私人交通工具必须抑制过量发展。抑制私人交通工具过量发展的重要措施是大力发展公共交通,同时搞好公共交通与私人交通之间的接驳。

城市轨道交通与其他交通方式衔接规划的一般要求如下:

(1)城市铁路、港口、机场、长途客运站汇集了多种交通方式,具有客流集中、换乘量大、流动性强、辐射面广等特点,易形成综合交通枢纽。城市轨道交通与常规公交应成为客运枢纽的主要运输方式。在公交枢纽站,要提供足够的站场用地和先进的设施,合理组织人流和车流,以达到空间立体化的有效衔接。城市轨道交通与其他交通方式衔接的交通模式一般可分为3个等级和规模:综合枢纽站、大型接驳站和一般换乘站。

(2)长途客运站场应根据客流分布方向,原则上安排在城市发展区边缘出入口地带,结合公路干线网络和城市轨道交通线网,设置在城市轨道交通线首末站附近,并组织公交进行换乘,以实现区域与城市交通二级接驳,发挥系统各自功能。换乘中心应提供公交总站场地和设施,视客流集结规模,确定公交场站用地和线网布局及组织形式。换乘中心的设计应做到功能分区合理、转换空间紧凑、行人系统安全、交通组织流畅。

(3)城市轨道交通主要服务于城市组团、对外交通站场和大的交通吸引源之间密集的交通走廊,为城市空间活动提供基础保障。常规公交更多地考虑网络覆盖范围,两者同处一个体系中,只是层次不同而已。公交线网设计应区分组团内部与对外联系客流服务对象,区内应提供一个较高服务水平的公交系统,而区外可提供两种运输模式——常规公交、城市轨道交通或快速公交,其中以常规公交与城市轨道交通的相互衔接为主导模式,公交线路设计应充分考虑乘客运送的空间转换需要。

9.1.4 基本原则

城市轨道交通与其他交通方式衔接的原则应体现城市交通系统发展的整体性、协调性、便捷性、政策性和合理性,使各种交通方式有机地结合在一起,既有分工,又有协作,充分发挥交通网络的运输能力,为城市的发展服务,因此衔接方式必须遵守以下原则:

(1)将线路连接成线网的纽带,这对乘客的出行有主要的影响,因此衔接方式必须体现交通的便捷性和舒适性。

(2)应结合实际的工程地质条件、施工方法和各条线路的修建顺序,选择易于实施、经济可行的方案。

(3)应结合城市规划和城市环境,选择对城市干扰小的方案。

(4)应考虑城市轨道交通和其他交通方式运营管理体制上的差异,选择双赢方案。

(5)应满足远期线网客流量的要求,满足远期发展规划的要求。

9.2 城市轨道交通与对外交通枢纽的衔接

9.2.1 城市轨道交通与铁路枢纽的衔接

火车站在每一个城市交通中都处在至关重要的地位,对火车站进行交通衔接规划也就变得十分重要。

1. 城市轨道交通与铁路的衔接

大型铁路客运站汇集了多种交通方式进行空间转换,具有客流集中、换乘量大、流动性强、辐射面广等特点。城市轨道交通如果以地面或高架的形式进入铁路车站,势必对城市造成分割,且拆迁量大,施工困难。所以城市轨道交通应以地下方式和大型铁路客运站衔接。

若不考虑城市轨道交通与铁路之间的直接换乘,只考虑城市轨道交通出入口伸到铁路站前广场、站厅,则由于两个系统不直接连接,换乘比较简单,在此不加详述。这里着重讨论城市轨道交通与铁路两个系统能实现直接换乘的情况。城市轨道交通与铁路之间直接换乘时,由于城市轨道交通的出入口和铁路车站的通道相连接,铁路车站客流通道的数量和功能对衔接方式有一定的影响。大型铁路客运站供乘客使用的地道一般是两条,客流组织是一条进站,一条出站(也有一条地道和一座天桥,天桥进站,地道出站)。当铁路有两条地道时,换乘通道可以分别连接铁路车站的进站地道和出站地道,铁路换乘城市轨道交通的客流由铁路的出站通道进入城市轨道交通,城市轨道交通换乘铁路的客流由铁路的进站地道进入铁路,客流行进比较流畅,但需增加检票口和管理人员;铁路只有一条地道时,换乘通道只能连接到出站地道上,铁路换乘城市轨道交通和城市轨道交通换乘铁路的客流都在铁路出站地道内进行,除了要增加检票口和管理人员外,还存在人流行进的交叉,不利于客流的迅速疏散。而另设一条地道供城市轨道交通换乘铁路使用,除了要求专门的人员管理、工程量大之外,还要占用一定的铁路站台使用面积。因此,是否增设地道要与只有一条地道时的情况综合比较后确定。铁路与城市轨道交通之间的直接换乘,要求城市轨道交通的修建和铁路车站的修建尽量同期施工,票务系统和管理也要彼此配合。

对于一般规模较小、客流较小的铁路客运站,从站前广场进入铁路站台的路程也相应较短,因此一般只将城市轨道交通的出入口修建到铁路车站的站前广场旁,旅客离开城市轨道交通系统后,再进入铁路系统,不修建为铁路和城市轨道交通换乘的专用通道。此时铁路和城市轨道交通两个系统相互独立运作,管理方便。

2. 城市轨道交通与市郊铁路的衔接

城市轨道交通与市郊铁路也是两个不同层次的轨道交通系统,市郊铁路具有站距大、速度快、运量大的特点,是连接中心城市与卫星城或郊区重镇的地区性交通工具,对城市轨道交通而言,它是外延和补充。城市轨道交通和市郊铁路属于不同性质的轨道交通系统,它们的服务对象和区域都不同,所以在线网布置上要有所侧重。目前,我国市郊铁路的发展还没有形成足够的规模,与城市轨道交通如何衔接正处于研究探索阶段,还没有成熟的经验。国外一般有两种做法:

(1) 市郊铁路深入市区,在市区内形成贯通线向外辐射,在市区内设若干站点与城市轨道交通衔接,如巴黎 A、B、C 线等。

(2) 利用原有铁路开行市郊列车,一般不深入市区,起终点设在市区边缘,在起终点车站上与城市轨道交通进行换乘衔接。

以上两种做法各有利弊,取决于城市的发展和经济实力。一般来说,第一种做法对市区居民出行和换乘比较方便,但所需费用也非常大;第二种做法完全利用既有铁路,投资小,但关键是要处理好在车站的衔接换乘关系。

3. 铁路枢纽衔接客流路径设计

乘客换乘的走行路径可以分为 3 个部分,即乘客在城市轨道交通车站内的走行路径、乘客办理进入城市轨道交通车站各个设施路径、城市轨道交通与铁路枢纽连接部走行路径。

(1) 乘客在城市轨道交通车站内的走行路径。

乘客在城市轨道交通站内的行走流线一般为:站台—楼扶梯—站厅—出站闸机。换乘路径影响因素为:站台人流密度、楼扶梯宽度及高度、站厅人流密度(图 9-1)。

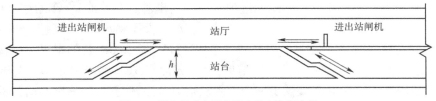

图 9-1 城市轨道交通车站内乘客走行流线

（2）乘客在连接部的走行路径。

城市轨道交通站与铁路站的布置形式分为3个类型：垂直分离式、毗邻式、完全分离式。

垂直分离式（图9-2）：城市轨道交通与铁路垂直分离式布置时，乘客通过楼扶梯进行不同平面的换乘。换乘路径影响因素为：楼扶梯宽度及高度、人流密度。

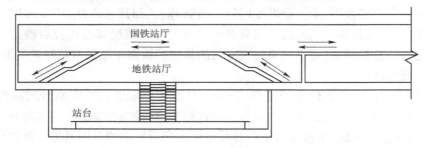

图9-2　垂直分离式

毗邻式（图9-3）：城市轨道交通与铁路平行分离式布置时，乘客通过通道换乘。换乘路径影响因素为通道宽度及长度、人流密度。

图9-3　毗邻式

完全分离式（图9-4）：城市轨道交通与铁路车站完全分离时，乘客需通过换乘广场进行站外换乘。换乘路径影响因素为：广场人流密度、干扰流流向、干扰流流量。

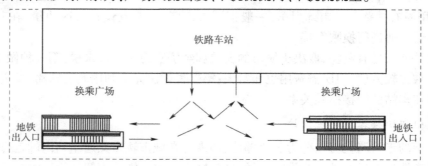

图9-4　完全分离式

4. 铁路枢纽衔接案例：法国 Valence 车站

法国 Valence 车站设正线2股，到发线2股，在法国是一座三等站（法国车站共分4级，按车站规模、业量和服务水平评定），办理通过列车的到发作业。在 Valence 车站中，TGV 轨道在地表下面10m，与地面上普通列车的线路立体斜交。车站大厅和水平的屋顶浮出地面，与远处的 Vercors 山脉遥相呼应。在这个车站中，最为突出的是一个200m长的中央大厅楼板。沿着3%的坡度，由上至下，一方面适应了山坡地形，另一方面将TGV快速列车站台与普通铁路列车站台有机地连接起来，给乘客提供了一个方便换乘的条件，使复杂的线路与简洁的大厅空间巧妙地融合在一起。在大厅的北面，通过楼梯可以下到地区普通列车的站台；在大厅中间有通向公共汽车站和车站公园的通道；另一端是通往 TGV 站台的楼梯，如图 9-5 所示。

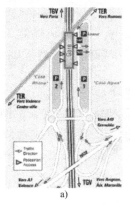
a)

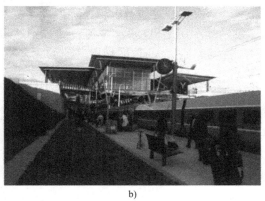
b)

图 9-5 Valence 车站

9.2.2 城市轨道交通与航空港的衔接

随着航空从"贵族化"到"平民化"的转变，居民对航空运输的交通需求会呈指数性增长。为了满足不断增长的航空需求，适应不断出现的新机型以及载运量向大型化发展的形势，对机场建设的技术要求越来越高，而从城市建设、土地利用以及空域等多方面因素综合考虑，新机场的建设就越来越偏离市中心，由此带来的乘客在市区与机场间的距离也越来越远。

传统中航空港与城市交通方式之间的转换，大多利用机场大巴、公共交通车、出租汽车和私人小汽车，其高昂的费用、公路交通量的增加、巨大的停车需求等都引发了诸多矛盾，20 世纪 80 年代以来对于两者之间的换乘，越来越强调一体化交通体系的建立，集综合航空、铁路、地铁、常规公交等为一体的换乘模式，很快为世界各主要航空港所采用，如东京成田空港、大阪关西空港、香港新机场等。

所谓轨道交通机场线是指一端连接航空港，一端或连接城市轨道交通网，或连接城市常规公交网，或连接大铁路网。轨道交通机场线可以解决路面交通堵塞、机动车尾气污染等一系列交通问题，使得乘客一旦搭乘了机场线，就能在最短的时间内到达航空港。轨道交通站直接伸入到机场候机楼下，与机场实行垂直换乘。国外一些大型空港多采用此种形式，如法国戴高乐航空港。这种方式体现了现代交通一体化的概念，在同一建筑内通过自动扶梯和站厅层，实现多种交通方式的换乘，换乘较便捷。但其难点在于规划的前瞻性要求高，需要合理的城市规划（含垂直空间利用）予以保证，并且工程最好能同时进行，一次建筑好，以减少运营与施工的矛盾。

1. 机场线线路布局

机场一般距离城市较远，连接机场与城区的轨道交通线路一般较长，且为城市与航空港之间的重要交通走廊。影响机场轨道交通的线路布局的因素有很多，如机场规模、功能定位、施工条件、用地规划、投资规模等，综合考虑各影响因素，机场轨道交通线路一般可以采用射线、环线、径线、切线、支线几种类型，线路类别为地铁或者轻轨（多数城市选用），单轨或郊区重轨（部分城市选用），或者与城市高速铁路相连。

机场线一般是在城市轨道交通已经开通且城市交通十分便利、客运交通系统较为完善的情况下引入的,机场一般为大型枢纽机场或者规划向大型枢纽机场发展,根据机场线服务功能的不同,其接入城市交通网络主要有以下3种形式。

(1)沿线不设站的专用型机场线:这种一站式到达机场的轨道交通机场线只为进出机场的乘客提供服务,机场客流量大,选取城市其他的大型枢纽点中的一个客流集散点为连接点,如法国戴高乐机场线。

(2)沿线设换乘站的专用型机场线:此类型的机场线也是主要为机场客流服务,中间设有几个换乘点有城市现有或规划的轨道交通线换乘,如香港国际机场线、北京首都国际机场线。

(3)共享型机场线:主要承担城市公共客运的城市轨道交通的延伸线或者兼顾沿线通勤客流的机场快线,引入城市轨道交通网中,如伦敦的皮卡迪利线、广州地铁3号线等。

2.机场线车站布局

机场轨道交通线的车站分3种类型:起始站、机场站和沿线中途站。

(1)起始站:机场轨道交通的起始站点设置应考虑到经济商业发展、交通条件等,一般设置在城市中心区的商业繁华、交通便利的交通枢纽附近,或者直接引入到与市内交通换乘方便的铁路枢纽,要与市区轨道交通、常规公共交通、公路客运班线、铁路等形成方便的衔接换乘关系。

(2)机场站:机场站设置在临近候机楼的位置,当有多个候机楼时可稍加延伸,增设站点,形成机场内部衔接系统,以尽可能地方便乘客,节省登机及离港时间。

(3)沿线中途站:专用型机场线在必要的情况下设置一两座沿线中途站,便于沿线开发强度较高的地区与机场和市区的交通衔接,或作为换乘站与城市轨道交通线衔接换乘;共享型机场线沿线中途站设置较多,依据城市用地规划,若整个沿线开发强度都很高,机场线兼顾沿线公共交通的作用,服务于日常通勤客流及其与市区的交通衔接。

9.2.3 城市轨道交通与公路客运站的衔接

城市轨道交通与公路客运站衔接规划的主要内容是轨道交通车站与公路客运站的衔接布局。相对于铁路客运站来说,公路客运站的集散客流量较小,疏散其集结的客流已不是城市轨道交通与公路客运衔接的主要功能,进行两者衔接布局的主要目的是:

(1)通过两者的协调衔接实现城市与区域的便利连接,满足经济发展对公路运输的需求,提高公路客运出行乘客的整体出行速度。

(2)通过两者的协调衔接实现"截流",即将大量的外来交通流和过境交通流拦截在城市边缘区,减少外来交通对城市内部交通的干扰。

(3)通过两者的协调衔接并辅之以城市轨道交通与常规公交换乘的合理布局,替代公路客运站与市内出行目的地之间以常规公交线路的多重连接,解决由于常规公交线路重叠带来的公路客运站周边道路的交通拥挤问题。

轨道交通车站与公路客运站的衔接布局首先应保证两种客运方式之间换乘的通达性,避免轨道交通车站和公路客运站分位于城市快速路或主干路的两侧,否则必须为之设置跨主干路或快速路的专用换乘通道设施。其主要布局模式有3种:

(1)城市轨道交通车站与公路客运站之间有一定的距离,两者之间没有设置专用的换乘设施,乘客利用城市中的一般步道设施和过街设施进行换乘。这种布局模式乘客换乘相当困难,尤其是轨道交通车站与公路客运站位于城市干道两侧时,换乘的通达性和安全性都很差。

例如,广州市地铁1号线坑口站与芳村客运站的衔接,两者虽然近在咫尺,但由于有花地大道的横隔,换乘相当困难。

(2)城市轨道交通车站与公路客运站之间采用专用的换乘通道设施衔接。广州市地铁1号线坑口站与芳村客运站的衔接改善方案就采用这种模式,一条跨过花地大道的人行天桥直接将轨道车站的出口和客运站的客流集散广场连接起来。

(3)城市轨道交通车站的出口通道直接通至客运站的客流集散广场、售票室、候车室或上车站台处,这是最佳的衔接布局模式。

9.3 城市轨道交通与常规公交的衔接

交通一体化是城市客运交通的发展趋势。一体化的客运系统是一种多模式、多层次、线站结合、综合性强的城市客运交通体系。一体化的客运系统要在运能上适应不同层次客运的需要,必须以各种交通方式之间的协调衔接为前提。其中城市轨道交通与常规公交的合理衔接是交通一体化的关键环节。常规公交与城市轨道交通在城市客运系统中具有不同层次、不同功能、不同服务水平的交通模式,是线与面之间的关系,两者有机结合、相互补充、共同发展对提高公共交通在客运市场中的比例、确立公共交通的城市交通主导地位将起到重要的作用。鉴于城市轨道交通网络的实施具有投资大、周期长、对城市发展影响较大的特点,而常规公交的发展具有投资少、周期短、灵活性强等特点,两者虽不可能同步发展,但有效的衔接方式应在规划中加以体现,尤其是站点周围的土地利用规划,应对交通设施、站场用地应给予控制,以促进公共交通体系的逐步形成。

9.3.1 城市轨道交通与常规公交的衔接布局

城市轨道交通与常规公交的衔接布局是指连接轨道交通车站的常规公交线网布局、车辆配备、运营组织以及车站附近公交换乘站场布局等综合特征。两者衔接的内涵主要体现在常规公交线网和换乘站场的布局模式方面,可归纳为以下3种类型。

(1)放射——集中布局模式:常规公交线网主要以轨道交通车站为中心成树枝状向外辐射,两者线路重叠区间一般不超过城市轨道交通三站路段,并于车站邻接地区集中开发一块用地用作换乘枢纽站场,作为各条线路终到始发和客流集散的场所。由于始发线路多,常规公交线网运输能力大,乘客换乘方便且步行距离较短,行人线路组织相对简单,对周围道路交通的影响也较小。但换乘枢纽站场用地较大。适合于换乘客流大或辐射吸引范围广的城市轨道交通枢纽。

(2)途经——分散布局模式:常规公交线网由途经线路组成,公交停靠站分散设置在城市轨道交通车站周边的道路上。该布局模式不需设置用地规模较大的换乘枢纽站场,但线网运输能力较小,部分乘客换乘步行距离较长,行人线路组织相对复杂。换乘客流较大时,对周围道路交通有一定的影响,适合于换乘客流较小的城市轨道交通车站。

(3)综合布局模式:是上述两种布局模式的复合形式。线网由始发线路和途经线路共同组成,且集中布置一个换乘枢纽站和分散布置一些换乘停靠站。对于规模较大的城市轨道交通枢纽站来说,一般采取这种衔接布局模式。

9.3.2 常规公交场站衔接布局模式

城市轨道交通车站与常规公交场站的衔接布局应遵循以下原则：

(1)当常规公交车辆从主要干道进出换乘枢纽时，应尽可能地提供公交优先通行的专用道、专用标志或专用信号相位，以减少其进出换乘站的时间延误。

(2)常规公交停靠站和站台的数量，应由接驳的线路条数、车辆配备数量、换乘候车所需时间、车辆停靠所需空间决定，并应为将来线路发展留有余地。

(3)应尽可能采用地下通道或人行天桥连接轨道车站集散大厅和常规公交站台，使人流、车流在不同层面上流动，互不干扰。地道和天桥的布置应有利于换乘客流沿站台均匀分布并符合换乘客流强度要求。

(4)应有清晰的换乘线路信息、明确的流向组织、畅通的换乘通道以及必要数量的遮挡设施，且布置紧凑，尽量缩短换乘线路长度，以减少换乘步行时间。

轨道交通车站与公交场站主要有以下4种衔接模式。

1. 常规公交路边停靠换乘

常规公交直接在路边停靠，用地下通道与轨道交通车站站厅或站台直接相连(图9-6)。

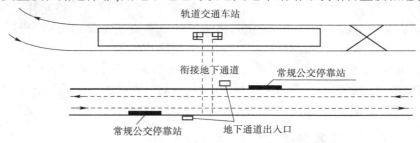

图9-6 常规公交路边停靠换乘

2. 合用站台换乘

常规公交与城市轨道交通处于同一平面，常规公交停靠站和轨道车站的站台合用，并用地下通道联系两个侧式站台，该形式确保有一个方向换乘条件很好，而且步行距离较短(图9-7)。

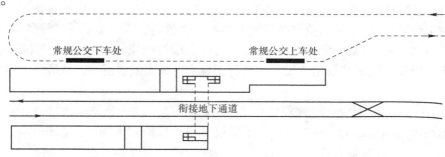

图9-7 合用站台换乘

3. 不同平面换乘

城市轨道交通与常规公交处于同一平面，通过某一路径，使常规公交车辆到达站和城市轨道交通出发站同处一侧站台，而常规公交车辆出发站与城市轨道交通到达站同处另一侧站台(图9-8)。该形式使城市轨道交通与常规公交共用站台,两个方向都有很好的换乘条件。

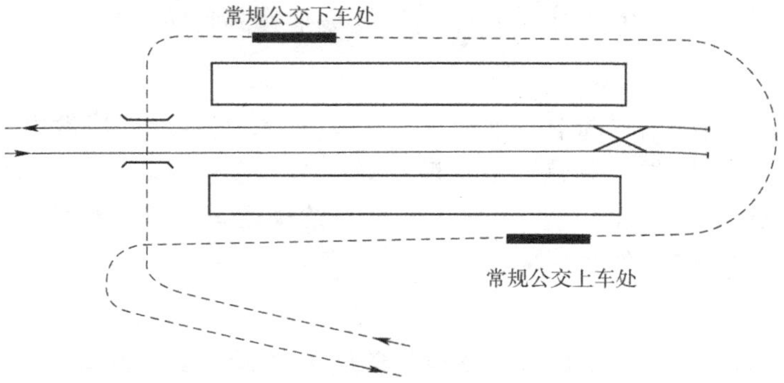

图9-8 在两个平面内换乘

4. 多站台换乘

在繁忙的轨道交通车站,衔接的公交线路较多,采用上述3种分散的沿线停靠模式会因停靠站空间不足而造成拥挤,同时给周边道路交通带来堵塞。为解决以上问题,可采用图9-9所示的多站台集中布局模式,形成路外有多个站台集中在一起的换乘枢纽。为避免客流进出站对车流造成干扰,每个站台均以地下通道或人行天桥与轨道交通车站站厅相连。

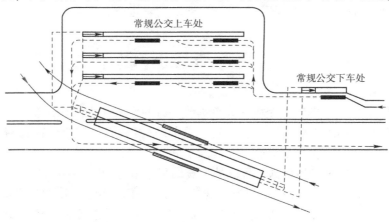

图9-9 多站台换乘

9.3.3 常规公交接运线路规划方法

当大运量的城市轨道交通投入运营后,沿线的运送能力大大加强,从而对原有的常规公交线网产生很大的影响,因此有必要对原有线路进行调整,增设城市轨道交通的接运公交线路。接运公交(Feeder Bus)是指以为城市轨道交通接运乘客为主要功能的公共汽车等公共交通方式,是常规地面公交系统的一部分,与城市轨道交通线网共同组成轨道交通接运公交系统。接运公交线路规划的关键环节是接运站点的选取和接运路线的优化。接运站点以它可能为城市轨道交通系统接运的最大客运周转量来选取,接运路线以接运效率最大为目标搜索优化。

接运公交线路规划方法基于以下假设:
(1)城市轨道交通线路确定并已知。
(2)客运需求OD量已知。

(3) 城市轨道交通直接吸引客流量和路线客流限制条件已知。

接运公交线路规划常用方法有逐条选线法、路线推荐法、经验方法等。

1. 逐条选线法

每次在备选接运站点集中选出一个最优接运站点,在该站点上搜索出一条最优(接运效率最大)的接运公交线路;然后调整城市轨道交通线路和接运线路上的客流量以及交通需求分布量,进行下一条接运路线的选取;直至没有可行的接运站点或没有可行的接运公交路线。每次所选中的路线构成接运公交线网。

2. 路线推荐法

在各个可行接运站点上分别搜索一条或几条最优接运路线作为推荐接运路线,由决策者根据实际情况酌情选取,组成接运公交线网。

3. 经验方法

凭借规划设计者的经验和知识,对原有平行城市轨道交通的常规公交线路的运输效率做出判断,取消运输效率较差的线路或改为垂直于城市轨道交通的馈送线路;对运输效率较好的线路予以保留,但是保留线路与城市轨道交通的重叠区间不能太长,一般不超过轨道线路3个车站间距的长度,同时保留线路的站点不宜与轨道车站重合,应设置在轨道线路相邻两车站的中间地带,以方便短途出行乘客利用保留线路,避免两者进行客流竞争。

9.4 城市轨道交通与小汽车停车换乘

私人小汽车交通与公共交通特别是城市轨道交通的换乘在小汽车拥有率较高的国家非常普遍,即由居住点开车前往大容量快速公共交通车站,再利用公共交通前往目的地。停车换乘(Park and Ride,P+R)或开车接送(Kiss and Ride,K+R)是现代化公共交通系统中不可缺少的一个组成部分。从对广州地铁1号线的调查结果来看,广州的P+R(K+R)换乘方式(包括摩托车)在城市周边地区已经有了相当的规模,因此为了满足停车换乘(开车接送)的需要,吸引居民出行由私人交通方式向公共交通方式的转变,有必要进行城市轨道交通停车换乘方式的衔接布局规划,其主要内容包括P+R停车场的规划布局与周边道路的交通组织规划设计,并遵循以下规划设计原则:

(1) 城市轨道交通的停车换乘方式比较适合位于城市周边地区的城市轨道交通枢纽;而位于中心城区的城市轨道交通枢纽由于用地紧张,难以设置规模适量的停车场,加之车辆进出停车场会对本已拥挤不堪的道路交通带来更大的影响,因此建议不宜采用。

(2) 采用停车换乘方式的城市轨道交通枢纽必须提供足够规模的停车设施,停车面积的大小必须满足停车换乘的需求量。

(3) 停车设施应力求靠近城市轨道交通车站,并在其与车站集散大厅之间设置规模适合的专用衔接换乘通道,以免停车换乘乘客穿越城市道路以及与其他人流混杂,给换乘造成不便。

(4) 应建立适合的停车场收费政策和管理措施,停车换乘收费力求低廉,以鼓励乘客转乘城市轨道交通,并保证乘客的安全使用。

(5) 为力求减少停车场的建造对周边用地和道路交通以及其他客运方式所造成的不良影响，必须进行车辆行驶线路的组织设计，并设置明确的行车线路指示标志。

(6) 为方便车辆进出停车场，宜对周边道路的瓶颈路段和交叉口采取一些增容措施，减少乘客出行过程中的延误，缩短出行时间。

9.5 城市轨道交通与慢行交通的衔接

9.5.1 城市轨道交通与自行车交通的衔接

自行车相对于一般定点、定线、定时的公共交通而言，具有较好的便利性，能够在小街道小弄堂里行驶。自行车以其经济、方便、灵活的特点，在客运交通中占有重要地位，自行车与城市轨道交通之间的换乘也是城市公共交通中一种重要的换乘（衔接）方式。自行车与城市轨道交通衔接布局规划的主要内容包括自行车衔接停车场的规划布局以及城市轨道交通枢纽自行车行驶线路的组织设计。在进行自行车与城市轨道交通的衔接规划设计时应注意以下几点：

(1) 发挥自行车近距离出行的优势，注重与其他交通方式的配合。在其优势范围内组织好自行车交通，开辟自行车专用道，让它从主、次干道分离出来，构成非机动车专用道系统，这将有效减少自行车交通对干道的影响，并为自行车出行提供方便、安全、舒适的换乘环境。

(2) 搞好区域内自行车网络系统，尤其在那些大的居住小区出入口距城市轨道交通枢纽较远时，为减少区域间自行车出行，提供快速大容量轨道交通和地面常规公交服务，将有利于自行车换乘轨道交通提高轨道交通出行率，引导自行车交通转向城市轨道交通。

(3) 在城市轨道交通枢纽设置自行车停车场需要精细化设计。车站附近自行车存放往往占用人行道或分隔带，不但影响路面交通，也减少了自行车接驳量，对城市轨道交通远期发展将带来不利的影响。为了避免自行车的停放占用有限的城市道路空间和对行人交通、机动车交通产生不利影响，必须提供足够数量的自行车专用停车位。

(4) 对于自行车换乘量较大的城市轨道交通枢纽应设置集中专用的路外停车场，且不宜相距太远，两者之间也应设有专用的衔接换乘通道；对于换乘量较小的枢纽可以采用分散停放的方式，但停放场地不宜过分地靠近车站集散大厅的出入口，以免自行车的停放影响乘客进出车站。

9.5.2 城市轨道交通与步行交通的衔接

步行交通是城市轨道交通最主要的接运方式，只有通过步行的接驳，城市轨道交通这种定时定线定点的公共客运系统才能完成乘客"门到门"的服务。两者衔接规划布局的内容主要包括城市轨道交通枢纽合理步行区内的人行步道系统、过街设施和人车分离设施的规划设计、导向指示标志设置以及步行线路组织设计等。

城市轨道交通枢纽的建设会改变其合理步行区内的土地利用性质，大大提高其开发强度，特别是位于中心区的枢纽，周围分布有商业娱乐中心、写字楼等公共建筑。在这种开发强度高、人流量大的地域，应按照"以人为本"的基本指导思想，建立起以枢纽为中心，以独立人行步道为主干，具有良好导向标志的城市公共空间体系。这种城市公共空间体系意味着枢纽周围的人行设施不再仅仅是单一要素(如独立设置的过街天桥或地下通道)的布置,而是要构成彼此连续的"线形关系",采取"并联"和"串联"的方法,把枢纽与周围的公共建筑紧密地结合起来,从而形成包容枢纽流动人群相关活动的便捷的、富有生气的立体空间网络,实现枢纽步行交通流的"不停顿流动"。同时为了保证出行者的安全,枢纽周边行人过街横道线和中央安全岛、人车分离设施以及导向指示标志系统的设置也应纳入该公共空间体系的设计。

例如,法国巴黎市中心的莱阿拉商业区是一个建立在城市轨道交通线网上的商业区,来自不同方向的快、慢速地铁线路和郊区铁路线在此交汇,从而形成了巴黎最大的城市轨道交通换乘枢纽。站台通过自动扶梯与其上的面积超过 5 万平方米的商业中心相连,出行者可以通过商业中心内四通八达的地下步行道及其设在地面的步行系统完成换乘或进入周边的写字楼。便利的交通和完善的设施,以及传统的人文景观为莱阿拉商业区带来商业上的巨大成功,使其成为巴黎最热闹、最富有文化气息的场所。

思考题

1. 简述城市轨道交通一体化衔接规划的目标和要求。
2. 举例说明地铁车站与火车站衔接的方法。
3. 常规公交与城市轨道交通车站衔接布局形式有哪些?
4. 简述城市轨道交通一体化衔接的基本原则。

第10章 城市轨道交通客流调查与统计分析

10.1 城市轨道交通客流指标

客流是规划城市轨道交通线网及线路、选择轨道交通制式及车辆类型、安排轨道交通项目建设顺序、设计车站规模和确定运营规模、进行项目经济评价的重要依据,也是轨道交通安排运力、编制列车开行计划、组织日常行车和分析运营效果的基础。

城市轨道交通客流是指在一定时间内城市轨道交通乘客的流量、流向和旅行距离信息的总称,包含时间、地点、方向和流量4个要素。客流的概念既表明了乘客在空间上的位移和数量,又强调了这种位移具有方向性和起讫性。城市轨道交通客流可以是预测客流,也可以是实际客流。

表征城市轨道交通客流特征的指标很多,这里结合《城市轨道交通工程基本术语标准》(GB/T 50833—2012)和《城市轨道交通客流预测规范》(GB/T 51150—2016)介绍如下基本指标。

10.1.1 客流基本指标

1. 进站客流量

进站客流量指单位时间内,进入并乘坐轨道交通系统的乘客数量,可分车站进站客流量、线路进站客流量和线网进站客流量等。

2. 出站客流量

出站客流量指单位时间内,离开轨道交通系统的乘客数量,可分车站出站客流量、线路出站客流量、线网出站客流量等。

3. 换乘客流量

换乘客流量指单位时间内,各轨道交通线路之间的换乘乘客人数之和,可分为线网换乘客流量、线路换乘客流量和换乘站换乘客流量。换乘站换乘客流量是指单位时间内,在某一换乘车站各轨道交通线路相互之间的换乘人次;线路换乘客流量是指单位时间内,由其他轨道交通线路直接换入本轨道交通线路的人次;线网换乘客流量是指单位时间内,轨道交通线网内各线路之间换乘客流量之和。

4. 线路客流量

线路客流量指线路在单位时间内单程或往返的乘客人数,通常也称为线路客运量。

5. 线网客流量

线网客流量指单位时间内,城市轨道交通线网中各线路客流量之和,通常也称为线网客运量。

6. 换乘系数

换乘系数指单位时间内,轨道交通线网客流量与进站客流量之比。

7. 站点乘降量

站点乘降量指单位时间内,在某轨道交通车站上车和下车乘客数量之和。当某轨道交通车站 X 为线路 A 和线路 B 的换乘站时,则有线路 A 在车站 X 的乘降量和线路 B 在车站 X 的乘降量之分。

8. 线路站间 OD 矩阵

线路站间 OD 矩阵指单位时间内,某轨道交通线路中各个车站之间的起讫客流量,通常用一个二维矩阵表示。

9. 负荷强度

负荷强度指线网或线路的日客流量与其运营长度的比值,也称客流强度,分别为线网负荷强度和线路负荷强度。

10. 车站集散客流量

车站集散客流量指单位时间内,在城市轨道交通车站内的进站客流量、出站客流量和换乘客流量之和。

11. 站间断面客流量

站间断面客流量指单位时间内,线路上某相邻两站之间单程或往返的乘客人数。一般按上下行分方向、分时段统计。高峰小时内单向断面客流量中的最大值成为高峰小时单向最大断面客流量。

12. 线路平均运距

线路平均运距指单位时间内,某一轨道交通运营线路上所有乘客一次乘车的平均乘车距离。

13. 线网平均乘距

线网平均乘距指单位时间内,城市轨道交通线网中所有乘客平均一次出行全程的总乘车距离。

14. 线路平均乘车时间

线路平均乘车时间指单位时间内,某轨道交通运营线路上乘客一次乘车的平均乘车时间。它为该线路上乘车时间之和与客运量之比。

15. 线网平均乘车时间

线网平均乘车时间指单位时间内,城市轨道交通线网中乘客平均一次出行全程的总乘车时间。它为该线网的乘车时间之和与线网进站量(或出站量)之比。

16. 客运周转量

客运周转量指单位时间内,每位乘客在轨道交通运营线路上乘坐距离的总和,可以用客流量与其相应运距的乘积表示,可分为线路客运周转量和线网客运周转量。

17. 客流密度

客流密度指线网或线路的日客运周转量与其运营长度的比值,即单位线路长度所承担的日客运周转量,分别为线网客流密度和线路客流密度。

18. 高峰小时系数

高峰小时系数指高峰小时内的客流量占全日客流量的比例,一般可分为车站高峰小时系数、线路高峰小时系数、全网高峰小时系数。

19. 高断面高峰小时系数

高断面高峰小时系数指高峰小时单向最大断面客流量与对应断面的全日单向断面客流量的比值。

20. 车站客流超高峰系数

车站客流超高峰系数指为描述车站高峰小时内客流量的不均衡性,以其中10min或15min(一般取15min)中的最大乘降客流量,与高峰小时的相等时间的平均乘降量的比值来表示,取值一般不超过1.4。

21. 客流方向不均衡系数

客流方向不均衡系数指在一条线路上,高峰小时时段内,客流量较大方向的最大客流断面客流量与较小方向的最大客流断面客流量之比。

22. 客流断面不均衡系数

客流断面不均衡系数指在一条线路的同一方向,最大客流断面的客流量与所有断面客流量的平均值之比。

23. 突发客流

突发客流指在特殊情况下或某一时段内产生的超常规的客流。

上述客流指标概念中的"单位时间内"在实际应用中一般指全日、早高峰或晚高峰。

10.1.2 指标之间的相互关系

从上述客流指标定义中可以看出,城市轨道交通的客流指标包含站点、线路、线网3个不同层面,由于线网中存在换乘的关系,各个层面的客流指标之间的关系变得复杂,看似简单的各个概念之间,实则存在莫大的关系,下面通过2个简单算例来说明指标之间的数量关系。

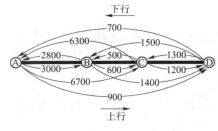

图 10-1　某市城市轨道交通 1 号线高峰小时客流分布(单位:人次/h)

1. 单线客流指标计算

某市第一条城市轨道交通线路(1 号线)刚开通运营,设 A、B、C、D 共 4 座车站,其中 AB 区间 1.2km,BC 区间 1.0km,CD 区间 1.1km,高峰小时客流情况如图 10-1 所示。

(1)线路站间 OD 矩阵。

根据图 10-1,可以整理出某市 1 号线高峰小时线路站间 OD 矩阵,如表 10-1 所示。

某市 1 号线高峰小时线路站间 OD 矩阵(单位:人次/h)　　　　表 10-1

O	D				合计
	A	B	C	D	
A	0	3000	6700	900	10600
B	2800	0	600	1400	4800
C	6300	500	0	1200	8000
D	700	1500	1300	0	3500
合计	9800	5000	8600	3500	26900

(2)进站客流量、出站客流量。

车站进站客流量分别为:

A 站进站客流量 = 3000 + 6700 + 900 = 10600(人次/h)。

B 站进站客流量 = 2800 + 600 + 1400 = 4800(人次/h)。

C 站进站客流量 = 6300 + 500 + 1200 = 8000(人次/h)。

D 站进站客流量 = 700 + 1500 + 1300 = 3500(人次/h)。

线路进站客流量为:10600 + 4800 + 8000 + 3500 = 26900(人次/h)。

车站出站客流量分别为:

A 站出站客流量 = 2800 + 6300 + 700 = 9800(人次/h)。

B 站出站客流量 = 3000 + 500 + 1500 = 5000(人次/h)。

C 站出站客流量 = 6700 + 600 + 1300 = 8600(人次/h)。

D 站出站客流量 = 900 + 1400 + 1200 = 3500(人次/h)。

线路出站客流量为:9800 + 5000 + 8600 + 3500 = 26900(人次/h)。

(3)线路客流量。

1 号线高峰小时线路客流量 = 26900(人次/h)。

(4)站点乘降量。

A 站乘降量 = 10600 + 9800 = 20400(人次/h)。

B 站乘降量 = 4800 + 5000 = 9800(人次/h)。

C 站乘降量 = 8000 + 8600 = 16600(人次/h)。

D 站乘降量 = 3500 + 3500 = 7000(人次/h)。

(5)车站集散客流量。

A 车站集散客流量 = 10600 + 9800 = 20400(人次/h)。

B 车站集散客流量 = 4800 + 5000 = 9800(人次/h)。

C 车站集散客流量 = 8000 + 8600 = 16600（人次/h）。
D 车站集散客流量 = 3500 + 3500 = 7000（人次/h）。
(6) 站间断面客流量。
①上行方向站间断面客流量。
AB 区间：3000 + 6700 + 900 = 10600（人次/h）。
BC 区间：10600 + 2000 - 3000 = 9600（人次/h）。
CD 区间：9600 + 1200 - 7300 = 3500（人次/h）。
②下行方向站间断面客流量。
DC 区间：1300 + 1500 + 700 = 3500（人次/h）。
CB 区间：3500 + 6800 - 1300 = 9000（人次/h）。
BA 区间：9000 + 2800 - 2000 = 9800（人次/h）。

根据图 10-1 或表 10-1，结合区间长度，读者还可以自行计算线路平均运距、客运周转量、客流密度、客流断面不均衡系数等其他客流指标。

对于单一线路(线网中只有一条线路)而言，有：

全线进站客流量 = 全线出站客流量 = 所有车站进站客流量之和 = 所有车站出站流量之和

线路客流量 = 全线进站客流量 = 全线出站客流量

站点乘降量 = 进站客流量 + 出站客流量

车站上车人数 = 进站客流量

车站下车人数 = 出站客流量

车站集散客流量 = 站点乘降量

第 $i+1$ 个区间的断面客流量 P_{i+1} = 第 i 个区间的断面客流量 P_i + 车站 i 上车人数 $P_{i上}$ - 车站 i 个下车人数 $P_{i下}$

2. 线网客流指标计算

某市已建成通车运营城市轨道交通 1 号线和 2 号线，其中 1 号线设 3 座车站 A、B、C，2 号线设 3 座车站 D、B、E，两线在 B 车站换乘。AB 区间 1.2km，BC 区间 1.0km，BD 区间 1.2km，BE 区间 1.0km，高峰小时客流分布如图 10-2 所示。

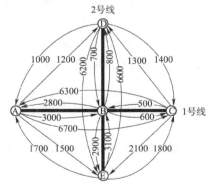

图 10-2　某市城市轨道交通线网高峰小时客流分布(单位：人次/h)

(1) 站间 OD 矩阵。

根据图 10-1，可以整理出某市线网站间 OD 矩阵(表 10-2)、线路站间 OD 矩阵(表 10-3、表 10-4)。

某市城市轨道交通线网站间 OD 矩阵（单位：人次/h）　　　　表 10-2

O	D					合计
	A	B	C	D	E	
A	0	3000	6700	1200	1500	12400
B	2800	0	600	800	2900	7100
C	6300	500	0	1300	2100	10200
D	1000	700	1400	0	6200	9300
E	1700	3100	1800	6600	0	13200
合计	11800	7300	10500	9900	12700	52200

某市城市轨道交通 1 号线线路站间 OD 矩阵（单位：人次/h）　　　　表 10-3

O	D			合计
	A	B	C	
A	0	5700 = 3000 + 1200 + 1500	6700	12400
B	5500 = 2800 + 1000 + 1700	0	3800 = 600 + 1400 + 1800	9300
C	6300	3900 = 500 + 1300 + 2100	0	10200
合计	11800	9600	10500	31900

某市城市轨道交通 2 号线线路站间 OD 矩阵（单位：人次/h）　　　　表 10-4

O	D			合计
	D	B	E	
D	0	3100 = 1000 + 700 + 1400	6200	9300
B	3300 = 1200 + 800 + 1300	0	6500 = 1500 + 2900 + 2100	9800
E	6600	6600 = 1700 + 3100 + 1800	0	13200
合计	9900	9700	12700	32300

（2）进站客流量、出站客流量。

车站进站客流量分别为：

A 站进站客流量 = 3000 + 6700 + 1200 + 1500 = 12400（人次/h）。

B 站进站客流量 = 2800 + 600 + 800 + 2900 = 7100（人次/h）。

C 站进站客流量 = 6300 + 500 + 1300 + 2100 = 10200（人次/h）。

D 站进站客流量 = 1000 + 700 + 1400 + 6200 = 9300（人次/h）。

E 站进站客流量 = 1700 + 3100 + 1800 + 6600 = 13200（人次/h）。

线路进站客流量为：

1 号线线路进站客流量 = (1500 + 6700 + 3000 + 1200) + (600 + 2800) + (500 + 6300 + 2100 + 1300) = 26000（人次/h）。

2 号线线路进站客流量 = (1700 + 3100 + 1800 + 6600) + (800 + 2900) + (1000 + 700 + 1400 + 6200) = 26200（人次/h）。

需要说明的时，此处计算 1 号线线路进站客流时，换乘站 B 车站仅计入 B 车站进站量中乘坐 1 号线的客流量（不等于 1 号线在 B 车站的上车乘客数量）；同样，在计算 2 号线线路进站客流时，换乘站 B 车站仅计入 B 车站进站量中乘坐 2 号线的客流量（不等于 2 号线在 B 车站的上车乘客数量）。下面在计算线路出站客流量时也是类似处理。这样可以保证线网进(出)站客流量等于所有线路进(出)站客流量的总和。

线网进站客流量为：26000 + 26200 = 52200（人次/h）。

车站出站客流量分别为：

A 站出站客流量 = 2800 + 6300 + 1000 + 1700 = 11800（人次/h）。

B 站出站客流量 = 3000 + 500 + 700 + 3100 = 7300（人次/h）。

C 站出站客流量 = 6700 + 600 + 1400 + 1800 = 10500（人次/h）。

D 站出站客流量 = 1200 + 800 + 1300 + 6600 = 9900（人次/h）。

E 站出站客流量 = 1500 + 2900 + 2100 + 6200 = 12700（人次/h）。

线路出站客流量为：

1 号线线路出站客流量 = (2800 + 6300 + 1000 + 1700) + (3000 + 500) + (6700 + 600 + 1400 + 1800) = 25800（人次/h）。

2 号线线路出站客流量 = (1200 + 800 + 1300 + 6600) + (700 + 3100) + (1500 + 2900 + 2100 + 6200) = 26400（人次/h）。

线网出站客流量为：25800 + 26400 = 52200（人次/h）。

(3) 线路客流量和线网客流量。

1 号线客流量 = 31900（人次/h） = 表 10-3 中右下角单元格数据。

2 号线客流量 = 32300（人次/h） = 表 10-4 中右下角单元格数据。

线网客流量 = 31900 + 32300 = 64200（人次/h）≠ 表 10-2 中右下角单元格数据

(4) 换乘客流量和换乘系数。

利用图 10-2 或表 10-2 可以进一步整理出表 10-5 所示的线路 OD 客流交换关系。

某市城市轨道交通线路 OD 客流交换关系（单位：人次/h）   表 10-5

线路与行车方向		1 号线		2 号线		合　计
		上行(AC)	下行(CA)	上行(ED)	下行(DE)	
1 号线	上行(AC)	10300	—	1200	1500	26000
	下行(CA)	—	9600	1300	2100	
2 号线	上行(ED)	1800	1700	10500	—	26200
	下行(DE)	1400	1000	—	9800	
合计		25800		26400		52200

换乘站换乘客流量 = (1800 + 1700 + 1400 + 1000) + (1200 + 1500 + 1300 + 2100) = 12000（人次/h）。

1 号线换乘客流量 = 1800 + 1700 + 1400 + 1000 = 5900（人次/h）。

2 号线换乘客流量 = 1200 + 1500 + 1300 + 2100 = 6100（人次/h）。

线网换乘客流量 = 5900 + 6100 = 12000（人次/h）。

换乘系数 = 线网客流量/进站客流量 = 64200/52200 = 1.23。

(5) 站点乘降量、集散客流量。

线网中非换乘站的车站站点乘降量等于该站进站客流量与出站客流量之和，以 A 站为例：A 站乘降量 = 12400 + 11800 = 24200（人次/h）。

线网中非换乘站的车站其车站集散量也等于该站进站客流量与出站客流量之和（此时有：车站集散客流量 = 站点乘降量），仍以 A 站为例：A 车站集散客流量 = 12400 + 11800 =

24200（人次/h）。

线网中换乘站的站点乘降量一般不等于该站进站客流量与出站客流量之和，以换乘站 B 车站为例：

B 站乘降量 = 1 号线和 2 号线分别在 B 站的上下车人数之和 =（9300 + 9600）+（9800 + 9700）= 38400（人次/h）。

B 站集散客流量 = 进站客流量 + 出站客流量 + 换乘客流量 = 7100 + 7300 + 12000 = 26400（人次/h）。

可见对于换乘站，而言其乘降量不等于集散客流量。

10.2　城市轨道交通客流调查

客流是动态变化的，对城市轨道交通运营客流进行调查，并做必要的统计分析，了解客流在时间、空间上的动态变化规律，可为城市轨道交通客流预测模型标定与校核提供基础数据，同时也可为城市轨道交通运营组织优化提供依据。城市轨道交通客流调查，主要包括客流量调查和乘客出行调查。

10.2.1　城市轨道交通客流量调查

城市轨道交通客流量调查可结合信息化技术采集，现阶段常用信息化技术主要包括进出站闸机客流信息技术（AFC 数据分析技术）、公交 IC 卡客流信息技术、手机用户使用轨道车站基站信息技术等。

1. AFC 数据分析

AFC 数据通常是由城市轨道交通公司利用 AFC 系统自动记录而得，数据字段相较常规公交的 IC 卡数据字段更多、交易类型组成更繁杂、信息量更全面，清洗掉对于交通行为分析无用的字段后，其简化后数据格式如表 10-6 所示，交通行为分析常用的主要有效属性字段包括卡号、交易类型、刷卡时间、上次刷卡时间、刷卡车站、上次刷卡车站等。

西安地铁 AFC 数据结构　　　　　　　　　　　表 10-6

字 段 名	数 据 类 型	字 段 内 容
Card_ID	VARCHAR2(9 BYTE)	卡号
Card_Type	NUMBER(3)	票卡类型
Trade_Type	VARCHAR2(3 BYTE)	交易类型
Trade_Station_ID	NUMBER(3)	刷卡交易站点
Trade_time	TIMESTAMP	刷卡交易时间
Last_Trade_Station_ID	NUMBER(3)	上次刷卡交易站点
Last_Trade_time	TIMESTAMP	上次刷卡交易时间
Delay_Flag	NUMBER(1)	超时出站标记位

城市轨道交通 AFC 数据中交易类型划分较细，为了进一步分析的便捷性，需参照系统内部制定编码，其交易类型编码参照表如表 10-7 所示。

西安地铁 AFC 数据交易类型编码参照表 表 10-7

交易类型	名　称
21C	"一卡通"进站
21D	"一卡通"出站
21E	"一卡通"补票
21F	"一卡通"取消进站
22C	站售单程票进站
22D	站售单程票出站
22E	站售单程票补票
22F	站售单程票取消进站

通常情况下,乘客一次地铁出行需要进站、出站两次刷卡过程,相应地一次完整的出行会在 AFC 系统中产生两条刷卡记录,针对进站刷卡数据的 Last_Trade_Station_ID 与 Last_Trade_time 字段会对数据分析造成干扰。同时,部分城市的地铁系统中不同地铁线路使用的 AFC 系统不同,导致其刷卡存储数据格式不同,为了保证数据的兼容性和分析的便捷性,需要对原始 AFC 数据进行数据清洗和整合与规范化。其数据处理流程如图 10-3 所示。

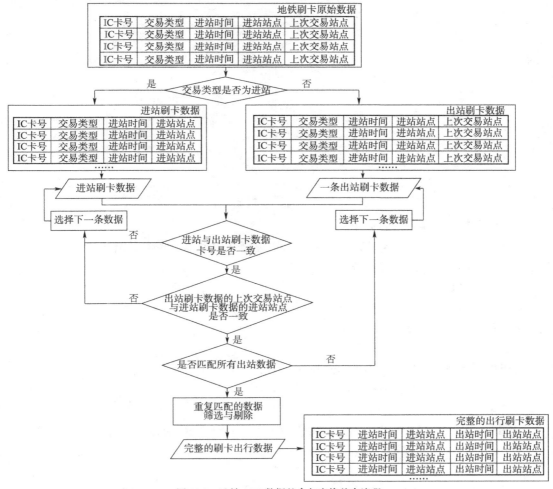

图 10-3　地铁 AFC 数据整合与变换基本流程

AFC 数据包含的数据信息各个城市基本一致，其数据信息容量相较常规公交刷卡数据更为完善，通常情况下其记录字段包括有卡号、票卡类型、进站时间、进站站点、出站时间、出站站点。

基于城市轨道交通刷卡数据的统计运算可获得完善的乘客出行行为特征，如出行时间分布、平均乘距、出行起讫点分布、断面客流量、站点乘降量、换乘量等。针对不同票卡类型可以分别得出不同种类的出行者的出行行为特征，与此同时，还可以借助频繁项集等数据挖掘算法，实现对单个乘客通勤出行的甄别，识别乘客对城市轨道交通的使用强度与依赖程度。

2. AFC 数据处理案例

以西安地铁为例，通过图 10-1 所示的操作流程将 AFC 系统获取原始刷卡数据经数据清洗与规范化后，可利用 SQL 语句筛选并统计不同票卡类型的出行时间分布、出行起讫点分布、断面客流量、换乘站的各方向换乘量等。

西安地铁提供的原始 AFC 刷卡数据存储形式如表 10-8 所示。

西安地铁 AFC 原始数据　　表 10-8

	CARD_ID	CARD_TYPE	TRADE_TYPE	TRADE_STATION_ID	TRADE_TIME	LAST_TRADE_STATION_ID	LAST_TRADE_TIME	DELAT_FLAG
1	6409430	3	0358	139	10-12月-15 05.59.31.000000000 上午 139		01-1月 -70 08.00.00.000000000 上午	1
2	6598876	3	0358	139	10-12月-15 05.59.40.000000000 上午 139		01-1月 -70 08.00.00.000000000 上午	1
3	2000172725	4	0359	133	10-12月-15 05.59.46.000000000 上午 000		01-1月 -70 08.00.00.000000000 上午	1
4	4161080	3	0301	117	10-12月-15 06.00.18.000000000 上午 000		01-1月 -70 08.00.00.000000000 上午	1
5	2000172653	4	035C	129	10-12月-15 06.00.00.000000000 上午 129		09-12月-15 08.28.00.000000000 下午	1
6	5205802	3	0358	139	10-12月-15 05.59.38.000000000 上午 139		01-1月 -70 08.00.00.000000000 上午	1
7	4654849	3	0301	117	10-12月-15 06.00.18.000000000 上午 117		01-1月 -70 08.00.00.000000000 上午	1
8	6104051	3	0301	117	10-12月-15 06.00.18.000000000 上午		01-1月 -70 08.00.00.000000000 上午	1
9	340613	3	0301	11F	10-12月-15 06.01.09.000000000 上午 000		01-1月 -70 08.00.00.000000000 上午	1
10	6007826	3	0301	11F	10-12月-15 06.01.09.000000000 上午 000		01-1月 -70 08.00.00.000000000 上午	1
11	6169899	3	0301	119	10-12月-15 06.01.22.000000000 上午		01-1月 -70 08.00.00.000000000 上午	1
12	4989318	3	0301	133	10-12月-15 06.00.00.000000000 上午		01-1月 -70 08.00.00.000000000 上午	1
13	4654849	3	0358	117	10-12月-15 06.00.44.000000000 上午 117		01-1月 -70 08.00.00.000000000 上午	1
14	4161080	3	0358	117	10-12月-15 06.00.42.000000000 上午 117		01-1月 -70 08.00.00.000000000 上午	1
15	6824454	3	0358	117	10-12月-15 06.01.05.000000000 上午 117		01-1月 -70 08.00.00.000000000 上午	1
16	1523007	3	0358	129	10-12月-15 06.05.54.000000000 上午 129		01-1月 -70 08.00.00.000000000 上午	1
17	3725333	3	0358	129	10-12月-15 06.05.55.000000000 上午 129		01-1月 -70 08.00.00.000000000 上午	1
18	6318364	3	0301	129	10-12月-15 06.05.37.000000000 上午		01-1月 -70 08.00.00.000000000 上午	1
19	5036896	3	0301	129	10-12月-15 06.06.13.000000000 上午		01-1月 -70 08.00.00.000000000 上午	1
20	6634583	3	0301	129	10-12月-15 06.05.31.000000000 上午		01-1月 -70 08.00.00.000000000 上午	1
21	5802369	3	0301	129	10-12月-15 06.06.16.000000000 上午		01-1月 -70 08.00.00.000000000 上午	1
22	1268473	3	0301	129	10-12月-15 06.06.16.000000000 上午		01-1月 -70 08.00.00.000000000 上午	1
23	6318364	3	0358	129	10-12月-15 06.06.05.000000000 上午 129		01-1月 -70 08.00.00.000000000 上午	1
24	6634583	3	0358	129	10-12月-15 06.06.19.000000000 上午 129		01-1月 -70 08.00.00.000000000 上午	1
25	6214984	3	0301	129	10-12月-15 06.05.46.000000000 上午 000		01-1月 -70 08.00.00.000000000 上午	1

其数据基本表的建表语言如下：

Create Table "Metro_Data_Table"——城市轨道交通数据基本表定义语句

("CARD_ID" Varchar2(9 Byte),

"CARD_TYPE" Number(3,0),

"TRADE_TYPE" Varchar2(3 Byte),

"TRADE_STATION_ID" Number(3,0),

"TRADE_TIME" Timestamp(6),

"LAST_TRADE_STATION_ID" Number(3,0),

"LAST_TRADE_TIME" Timestamp(6),

"DELAY_FLAG" Number(1,0),

　Primary Key("CARD_ID","TRADE_TIME")——定义 IC 卡号与交易时间为主键

　) Pctfree 10 Pctused 40 Initrans1 Maxtrans 255

Nocompress Logging

　Storage(Initial 65536 Next 1048576 Minextents 1 Maxextents 2147483645

Pctincrease 0 Freelists 1 Freelist Groups 1

Buffer_Pool Default Flash_Cache Default Cell_Flash_Cache Default)

为了便于对地铁数据的解读,有必要建立地铁站点编号与地铁站点名称的参照表,其数据结构如表 10-9 所示,数据表建表的 SQL 代码如下:

Create Table "Metro_Station_Table"   ——城市轨道交通站点基本表定义语句

("STATION_ID" Number(3,0) Primary Key,   ——定义站点编号为数据表主键

"STATION_NAME" Varchar(3,0)

) Pctfree 10 Pctused 40 Initrans1 Maxtrans 255

Nocompress Logging

Storage(Initial 65536 Next 1048576 Minextents 1 Maxextents 2147483645

Pctincrease 0 Freelists 1 Freelist Groups 1

Buffer_Pool Default Flash_Cache Default Cell_Flash_Cache Default)

地铁站点编号与站点名称示意　　　　　　　　　　　　　表 10-9

序　号	站　点　编　号	站　点　名　称
1	115	后卫寨
2	117	三桥
3	119	皂河
4	11B	枣园
5	11D	汉城路
6	11F	开远门
7	121	劳动路
…	…	…

AFC 原始数据记录了每一次刷卡行为,既包括了进站刷卡数据也包括了出站刷卡数据,对于出站刷卡数据,其记录了一次完整的出行,进站刷卡数据则仅记录了出行起点,而不包含出行讫点,因而需要对 AFC 原始数据进行进站与出站刷卡连接匹配,以获得准确及完整的地铁出行数据,处理后数据的存储格式如表 10-10 所示。

处理后的地铁刷卡数据　　　　　　　　　　　　　　　　表 10-10

	CARD_TYPE	CARD_NO	ENTRY_TIME	ENTRY_STATION	EXIT_TIME	EXIT_STATION
1	3	7850646	10-12月-15 08.56.22.000000000 上午	凤栖原	10-12月-15 09.37.31.000000000 上午	康复路
2	3	3978929	10-12月-15 09.08.25.000000000 上午	北客站	10-12月-15 09.50.54.000000000 上午	劳动路
3	3	6492068	10-12月-15 09.20.05.000000000 上午	北客站	10-12月-15 10.11.45.000000000 上午	纺织城
4	3	2604279	10-12月-15 09.31.16.000000000 上午	北客站	10-12月-15 10.12.43.000000000 上午	通化门
5	3	4380308	10-12月-15 09.41.10.000000000 上午	北客站	10-12月-15 10.31.30.000000000 上午	汉城路
6	3	5980253	10-12月-15 09.55.11.000000000 上午	北大街	10-12月-15 10.25.57.000000000 上午	纺织城
7	3	4507096	12-12月-15 06.12.02.000000000 上午	航天城	12-12月-15 06.53.03.000000000 上午	汉城路
8	3	6708039	12-12月-15 06.54.06.000000000 上午	小寨	12-12月-15 07.47.08.000000000 上午	后卫寨
9	3	4192184	12-12月-15 07.09.21.000000000 上午	韦曲南	12-12月-15 07.47.12.000000000 上午	洒金桥
10	3	6350502	12-12月-15 07.31.32.000000000 上午	永宁门	12-12月-15 07.58.30.000000000 上午	长乐坡
11	3	5729772	12-12月-15 07.57.23.000000000 上午	三爻	12-12月-15 08.51.10.000000000 上午	后卫寨
12	3	6717772	12-12月-15 08.12.10.000000000 上午	安远门	12-12月-15 08.43.59.000000000 上午	后卫寨
13	3	275340	12-12月-15 08.22.16.000000000 上午	钟楼	12-12月-15 08.38.35.000000000 上午	五路口
14	3	1870698	12-12月-15 08.35.36.000000000 上午	运动公园	12-12月-15 09.08.48.000000000 上午	康复路
15	3	396391	12-12月-15 08.56.21.000000000 上午	南稍门	12-12月-15 09.38.46.000000000 上午	后卫寨
16	3	3886105	12-12月-15 09.07.42.000000000 上午	安远门	12-12月-15 09.34.08.000000000 上午	万寿路

数据表建表的 SQL 代码如下。

算法如下：

```
Create or replace view "metro_data - simplified" as
select "出站"."卡号""卡号","进站"."出站时间""进站时间","进站"."站点""进站站点","出站"."出站时间""出站时间","出站"."站点""出站站点"
from
    (select "CARD_ID""卡号","TRADE_STATION_ID""进站站点",to_char("TRADE_TIME",'yyyy/mm/dd hh24:mi:ss')"出站时间","TRADE_TIME","TRADE_STATION_ID""出站站点","LAST_TRADE_STATION_ID""进站站点","Metro_Station_Table"."STATION_NAME""站点"
        from "Metro_Data_Table","Metro_Station_Table",TRADE_FLAG "超时标记"
        where "TRADE_TYPE" = '21C'
        and "Metro_Station_Table"."STATION_ID" = "TRADE_STATION_ID"
    )"出站", --筛选出属于出站记录的刷卡数据
    (select "CARD_ID""卡号","LAST_TRADE_STATION_ID""进站站点",to_char("TRADE_TIME",'yyyy/mm/dd hh24:mi:ss')"进站时间","TRADE_TIME","TRADE_STATION_ID""进站站点","Metro_Station_Table"."STATION_NAME""站点"
        from "Metro_Data_Table","Metro_Station_Table"
        where "TRADE_TYPE" = '21D'
        and "Metro_Station_Table"."STATION_ID" = TRADE_STATION_ID
    )"进站" --筛选出属于进站记录的刷卡数据
where "进站"."卡号" = "出站"."卡号" ——进出站数据的卡号匹配
and "进站"."进站站点" = "出站"."进站站点"——出站数据的上次刷卡站点与进站数据匹配
and((to_char("出站"."TRADE_TIME" - "进站"."TRADE_TIME",'hh24') < 2 and "出站".TRADE_FLAG = 0)  ——未超时的出站刷卡记录,其进出站时间差应少于2小时
or (to_char("出站"."TRADE_TIME" - "进站"."TRADE_TIME",'hh24') >= 2 and "出站".TRADE_FLAG = 1))  ——超时的出站刷卡记录,其进出站时间差大于2小时
```

针对可能重复匹配的数据,需要进行数据的清洗,其代码如下：

```
Delete from "metro_data - simplified"
Where exists
(Select 1
From(Select "卡号","进站时间","进站站点","出站时间","出站站点"
        From "metro_data - simplified" )"1st",
    (Select "卡号","进站时间","进站站点","出站时间","出站站点"
        From "metro_data - simplified" )"2nd"
Where "1st"."卡号" = "2nd"."卡号"
And "1st"."进站时间" = "2nd"."进站时间"
And "1st"."进站站点" = "2nd"."进站站点"
```

And "1st"."出站时间" < "2nd"."出站时间"
And To_Char("1st"."出站时间",'mm/dd') = To_Char("2nd"."出站时间",'mm/dd')
And "metro_data – simplified"."卡号" = "2nd"."卡号"
And "metro_data – simplified"."进站时间" = "2nd"."进站时间"
And "metro_data – simplified"."出站时间" = "2nd"."出站时间"
And "metro_data – simplified"."进站站点" = "2nd"."进站站点"
And "metro_data – simplified"."出站站点" = "2nd"."出站站点")

在以上步骤之后即获取基于 AFC 数据完整的城市轨道交通客流数据,对时间分布、乘车距离分布及乘车耗时分布等均可以利用数据库的简单统计做出完善描述。

10.2.2 城市轨道交通乘客出行调查

城市轨道交通乘客出行调查是指调查乘客的基本特征和出行特征。基本特征包括性别、年龄、职业、收入等。出行特征包括出发地(到达地)、出发时刻(到达时刻)、出行目的、进(出)车站、换乘站、出行时间(等车、步行、换乘、车内等时间)、换乘次数、接驳方式等。由于城市轨道交通客流量大,所以乘客出行调查一般采用抽样调查的方法进行。

抽样调查是用样本来近似地代替总体,这样做有利于减少客流调查的人力、物力和时间。城市轨道交通乘客出行抽样调查通常采用问卷方式进行。

1. 抽样方法

进行抽样调查,必须首先确定抽样方法与抽样数,以确保抽样调查的结果具有实用意义。抽样方法主要有简单随机抽样、分层抽样、整群抽样和多阶段抽样等。抽样数的大小取决于总体的大小、总体的异质性程度以及调查的精度要求。

抽样方法宜采用两阶段均匀抽样法:第一阶段根据线路走向、车站功能、车站客流规模等对城市轨道交通车站进行抽样,抽样率符合建模要求;第二阶段对调查车站的候车乘客进行抽样,样本量取决于调查时段和问卷问题数量等,平峰时段的抽样率宜大于高峰时段的抽样率,一般抽样率不低于 10%,且样本量不低于 500 人。如果样本量低于 500 人,应提高抽样率乃至进行全样调查。

2. 问卷设计

问卷调查中,问卷设计是整个调查工作中关键的环节,调查结果是否准确、有效,很大程度上取决于此。问卷的设计,首先,明确调查内容和要想获取的信息,将这些信息转化为问卷上的问题或选项。

其次,问卷一般包括介绍词、填写问卷说明、问题和被访者的基本情况等。其中问题是核心部分,问卷中的问题可分为封闭式、开放式和半开半闭式 3 种。

封闭式问题包括是非题和多选题。是非题,一般采用"是"或"否""有"或"无"的答题方式。多选题,给出 3 个或更多答案,被访者可选一个或多个答案。

开放式问题不给出答案,由被访者自由发表意见。

半开半闭式问题常见的形式是在封闭式的选择后面,增加开放式的回答。

最后,对设计好的问卷进行预调查,可以根据调查实施情况,了解乘客对问卷的看法,对问卷进行必要的修改完善。

表 10-11 所示的调查问卷可供参考。

城市轨道交通车站乘客出行调查问卷　　　　　表 10-11

调查站点名称：_____线_____站　　调查时间：_____　　调查员姓名：_____

一、城市轨道交通出行

1. 您本次出行首先使用的城市轨道交通_____线路_____车站
2. 最终离开的城市轨道交通_____线路_____车站
3. 您的换乘站点：第一次换乘_____车站、第二次换乘_____车站、第三次换乘_____车站

二、接驳情况及出行目的

4. 出发地点：_____区_____乡（镇）_____路（村）_____号
5. 从出发地到城市轨道交通车站的主要交通方式：
   (1) 步行　　　　　(2) 自行车/电动自行车　(3) 公交车　　　(4) 摩托车
   (5) 出租车　　　 (6) 小客车　　　　　　 (7) 班车　　　 (8) 其他
6. 从出发地至城市轨道交通车站耗时：_____分钟
7. 目的地点：_____区_____乡（镇）_____路（村）_____号
8. 最终离开城市轨道交通车站到目的地的交通方式：
   (1) 步行　　　　　(2) 自行车/电动自行车　(3) 公交车　　　(4) 摩托车
   (5) 出租车　　　 (6) 小客车　　　　　　 (7) 班车　　　 (8) 其他
9. 从离开城市轨道交通车站到目的地大约需要_____分钟。
10. 本次出行目的：
    (1) 上班　　　　　(2) 上学　　　　 (3) 公务　　　(4) 购物、餐饮　　(5) 文体娱乐、旅游休闲
    (6) 探亲访友　　 (7) 看病、探病　 (8) 陪护　　　(9) 回家　　　　 (10) 其他

三、个人基本情况

11. 在本市工作或居住时间：
    (1) 半年以内　　　(2) 半年以上
12. 个人月均收入（元）：
    (1) 低于 1000　　 (2) 1000～2000　　(3) 2001～3000　　(4) 3001～5000
    (5) 5001～7000　 (6) 7000～10000　 (7) 高于 10000
13. 年龄：
    (1) 6～14 岁　　　(2) 15～19 岁　　 (3) 20～39 岁　　 (4) 40～59 岁
    (5) 60～69 岁　　(6) 70 岁及以上
14. 性别：
    (1) 男　　　　　　(2) 女

10.3　西安城市轨道交通客流统计分析案例

10.3.1　各线客流增长趋势分析

2019 年，西安已开通运营城市轨道交通线路共有 4 条，均采用地铁系统，运营里程共计 126.35km，设车站 95 座（4 号线的火车站暂未开通），其中换乘车站 6 座，具体线路如图 10-4 所示。地铁 1 号线全长 25.4km，设车站 19 座；地铁 2 号线全长 26.8km，设车站 21 座；地铁 3 号线全长 39.15km，设车站 26 座；地铁 4 号线全长 35.2km，设车站 29 座（火车站暂未开通）。

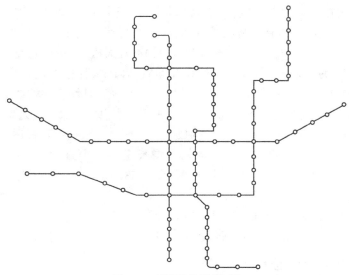

图 10-4 西安地铁运营网络

自 2011 年 9 月西安地铁第一条线路开通至 2018 年,西安地铁各线路日均客运量及客流强度如图 10-5 和图 10-6 所示。

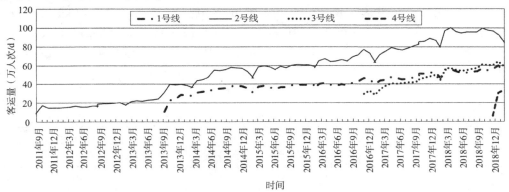

图 10-5 西安地铁各条线路客运量

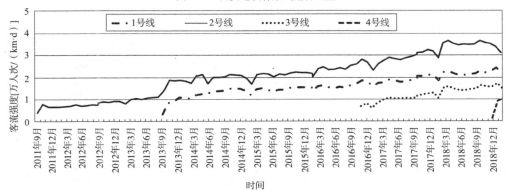

图 10-6 西安地铁各条线路客流强度

可以看出:
(1)4 条线路的客运量和客流强度均呈现逐步增长的态势。

（2）地铁 2 号线在单独运营阶段，客运量保持在较低水平，且增长缓慢，2013 年 8 月日均客运量为 23.33 万人次/d。地铁 1 号线建成后，地铁 2 号线客运量大幅度增加，2013 年 10 月，日均客运量增加至 38.78 万人次/d，客流强度由 1.14 万人次/(km·d)增加至 1.89 万人次/(km·d)。2014 年 6 月，地铁 2 号线南延伸线开通后，客运量存在一定程度的增加，但增长速度变缓。2016 年 11 月，地铁 3 号线开通后，地铁 2 号线客运量增长速度加快。至 2018 年 5 月，地铁 2 号线日均客运量已达到 95.16 万人次/d，客流强度为 3.55 万人次/(km·d)。

（3）地铁 1 号线开通后，与地铁 2 号线构成一个"十"字形的结构，客运量不存在缓慢增长的过程，直接由开通第一个月的 10.47 万人次/d 增长至第二个月的 22.64 万人次/d，其后保持持续增长状态。至 2018 年 5 月，日均客运量为 53.58 万人次/d，客流强度为 2.11 万人次/(km·d)。

（4）地铁 3 号线开通后，西安地铁已形成初级网络，客流保持较快的增长模式。至今，3 号线日均客运量为 55.19 万人次/d，客流强度为 1.41 万人次/(km·d)。

10.3.2　线网客流特征统计分析

1. 线网客流指标分析

2019 年 3 月中旬，西安地铁线网日均客运量已达到 266.01 万人次/d，客流强度 2.11 万人次/(km·d)。其中，2 号线客运量 99.55 万人次/d，客流强度 3.76 万人次/(km·d)；1 号线客运量 62.32 万人次/d，客流强度 2.45 万人次/(km·d)；3 号线客运量 69.74 万人次/d，客流强度 1.78 万人次/(km·d)；4 号线客运量 34.40 万人次/d，客流强度 0.97 万人次/(km·d)。具体情况如表 10-12 所示。

城市轨道交通线网客流指标　　　表 10-12

全网客流指标						
指标		进站量（万人次）	客运量（万人次）	客运周转量（万 km/d）	客流强度（万人次/km）	平均乘距（km）	换乘系数
全网	工作日	180.00	255.32	2064.93	2.03	8.09	1.42
	节假日	208.54	295.75	2405.82	2.34	8.13	1.42

线路客流指标						
指标		客运量（万人次）	客运周转量（万 km/d）	客流强度（万人次/km）	平均运距（km）	平均运距占线路长度比例（%）
1 号线（25.4km）	工作日	全日	60.12	472.89	2.37	7.87	31.0
		早高峰	8.40	58.51	—	6.97	27.4
		晚高峰	6.21	42.12	—	6.78	26.7
	节假日		67.14	520.18	2.64	7.75	30.5
2 号线（26.8km）	工作日	全日	92.73	717.60	3.53	7.74	28.9
		早高峰	15.97	80.03	—	5.01	18.7
		晚高峰	11.09	69.64	—	6.28	23.4
	节假日		112.37	876.79	4.27	7.80	29.1

续上表

指标			客运量（万人次）	客运周转量（万人km/d）	客流强度（万人次/km）	平均运距（km）	平均运距占线路长度比例（%）
线路客流指标							
3号线（39.15km）	工作日	全日	68.18	576.53	1.74	8.46	21.6
		早高峰	11.85	73.65	—	6.22	15.9
		晚高峰	7.35	60.41	—	8.22	21.0
	节假日		77.74	654.04	1.98	8.41	21.5
4号线（35.2km）	工作日	全日	34.29	297.91	0.97	8.69	24.7
		早高峰	5.24	30.36	—	5.79	16.4
		晚高峰	3.79	29.87	—	7.88	22.4
	节假日		38.50	354.81	1.09	9.22	26.2

从表10-12中可以看出：目前这4条线路均表现为节假日全日客运量大于工作日全日客运量，全日平均运距大于早、晚高峰的平均运距。这与西安市城市特性有密切关系，西安商业繁荣，商业就业者较多，商业就业者的出行特点在工作日与非工作日差别不大，而休闲、购物等目的的非通勤出行多在工作日平峰时段或非工作日发生，且出行距离一般较通勤出行大；同时，西安作为一个著名的旅游城市，一到双休日或节假日就会吸引周边人来游玩，因此地铁客流量在节假日能保持平稳甚至超出工作日。

2.线网OD客流与线路换乘关系分析

（1）线网OD客流。

以2019年3月12日早高峰时段客流数据为基础，对西安地铁线网客流特性进行了分析。其OD客流分布情况如图10-7所示，结合西安城市轨道交通客运特征可以得到，早高峰时段进城客流较大，且城区之间的出行客流较大，OD客流具有明显空间差异性和潮汐性。各线路之间的换乘客流对比如图10-8所示。

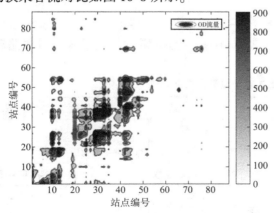

图10-7 西安地铁高峰客流OD分布情况

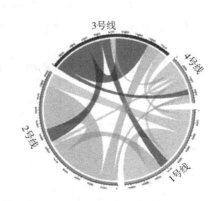

图10-8 各线路之间的换乘客流对比

（2）各线客运量构成。

城市轨道交通线路客运量由本线进出量和线路换乘量组成。本线进出量为在本线内上下车的客流量,线路换乘量包含本线换出量和其他线换入量。由表 10-13 可知,4 条线路节假日客运量均高于工作日,可见节假日居民的出行需求更大。通过对 4 条线路的纵向对比可以发现,由于 2 号线作为南北向的重要交通走廊,沿线用地发展成熟,沿线居住人口密度高,2 号线的本线进出量占总客运量的 50% 左右,而 1 号线、3 号线和 4 号线的本线进出量占总客运量的 30%~40%,且 2 号线的各项客运量指标均在全网中最高。

西安地铁 1、2、3、4 号线客运量分析(单位:万人次)　　　　表 10-13

线路	时 段		本线进出量	本线换出量	其他线换入量	线路客运量
1 号线	工作日	全日	18.59	20.83	20.75	60.17
		早高峰	3.6	2.76	2.04	8.4
		晚高峰	1.64	2.16	2.41	6.21
	节假日		18.82	18.82	24.25	24.07
2 号线	工作日	全日	47.62	22.75	22.36	92.73
		早高峰	10.48	2.64	2.85	15.97
		晚高峰	6.13	2.49	2.47	11.09
	节假日		58.85	26.62	26.90	112.37
3 号线	工作日	全日	27.35	20.43	20.4	68.18
		早高峰	6.63	2.55	2.67	11.85
		晚高峰	2.47	2.48	2.4	7.35
	节假日		31.03	31.03	23.45	23.26
4 号线	工作日	全日	10.87	11.46	11.96	34.29
		早高峰	2.33	1.26	1.65	5.24
		晚高峰	0.97	1.49	1.33	3.79
	节假日		12.13	12.13	13.14	13.23

3. 客流最大断面特征分析

除了 2 号线节假日由南到北方向在永宁门—钟楼形成最大客流断面外,西安地铁网各条线路的最大客流断面多在换乘站前后形成(表 10-14),可见换乘站的换乘客流对线路客流分布影响很大。

西安地铁 1、2、3、4 号线最大断面客流　　　　表 10-14

线路	位 置		工 作 日			节 假 日
			全日	早高峰	晚高峰	全日
1 号线	最大断面位置	西—东	北大街*—五路口*	洒金桥—北大街*	康复路—通化门*	北大街*—五路口*
		东—西	五路口*—北大街*	通化门*—康复路	北大街*—洒金桥	五路口*—北大街*
	最大断面客流 (万人次)	西—东	14.16	1.87	1.51	15.60
		东—西	14.12	1.93	1.50	16.15
2 号线	最大断面位置	南—北	钟楼—北大街*	纬一街—小寨*	钟楼—北大街*	永宁门—钟楼
		北—南	北大街*—钟楼	北大街*—钟楼	体育场—小寨*	北大街*—钟楼

续上表

线路	位置		工作日			节假日
			全日	早高峰	晚高峰	全日
2号线	最大断面客流（万人次）	南—北	19.54	2.79	2.26	23.14
		北—南	20.23	2.79	2.23	23.95
3号线	最大断面位置	西—东	吉祥村—小寨*	吉祥村—小寨*	吉祥村—小寨*	小寨*—大雁塔*
		东—西	小寨*—吉祥村	小寨*—吉祥村	小寨*—吉祥村	大雁塔*—小寨*
	最大断面客流（万人次）	西—东	16.19	1.69	2.42	17.51
		东—西	16.60	3.06	1.58	18.07
4号线	最大断面位置	南—北	大差市—五路口*	大雁塔*—西安科技大学	大差市—五路口*	大差市—五路口*
		北—南	五路口*—大差市	五路口*—大差市	西安科技大学—大雁塔*	五路口*—大差市
	最大断面客流（万人次）	南—北	7.55	0.93	0.95	9.07
		北—南	7.91	1.11	0.95	9.37

注：*为换乘站。

10.3.3 线路客流特征统计分析

1. 时间分布

西安地铁各条线路的客流时间分布如图10-9所示，在工作日各线客流时间分布呈现"马鞍形"，有明显的早晚高峰；在节假日各线客流时间分布呈现微弱的"马鞍形"，具体高峰时段客流与高峰小时系数如表10-15所示。

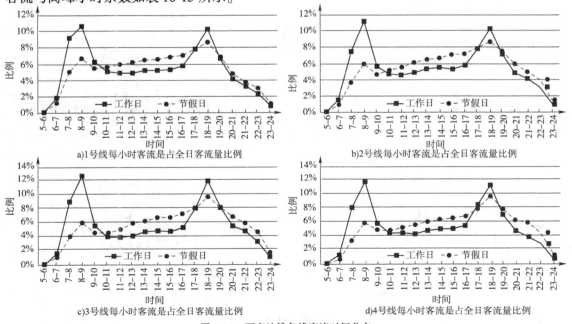

图10-9 西安地铁各线客流时间分布

西安地铁各条线路高峰时段客流与高峰小时系数 表 10-15

线路			1号线	2号线	3号线	4号线
工作日	早高峰	时段	8:00—9:00	8:00—9:00	8:00—9:00	8:00—9:00
		客运量(万人次/h)	8.40	15.97	11.85	5.24
		高峰小时系数	13.97%	17.22%	17.38%	15.28%
	晚高峰	时段	18:00—19:00	18:00—19:00	18:00—19:00	18:00—19:00
		客运量(万人次/h)	6.21	11.09	7.35	3.79
		高峰小时系数	10.33%	11.96%	10.78%	11.05%
节假日	早高峰	时段	8:00—9:00	8:00—9:00	8:00—9:00	8:00—9:00
		客运量(万人次/h)	4.92	6.65	4.94	1.97
		高峰小时系数	7.33%	5.92%	6.35%	5.12%
	晚高峰	时段	18:00—19:00	18:00—19:00	18:00—19:00	18:00—19:00
		客运量(万人次/h)	5.96	9.78	7.30	3.61
		高峰小时系数	8.87%	8.71%	9.39%	9.38%

2. 断面客流分布

西安地铁各条线路的断面客流分布如图 10-10 所示，各条线路均为贯穿中心市区的直径线路，全日断面客流分布均呈为纺锤形态，早晚高峰则呈现为两侧不对称的纺锤形态。

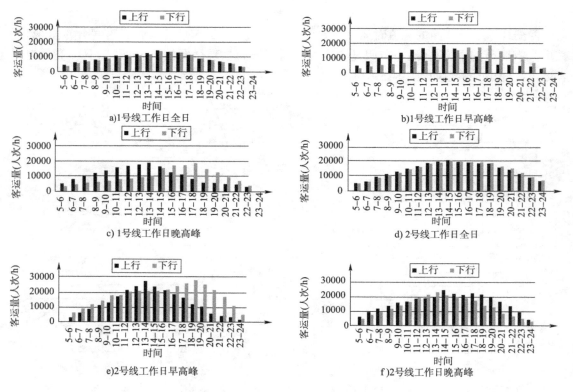

图 10-10

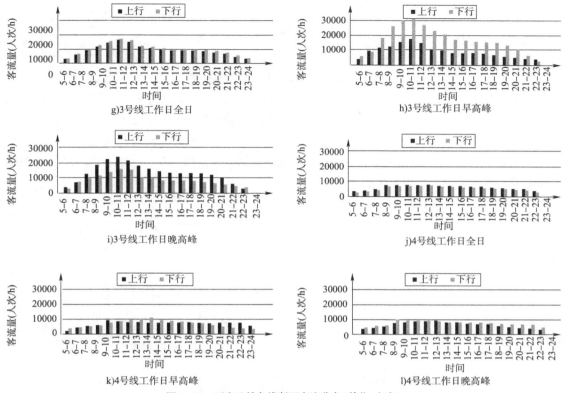

图 10-10 西安地铁各线断面客流分布（单位：人次）

10.3.4 车站客流特征

1. 进、出站客流量分布

西安地铁各站进、出站客流量（简称"进出站量"）如图 10-11 所示，进出站量最高的车站为小寨站，高达 15.48 万人次/d；最少的车站是双寨站，仅 0.13 万人次/d。现状全网站点进出站量排名前十的站点工作日进出站量均超过 8.33 万人次/d，均值为 10.62 万人次/d；现状全网站点工作日进出站量排名后十位的站点进出站总量均低于 1.00 万人次/d，均值约 0.55 万人次/d；全网进站客流离散程度较大，前十位与后十位均值的比值为 19.3。

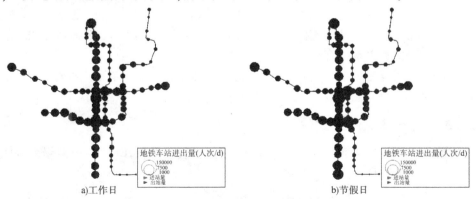

图 10-11 西安地铁各站进、出站客流量

2. 换乘站客流统计分析

这里仅介绍客流量最大的两座换乘站(北大街站和小寨站)的情况。

(1)北大街站。

目前,北大街站工作日全日换乘客流为24.57万人次/d,进出站客流量为9.15万人次/d,北大街站换乘客流占本站客流的72.86%。工作日早高峰换乘客流为2.69万人次/h,进出站客流为0.94万人次/h,占本站客流的68.45%;晚高峰换乘客流为2.32万人次/h,进出站客流为0.81万人次/d,占本站客流的74.12%。

节假日全日换乘客流为29.89万人次/d,进出站客流量为9.16万人次/d,北大街站换乘客流占本站客流的76.54%(图10-12)。

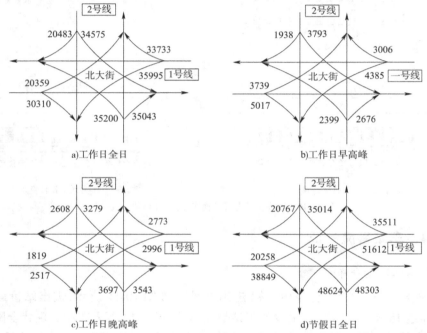

图10-12 北大街站换乘客流(单位:人次)

(2)小寨站。

目前,小寨站工作日全日换乘客流为19.65万人次/d,进出站客流量为15.48万人次/d,小寨站换乘客流占本站客流的55.94%。工作日早高峰换乘客流为2.57万人次/h,进出站客流量为1.19万人次/h,占本站客流的68.35%;晚高峰换乘客流为1.98万人次/h,进出站客流量为1.71万人次/d,占本站客流的53.66%。

节假日全日换乘客流为24.82万人次/d,进出站客流量为25.57万人次/d,小寨站换乘客流占本站客流的49.26%(图10-13)。

10.3.5 到离站交通方式

工作日乘地铁到离站交通方式主要集中于步行交通、公共汽车,两者占总量的90%左右,另外选择出租车方式占总量的3.5%左右。

节假日乘地铁到离站交通方式与工作日到离站交通方式的数据区别不大(图10-14)。

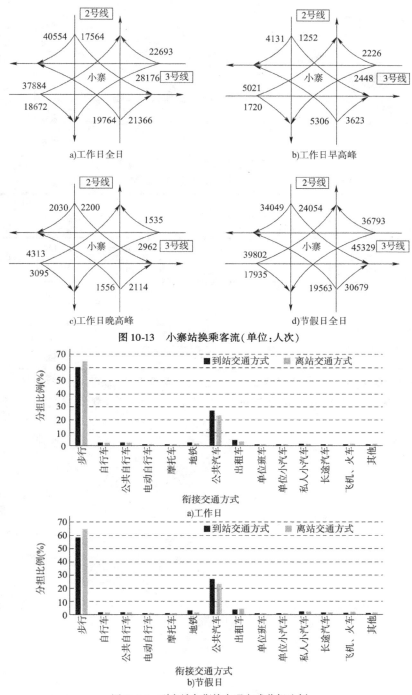

图 10-13　小寨站换乘客流（单位：人次）

图 10-14　到离站各衔接交通方式分担比例

思考题

1. 已知某城市第一条轨道交通线路（1 号线）开通运营（线路如图 10-15 所示），某一时段其线路站间 OD 矩阵如表 10-16 所示。试计算如下客流指标：

(1) 各站进站客流量、出站客流量；

(2) 线路进站客流量、出站客流量；
(3) 线路各区间断面客流量；
(4) 线路客运量、客运周转量；
(5) 线路平均运距。

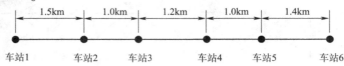

图 10-15　某市城市轨道交通 1 号线车站分布

城市轨道交通 1 号线某一时段站间 OD 矩阵（单位：人次）　　　表 10-16

O	D					
	车站 1	车站 2	车站 3	车站 4	车站 5	车站 6
车站 1	0	38	405	60	144	982
车站 2	68	0	126	13	34	252
车站 3	408	95	0	733	1538	3087
车站 4	79	21	507	0	272	545
车站 5	193	55	1500	253	0	695
车站 6	1598	361	3518	638	665	0

2. 试计算图 10-2 线网中各条线路的平均运距和线网平均乘距，并比较计算结果。

3. 试设计一城市轨道交通乘客出行问卷，其目的是了解城市轨道交通乘客对共享单车接驳的使用情况。

第11章
城市轨道交通客流特征与成长规律

11.1 客流的形成

城市轨道交通客流主要包括两部分：转移客流量和诱增客流量。其中转移客流量指的是由于城市轨道交通所具有的快速、准时、安全、方便等优点，而从其他交通方式转移过来的客流量；转移客流量中最大的可能来源是那部分本来选择常规公交或自行车出行的乘客；相对于小汽车的出行方式而言，城市轨道交通的出行成本较低，随着出行距离增大，这种优势表现得尤为明显，另外当前城市存在"停车难"问题，有一些城市还实施了一定的小汽车限行政策，因此，有一部分客流量会从小汽车出行方式转移过来。诱增客流量，则主要指的是城市轨道交通线路的建设促进沿线土地的开发、人口的集聚，使区域之间的可达性提高、服务水平提高、居民出行强度增加等，这些因素带来的客流的增长，最直接的体现是居民可能会选择"住在郊区，工作休闲在市中心"的生活方式。

城市客流主要取决于城市土地利用的空间布局和城市经济的发展水平，在供给能力满足的条件下，当一个城市的土地利用布局确定以后，从某种意义上讲，城市客流的产生和分布就客观存在了，当然，我们不能否认交通政策在其中的作用。同时，作为一种大运量、快速的城市客运交通方式,城市轨道交通的存在直接改变了沿线区域的可达性,大大地缩小了出行者的出行时间,因此居民也愿意居住在城市轨道交通经过的区域,从而导致该区域房价的上扬。但是,这种影响是相互的,城市轨道交通也会对城市的土地利用空间布局产生了一定的影响,如加快城市郊区化进程和提高城市轨道交通沿线土地的开发强度等,从而影响城市轨道交通客流的产生与分布。

11.2 客流影响因素分析

城市轨道交通客流是一个复杂的交通出行现象,影响客流的因素较多,有城市规模、空间布局、土地利用、轨道交通线网结构、交通政策等宏观因素,又有乘客出行行为、城市轨道交通服务水平、票价等微观因素。

11.2.1 城市规模对客流的影响分析

城市规模一般指城市的"大小",可以用多种指标反映。通常,人们用城市总人口数来定义城市规模的大小。其实,城市规模的含义还应包含很多内容,如用地规模、经济规模等。城市规模的扩大会对城市交通产生方方面面的影响,对城市轨道交通客流的影响也颇为显著。

1. 人口规模的影响

城市轨道交通作为一种客运交通工具,其直接服务对象是人,因此,城市人口总量的大小对城市轨道交通客流规模起着至关重要的决定作用。《国务院办公厅关于加强城市轨道交通规划建设管理的意见》(国办发〔2018〕52号)文件规定:申报建设地铁的城市其市区常住人口在300万人以上,申报建设轻轨的城市其市区常住人口在150万人以上。这一项规定其实也是基于对城市轨道交通客流需求的考虑。因此,在城市轨道交通客流预测中对城市未来年人口总量的把握是至关重要的,它基本上决定了城市居民出行总需求量的大小。

2. 用地规模的影响

城市空间的扩大必然使居民出行距离增长,出行距离的增长导致自行车、步行等慢行交通方式的适用性大幅度下降,机动化、快速化交通方式的需求大大增加。城市轨道交通在满足中长距离出行需求方面的优势更为明显。

同时,随着用地规模的急剧扩大,为了避免城市问题的进一步恶化,用地布局也在逐步调整中,相应地反映到交通上,城市居民出行的空间分布也将随之改变。城市轨道交通与客运走廊、居民出行期望路径和平均出行距离切合程度直接决定其客流规模。

3. 经济规模的影响

城市的经济水平一方面决定其对城市轨道交通昂贵的建设费用的支付能力,另一方面也对城市轨道交通的客流规模有直接的影响作用。由于城市轨道交通建设费用巨大,必然要考虑到资金回收的因素,因此城市轨道交通的票价一般都会比常规公交要贵一些。虽然城市轨道交通的服务水平要比常规公交好,但是乘客对票价的承受力是决定客流的重要因素之一,如果一个城市的经济水平比较高,而且发展前景比较稳定,将有助于城市轨道交通客流规模的增长。研究显示,只有当城市居民年均收入不低于1800美元时,城市轨道交通的客流规模才有可能得到保证。事实上,从目前国内城市轨道交通线路的运营状况来看,客流对票价比较敏感。

因此,在进行轨道交通客流预测时,对常规公交和轨道交通的票价参数设置必须符合城市的实际情况,充分考虑到城市居民的经济承受能力,因为票价参数设置的偏差将最终反映到客流预测结果的偏差上。

11.2.2 沿线用地开发对客流的影响分析

城市各种经济活动在城市空间上所表现的土地利用是产生交通流的"源泉",人们常常把交通当作"流",把土地利用当作"源"。交通系统和土地利用实质上就是"流"和"源",无源之流和无本之木都是不存在的,因此城市轨道交通沿线土地利用及站点周边覆盖的人口和就业岗位对客流量有着举足轻重的影响。

城市轨道交通直接影响范围内高强度的用地和高密度的人口与就业岗位将构成客流的重要来源。在香港,大约50%的居民和55%的职业岗位集中在离城市轨道交通车站10 min的步行距离之内,其城市轨道交通成功的一个最重要原因就在于此。

因此,在进行城市轨道交通客流预测时必须重视沿线用地及站点周边覆盖的人口和就业岗位的分析,对于具体某条线的客流预测尤其应该尽量对沿线区域的用地和人口等进行精细分析,在交通小区划分的时候也应该仔细分析这一点。

11.2.3 综合交通体系完善程度对客流的影响分析

城市轨道交通作为一种"定线"的运输工具,其直接影响范围是十分有限的,通常只能覆盖其线路两侧一定范围内的交通走廊。要发挥出城市轨道交通大运量的优势,保证客流效益,必须提升与自行车、地面公交等其他交通方式的接运水平,使其服务范围间接地延伸到城市的各个角落,进而实现人流在城市空间内快速、安全、舒适有序的移动。

根据2003年上海市地铁3条线路15个典型站点的客流调查结果,不同类型的站点,其步行到站比例都比较大,为30%~57%;其中成熟居住区的步行到站比例最大,为57%,其次为公共中心区,为48%。地铁站点的公交到站比例也比较大,为30%~40%,其中城市外围区站点公交到站比例甚至比步行比例高10%,并且这类站点的自行车、出租车和私家车的换乘比例明显高于其他类型的站点。各类站点中,自行车、出租车和私家车到站比例都比较小,主要是由于调研的地铁线路长期不重视与这几类交通方式的换乘,地铁站点周边停车设施严重不足造成的。

因此,城市轨道交通站点周边道路的步行环境、自行车停车配套设施以及与常规公交衔接配合程度是城市轨道交通客流来源的桥梁和纽带,决定其客流覆盖的深度和广度,并直接影响着客流规模。这就要求在进行城市轨道交通客流预测时,必须充分考虑到城市轨道交通与其他交通方式之间的换乘问题。也就是说,城市轨道交通客流预测是在考虑多种交通方式共存的前提下进行的。

11.2.4 城市轨道交通供给状况对客流的影响分析

1. 城市轨道交通网络化的影响

一条新的城市轨道交通线路的投入运营,与原有线路之间构成了换乘关系,形成网络效应,会使原有线路客流迅速增长,并且使得新线路的客流起点比较高。西安地铁 2 号线在单独运营阶段,客运量保持在较低水平,且增长缓慢;地铁 1 号线于 2013 年 9 月 15 日开通运营后,地铁 2 号线客运量大幅度增加,2013 的日均客运量由 8 月的 23.33 万人次/d 增加至 10 月的 38.78 万人次/d,客流强度也由 1.14 万人次/(km·d)增加至 1.89 万人次/(km·d)。

因此,在客流预测过程中,要重视对城市轨道交通不同线路之间换乘客流的预测,合理设置换乘阻抗。而且对于单条线路的客流预测也必须考虑相应特征年下的线网特征,需要考虑其他线路对该线路的客流影响,应在"网中论线",要避免"就线论线"。线网的变化(如线路的延伸、新线路的投入运营)将使得客流发生突变。

2. 城市轨道交通运营服务水平的影响

城市轨道交通的运营服务水平也是影响客流规模的一个重要因素。城市轨道交通的服务水平主要包括运行间隔和旅行速度。运行间隔与乘客的候车时间有关,而旅行速度影响乘客的在车时间,因此运行间隔越短、旅行速度越高,越有利于减少人们的出行时耗,对客流的吸引力越大。城市轨道交通的服务水平对运营初期影响最为明显。运营初期,由于整个运输系统的功能还不稳定,在一个相当长的时间内,对系统的运输能力产生不利的影响,使得系统初期的服务水平降低而影响客流。

因此在客流预测时,要正确估计不同时期(初期、近期、远期/高峰、平峰)城市轨道交通的运营水平,确定相应的运营参数。

3. 城市轨道交通票价政策变化的影响

票价对于城市轨道交通客流有一定影响,尤其对低收入人群影响较大。提升价格后,乘客有一定的票价适应期,客流短期内可能会骤然下降,在居民出行总量不变的情况下,部分乘客会转移到其他交通方式,会造成乘客出行方式出现短时紊乱,但经约 3 个月过渡期,此现象会逐渐消失,客流减小程度降低,甚至随线网的完善客流会呈现增加趋势。在大多数乘客可接受的票价范围内,单纯依靠提升价格来减少客流压力的效果短期明显,可分散高峰时段客流压力,而过渡期后效果甚微。但提升价格对降低轨道交通运营财政压力会起到可观的效用。

(1)北京。

1991 年北京地铁 1 号线票价从 0.3 元增至 0.5 元,1991 年客流比 1990 年客流增长了 2.5%。1996 年北京地铁 1、2 号线票价从 0.5 元增至 2 元,1996 年客流(55802 万人次/年)比 1995 年客流(44416 万人次/年)降低 20.4%。

北京市城市轨道交通(机场线除外)价格于 2014 年 12 月 28 日起调整为:6km(含)内 3 元;6 km 至 12 km(含)4 元;12 km 至 22 km(含)5 元;22 km 至 32 km(含)6 元;32 km 以上部分,每增加 1 元可乘坐 20 km。此次调价后短期内客流呈现骤减趋势,2015 年 2 月减少比例达到最大,3 月后客流呈增加趋势。

(2)上海。

2000 年 8 月,上海地铁 2 号线增加了 1 元票价和优惠越江票价,使地铁 2 号线日均客流量超过 15 万人次,约是票制调整前的 7.1 万人次的 2 倍。但因票价的下降,2 号线客流继续增长,造成了地铁 2 号线高峰时期越江断面过分拥挤,因此,2001 年取消了地铁 2 号线 1 元票价,票价上升到 2 元。票价上升之后,地铁 2 号线的高峰时期越江断面拥挤程度有所下降,经 11d 的运作,2 号线日均客流稳定在 25.33 万人次,基本上与调价前持平。

(3) 武汉。

武汉地铁1号线起初定价为3元一票制(常规公交票价为1.2元和2元两种),运营相对稳定后平均日客流量只有7000人次左右。2005年4月20日票价降为2元,日客流量迅速上升到1.2万人次左右,涨幅高达70%。

11.3 客流特征

11.3.1 时间分布特征

1. 全网客流时间分布特征

一般而言,工作日城市轨道交通全网与各线的进站量呈现出双峰型分布的特征,工作日高峰小时系数比非工作日系数大。

北京城市轨道交通线网工作日进站早高峰时段为7:00—8:00,早高峰小时系数为13.84%;晚高峰时段为18:00—19:00,晚高峰小时系数为11.21%,如图11-1所示。

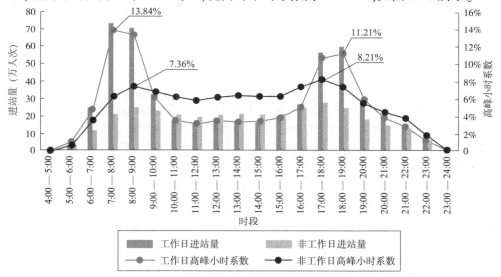

图11-1 北京城市轨道交通线网进站客流量时间分布(2016年4月)

资料来源:李臣,陈艳艳,刘小明,等. 基于多源数据的北京轨道交通客流特征分析[J]. 都市快轨交通,2017,30(5):7-16.

广州城市轨道交通线网工作日客流分别集中于早高峰8:00—9:00、晚高峰18:00—19:00这两个时段内,全网进站量的比例早、晚高峰相当,均为10.9%。休息日全网与各线的进站客流均呈现单峰型分布特征,客流集中于16:00—17:00,高峰小时系数为9.1%,如图11-2所示。

2. 线路客流时间分布特征

除机场快轨外,北京城市轨道交通线网各线路工作日客流时间分布特征相似,均有明显的早晚高峰,但各线路客流随时间变化趋势存在差异。

(1) 早高峰进站高峰出现在7:00—8:00的线路主要集中于连通城区与郊区的线路(1

号线—八通线、4号线—大兴线、6号线、8号线、9号线、房山线、15号线)和郊区线路(昌平线、亦庄线);早高峰进站高峰出现在8:00—9:00的线路有内环线(2号线、10号线、13号线)、5号线、7号线和14号线;机场快轨线没有明显的高峰现象。靠近郊区或者连通城区与郊区的线路进站高峰出现时间较早,且越外围线路,进站高峰时段越早,这主要与职住用地分布有关。

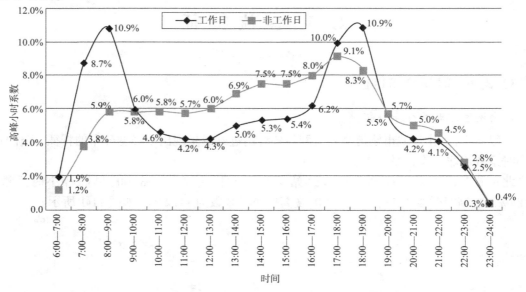

图11-2 广州城市轨道交通线网进站客流量时间分布(2014年)
资料来源:2014广州市交通发展年度报告[R].广州:广州市交通规划研究院,2015.

(2)早高峰乘客上班时间集中,为按时上班,更多乘客选择城市轨道交通出行,早高峰进出站量明显比晚高峰多,客运压力更大;晚高峰乘客下班后,时间相对宽松,部分乘客选择费用相对便宜的公共交通方式出行。

(3)多数线路早高峰小时系数普遍大于晚高峰小时系数,郊区线路更为明显,八通线、大兴线、房山线早高峰小时系数是晚高峰小时系数的4倍以上。早高峰系数较高的线路中较多车站位于职住区。

3. 车站客流时间分布特征

站点进出站客流量与该线路运能、线路走向所处交通走廊的特点以及车站所处区位的用地性质有关,并受到上下班、上下学时间、路网结构等因素的影响,随人们的生活节奏和出行特点起伏分布。通常站点客流时间分布特征(某站点在一日内各个小时的进出站客流量)主要分为以下5种类型。

(1)单向峰型。

城市轨道交通线路所处的交通走廊具有明显的潮汐特征或车站周边地区用地功能性质单一时,车站客流会形成上车高峰和下车高峰,如图11-3所示。

(2)双向峰型。

车站位于综合功能用地区位时,会形成配对的两个早晚上下车高峰,如图11-4所示。

(3)全峰型。

城市轨道交通线路位于土地用地高度开放的交通走廊或车站位于有公共建筑和公用设施

高度集中的中央商务区(CBD)地区时,客流分布无明显的起伏,双向上下客流全天都很大,如图 11-5 所示。

(4)突峰型。

车站位于体育场、影剧院等大型公用设施附近,文艺演出或体育比赛结束时,有一个持续时间较短的突变上车高峰。一段时间后,其他部分车站有可能有一个突变的下车高峰,如图 11-6 所示。

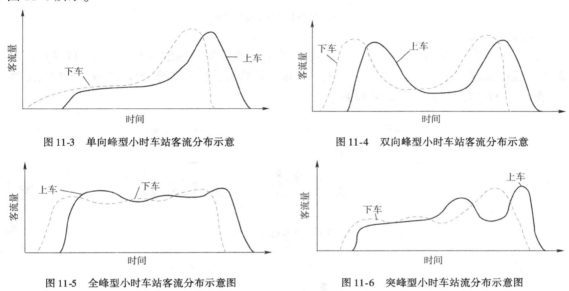

图 11-3 单向峰型小时车站客流分布示意

图 11-4 双向峰型小时车站客流分布示意

图 11-5 全峰型小时车站客流分布示意图

图 11-6 突峰型小时车站流分布示意图

(5)无峰型。

当城市轨道交通本身的运能较小或车站位于用地还没有完全开发的地区时,客流无明显的上下车高峰,双向上下车客流全天都较小。

11.3.2 断面客流分布特征

在城市轨道交通线路上,由于线路行经区域的用地开发性质不同,所覆盖的客流集散点的规模和数量不同,出现线路各个车站乘降人数不同、线路各个断面的客流存在不均衡现象是不可避免的。下面以北京城市轨道交通线网为例,分析不同位置线路的断面客流分布特征。

(1)过中心市区的直径线路。

北京地铁 5 号线是典型的穿越中心市区的直径线路。这类线路全日客流断面呈典型的"纺锤形",即客流中间大两头小,如图 11-7 所示;早高峰的客流断面则呈偏峰形态的向心客流,如图 11-8 所示;晚高峰的客流断面分布基本上与早高峰呈逆向形态。

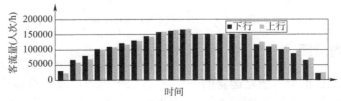

图 11-7 北京地铁 5 号线全日客流断面

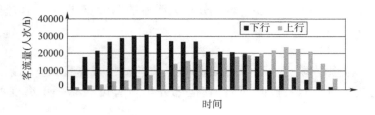

图11-8　北京地铁5号线早高峰客流断面

(2)郊区线路。

北京八通线是典型的郊区线路。这类线路全日客流断面呈典型的渐变型(图11-9),即随着线路延伸,线路客流逐渐增大或逐渐缩小。这类线路潮汐现象明显,早高峰是明显的向心客流(图11-10),晚高峰是明显的离心客流。

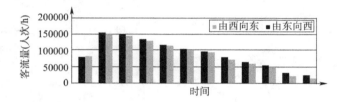

图11-9　北京地铁八通线全日客流断面

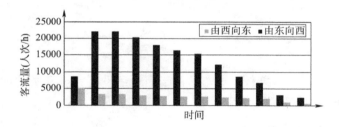

图11-10　北京地铁八通线早高峰客流断面

(3)中心区环线。

北京地铁2号线是典型的中心区环线。这类线路的客流断面相对比较均匀,并且内外环线上的客流并无太大的差异,如图11-11所示。

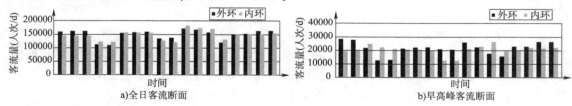

图11-11　北京地铁2号线客流断面

11.3.3　平均运距

平均运距是城市轨道交通线路运营的一个重要指标,既可以反映线路乘客空间分布情况,也在一定程度上反映了客流在各断面上的聚集程度。对于一条城市轨道交通线路而言,平均运距既不能太长,也不能太短。平均运距太长,表明该线路可能规划时线路长度过短,而平均运距过短,则表明该线路走向不够理想或长度过长,两者均需要对线路进行优化。北京、广州、上海城市轨道交通线路的平均运距分别如表11-1～表11-3所示。

北京城市轨道交通线路的平均运距　　　　表 11-1

线路	平均运距（km）										线路长度*（km）	平均运距占线路长度比例*（%）
	2009年	2010年	2011年	2012年	2013年	2014年	2015年	2016年	2017年	2018年		
1号线	8.63	8.51	8.36	8.16	7.85	8.16	7.82	7.72	7.69	7.53	31.6	24
2号线	5.56	5.47	5.42	5.36	5.22	5.29	5.23	5.14	5.12	5.07	23.1	22
4号线**		6.78	9.25	9.37	8.68	9.08	9.09	9.34	9.42	9.46	50.0	19
5号线	8.69	8.51	8.52	8.37	8.12	8.71	8.25	8.35	8.25	8.14	27.6	29
6号线					16.19	8.56	9.40	9.66	10.06	10.44	10.56	54.0	20
7号线						5.11	6.58	6.75	6.65	6.58	23.7	28
8号线	2.37	2.53	2.01	6.86	7.35	8.93	8.77	9.12	9.44	9.39	26.6	35
9号线			5.70	6.98	6.39	6.14	6.10	6.18	6.25	6.28	17.1	37
10号线	7.61	7.27	7.21	6.98	8.36	8.17	8.15	8.13	8.15	8.16	57.1	14
13号线	11.18	11.36	11.01	10.75	10.29	10.05	10.40	10.86	10.89	10.80	40.9	26
14号线西段					7.03	5.48	5.53	5.71	5.64	5.43	12.4	44
14号线东段							5.38	6.75	8.09	7.99	7.81	31.4	25
15号线			11.27	12.39	16.63	16.59	16.67	14.32	13.60	13.02	13.08	41.9	31
16号线北段								9.95	10.29	10.02	19.6	51
八通线	10.41	10.46	10.23	10.02	10.27	10.55	10.30	10.20	10.29	10.44	18.9	55
昌平线		12.30	11.99	12.13	12.19	11.53	11.31	13.05	13.13	13.51	31.9	42
房山线			11.69	14.24	15.55	15.00	14.84	14.49	14.47	14.42	15.09	26.2	58
机场线	26.39	26.32	24.35	24.24	24.04	24.62	24.41	24.41	24.30	24.35	28.1	87
亦庄线		10.09	10.34	10.29	10.67	11.11	11.06	11.04	11.11	10.99	23.2	47
S1线										4.89	10.2	48
西郊线										6.55	9.0	73
燕房线										7.71	14.4	54

注:此表根据历年北京交通发展年度报告整理而成。
　*线路长度和平均运距占线路长度比例按2018年数据统计。
　**4号线的统计数据包含大兴线。

广州城市轨道交通线路的平均运距 表11-2

线 路	2008年			2014年			2016年		
	线路长度（km）	平均运距（km）	平均运距占线路长度比例（%）	线路长度（km）	平均运距（km）	平均运距占线路长度比例（%）	线路长度（km）	平均运距（km）	平均运距占线路长度比例（%）
1号线	18.5	5.32	29	18.5	5.09	28	18.5	5.02	27
2号线	20.2	5.85	29	31.8	6.53	21	31.8	7.34	23
3号线	34.2	8.75	26	34.2	7.92	23	34.2	7.93	23
3号线北延线				33	10.56	32	33	9.44	29
4号线	41.3	15.2	37	46.7	10.65	23	46.7	9.91	21
5号线				31.9	7.31	23	31.9	7.1	22
6号线				24.4	5.63	23	24.4	4.9	20
8号线				15.7	4.62	29	15.7	4.95	32
广佛线				19.9	10.79	54	25.9	9.43	36
APM线				3.9	1.71	44			

上海城市轨道交通线路的平均运距（2006年） 表11-3

线 路	线路长度（km）	平均运距（km）	平均运距占线路长度比例（%）
1号线	32.6	9.79	30
2号线	18.5	6.62	36
3号线	24.4	9.84	40
4号线	26.6	6.51	24
5号线	16.7	9.29	56

从北京、广州、上海城市轨道交通线路的平均运距来看，通常平均运距为线路全长的1/4~1/3。但也有一些比较特殊的线路，其平均运距不在该范围内，如北京的一些郊区线路、上海的5号线。平均运距与线路所属区域及换乘站数量有密切关系，郊区线路密度小于城区线路，作为进出城区的重要通道，乘客乘坐距离长，而城区就业岗位多且密集，故城区或贯穿城区线路的平均运距明显小于郊区线路；换乘站点多的线路平均运距较小，换乘站起到一定的分流效用，如北京10号线的平均运距占线路长度比例仅为14%。

线网平均乘距反映了乘客一次出行在城市轨道交通网络内的乘行距离。一般来说，随着线网规模的不断扩大、网络的不断完善，在线路长度不变的情况下，线路平均运距在逐渐缩短，而线网平均乘距则在上升。以北京市为例，其线网平均乘距由2005年的11.5 km增至2010年的13.8km，2016年已经达到16.36 km；上海市由2008年的不足12 km增至2013年的超过14 km；广州市由2001年（单线运营阶段）的6.8 km增至2012年的11.24 km，增长近1倍，2014年为11.50 km，2016年为11.77km。

随着城市规模的扩大，居民平均出行距离和城市轨道交通线网平均乘距均不断延长。由于城市轨道交通线网发展为城市居民出行提供了更多的供给，线网平均乘距与居民出行水平往往呈正相关。资料显示，城市轨道交通线网平均乘距无论是绝对量还是增速均高于居民平均出行距离。2000—2010 年,北京市居民平均出行距离(不含步行)由 8 km 增至 10.6 km,年均递增 2.9%;同期,城市轨道交通线网平均乘距由 10.2 km 增至 15.5 km,年均递增 4.3%。2004—2009 年,上海市居民平均出行距离由 6.2 km 增至 6.5 km,而城市轨道交通线网平均乘距由不足 10 km 增至 13.4 km。

11.3.4 换乘客流

随着线网规模的扩大,以及城市轨道交通从市区向郊区的延伸,换乘客流大幅增加,换乘系数也随之增大,如图 11-12 所示。

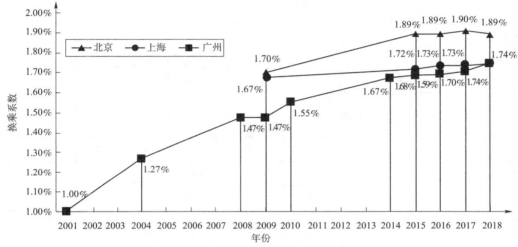

图 11-12　北京、上海、广州城市轨道交通全网换乘系数

北京城市轨道交通各条线路换乘客流情况如表 11-4 所示。

北京城市轨道交通各条线路换乘客流情况　　　　表 11-4

线路	2018 年				2012 年			2009 年		
	换乘站占全线车站比例(%)	换乘量(万人次/d)	客运量(万人次/d)	换乘比例(%)	换乘量(万人次/d)	客运量(万人次/d)	换乘比例(%)	换乘量(万人次/d)	客运量(万人次/d)	换乘比例(%)
1 号线	43.5	60.85	120.07	50.7	60.53	129.77	46.6	43.73	102.16	42.8
2 号线	55.6	50.95	102.27	49.8	59.51	118.07	50.4	37.58	87.21	43.1
4 号线—大兴线	28.6	63.33	133.87	47.3	34.59	98.37	35.2	5.82	13.93	41.8
5 号线	43.5	52.99	107.31	49.4	38.74	87.37	44.3	25.03	63.18	39.6
6 号线	31.3	42.57	98.81	43.1	0.05	0.14	37.6			
7 号线	25.0	21.19	47.65	44.5						
8 号线	31.6	20.47	42.71	47.9	5.65	12.86	43.9	1.52	3.35	45.2
9 号线	53.8	34.89	57.53	60.6	1.01	3.63	27.9			
10 号线	35.6	80.39	179.08	44.9	37.38	86.69	43.1	21.64	52.85	40.9

续上表

线路	2018年				2012年			2009年		
	换乘站占全线车站比例(%)	换乘量(万人次/d)	客运量(万人次/d)	换乘比例(%)	换乘量(万人次/d)	客运量(万人次/d)	换乘比例(%)	换乘量(万人次/d)	客运量(万人次/d)	换乘比例(%)
13号线	50.0	37.15	77.85	47.7	30.16	66.81	45.1	15.58	44.75	34.8
14号线(西段)	28.6	3.24	7.06	45.9						
14号线(东段)	38.1	31.57	67.32	46.9						
15号线	20.0	17.98	42.33	42.5	4.18	10.76	38.8			
16号线(北段)	10.0	4.28	10.56	40.5						
八通线	15.4	12.32	31.43	39.2	13.03	30.44	42.8	9.09	21.05	43.2
昌平线	16.7	9.82	25.88	37.9	4.29	10.47	41.0			
房山线	8.3	7.52	16.11	46.7	1.02	2.83	36.1			
亦庄线	14.3	9.56	22.81	41.9	5.16	12.03	42.9			
燕房线	11.1	0.74	1.73	42.8						

资料来源为对应年份的北京市交通发展年度报告。

(1)当网络线路条数不是很多的时候,郊区线的换乘比例较大。轨道网从市区向郊区延伸过程中,全网换乘量和换乘系数均会增加,由于郊区线需依托市区线发展客流,换乘比例一般都比较高。随着网络规模扩大,大多郊区线换乘比例逐渐降低(房山线换乘比例有所增加,主要受燕房线影响),大多市区线换乘比例逐渐升高。

(2)环线的换乘比例较高。环线与线网中大多数线路都有换乘站,线路上换乘站较多,换乘关系复杂,因此环线上的换乘比例较高。如北京的2号线(换乘比例为50%)与其他线路相比,其换乘比例相对较高。

(3)总体上,北京各线路换乘客流比例为40%~60%;大体上线路换乘站比例越高,线路换乘客流比例较大(图11-13)。郊区线路多为放射线,市区终端换乘客流较大。

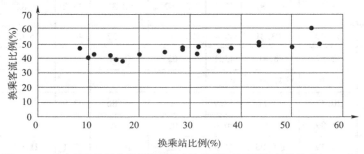

图11-13 北京城市轨道交通各线换乘客流比例与换乘站比例的关系(2018年)

11.4 单线客流成长规律分析

11.4.1 国内外典型线路客流成长历程分析

1. 日本东京银座线、丸之内线

(1) 线路概况。

东京地铁银座线连接东京都台东区的浅草站和涩谷区的涩谷站,正式名称是 3 号线银座线,线路名由商业点银座而来。银座线为亚洲和日本第一条地铁线。线路营业里程 14.3km,全线设车站 19 座。

东京地铁丸之内线全长 24.2km,共有 25 个车站,本线全程行车时间约 51min。丸之内线另设支线 1 条,支线全长 3.2km,共有 3 个车站。

东京地铁银座线

东京地铁丸之内线

(2) 客流成长历程。

东京地铁银座线、丸之内线客运量变化趋势如图 11-14、图 11-15 和表 11-5 所示。银座线、丸之内线可以说是东京地铁中开通较早的两条线路,经过长期的运营,其客流变化趋势很具有代表性。

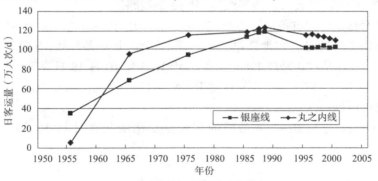

图 11-14 东京地铁银座线、丸之内线客运量

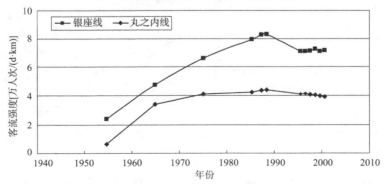

图 11-15 东京地铁银座线、丸之内线客流强度

东京地铁银座线、丸之内线客流增长率（单位：%） 表 11-5

线　路		1955—1965 年	1965—1975 年	1975—1985 年	1985—1995 年	1995—2000 年
银座线	增长率	94.4	37.7	19.5	-10.1	0.6
	年均增长率	6.8	3.2	1.8	-1.1	0.1
丸之内线	增长率	1674	20.3	2.5	-2.6	-3.9
	年均增长率	33.0	1.9	0.2	-0.3	-0.8

　　从以上图表可以看出，银座线、丸之内的客流变化基本可以分为 3 个时期：客流上升时期（开通—1985 年）、客流下降时期（1985—1995 年）、客流平稳时期（1995 年以后）。其中 1955—1965 年（其中银座线于 1939 年全线运营、丸之内线于 1964 年全线运营）客流增长比较快，1985 年之后，客流经历一个短暂的微小上升后有一个明显的下降趋势，至 1995 年后客流基本处于平稳状态，年均增长率基本在 ±1% 以内。

　　东京地铁线路的客流变化趋势基本上反映了"客流追随型"城市轨道交通线路客流成长的一般规律。

　　2. 韩国首尔 1~4 号线

　　(1) 线路概况。

　　截至 2015 年底，首尔城市轨道交通系统总长度 596.9km，设车站 376 座，日均客运量超过 800 万人次。线网以首尔的 9 条地铁为主，并辅以盆唐线、仁川地铁、京春线、新盆唐线、爱宝线、水仁线、京义中央线、议政府轻轨等线路，共 19 条线路。

　　首尔地铁 1 号线是韩国首条地铁路线，于 1971 年兴建，于 1974 年 8 月 15 日通车运营。首尔地铁 2 号线是首尔地铁第二条开通的路线，是一条环线，有两条支线，全长 60.2km。首尔地铁 3 号线 1980 年动工，于 1985 年 10 月 18 日完工，设有 40 个车站，长度 35.2km。首尔地铁 4 号线建于 1980—1994 年，全长 31.7km。

首尔地铁线路

　　(2) 客流成长历程。

　　1974—2003 年，首尔地铁 1~4 号线的客流量变化情况如图 11-16、图 11-17 和表 11-6 所示。

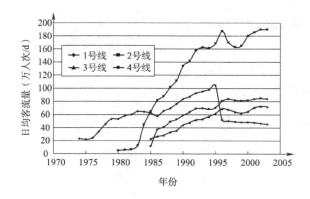

图 11-16　首尔地铁 1、2、3、4 号线日均客运量

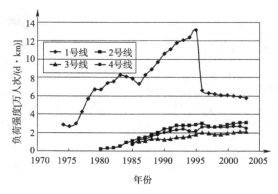

图 11-17　首尔地铁 1、2、3、4 号线客流强度

首尔地铁1、2、3、4号线各规划阶段客流平均增长率　　　　　表11-6

线　　　路	时　间　区　段		
	初期	近期	远期
1号线	1974—1976年	1976—1983年	1983—1995年
	3.2%	15%	4%
2号线	1980—1982年	1982—1989年	1989—2003年
	19.8%	49.7%	3.9%
3号线	1985—1987年	1987—1994年	1994—2003年
	10.2%	10.5%	2.7%
4号线	1985—1987年	1987—1994年	1994—2003年
	88.9%	7.8%	2.2%

从日均客运量的变化趋势来看，1号线在1974—1995年，日均客运量呈现总体上升趋势，其中开通以后的前3年日均客运量上升缓慢，第4～6年日均客运量上升幅度很大，第7～14年日均客运量变化幅度又很小，第15年之后的10年间日均客运量上升幅度很大；而从1996年开始日均客运量均呈现总体下降趋势，特别是1995—1996年下降幅度特别大。

2号线在1980—1996年，日均客运量呈现总体上升趋势，1997—1998年日均客运量出现下降趋势，而1999年之后又出现总体上升趋势。

3号线和4号线自1985年开通以来，日均客运量均呈现总体上升趋势，与1号线不同的是，线路开通以后没出现日均客运量缓慢上升的过程，在前10年左右日均客运量上升速度均较快。

从客流强度的变化趋势来看，基本上与日均客运量的变化趋势一致。

由此可见，首尔地铁线路在开通运营之后的20年左右时间内，日均客流均呈现总体上升趋势，除1号线初期3年日均客流增长缓慢外，总体上开通以后的最初10年左右时间内日均客流上升幅度较大。

3. 北京地铁1、2号线

(1) 线路概况。

北京地铁1号线，西起苹果园，东至八王坟，大部分线路与长安街重合，全长31km，于2000年6月28日全线开通；北京地铁2号线，又称环线，线路呈较规则的矩形。线路东段、北段、西段的走向与北京二环路重叠，线路南段沿长椿街—前门—建国门，全长23km，如图11-18所示。

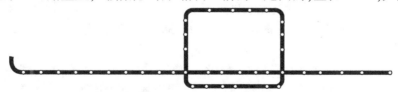

图11-18　北京地铁1、2号线线路示意

(2) 客流成长历程。

北京地铁1、2号线客流量变化情况如图11-19和图11-20所示。

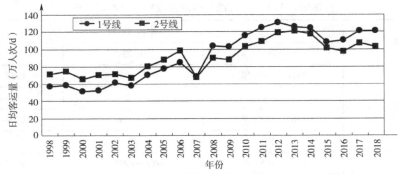

图 11-19　北京地铁 1、2 号线客运量变化趋势

注：因 2006 年、2007 年城市轨道交通客运量统计口径调整及票制票价改革，相关数据不具有可比性。

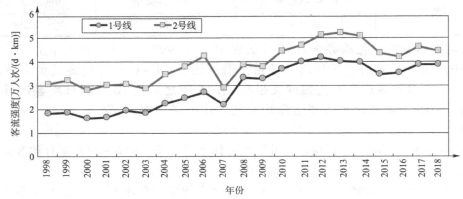

图 11-20　北京地铁 1、2 号线客流强度变化趋势

注：因 2006 年、2007 年城市轨道交通客运量统计口径调整及票制票价改革，相关数据不具有可比性。

从日均客运量的变化趋势来看，北京地铁 1、2 号线在 1998—2003 年，日均客运量基本上平稳，其中 1 号线维持在 55.49 万人次/d[客流强度 1.79 万人次/(d·km)左右]，2 号线维持在 69.14 万人次/d[客流强度 3.01 万人次/(d·km)左右]。2003 年后，由于新线路投入运营，网络效应促使对 1、2 号线的客流有较大幅度的增长，1 号线至 2012 年达到客流巅峰的 130.12 万人次/d，2 号线至 2013 年达到客流巅峰的 120.0 万人次/d；随后客流有所回落，目前 1 号线客流维持在 120 万人次/d 左右，2 号线客流维持在 102 万人次/d 左右。

4. 上海地铁 1 号线

(1)线路概况。

1993 年 4 月，上海地铁 1 号线南段 5 站观光试运行；1995 年 4 月，1 号线一期工程(上海站—锦江乐园站，16.36 km)开通运营；1997 年 7 月，1 号线南延伸段(锦江乐园站—莘庄站，5.25 km)开通，与一期线路一起贯通运营，全长 21.35 km；2004 年 12 月，1 号线北延伸段开通试运营。

1 号线南起莘庄站、北达共富新村站，共设 25 座车站，全长 33km。1 号线可在人民广场站与 2 号线换乘，在上海南站站与 3 号线换乘，在上海火车站站及上海体育馆站与 4 号线换乘，在莘庄站与 5 号线换乘。

上海地铁 1 号线线路

(2)客流成长历程。

上海地铁 1 号线客流量变化情况如图 11-21 所示。

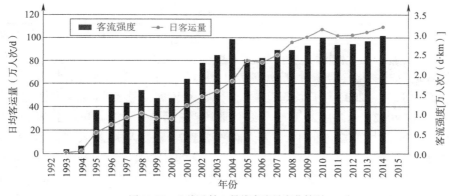

图 11-21 上海地铁 1 号线客流量变化情况

从日均客运量的变化趋势来看,上海地铁 1 号线日均客运量试运营前 2 年客流缓慢增长期后,在 1995 年正式开通运营后迎来快速增长期,受票价提升影响 1999 年和 2000 年日均客运量小幅下降,之后客运量恢复呈现稳步增长态势。

从客流强度的变化趋势来看,由于线路长度的变化,客流强度变化有较大的曲折。

由此可见,上海地铁线路在开通运营之后的 20 年左右时间内,日均客运量均呈现总体上升趋势,在初期、近期日均客运量上升幅度均较大,且比较接近。

5. 广州地铁 1 号线

(1) 线路概况

广州地铁 1 号线于 1993 年 12 月 28 日正式动工,1997 年 6 月 28 日起开始试运营,首段开通西朗—黄沙段,全线于 1998 年 12 月 28 日竣工,1999 年 6 月 28 日正式通车。广州地铁 1 号线起讫站分别为西朗和广州东站,连接荔湾区的芳村和天河区的广州火车东站,全长 18.497km,采用六节编组列车,可与 2、3、5 号线及建设中的 8 号线、广佛线换乘(图 11-22)。

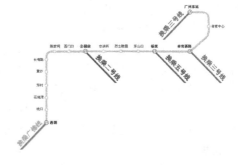

图 11-22 广州地铁 1 号线线路示意

(2) 客流成长历程。

广州地铁 1 号线客流量变化情况如图 11-23 和表 11-7 所示。

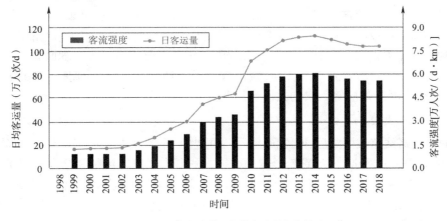

图 11-23 广州地铁 1 号线客流量变化情况

广州地铁 1 号线历年分段平均客流增长率(单位:%)　　　　　表 11-7

年份	1999—2002 年	2002—2007 年	2007—2014 年	2014—2018 年
增长率	1.90	24.66	10.89	-2.14

从日均客运量的变化趋势来看,广州地铁 1 号线在 1999—2014 年,日均客运量呈现总体上升趋势。其中 1999—2002 年日均客运量上升缓慢,该时期客流强度基本稳定在 1.0 万人次/(km·d)。至 2002 年 12 月 29 日 2 号线首通段(三元里—晓港)开通后,客流有明显的增长,其中 2003 年客流由 2002 年的 18.2 万人次激增至 21.8 万人次,增长率达到 19.78%,随后客流持续快速增长,2002—2007 年年均增长率保持 24% 以上,为了迎接第 16 届亚洲运动会(2010年由广州承办),广州加大了地铁建设力度,地铁线网规模从 2008 年的 116km 增加至 2009 年的 150km,进而激增至 2010 年的 236km,在网络效应的推动下,1 号线客流在 2010 年的有一个突变式激增(增长率高达 43.44%)。

由此可见,广州地铁 1 号线在开通运营之后,初期客流增长十分缓慢,近期客流增长很快,目前客流有所回落,整体上客流呈现 S 形增长趋势。

11.4.2　单线客流成长规律分析

从上述国内外一些典型线路的客流变化趋势分析,可以总结出关于城市轨道交通单条线路客流成长的规律性特征。

1. 初期有一个客流培育的过程,增长较缓慢

城市轨道交通客流在初期有个缓慢的发育过程。在城市轨道交通运营初期,对于经过市中心区的车站,其周围的人口、就业岗位变化比郊区慢得多,平行于城市轨道交通线路的公交线路尚未及时调整,人们的出行习惯等因素都使得城市轨道交通线路在运营开始的 3~5 年中增长很慢。而第一条城市轨道交通线的客流培育期则更长,需要 5~7 年。上海地铁 1 号线的客流培育期为 7 年,其中 1993—1995 年为试运营,1995—2000 年为正式运营,在 1993—2000 年的 7 年中,客流年均增长率为 5.3%。广州地铁 1 号线在运营的前 4~5 年客流量增长很慢,甚至会上下波动,平均增长率仅 3.7%。

2. 在经历发育期之后,城市轨道交通客流量会加速增长

上海地铁 1 号线在开通 7 年后开始加速增长,2000—2005 年,上海地铁 1 号线客流年均增长率达到 23.7%;广州地铁 1 号线在正式运营 4 年后开始加速增长,2003—2006 年的客流年增长率达到 20%~25%;东京早期建设的地铁线路在开通运营之后的 30 年左右时间内,日均客流均呈现总体上升趋势,而且开通以后的最初 10 年左右时间内上升幅度最大。之所以会产生客流加速增长,是人们收入水平提高、城市人口增长加快、道路交通拥挤、居民出行习惯改变、城市轨道交通网络效应等因素的共同作用所致。

3. 网络化效应明显

城市轨道交通线路成网之后,网络覆盖面广,可达性强,客流具有明显的网络效应。一条新线的建成,将促进这种网络效应,受其影响相交换乘的既有线路客流往往会有一个突变性的增加。从 2005 年、2006 年的实际运营客流样本看,上海地铁 1 号线的本线客流只有 50 万~60 万人/d,而由其他线路运营而增加的客流量约 30 万人/d,占地铁 1 号线全部客流的 1/3;广州地铁 1 号线在地铁 2 号线开通的前后一个月,客流量由 16 万人/d 增长到 24 万人/d,增长了约 1/3。

11.5 全网客流成长规律分析

11.5.1 国内典型城市轨道交通全网客流

北京、上海、广州城市轨道交通全网客流增长趋势如图 11-24～图 11-26 所示。从图中可以看出,网络客流在早期(线路较少)增长较缓慢,随着线路的增多,全网客流急速增长,客流量与网络完备程度成正比;随着时间推移,客流强度总体呈上升趋势,但在有新线路投入运营之际有较明显的短暂波动。

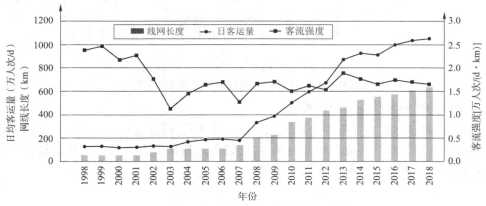

图 11-24 北京城市轨道交通客流与线网长度
资料来源:历年北京市交通发展年度报告。

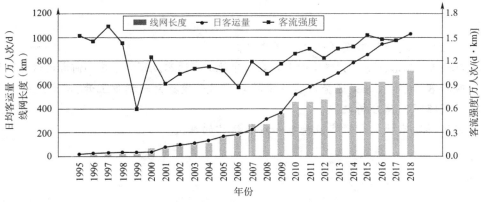

图 11-25 上海城市轨道交通客流与线网长度
资料来源:历年上海市统计年鉴。

11.5.2 城市轨道交通全网客流成长规律分析

从上述国内外一些城市轨道交通网络的客流变化趋势分析,可以总结出关于全网客流成长的规律性特征。

1. 城市轨道交通日客运量呈稳定增长趋势

从 1995—2009 年上海的城市轨道交通线网长度增长不足 10 倍,而日均客运量增长了近

20倍,日客运量呈现整体上升趋势。广州亦如此。从上海和广州的数据来看,虽然受票价调整等因素的影响,各城市线网客流强度出现过短暂的波动,但随着城市轨道交通沿线区域土地开发利用的逐步实施,换乘客流的形成,全网客流强度仍然保持着强劲的增长趋势。

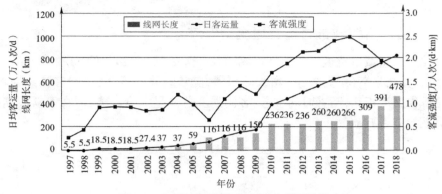

图 11-26 广州城市轨道交通客流与线网长度

资料来源:广州交通发展年度报告、广州地铁年报。

2. 现阶段票价调整对客流影响显著

从北京、上海、广州、武汉等多个城市的票价调整来看,现阶段票价的调整对客流有明显的影响。票价调整对短距离客流影响尤为明显,通过合理的票价方案可以促使常规公交与城市轨道交通的出行距离分布比例逐步趋于合理。

思考题

1. 试总结分析城市轨道交通客流增长规律。
2. 城市轨道交通客流影响因素有哪些?在城市轨道交通客流预测中应如何考虑这些因素?
3. 一般而言,城市轨道交通全网客运量随着线网规模扩大而稳步上升,其客流强度是否也呈现同样的规律呢?试分析之。
4. 简述了解城市轨道交通客流特征和成长规律的意义。

第12章
城市轨道交通客流预测基础

12.1 客流预测的意义与作用

客流预测是在城市总体规划和综合交通规划的基础上,对未来交通需求状态的量化描述。城市轨道交通建设的很多重要问题都是以系统预测结果为依据做出判断和决策的。

城市轨道交通客流预测报告是城市轨道交通立项、可行性研究审批必不可少的技术文件。城市轨道交通线网规划、建设规划、工程可行性研究、初步设计等各个阶段都涉及客流预测,而且不同阶段客流预测的要求和作用也不尽相同,具体来说,包括以下阶段:

(1)线网规划阶段。确定城市轨道交通线网规划方案的定量依据。

(2)建设规划阶段。论证城市轨道交通建设的必要性和可行性,为确定近期建设方案和建设时序提供参考。

(3)工程可行性研究阶段。配合工程设计,是确定系统选型、规模、车辆编组、运营组织、车站规模、车辆段规模等指标的判断依据。

(4)初步设计阶段。初期客流预测结果主要用于接驳换乘设计,近期客流预测结果主要用于机电设备配置规模,远期客流预测结果主要用于土建设计规模,提供参考依据。

(5)通车运营前初期客流预测。这是线路运营组织和运营招标的重要技术文件,是测算城市轨道交通项目运营效益的前提，是政府以及投标运营商重要的谈判依据和参考。

由此可见，客流预测工作在城市轨道交通工程规划、设计等前期规划工作中处于十分重要的地位，可以说做好客流预测以及预测结果的分析、应用，是进行城市轨道交通规划和设计工作的起步点，是工程项目建设规模和运营经济评价的基础，是城市轨道交通工程项目风险的评价要素和关键。因此，目前在国内城市轨道交通线网规划、建设规划、工程可行性研究、初步设计等前期工作中，客流预测已成为一项专题研究。

12.2 基本规定与数据资料

12.2.1 基本规定

1. 城市轨道交通客流预测的依据

城市轨道交通客流预测是对未来交通需求状态的量化描述。以未来城市发展背景为基础，通过建立预测模型测算未来城市轨道交通客流指标。因此，城市轨道交通客流预测的主要依据是城市具有法定效力的上位规划及基于城市上位规划开展的城市综合交通体系规划、城市交通综合调查等专项规划和调查成果以及国家公共交通发展政策，这些是城市轨道交通客流预测工作开展的前提条件。其中，城市具有法定效力的上位规划主要包含城市国民经济和社会发展规划、城市总体规划及控制性详细规划。因此，城市轨道交通客流预测的依据主要包括：

(1) 城市国民经济和社会发展规划。
(2) 城市总体规划及控制性详细规划。
(3) 城市综合交通体系规划。
(4) 包含居民出行调查的城市交通综合调查。
(5) 国家公共交通发展政策。

2. 城市轨道交通客流预测的影响因素

城市轨道交通客流预测过程中的影响因素，需加以分析论证并给出合理设定。在城市轨道交通客流预测工作过程中有些影响因素无法从规划资料中直接获取，同时这些影响因素又是客流预测工作的重要研究内容，实际工作中需要对影响因素进行论证分析，以确保这些因素取值或设置的合理性。主要影响因素包括：

(1) 国民经济发展水平。
(2) 规划人口及就业岗位分布。
(3) 道路、常规公共交通交通网络。
(4) 小汽车发展水平。
(5) 交通需求管理、票制票价政策。
(6) 城市轨道交通线路的运营参数。

12.2.2 基础数据与资料

1. 城市基础数据与社会经济数据要求

城市基础数据与社会经济数据用于分析城市社会经济发展现状并预测未来发展趋势和规模;作为交通需求预测的重要基础依据,人口与社会经济数据质量直接影响到客流预测结果的精度。

城市基础数据主要包括人口数据、就业岗位和就学数据、机动车数据。

其中,人口数据包括常住人口和流动人口总量和分布数据,需区分常住人口和流动人口的出行特征。由于常住人口和流动人口出行特征具有较大差异,需要对流动人口的出行特征单独进行描述。就业岗位和就学数据包括总量和分布数据。机动车数据包括分车型的机动车保有量及分布数据。以上分布数据的粒度要求需至少细化到街道或乡镇。

社会经济数据主要包括地区生产总值、人均可支配收入数据。

其中,地区生产总值为城市经济产出指标,指该行政区域内各个产业增加值的总和。

从时间角度,上述各项数据均需基础年数据和各预测年数据。

(1) 基础年数据。

基础年数据应使用统计部门等官方发布或提供的统计数据。人口数据主要依据人口普查数据,其他来源部门包括统计、民政、公安、规划等部门;就业岗位数据主要依据经济普查数据,还可依据统计部门、行政管理部门或现状用地等资料估算;就学数据来源于教育部门统计资料;机动车数据主要来源于交通管理部门;经济发展数据主要来源于统计部门的国民经济和社会发展统计公报。

(2) 预测年数据。

预测年数据应根据规划或通过现有数据预测得到。人口数据根据规划土地利用情况分析预测获得。就业岗位预测需结合现状城市产业结构、未来产业布局及相应的土地利用性质来进行。就学数据需考虑未来人口年龄结构的变化趋势,结合土地利用规划数据预测。机动车发展预测需在充分考虑城市社会经济发展和机动车发展之间关系的基础上,结合机动车发展政策等因素进行预测。经济发展数据预测需结合国民经济和社会发展规划等规划资料进行预测。

2. 城市交通数据要求

城市交通数据包括交通基础设施数据、现状交通需求数据和交通运行状况数据,主要用于现状交通需求特征和运行状况分析,客流预测模型建模、标定和验证。现状交通需求特征和运行状况分析包括城市交通需求、城市道路交通、公共交通、自行车和步行交通、城市对外交通、城市停车、城市机动车、交通管理与交通政策等内容和特征。

鉴于我国正处于城市化快速发展进程中,城市交通特征变化较快,为保证调查数据的时效性,基础年城市交通数据应采用 5 年内的城市交通综合调查或专项调查数据;超过 5 年,需组织进行新的交通综合调查。

城市交通综合调查包括居民出行调查、核查线机动车流量调查、公共交通客运量调查等主要内容,调查的样本量需满足城市交通需求预测模型标定和校核的要求,如样本覆盖范围与模型范围一致,样本量分布较为均匀,样本量满足模型关键指标的标准误差要求。

居民出行调查需能够反映居民出行的出行率、出行时间、出行距离、出行方式、出行空间分布等主要特征。核查线机动车流量调查需建立相对稳定的调查地点和调查体系，能够反映城市主要交通干线和交通走廊上的机动车的流量变化特征与趋势，并能够为校核预测模型提供支持。公共交通客运量调查需能够反映城市公共交通整体和主要公共交通走廊上的运量、运距、换乘等主要公共交通出行特征。当城市交通综合调查不能满足客流预测的要求时，可进行补充交通调查。调查内容可根据城市基础资料状况，结合客流预测要求确定。

获取预测年城市交通数据的基本手段以规划为依据或通过现有规划数据预测得到，由于规划年往往是一个时间节点，而客流预测的预测年为多个，因此非规划年的预测年年份的城市交通数据需通过现有规划数据预测得到。

(1) 交通基础设施数据。

交通基础设施数据包括城市道路交通网络、常规公共交通网络、城市轨道交通网络及对外交通枢纽等，数据采用地理信息系统数据格式建立并存储。存储信息包括基础设施基本信息、管理控制、运营组织等。

城市道路交通网络应覆盖城市轨道交通网络或线路的范围。现状的道路网络应符合现状实际情况。预测年的道路网络应与城市综合交通规划、综合交通体系规划、城市总体规划相一致。道路交通网络应由重要支路及其以上等级的道路构成，道路等级可按高速路、快速路、主干路、次干路、支路进行分类。道路路段基本信息应包括道路等级、机动车车道数、通行能力、限速等参数。道路交叉口基本信息包括允许的转向和优先转向等信息。

常规公共交通网络包括现状运营的所有线路，线路信息包括线位、站点、发车频率或时刻表、车型、票制票价等信息。预测年的常规公共交通线路需在现状公共交通线路的基础上结合相关公共交通枢纽规划布局、城市轨道交通网络规划布局方案等进行布设。

城市轨道交通网络数据包含线路和站点，线路信息包括线位、站点、发车频率、运营速度、车辆编组、车辆定员、票制票价等信息，站点信息包括站点位置、与交通小区的连接情况、各交通方式的接驳情况，换乘站应包括线路相互换乘。

对外交通枢纽包括枢纽分布和吞吐能力。对外交通枢纽包括机场、火车站、长途汽车站、港口码头等，预测年需结合交通枢纽规划资料确定其分布和吞吐能力。不同类型枢纽吞吐能力指标不同，机场规模为其年旅客吞吐量，火车站和长途汽车站为其年旅客到发量，港口码头为其年旅客吞吐量。

(2) 现状交通需求数据。

现状交通需求数据需以居民出行调查数据为主进行数据扩样、加权和校核，数据指标包括分出行目的、出行方式、出行距离、出行空间分布和时间分布的出行量。

现状交通需求数据可根据实际情况结合公共交通调查数据、公共交通刷卡交易数据、车辆出行调查数据、货运调查数据、特殊吸引点出行数据、出入境数据等得到。

(3) 交通运行状况数据。

交通运行状况数据主要包括城市道路、常规公共交通、城市轨道交通、出租汽车和对外交通枢纽等能够反映城市内部和对外交通运行状况和特征的数据。

城市道路运行状况包括城市路网总体负荷水平、道路断面的流量和行驶速度信息。城市道路包括快速路、主干路、次干路和支路等类型。具有核查线调查数据的采用调查数据，主要主干路及以上等级道路的相关信息通过调查得到，其余道路相关信息可采用经校核过的模型分配结果，通过推算得到。

常规公共交通运行状况包括日客运量、平均运距、行驶速度、发车班次及主要客流走廊的公共交通断面客流量等能够反映城市常规公共交通运行状况和特征的数据。

城市轨道交通运行状况包括全网及各线路日客运量、日客运周转量、高峰小时单向最大断面客流量、平均运距、线路客流强度、换乘系数及各线路行车间隔信息等能够反映城市轨道交通运行状况和特征的数据。

出租汽车运行状况包括日客运量、单车日服务车次、空驶率、次均载客人数、平均运距等能够反映城市出租汽车运行状况和特征的数据。

对外交通枢纽运行状况包括到发车次、日客运吞吐量或到发量、乘客到发时间分布、集散交通方式构成等能够反映城市对外交通枢纽运行状况和特征的数据。

12.3 客流预测的内容

12.3.1 线网规划阶段

线网规划阶段客流预测年限应与线网规划的年限一致。《城市轨道交通线网规划编制标准》（GB/T 50546—2018）规定：城市轨道交通线网规划的年限应与城市总体规划的年限一致，同时应对远景城市轨道交通线网布局提出总体框架性方案，并应预留可扩展性和发展弹性。《中华人民共和国城乡规划法》规定，城市总体规划的规划期限一般为20年，同时要求城市总体规划应对城市更长远的发展做出预测性安排。基于此，城市轨道交通线网规划客流预测年限为城市总体规划年限和远景年，其中远景年可和城市远景发展战略规划相结合。

线网规划客流预测内容包括城市交通需求预测和线网客流预测，线网客流预测根据研究对象不同又分为比选方案线网客流预测、推荐方案线网客流预测。

线网规划阶段客流预测结果是为了满足公共交通系统的整体服务水平分析的工作需要，包括出行总体指标、线网及线路层面的客流指标。出行总体指标反映了城市轨道交通对公共交通内部结构的影响，体现了公共交通体系结构。线网客流指标反映了城市轨道交通对于乘客出行的直达和便捷程度，为线网整体布局优化和各线路功能定位提供决策依据。线路客流指标反映了城市轨道交通对客流的吸引力以及城市轨道交通线路的运营效益和运输效率，为线路走向优化和系统运量等级分析等提供定量参考。

1. 城市交通需求预测

城市交通需求与主要规划指标分析主要包括分析交通出行总量、出行的时间和空间分布，结合有无城市轨道交通对出行方式结构和出行时间构成的影响及对道路网络负荷、车公里数、车小时数、平均运行速度的影响分析，论证城市轨道交通建设的必要性。其中有、无城市轨道交通的概念如下：对于原来无城市轨道交通的城市是指新建城市轨道交通前后，对于原来已有城市轨道交通的城市是指新增线路前后。

2. 线网客流预测

比选方案线网客流预测根据各比选方案的城市轨道交通出行总量及出行分担率来判断城

市轨道交通线网规模的合理性,从线网日客流总量、客流强度、平均乘距、换乘客流量和换乘系数等客流指标分析论证线网构架的准确性。因此,线网比选方案客流预测包括各比选方案的下列指标:

(1)城市轨道交通出行总量。
(2)城市轨道交通出行分担率。
(3)城市轨道交通日客流量。
(4)城市轨道交通客流强度。
(5)城市轨道交通平均乘距。
(6)城市轨道交通换乘客流量。
(7)城市轨道交通换乘系数等。

推荐方案线网客流预测通过分析推荐线网方案中各线路客流特征,为线网功能层次结构划分、各线路功能定位及系统运量等级提供参考依据。推荐方案中各线路客流特征主要包括各线路平均运距、客流强度、全日及高峰小时客流量、高峰小时单向最大断面客流量等。因此,线网推荐方案客流预测包括各线路的下列客流指标:

(1)线路平均运距。
(2)线路客流强度。
(3)线路全日及高峰小时客流量。
(4)高峰小时单向最大断面客流量。

12.3.2 建设规划阶段

建设规划阶段会根据建设线路的不同以及线路建设时序的不同等情形得到不同的建设方案,并对方案进行比较分析。建设规划阶段应综合考虑城市社会经济发展、城市交通运行、公共交通发展等影响因素,在比选方案客流预测结果对比分析的基础上给出推荐方案。比选方案线网客流预测是对各比选方案实施后所产生的效果进行分析,因此预测年限应是建设规划的末期年。而推荐方案线网客流预测年限除建设规划的末期年外,还应包括对城市轨道交通网络成形、城市发展基本稳定后的远景年。推荐方案中安排建设的各线路客流预测年限应含初期、近期和远期,分别为线路建成通车后第3年、第10年和第25年。

建设规划阶段客流预测主要内容包括城市交通需求预测、比选方案线网客流预测、推荐方案线路客流预测、推荐方案客流敏感性分析等。城市交通需求预测是城市轨道交通客流预测的重要基础,出行时空分布分析将为客流预测结果提供判断依据。比选方案客流预测根据城市轨道交通出行总量及出行分担率与城市总体规划或综合交通规划中确定的城市公共交通发展目标、城市轨道交通与公共交通的功能定位及分担比例的对比分析,评价各比选方案的优劣,确定推荐方案。

1. 城市交通需求预测

城市交通需求与主要规划指标分析主要包括分析交通出行总量、出行的时间和空间分布,进行有无城市轨道交通对出行方式结构和出行时间构成的影响及对道路网络负荷、车公里数、车小时数、平均运行速度的影响分析各比选方案全网。

2. 比选方案线网客流预测

比选方案客流预测指标主要包括客流量、客流强度、换乘系数、平均乘距、公共交通在全方式中的出行分担率、城市轨道交通在公共交通中的出行分担率等。

3. 推荐方案线路客流预测

推荐方案远期线网客流预测主要是反映城市轨道交通网络成形和城市发展基本稳定后的情况下线网客流特征指标。推荐方案客流预测指标主要包括推荐线网方案中各线路平均运距、全日及高峰小时客流量、换乘客流量、高峰小时单向最大断面客流量等。推荐方案线路客流指标反映了城市轨道交通对客流的吸引力以及线路的运营效益和运输效率,为线路系统制式、经济评价分析等提供初步参考。

4. 推荐方案客流敏感性分析

建设规划阶段客流预测敏感性分析的重点是影响总量规模的宏观性影响因素,包括城市人口规模、交通发展政策、土地开发时序和进程、票制票价方案等。

12.3.3 工程可行性研究阶段

城市轨道交通新线客流培育期一般为开通后 3 年,因此,工程可行性研究阶段客流预测的初期为通车后第 3 年。但线路系统制式、车辆选型和编组、车站规模、运营组织方案等不仅要满足初期客流的需求,更重要的是满足未来不同时间的客流变化要求,因此除了初期客流预测外,还需要进行近期(通车后第 10 年)和远期(城市发展进入基本稳定阶段,按通车后第 25 年考虑)客流预测。

由于工程可行性研究阶段客流预测直接为线路、车站设计等技术参数提供定量依据,因此,除了城市交通需求、线网及线路客流等总体层面的指标外,还要重点预测车站的进出站客流和换乘车站的换乘客流。

1. 城市交通需求预测

城市交通需求预测内容主要包括交通出行总量、出行时空分布、交通方式结构等。需要注意的是针对连接新城和中心城的轨道交通线路应针对不同区域加以分析,新城内轨道交通线路应重点分析新城内部的交通需求。

2. 线网客流预测

线网客流预测内容主要包括初近远期线网客流量、客流强度、平均乘距、换乘客流量和换乘系数,初近远期各线路客流量、客流强度、平均运距、高峰小时单向最大断面客流量。

3. 线路客流预测

线路客流预测内容主要包括开通年至远景年客流成长曲线、初近远期全日及早、晚高峰小时的客流量、客流周转量、换乘客流量、平均运距、单向最大断面客流量、客流强度、客流时段分布曲线、日各级运距的客流量;线路的客流高峰不出现在全网客流早、晚高峰时段时,应预测分析线路高峰客流出现时段及线路客流指标。

4. 车站客流预测

车站客流预测内容主要包括初近远期全日及早、晚高峰小时各车站乘降客流、站间断面客流量、换乘站分方向换乘客流。类似火车站、医院、学校、大型体育场馆等附近的城市轨道交通站点,其客流高峰可能不出现在全线客流早、晚高峰时段,应预测分析车站高峰客流出现时段及车站乘降客流。与火车站、机场和长途客运枢纽、大型旅游景点、体育场馆或展览场馆等相衔接的城市轨道交通站点,其客流波动较其他车站较大,客流高峰时间也与其他车站不同。因此,应在大型社会活动期间或节假日,对具有突发客流的特殊车站,单独做特别预测和分析,以确定车站合理布局和规模等。

5. 站间起讫点(OD)客流预测

站间 OD 客流预测内容主要包括初近远期各站点全日及高峰小时站间 OD 客流矩阵及分区域 OD 客流。分区域站间 OD 客流矩阵主要用于分析区域客流交换量。

6. 客流敏感性分析

客流敏感性分析,应根据初期和远期不同影响因素给出全日客流量及高峰小时单向最大断面客流量的波动范围。工程可行性研究阶段客流预测敏感性分析主要包括线路沿线人口规模、票制票价、发车间隔、交通衔接等因素。城市轨道交通延长线出现在城市轨道交通分期建设或者在原有线路基础上进行延伸的情形下。对于城市轨道交通延长线的客流预测应给出全线线路客流指标和本延长段的线路客流指标与车站客流指标。目前,国内城市轨道交通线路分期建设,随城市空间布局调整等因素发生的线路延伸情况屡见不鲜,但实际工作中存在只给出延长段本身指标或者只给出全线指标的情况。

12.3.4 初步设计阶段

工程初步设计阶段客流预测年限应分为初期、近期和远期,三期预测年限应与工程可行性研究阶段一致,即初期、近期和远期分别为线路建成通车后第 3 年、第 10 年和第 25 年。

初步设计阶段所需要的客流指标更为具体和细致,初步设计阶段客流预测的主要内容在包括工程可行性研究阶段客流预测的主要内容的基础上,根据初步设计阶段研究的需要,增加对换乘站换乘客流、站点乘降量、站点出入口进出客流量的上下行预测,同时对站点高峰小时的换乘站换乘客流、站点乘降量、站点出入口进出客流量进行预测,满足站点初步设计的实际工作需要。

初步设计阶段客流预测以工程可行性研究阶段客流预测为基础,除包括工程可行性研究阶段所有内容外,根据初步设计阶段研究的需要,还需包括下列内容:

(1)换乘车站高峰小时出现时段及高峰小时分方向的换乘客流量。
(2)站点高峰小时出现时段及高峰小时分方向乘降量。
(3)全日及高峰小时站点各出入口进站客流量和出站客流量。
(4)全日及高峰小时站点不同接驳交通方式进站客流量和出站客流量。
(5)分出入口分方向的超高峰系数。

12.4 客流预测的复杂性

城市轨道交通客流预测的数学模型经过我国交通学者研究开发,结合各城市的实际情况,经多年实践积累,已经逐步建立起一套完整的预测方法和计算模型体系。但在实际使用中,由于客流预测内容和预测条件的复杂性,还没有达到较高的可信度。核对以往各城市轨道交通线路的客流预测结果,不少预测结果与实际运营客流统计值相差较大,客流预测的准确性难以令人满意。有的城市轨道交通线路预测客流与实际客流之间的误差超过 50%,有的甚至相差好几倍。从目前来看,我国城市轨道交通客流预测还存在很大的复杂性,其主要原因大致可归纳为以下几点。

1. 预测内容繁多

从上面的分析可以看出,城市轨道交通客流预测要求得到的数据成果项目很多,尤其是进入工程可行性研究阶段以后的客流预测,其要求得到的数据项目繁多而细致。例如,需要对全线客流(包括全日客流量和各小时段的客流量及其比例)、车站客流(包括全日、早、晚高峰小时的上下车客流量及相应的超高峰系数)、断面客流、换乘客流量、出入口分向客流等数据进行预测,因而内容繁多,必然存在较大难度。目前,很多交通模型和交通软件是针对宏观、中观层面的预测分析开发的,对于城市轨道交通诸如站点分向客流等微观层面的客流预测,这类模型和软件精度较差。

2. 预测年限较长,积累资料不足

从工程立项开始至建成通车,一般需要5年。然后再预测通车后25年的远期客流规模,时间跨度长达30年。城市规划一般只做10～20年的近期和远期的建设规划,虽然也做远景规划,却只是长远性和宏观性的规划,从而导致对远期的城市范围和结构形态、用地分布性质、人口和就业分布等客流预测的基础数据难以准确把握。

3. 我国城市处于快速发展期

我国的综合国力迅速增强,经济的发展对城市范围和结构形态、用地分布性质提出了新的要求。客流预测必须以城市发展规划为依据,而城市快速发展期为客流预测带来许多不确定因素。特别是人们的观念、知识结构、风俗习惯的改变也对客流预测提出了挑战。另外,城市快速发展时期,城市范围和结构形态、用地分布性质、人口分布数量、居民和流动人口的出行量都不太稳定,城市交通特征变化较快。这都将影响城市轨道交通客流预测的准确性。

4. 预测模型和技术尚不完善

预测模型和技术尚在不断发展研究之中,数学模型和技术尚未定型,还需不断改进完善,预测数据的把握以及评价标准上都有很大的难度。对还没有运营的轨道交通线路的城市,相应模型参数的标定很困难;对于轨道交通刚起步的城市,其轨道交通发展还处于初级阶段,参数可能还不稳定;从国内外城市轨道交通运营的情况来看,一个城市一旦拥有轨道交通之后,其居民出行的方式立马呈现出多元化,以轨道交通、常规公交为核心的组合出行大量增多,甚至出现停车换乘(Park and Ride,P+R)的出行模式,这种出行链的复杂程度的增加无疑加大了模型构建的难度和复杂度。

综上所述,由于客流预测是一门新兴的学科,也由于它对城市规划有极大的依赖性,对人(客)的思维和行为又只能规划导向而不可强制,客流量也只能从合理需求预测,淡化未来的票价政策及其影响。针对城市轨道交通客流预测的难点,多年来,客流预测的数学模型经过我国交通专家的研究开发,逐渐摸索出城市客流的特征和规律,对各项参数和程序不断修正,已经逐步建立起一套完整的预测方法和计算模型体系,并还在不断地积累经验,不断地完善,同时客流预测的可信度也在不断提高。因此客流预测成果虽然不能做到很高的准确性,且存在较大的风险,但随着客流预测技术的改进,将不断提高预测的可信度。

12.5 客流预测的基本原则与思路

12.5.1 一般原则

1. 宏观与微观相结合的原则

这里的宏观指的是城市总体规划,微观指的是每个交通小区、每条道路。将每个交通小区、每条道路的预测与城市的总体规划相结合,在预测中既要考虑社会经济政策变化状况,又要考虑经济水平、人民风俗习惯和个体差异。

2. 定性分析与定量分析相结合的原则

定性分析主要是预测者根据经验和逻辑推理对事物的质进行判断;定量分析在前者的基础上采用数学的方法进行完成,着眼于统计资料的收集与分析。定量分析与定性分析有机结合后才能够对城市轨道交通线路的客流进行科学、客观、公正的预测。

3. 系统化与合理化原则

客流预测是一门新兴的边缘学科,虽然城市主体的交通需求预测趋于成熟,但是城市轨道交通客流预测还处于探索和不断完善阶段,因此我们应积极借鉴其他交通需求预测理论,及时提出新的理论模型。在进行客流预测时要全面考虑问题,综合分析,达到系统整体效果最优。

4. 坚持协调发展原则

客流预测主要考虑城市规模和经济的可持续发展,城市轨道交通的引入满足了大量通勤交通的需求,缓解了道路交通压力。但应充分认识其适用条件和服务范围,既要充分发挥轨道交通的优点,又要使其分工合理化,从而发挥整个交通系统的作用。

5. 强调理论先进性的同时,注重数据积累

先进的理论无疑对预测结果的可靠性有直接的影响,但客流预测是从当前出行情况中掌握出行规律,并以此推测出未来年的出行状态,调查资料是否丰富、准确、连续从根本上决定了预测结果是否可靠。此外,由于城市轨道交通客流预测年限长,还应该注意规划年限与预测年限的一致性等问题。

12.5.2 具体性原则

各个城市在做客流预测时不仅要借鉴其他城市的经验,还要针对本城市的特点提出合理的模型,主要考虑的原则有以下几个。

1. 城市人口规模的大小与分布特点

城市人口规模的大小和分布从根本上决定了轨道交通的规划方向。一个人口密集的重工业城市,如沈阳市,居民出行的目的主要为上班、上学、购物等,客流分布比较有规律,城市轨道交通的规划就应当满足居民出行的需求。而西安、大连等旅游城市客流中的一大部分来自旅游人口,旅游城市与工业城市的客流预测模型并不相同。同理,拥有百万人口的佛山市的客流预测并不应照搬拥有上千万人口的北京市的客流预测模型。

2. 城市的地形特点

城市的地形特点对城市客流分布有决定作用,如兰州市,其狭长的地形为客流预测提供了便利,针对其特点采用线状取代面状,不但可以简化计算,而且由于影响因素少,精度反而较高。

3. 城市的未来发展规划

城市的未来发展规划对城市的客流预测也起着重要的作用。各个城市应根据城市的性质、规模、用地布局、经济发展水平及有关国家政策,对城市轨道交通客流预测进行控制。例如,深圳作为经济特区,其政策有异于内陆城市,这样在做客流远景预测和交通客流分配时,应当考虑其政策对城市的影响和城市轨道交通对城市规划的反作用。

4. 城市的地理位置、居民的生活习惯、气候特点

城市的地理位置、居民的生活习惯、气候特点对客流预测具有重要的作用。城市规模相仿的广州和西安在采用"四阶段"法预测时,气候相对于干燥的西安为步行和自行车提供了方便,而经济相对发达和多雨气候的广州为私家车提供了可能。

12.5.3 城市轨道交通客流预测模式

自 20 世纪 70 年代交通规划技术传入我国以来,运用定量的方法进行科学的预测已成为规划的主要手段。目前我国城市轨道交通客流预测模式主要分为以下几类。

1. 非基于现状客流 OD 分布的预测模式

这类预测模式的主要思路为:将相关的公交线路的现状客流和自行车流量,向城市轨道交通线路转移,得到虚拟的基年城市轨道交通客流。然后按照相关公交线路的历史资料和增长规律,确定城市轨道交通客流的增长率,推算远期城市轨道交通需求客流量;或者由公交预测资料,直接转换为远期城市轨道交通客流量。因此,这一类方法主要为趋势外推,在确定城市轨道交通客流增长率时可采用指数平滑法、多元回归法等方法。这一模式属于早期模式,受其原理的限制,以现状公交为预测基础,对现状交通特征的反映较为片面,无法考虑城市用地规模、交通设施、出行结构改变的影响,特别是我国的大城市正处于交通成长期,未来的交通状况与现状相比很可能有较大的变化,因此精度较低。但由于操作简单,所以目前常用于其他模式预测后的比较验证,或定性分析的辅助手段。

2. 基于现状客流 OD 分布的预测模式

基于现状客流 OD 分布的预测模式的思路主要有两类:第一类是以现状 OD 调查为基础,将现状出行 OD 经方式选择,虚拟出"现状"城市轨道交通客流,并推算其站间 OD,由"虚拟现状城市轨道交通"向"远期城市轨道交通"推算;第二类则以经典的"四阶段"法为基础,通过现状客流 OD 分析客流与土地利用、人口、就业岗位、交通网络等因素的相互关系,结合城市规划推算未来轨道交通的客流,其预测遵循出行产生、出行分布、方式划分和交通分配 4 个步骤。目前,国内城市轨道交通客流预测多用四阶段法,实践证明该法结合土地利用规划,能较好地反映城市远期客流的分布,且精度相对较高,但对数据要求高、操作复杂。由于"四阶段"法中各阶段预测方法的不同以及某些阶段的组合,在预测时又形成多种具体操作方法。

3. 基于非集计模型的预测模式

由于"四阶段"法缺少明确的行为假说,特别是模型系统本质上并非有关个体行为的,即它不是与个体出行行为相一致的,针对其不足,一些专家提出了非集计模型。非集计模型以实际产生交通活动的个人为单位,对个人是否进行出行、去何处、利用何种交通工具以及选择哪条路线等活动分别进行预测,并按出行分布、出行方式和交通线路分别进行统计,得到交通需求总量的一类模型。这一模型在理论上利用了现代心理学的成果,引入了随机效用的概念,其核心是效用最大化理论,着眼于研究出行者个体的出行行为。非集计模型相比传统模型的优势是有明确的行为假说、模型的一致性好、模型标定所需调查样本少,模型有较好的时间和地区可转移性等特点,但是在理论上还不够成熟,实际应用范围不广。

12.5.4 城市轨道交通客流预测技术路线

随着城市轨道交通的迅速发展,与其他方法相比,四阶段客流预测法的理论基础相对成熟,既可以反映出行分布现状,又可以在一定程度上掌握交通发展趋势,实用性较强。因此,我国城市轨道交通客流预测实践中以四阶段交通需求预测模型为主。所谓四阶段预测法,就是将交通需求预测过程分为4个阶段:出行生成预测、出行分布预测、方式划分预测、交通分配预测。城市轨道交通客流预测工作主要有以下5个基本步骤。

1. 收集资料

它主要包括土地利用规划资料及交通供给资料等。交通发展与土地利用之间有紧密的相互作用和联系,客流预测必须考虑到规划期限内有关的土地利用规划。土地利用资料主要是指交通小区的人口数和不同用地类型的工作岗位数,它们是产生城市客流交通的根源。一般将城市研究区域划分为若干交通小区,交通供应资料包括各预测年度城市轨道交通线网、地面公交网及道路网。

2. 出行生成预测

它是指对每一个交通小区产生的和吸引的出行数量的预测,即预测发生在每一个交通小区的出行端数量。换言之,出行生成预测是预测研究对象地区内每一个交通小区的全部进出交通流,但并不预测这些交通流从何处来,到何处去。

3. 出行分布预测

它是指从起点交通小区到讫点交通小区的交通量预测,得到各预测年度全市全方式分目的出行的分布矩阵表。

4. 方式划分预测

它是指对每组起讫点间各种可能的交通方式(如小汽车、公共交通、自行车等)所承担的交通比例的预测,即决定出行者采用何种交通方式出行,从全方式出行分布中分离出各种出行方式的出行分布 OD。

5. 交通分配预测

将出行分布 OD 矩阵预测结果分配到所选择的城市轨道交通线网规划方案对应的综合交通网络上,从而得到城市轨道交通线网各条线路上的客流量。

城市轨道交通客流预测模型如图 12-1 所示,四阶段交通需求预测系统一般由 4 个子模型组成:出行生成、出行分布、方式划分、交通分配。4个子模型形成一个序列,前一个模型的输出结果为后一个子模型的输入数据,最后的子模型输出从起点到讫点以及采用某种交通工具行走某条路线的预测结果。

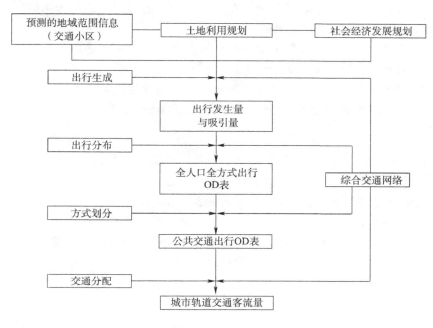

图 12-1　城市轨道交通客流四阶段预测方法

具体细化至分配所用 OD 矩阵和网络的不同,又有 4 种不同的思路和做法,如图 12-2 所示。

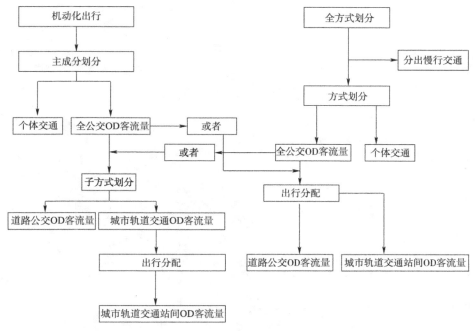

图 12-2　城市轨道交通客流预测的技术路线

图 12-2 主要表达产生"城市轨道交通站间 OD 客流量"的 4 条路线：

(1) 机动化出行→城市轨道交通 OD 客流量→在城市轨道交通线网上的分配。适用于当前机动化水平较高,城市轨道交通骨干线网基本形成的年份。

(2) 机动化出行→全公交 OD 客流量→在全公交网上的分配。适用于当前机动化水平较高,城市轨道交通骨干线网尚未形成的年份。

(3) 全方式出行→全公交 OD 客流量→在全公交网上的分配。适用于当前机动化水平较低,城市轨道交通骨干线网尚未形成的年份。

(4) 全方式出行→城市轨道交通 OD 客流量→在城市轨道交通线网上的分配。适用于当前机动化水平较低,城市轨道交通骨干线网基本形成的年份。

思考题

1. 城市轨道交通客流预测对城市交通方面的基础数据有何要求？
2. 城市轨道交通线网规划阶段客流预测的基本内容有哪些？
3. 城市轨道交通建设规划阶段客流预测的基本内容有哪些？
4. 城市轨道交通工程可行性研究阶段客流预测的基本内容有哪些？
5. 城市轨道交通客流预测的复杂性表现在哪些方面？应如何改进以提高预测精度？
6. 简要说明四阶段法客流预测的基本步骤。

第13章
城市轨道交通客流预测方法与模型

鉴于我国城市轨道交通客流预测实践中以四阶段交通需求预测模型为主,本章主要以四阶段交通需求预测模型为主介绍城市轨道交通客流预测方法与相关模型。

13.1 交通小区划分

13.1.1 交通分区的分级处理

交通分区是结合调查和规划后续阶段的研究通盘考虑的。分区太细、太多,会使分析难度加大;分区太粗、太少则会影响抽样精度和后期交通分析的精度。对于交通分区,一般城市都是采用分级处理的(图13-1)以满足不同层次交通分析的要求。第一级为片区(Sector),包括市中心商业区和其他几个楔形状区。自然屏障、河流、铁路、快速路,是片区之间理想的分界线。第二级是大区(District),是每个片区的主要划分,使之土地利用特征相似或行政区划相同。第三级是交通小区(Zone),以道路分界或住宅群分界(如我国的街道办事处、社区和居委会)。交通小区是开展出行调查、搜集数据的基本单元。在交通小区的基础上,根据需要可以

图 13-1　交通分区的分级处理示意

进一步划出子小区(Subzone)和更小的街坊(Block)。伦敦(1950年)划出11片区、186大区、933小区；旧金山(1965年)划分出30大区、98分区、742小区；上海(1986年)居民出行调查时划出30片区、172大区、503小区，西安(2008年)居民出行调查时划出13片区、70大区、519小区。

13.1.2　交通小区规模和数量

划分交通小区的直接目的是描述不同性质出行的流向、流量状况，但是区内出行不能反映交通源的流向性质，因此需通过确定合理的交通小区面积大小将区内出行的比例控制在一个适当范围之内，以满足交通预测分析的精度要求。随着交通小区面积增大，一些中短距离出行无法跨越交通小区，出现区内出行的概率随之增大。事实上，除非交通小区的面积非常小，否则很难避免区内出行的出现。但是如果将交通小区划分得过小过细，交通分析的工作量将大幅度增加，而分析精度却未必有明显的改善。

交通小区大小依据调查区域面积、人口密度、调查目的和数据项目决定。一般市中心区和交通密集地，小区面积小；郊区或交通稀疏地区小区面积大。国外认为小区范围应以驾驶时间在 3~5min 为界。据美国1983年229个城市统计，小区面积平均在 1.38~7.38km²，小区人口平均为 0.87万~7.34万人，如表13-1所示。据我国天津、上海、广州等城市调查，一般市内交通小区面积为 1~3km²，人口为 2万~4万人；近郊区小区面积 5~15km²，人口为 3万~5万人不等。

美国城市交通小区面积与人口　　　　表 13-1

区域人口 (万人)	交通小区面积(km²)		交通小区人口(人)	
	上下限	平均值	上下限	平均值
<7.5	0.28~5.25	1.38	120~2700	872
[7.5,15)	0.60~8.48	2.77	357~1692	954
[15,30)	0.60~10.03	3.30	545~2400	1296
[30,100)	2.03~25.68	5.55	1316~7175	2828
≥100	1.45~33.32	7.83	2214~24659	7339

由国内外交通小区的划分情况可以看出，国内外在进行城市交通小区划分时，一般通过对用地性质、人口分布、行政区划、自然地貌、路网布局等因素的定性分析来确定交通小区。对于交通小区面积大小和数量也只是参照一些经验数值，尚无统一的标准和相关的理论支持。根据国外交通调查的成功经验，一般城市中心区域交通小区的面积为 1.00~3.00km²，人口为 2万~4万人，城市边缘区域交通小区的面积为 5.00~15.00km²，人口为 3万~5万人。这些经验是可以借鉴的，但应考虑到国外人口较少，地广人稀，分区普遍较大，而我国城市一般人口密度较高，也就是说，单位面积上聚集了更多的交通源，因此交通小区的规模应结合不同城市的具体情况确定，并没有统一的标准。

13.1.3　交通小区划分原则

交通小区划分的目的在于定义出行起讫点的空间位置,并且是分析交通特性的基础单元。理论上分区应是一个相同土地使用活动且使用强度均匀的用地。但此条件并不容易符合,因为土地使用在各区均呈某种程度的混合发展,且其各类用地使用强度也不均匀。故交通区小的划分,虽有若干可遵循的原则,但实际划分仍需要依靠经验与判断。总结国内外经验,交通小区划分应注意以下几点:

(1)对于已做过交通 OD 调查的城市,为了保证数据资料的延续性,尽可能地利用历史积累的宝贵资料和交通数据,交通小区划分应尽量保持与原已划分的小区的一致性。

(2)尽可能以用地性质作为划分小区单元的依据,保持小区的同质性,尽量使区内土地利用、经济、社会等特性一致。

(3)尽量以铁路、河川等天然屏障作为分区的界限。

(4)分区的过程应考虑道路网的构成,应使交通小区划分与道路网协调一致,尽可能使交通小区出行形心位于路网节点(交叉口和干路)上,越近越好。

(5)为便于交通小区内人口数字统计和调查组织,最好使交通小区与行政管辖范围(街道、居委、社区等)一致。

(6)在工作量允许的条件下,尽可能将交通区划分得细一些。

(7)根据分析研究工作的需要,可将交通区按不同层次界面进行划分。

(8)靠市中心分区面积小些,靠市郊的面积大些。

(9)遵循均匀性和由中心向外逐渐增大的原则。对于对象区域内部的交通小区,一般应该在面积、人口和发生与吸引交通量等方面保持适当的均匀性;对于对象区域外部的交通小区,因为要求精度的变低,应该随着距对象区域的距离的变远,逐渐增大交通小区的面积。

(10)对于含有高速公路和轨道交通等的对象区域,高速公路匝道、车站和枢纽应该完全包含于交通小区内部,以利于对利用这些交通设施的流动进一步分析,避免匝道被交通小区一分为二的分法。

13.1.4　交通小区划分的一般步骤

交通小区划分的总体思路是自上而下控制、自下而上合并、利用适当的小区大小和数量作为约束条件、合理遵循小区划分原则。具体步骤如下:

(1)考虑分层面、分区域、分时期的问题对研究区域划分界限,保证划分后的交通小区处于控制线内,不会出现交通小区被不同层面、不同区域、不同时期分割的可能。

(2)确立合理的交通小区大小和数量,特别注意因研究区域的重要程度不同对交通小区大小和数量的影响。

(3)在研究区域内标注河流、山川、铁路、车站、地铁站点、高速公路匝道口等对交通小区划分可能产生影响的自然地理和交通设施,在遵照交通小区划分原则的基础上,考虑交通小区划分过程中如何处理这些情况。

(4)背景资料采集通常会将规划区域分成不同部分,对这些区域在基本满足前 3 个步骤的前提下进行合并或分割,最终形成交通小区。

13.2 城市轨道交通网络的拓扑建模

13.2.1 城市轨道交通网络描述

与通常的道路交通网络系统相比,城市轨道交通系统包括以下特殊部分:①城市轨道交通客流产生和吸引的物理节点,即小区中心点;②城市轨道交通车站的节点;③小区和车站连接城市轨道的交通路段,包括城市轨道交通的线路部分。

城市轨道交通的线路部分包括由节点依次连接的路径,具有速度和发车频率等特性。因此,城市轨道交通网络系统在网络的描述上与常规的交通系统相比更为复杂。

城市轨道交通网络模型可以用 $G = (N, A, L)$ 来表示。其中,N 表示节点集合,A 是弧集合,L 是列车运行线路集合,城市轨道交通网络的描述如图 13-2 所示。其中图 13-2a)表示现实中的城市轨道交通网络示意图,包括车站、出行小区、运行线路等。图 13-2b)表示基于扩展路径的城市轨道交通网络图,是对图 13-2a)所示的城市轨道交通网络的扩展。

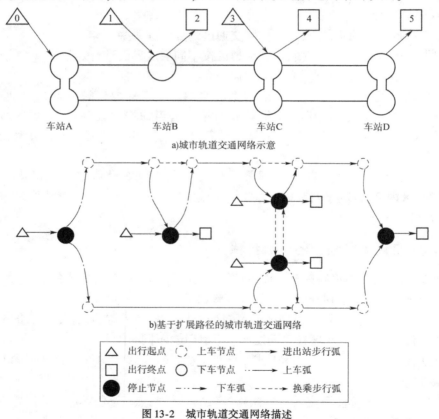

图 13-2 城市轨道交通网络描述

1. 节点

节点分为实节点和虚节点。实节点即物理节点,用来表示乘客出行始点和终点(通常为小区中心、常规公交接驳站点等)、城市轨道交通车站或者车站的某个站台。虚节点为在描述城市轨道交通网络中乘客出行而添加的节点,包括上车节点、下车节点。在实节点中,出行始点表示出行的开始节点,该类节点仅仅有通过弧与之相连的后续节点;出行终点表示出行的最终目的,该类节点没有与之相连的后续节点,但至少有一个前向节点;一个停止节点表示车站的某个站台,在同一站台上不同的出行路径或线路通过弧相连。在虚节点中,上车节点是为了描述乘客上车行为而添加的虚拟节点,同样,下车节点是为了描述乘客下车行为而添加的虚拟节点。

2. 弧

在该网络模型中,有几种不同类型的弧,分别为列车运行弧、列车停止弧、换乘步行弧和上下车弧。假设列车运行弧的集合为 $R \in A$,列车停止弧的集合为 $S \in A$,步行弧的集合为 $W \in A$,上下车弧的集合为 $B \in A$。

(1) 列车运行弧。

列车运行径路不仅由城市轨道交通线路、车站及其走向决定,而且由列车开行方案决定。同一轨道交通线路上不同的列车开行交路属于不同的列车运行径路,并且针对城市轨道交通网络,上下行列车属于不同的列车运行径路。列车运行径路对应于列车运行图上的运行线,故列车运行径路上列车的发车频率,各个区间的运行时间和各个车站的停站时间信息均可以通过列车运行图得到。对于某条列车运行线路 $l \in L$,n_{li} 表示列车运行线路上所通过的第 i 个车站的编号。

某一条列车运行径路上,沿列车运行方向的相邻车站由列车运行弧连接,若两车站之间有多种交路的列车开行时,即多个列车运行线路都包含这两个相邻的车站,那么这两个车站间的列车运行弧有多条,并且需要按照列车运行线路进行区分。

对于列车运行弧 $a \in R$,定义 $a^{(t)}$ 表示有向弧 a 的弧尾节点(沿弧方向的后续节点),$a^{(h)}$ 表示有向弧 a 的弧头节点(沿弧方向的前向节点),$a^{(0)}$ 表示列车运行弧本身。

(2) 列车停止弧。

停止弧 $a \in S$,弧上权值可以描述某条运行线路或路径到达站台后,在乘客下车后和乘客上车前的等待时间。

(3) 换乘步行弧。

换乘步行弧包含了进出站步行、换乘步行活动,对于步行弧 $a \in W$,定义 τ_a^w 表示换乘步行弧口上的乘客走行时间,可以通过步行通道长度去除乘客步行速度得到。一般换乘步行弧后面紧跟着的是上车弧或者终点站,某 OD 方向上出行的起始车站和终到车站必与换乘步行弧相连。

(4) 上下车弧。

上车下车弧 $a \in B$,上车弧上的权值用来描述乘客经过步行到达站台后至登上列车所需时间,包括在站台的等待时间和上车时间。其中,等待时间与列车的发车间隔和乘客到达站台的时间及排队方式相关。下车弧表示列车到达站台后乘客下车所需时间,与车厢和站台的拥挤程度相关。在图 13-2 所示的城市轨道交通扩展路径下的网络表示中可以看出,乘客由出行小区通过步行弧到达站台节点,而后经上车弧到达上车节点而登上城市轨道交通列车,经列车运行弧到达下车节点,经下车弧到达城市轨道交通车站的站台节点,再由步行弧最终到达终点小区。当出行存在换乘情况时,乘客可以在到达站台节点后通过换乘步行弧到达同一车站的另一站台节点再经上车弧登上列车。值得注意的是,图 13-2b) 中的上车弧权值包含了城市轨道交通乘客的等待时间的信息。

13.2.2 城市轨道交通客流出行阻抗

根据图13-2,将城市轨道交通客流出行的阻抗函数都看作为在路段上的出行费用函数,即路段阻抗函数,图中的每条出行弧即为研究中的路段。由于本节所研究的是客流量在城市轨道交通线路或路径上的分布情况,所以涉及的路段中省略了从小区到站台的步行路段。在具体情况中,城市轨道交通任意两个车站之间的不同线路所需票价相同,因此,研究中也省略了票价因素的影响。路段阻抗函数包括车内乘车时间、列车在车站的停站时间和车站等车时间和换乘时间。列车在车站的停站时间,可以由列车运行图获得,假设停站时间不随乘客流量而变化。

车内乘车时间由两部分组成:一部分是与乘客数量无关的列车运行弧上的运行时间t_{ij},另一部分是与乘客数量相关的乘客感觉到的不舒适程度函数。其中,路段走行时间可由式(13-1)表示:

$$t_{ij} = \frac{s}{v} \tag{13-1}$$

式中:s——城市轨道交通相邻两站点距离,km;
  v——列车在两点间平均运行速度,km/h。

通常,对于城市轨道交通系统而言,列车运行平均速度为常数值。此外,出于计算方便的考虑,本节将与乘客数量无关的列车在站台的停站时间包含在运行时间内。

乘客的不舒适度函数与乘客数量、列车车厢座位数和载客量有关,拥挤情况的出现是乘客感觉不舒适的主要因素,这里采用额外时间开销函数对乘客的不舒适度进行描述。当乘客数比座位数少时,乘客均有座位,因此额外时间开销函数为零;当乘客数大于额定载客量时,此时乘客感受到过度拥挤而产生的额外时间开销函数较大;当乘客数介于额定载客量和座位数两者之间时,乘客感受到的是一般拥挤程度。单位乘车时间内的额定时间开销函数可用式(13-2)表示:

$$Y(x) = \begin{cases} \dfrac{x - pn}{pn}A, & pn < x < pc \\ \dfrac{x - pn}{pn}A + \dfrac{x - pc}{pn}B, & x > pc \end{cases} \tag{13-2}$$

式中:x——城市轨道交通路段客流量;
  p——列车发车频率;
  n——列车座位数;
  c——列车最大载客量;
  A——一般拥挤情况下的额外时间开销函数;
  B——过度拥挤情况下的额外时间开销函数。

由此,城市轨道交通系统路段a的车内乘车时间可用式(13-3)表示:

$$t'_a(x) = t_{ij} + t_{ij}Y(x) \tag{13-3}$$

式中:$Y(x)$——单位乘车时间内因拥挤而产生的额外时间开销;
  t_{ij}——相邻车站的列车走行时间。

下面分析阻抗函数中的等车时间和换乘时间。等车时间与乘客的到达方式和列车的发车间隔相关,在不考虑乘客因为车辆容量限制而无法等上车的情况下,乘客的等车时间可以表示如下:

$$w_a(x) = \frac{a}{f} \tag{13-4}$$

式中：$w_a(x)$——路段 a 的等待时间阻抗函数；
　　　a——与乘客到达方式、列车发车间隔相关的参数；
　　　f——列车的发车频率。

一般而言，若乘客按某平均到达率到达车站，列车发车间隔固定，则 a 的取值为 0.5。乘客的换乘时间阻抗函数与换乘通道长度和乘客的平均步行速度相关，可以表示如下：

$$t_h(x) = \frac{L}{v_h} \tag{13-5}$$

式中：$t_h(x)$——换乘时间阻抗函数；
　　　L——同一车站站台间的换乘通道长度；
　　　v_h——乘客平均步行速度。

综合考虑上述各类阻抗函数，可以得到城市轨道交通路段总的阻抗函数 $t_a(x)$ 为：

$$t_a(x) = t'_a(x) + \beta w_a(x) + \gamma t_h(x) \tag{13-6}$$

式中：β——与等待时间阻抗函数相关的正的参数；
　　　γ——与换乘时间阻抗函数相关的正的参数。

引入这两个参数是由于对于相同的时间，乘客在乘车时和等车及换乘状态下的感受不同，等车和换乘更容易使乘客心里产生厌烦，因此这两个参数均大于 1，表示等车与换乘阻抗的权重较乘车时间的权重大。

13.3 出行生成预测

13.3.1 概述

出行生成（Trip Generation）预测包括出行发生量（Trip Production）预测和出行吸引量（Trip Atraction）预测，这一阶段预测的目的在于获得城市在未来社会经济发展规模、人口规模和土地利用特征下，各交通小区可能产生和吸引到的总交通量。常用的预测方法有增长率法、原单位法、回归模型法、交叉分类分析法等。

关于出行发生量和吸引量有两个基本的规律可循：
(1) 一个交通小区中，住宅数量越多，发生量也就越多。
(2) 非住宅数量越多，吸引量就越多。

单位时间内，一个交通小区的发生量通常不等于吸引量，但对于整个对象区域而言，单位时间的交通吸引总量应该严格等于单位时间产生总量（境内外出行例外），或者至少应该大致相等（包含了境内外出行）。

13.3.2 增长率法

增长率法假定：交通小区 i 的居民出行量与社会经济指标同比例增长。这种方法是把不同交通小区的现状居民出行量 t_i 与增长因子 F_i 相乘，从而求得各个交通小区的规划年出行量 T_i。

其基本模型为：

$$T_i = t_i F_i \tag{13-7}$$

式中：T_i——交通小区 i 规划年的居民出行量；

t_i——交通小区 i 现状年的居民出行量；

F_i——增长因子。

该模型的关键问题是如何确定增长因子 F_i，一般认为它同人口(P)、收入(I)、小汽车拥有数(C)等有关。即：

$$F_i = \frac{f(P_{id}, I_{id}, C_{id})}{f(P_{ic}, I_{ic}, C_{ic})} \tag{13-8}$$

式中：d、c——分别代表规划年和现状年；

f——一个不带参量的函数，表示上述因素对于居民出行的综合贡献。

增长率法的最大优点是可以处理用原单位法和函数法都很难解决的问题。它通过设定交通小区的增长率，可以反映因土地利用的变化引起的人们出行的变化以及对象区域外的交通小区的发生与吸引交通量。由于原单位法和函数法都是基于实际调查数据的方法，而对象区域外的交通小区没有实际测量数据和预测目标年度的自变量数据，所以选用增长率法。

但是，由于现实的复杂性，居民出行的增长与社会经济因素的增长之间的关系极其复杂，很难简单地用一个函数关系来描述，而且它们之间是否存在必然的、时空稳定的联系还值得推敲，经验得出该方法计算的结果偏大。在实际中，增长系数法只用于预测外部到研究区域的出行生成量。

13.3.3 原单位法

原单位法的求得原则通常有两种：一种是用居民人口或就业人口每人平均的出行生成量来进行推算的个人原单位法；另一种是以不同用途的土地面积或单位办公面积平均发生的出行来预测的面积原单位法。

在居民出行预测中，经常采用的是以单位出行次数作为原单位来预测未来的居民出行量的方法，所以也称单位出行次数预测法。单位出行次数为人均或家庭平均每天的出行次数，它由居民出行调查结果统计得出。因为单位出行次数比较稳定，所以单位出行次数预测法是进行生成出行预测时最常用的方法。

预测不同出行目的出行生成量可以采用如下方法：

$$\begin{cases} T = \sum_k T_k \\ T_k = \sum_l a_{kl} N_E \end{cases} \tag{13-9}$$

式中：T——研究对象地区总的出行生成量；

T_k——出行目的为 k 时的出行生成量；

k——出行目的；

l——人口属性(常住人口、就业人口、工作人口、流动人口)；

a_{kl}——出行目的 k 和人口属性 l 的平均出行生成量；

N_E——某属性的人口。

原单位法预测的出行生成量除由人口属性按出行目的的不同预测外，还可以土地利用或经济指标为基准预测。从调查中得出单位用地面积或单位经济指标的发生和吸引出行量,如假定其是稳定的,则可根据规划期限内各交通小区的用地面积(人口量或经济指标等)进行交通生成预测。

对于预测出行生成量来说,怎样决定生成原单位的将来值是一个重要的问题。根据以往的研究成果,通常有以下几种做法:

(1)直接使用现状调查中得到的原单位数据。

(2)将现状调查得到的原单位乘以其他指标的增长率来推算,即增长率法。

(3)最常用的也是最主要的为函数法。通常按照不同的出行目的预测不同出行目的的原单位。其中,函数的影响因素(或称自变量)多采用性别、年龄等指标。

13.3.4 回归模型法

以出行生成量为因变量,以对其产生影响的所有社会经济指标为自变量,并基于现状数据资料进行回归分析的方法。据此而得到的模型称为回归模型。

取 k 个社会经济指标为自变量,设第 i 小区内第 j 个社会经济指标的值为 $Q_{ij}(j=1,2,\cdots,k)$,则 i 小区的出行生成量 G_i 与 Q_{ij} 间的关系可以表示成下列模型:

$$G_i = f(Q_{i1}, Q_{i2}, \cdots, Q_{ij}, \cdots, Q_{ik}) \tag{13-10}$$

当该模型取线性模型时,则有:

$$G_i = b_0 + \sum_{j=1}^{k}(b_j \cdot Q_{ij}) \tag{13-11}$$

式中:b_0——回归常数;

b_j——偏回归系数,$j=1,2,\cdots,k$。

利用小区的现状出行生成量 $G_i(i=1,2,\cdots,n)$ 及相应的社会经济指标值 $Q_{ij}(i=1,2,\cdots,k;j=1,2,\cdots,k)$,采用最小二乘法即可求出相应的回归常数与偏回归系数。将所有的回归系数代入式(13-11),即可得到出行产生的回归预测模型。若上述 G_i 代表的是各小区的现状出行发生量,则所得到的模型是出行产生模型;若 G_i 代表的是各小区的现状出行吸引量,则对应的模型是出行吸引模型。

如日本丰田市的一个出行产生回归模型为

$$G_i = 247 + 1.398 Q_{i1} + 1.078\ Q_{i2} + 0.1125\ Q_{i3} \tag{13-12}$$

式中:G_i——i 小区的出行发生量,人次;

Q_{i1}——i 小区的总人口,人;

Q_{i2}——i 小区的事务所人数,人;

Q_{i3}——i 小区的商业及事务所占地面积,m^2。

只要将预测到的未来相关社会经济指标代入上述模型,即可预测未来的出行发生量或吸引量。

如日本丰田市某一小区 i 的将来预测年度总人口为 5 万人,事务所人数为 3 万人,商业及事务所占地面积为 $2 \times 10^6 m^2$,则该小区的出行发生量可以预测如下:

$$G_i = 247 + 1.398 \times 5 \times 10^4 + 1.078 \times 3 \times 10^4 + 0.1125 \times 2 \times 10^6$$
$$= 0.1125 \times 2 \times 10^6 = 32.7(万人次)$$

标定出一个新的回归模型时,还须对其系数(特别是正、负号)的合理性做出判断。例如,在自变量总人口之前的系数出现正号是合理的,这说明人口越多,出行量应该越大;反之,若在总人口变量前出现负号,则明显不合理,因为这表达的是人口越多,相应的出行产生量越小。如果出现这种不合理的现象,则应重新选择其他经济指标作为变量,重新标定模型。

从上述方法可见,无论哪种方法都是以个人出行调查的结果为基础的,即它们都是以个人出行调查时点的发生、吸引出行量为基础,预先求得出行量与社会经济指标间的关系,然后预测出未来规划年度相应的社会经济指标值,最后预测得到规划年度的出行量,但其间是以其函数关系不变为前提的。然而现实生活中,由于生活条件的改善,城市规划、土地利用规划等可能产生调整或由于实施了新的交通项目,地区交通状态产生变化,因而作为确定出行产生、吸引出行量基础的地区性质也会产生变化。对于这些问题,应根据不同情况,对预测值进行适当调整。

13.4 出行分布预测

13.4.1 概述

出行分布预测是指从起点(Origin)小区到终点(Destination)小区的交通量预测,是利用各交通小区发生量 P_i 和吸引量 A_j (i,j 是交通小区序号)求各交通小区之间分布量,即 OD 矩阵。

OD 矩阵是一个二维表(矩阵),行坐标为吸引分区号,列坐标为发生分区号,元素为出行分布量,如表 13-2 所示。表中,q_{ij} 为以交通小区 i 为起点,交通小区 j 为终点的出行量,Q 为研究对象区域的生成交通量。

出行分布矩阵 表 13-2

OD	1	2	…	n	小计
1	q_{11}	q_{12}	…	q_{1n}	P_1
2	q_{21}		…	q_{2n}	P_2
⋮	⋮	⋮		⋮	⋮
n	q_{n1}	q_{n2}	…	q_{nn}	P_n
小计	A_1	A_2	…	A_n	Q

对于 OD 表,下面各式所示守恒法则成立:

$$P_i = \sum_j q_{ij}, A_j = \sum_i q_{ij}, Q = \sum_i P_i = \sum_j A_j = \sum_i \sum_j q_{ij} \tag{13-13}$$

出行分布的目的是要确定城市内部的各个交通小区之间的出行量,是进行城市交通规划和制定城市交通发展战略的重要依据。而城市轨道交通线网的客流出行分布也是进行站点布设、列车运营等的基础。需要解决的问题包括:每一交通小区所发生的出行量到哪个分区去了;它所吸引的出行量又来自哪里;这一阶段的预测目的在于获得城市在未来年交通出行在空间上的分布,即各个分区之间的出行交换量。

出行分布预测的方法很多,有些比较简单的模型主要适用于短期战术性的研究,在这些研究中网络可达性不会发生很大的变化;而另外一些模型能够反映网络阻抗的变化,可用于长期战略性的研究。常用的出行分布预测方法有增长系数法、重力模型法等。

13.4.2 增长系数法

增长系数法是一种依据现状出行分布和未来各交通小区出行量的增长率来计算未来各交通小区之间出行分布量的方法。增长系数法假定:已有来自过去研究或调查数据的现状出行分布矩阵,假设将来交通小区与交通小区之间的出行分布模式与现状的分布模式一致,其未来年的出行分布量按照某一系数增加。

设,q_{ij}^0 为现状出行分布量;P_i^0,A_j^0 为现状出行发生量、吸引量;Q^0 为现状区域出行生成量。q_{ij} 为未来年出行分布量预测值;P_i,A_j 为未来年出行发生量、吸引量预测值;Q 为未来年出行生成量。q_{ij}^m 为第 m 次迭代出行分布量计算值;P_i^m,A_j^m 为第 m 次迭代出行发生量、吸引量计算值;Q^m 为第 m 次迭代出行生成量计算值。m 为迭代计算次数,$m=0,1,2,\cdots$ 则增长系数法的计算步骤如下。

步骤1:令计算次数 $m=0$。

步骤2:计算各交通小区的发生与吸引量的增长率 F_{pi}^m,F_{aj}^m。

$$F_{pi}^m = \frac{P_i}{P_i^m}, F_{aj}^m = \frac{A_j}{A_j^m} \tag{13-14}$$

步骤3:计算第 $m+1$ 次迭代的出行分布量近似值 q_{ij}^{m+1}。

$$q_{ij}^{m+1} = q_{ij}^m \cdot f(F_{pi}^m, F_{aj}^m) \tag{13-15}$$

步骤4:计算第 $m+1$ 次迭代的出行发生量、吸引量,即 P_i^{m+1}、A_j^{m+1}。

$$P_i^{m+1} = \sum_j q_{ij}^{m+1}, A_i^{m+1} = \sum_i q_{ij}^{m+1} \tag{13-16}$$

步骤5:收敛判断。

$$1 - \varepsilon < F_{pi}^{m+1} = \frac{P_i}{P_i^{m+1}} < 1 + \varepsilon \tag{13-17}$$

$$1 - \varepsilon < F_{aj}^{m+1} = \frac{A_j}{A_j^{m+1}} < 1 + \varepsilon \tag{13-18}$$

ε 为事先设定的允许误差率(如 $\varepsilon = 3\%$),如果式(13-17)和式(13-18)均满足要求,则停止迭代计算,令 $q_{ij} = q_{ij}^{m+1}$ 即为出行分布预测结果;否则,令 $m = m+1$,返回步骤2继续进行下一步迭代计算。

增长系数法是一种比较简单的预测方法,根据函数 $f(F_{pi}^m, F_{aj}^m)$ 的种类不同,增长系数法可以分为:常增长系数法、平均增长系数法、底特律法、福莱特法等,下面分别介绍各种不同的增长系数法。

1. 常增长系数法

常增长系数法假定 i,j 小区之间的分布量 q_{ij} 的增长仅与 i 小区的发生量增长系数有关,或仅与 j 小区的吸引量增长系数有关,或仅与生成量的增长系数有关。增长函数为:

$$f_{常}(F_{pi}^m, F_{aj}^m) = \frac{P_i}{P_i^m} \text{ 或 } f_{常}(F_{pi}^m, F_{aj}^m) = \frac{A_j}{A_j^m} \text{ 或 } f_{常}(F_{pi}^m, F_{aj}^m) = \frac{Q}{Q^m} \tag{13-19}$$

这种方法只考虑将来的发生量或吸引量或生成量当中的某一个量的增长率对增长函数的影响,而忽视了其他变量对增长函数的影响。由于发生量与吸引量的不对称性,其预测精度不高,是一种最简单的预测方法,有时甚至不能保证交通分布的守恒约束条件。

2. 平均增长系数法

平均增长系数法假定 i,j 小区之间的分布量 q_{ij} 的增长系数是 i 小区发生量增长系数和 j 小区吸引量增长系数的平均值。即：

$$f_{\text{平}}(F_{pi}^m, F_{aj}^m) = \frac{1}{2}(F_{pi}^m + F_{aj}^m) = \frac{1}{2}\left(\frac{P_i}{P_i^m} + \frac{A_j}{A_j^m}\right) \tag{13-20}$$

此法明显比第一种方法合情理一些，这是一种最常用的方法。在实际运用时，因迭代步数较多，计算速度稍慢。

3. 底特律法

底特律法假定 i,j 小区之间的分布量 q_{ij} 的增长系数与 i 小区发生量增长系数成正比，而且与 j 小区吸引量增长占整个区域吸引量增长的相对比率成正比。增长函数为：

$$f_D(F_{pi}^m, F_{aj}^m) = F_{pi}^m \cdot \frac{F_{aj}^m}{Q/Q^m} = \frac{P_i}{P_i^m} \cdot \frac{A_j/A_j^m}{\sum_j A_j / \sum_j A_j^m} \tag{13-21}$$

该方法在底特律市 1956 年规划中首次被开发利用，收敛速度较快。

4. 福莱特法

福莱特法假定 i,j 小区之间的分布量 q_{ij} 的增长系数不仅与 i 小区发生量增长系数和 j 小区的吸引量增长系数有关，还与整个规划区域的其他交通小区的增长系数有关。增长函数为：

$$f_F(F_{pi}^m, F_{aj}^m) = F_{pi}^m \cdot F_{aj}^m \cdot \left(\frac{L_i + L_j}{2}\right) \tag{13-22}$$

$$L_i = \frac{P_i^m}{\sum_j q_{ij}^m \cdot F_{aj}^m}, L_j = \frac{A_j^m}{\sum_i q_{ij}^m \cdot F_{pi}^m} \tag{13-23}$$

式中：L_i——i 小区产生位置系数；

L_j——j 小区吸引位置系数。

福莱特法的计算比较麻烦，但它的收敛速度快，应用也比较广泛。

增长系数法的优点有：

(1)结构简单，实用的比较多，不需要交通小区之间的距离和时间。

(2)可以适用于小时出行量或日出行量等的预测，也可以获得各种交通目的的 OD 出行量。

(3)对于变化较小的 OD 表预测非常有效。

(4)预测铁路车站间的 OD 分布非常有效。这时，一般仅增加部分 OD 表，然后将增加部分 OD 表加到现状 OD 表上，求出将来 OD 表。

增长系数法的缺点：

(1)必须有全区的 OD 出行量。

(2)对象地区发生如下大规模变化时，该方法不再适用：将来的交通小区分区发生变化(有新开发区时)、交通小区之间的行驶时间发生变化时、土地利用发生较大变化时。

(3)交通小区之间的出行量值小时，存在如下问题：出行量为零，那么将来预测值也为零；较低的 OD 出行量，将来的预测误差将被扩大。

(4)预测结果因方法的不同而异，所以在选择计算方法时，需要先利用过去的 OD 表预测现状 OD 表,比较预测精度。

(5)出行量仅用一个增长率表示缺乏合理性。

13.4.3 重力模型法

增长系数法的一个缺陷是没有考虑各个分区之间的交通阻抗。它对预测期内整个交通网络上的交通阻抗都不会发生多大变化的出行分布预测问题是可用的。但一般对象区域的交通阻抗都会因交通设施的改进或流量的增加而不断变化,这就要求在进行分布预测时,必须加入交通阻抗的因素,重力模型法就是这样的预测方法。

重力模型法是 Casey 在 1955 年提出的,是把牛顿万有引力定律应用于交通分布而得到的模型,通过引入广义费用并综合考虑空间阻抗因素和地区增长特性的分析法。其基本假定是:两个交通小区之间的分布出行量与这两个交通小区的发生量和吸引量成正比,而与这两个小区之间的距离成反比。

1. 基本模型

最早的模型是:

$$q_{ij} = K \cdot \frac{P_i \cdot A_j}{R_{ij}^2} \tag{13-24}$$

式中:q_{ij}——i,j 分区之间的出行量(i 为产生区、j 为吸引区)预测值;

R_{ij}——两分区间的交通阻抗;

P_i, A_j——分区 i 的出行发生量、分区 j 的出行吸引量;

K——系数。

该模型显然在形式上太拘泥于万有引力公式了,在实际应用中发现也有较大的误差。后人将它改进为:

$$q_{ij} = K \cdot \frac{P_i^\alpha \cdot A_j^\beta}{R_{ij}^\gamma} \tag{13-25}$$

其中,α, β, γ, K 是待定系数,假定它们不随时间和地点而改变。据经验,α, β 取值范围是 $0.5 \sim 1.0$,多数情况下,可取 $\alpha = \beta = 1$。

交通阻抗 R_{ij} 可以是出行时间、距离、油耗等因素的综合,但大多数情况下,简便起见,只取其中某个主要指标作为交通阻抗,在城市交通中取时间的情况较多,而在某种方式的地区交通规划取距离的情况较多。

2. 单约束重力模型

简单重力模型无法保证交通守恒约束条件:

$$\sum_j q_{ij} = P_i, \quad \sum_i q_{ij} = A_j \tag{13-26}$$

现在我们来寻找满足式(13-26)的重力模型。将式(13-19)代入式(13-26)的第一个式子,得:

$$\sum_j q_{ij} = \sum_j K \frac{P_i A_j}{R_{ij}^\gamma} = K P_i \sum_j \frac{A_j}{R_{ij}^\gamma} = P_i \tag{13-27}$$

从而得:

$$K = \frac{1}{\sum_j (A_j/R_{ij}^\gamma)} \qquad (13\text{-}28)$$

实际的分布阻抗不仅仅是 R_{ij} 这样的简单因素和表现形式,因此通常要考虑关于阻抗因素的更复杂、更一般的函数关系 $f(R_{ij})$。常见的交通阻抗函数有以下几种形式:

(1) $f(R_{ij}) = R_{ij}^{-\gamma}$。

(2) $f(R_{ij}) = \exp(-bR_{ij}^{-\gamma})$。

(3) $f(R_{ij}) = a \cdot \exp(-bR_{ij})R_{ij}^{-\gamma}$。

其中,(1) 是重力模型的基本形式。另外,$f(R_{ij})$ 也可以是考虑距离、时间、费用等的合成指标,其系数也可以随不同的交通目的而变化。

对一般的阻抗函数 $f(R_{ij})$,式(13-28)就可写成:

$$K = \frac{1}{\sum_j A_j f(R_{ij})} \qquad (13\text{-}29)$$

此时,有:

$$q_{ij} = K \cdot P_i \cdot A_j \cdot f(R_{ij}) = \frac{P_i \cdot A_j \cdot f(R_{ij})}{\sum_j A_j f(R_{ij})} \qquad (13\text{-}30)$$

从而,OD 表的第 i 行元素相加,可得:

$$\sum_j q_{ij} = P_i \cdot \sum_j \frac{A_j f(R_{ij})}{\sum_j A_j f(R_{ij})} = P_i \qquad (13\text{-}31)$$

这样,使用式(13-29)的系数 K 后,预测得到的 OD 表每行 q_{ij} 相加,正好等于小计列的发生量 P_i,也就是说,通过式(13-29)定义的系数 K 就对分布量 q_{ij} 从行的角度进行了约束,因此式(13-29)所定义的 K 就叫"行约束系数",但其结果仍不能保证 $\sum_i q_{ij} = A_j$。如果欲从列的角度进行约束,类似地,可以定义一个"列约束系数":

$$K' = \frac{1}{\sum_i P_i f(R_{ij})} \qquad (13\text{-}32)$$

引进了行约束系数或列约束系数的重力模型叫单约束重力模型。引进行约束系数后,重力模型变成:

$$q_{ij} = \frac{P_i \cdot A_j \cdot f(R_{ij})}{\sum_j A_j f(R_{ij})} \qquad (13\text{-}33)$$

此模型的参数标定问题要比前面少一个参数,无须单独标定 K,只需标定 $f(R_{ij})$ 中的参数,因为只要标定 $f(R_{ij})$,即可由式(13-29)算出 K。

3. 双约束重力模型

同时引进行约束系数和列约束系数的重力模型称为双约束重力模型。双约束重力模型的形式是:

$$q_{ij} = K_i \cdot K'_j \cdot P_i \cdot A_j \cdot f(R_{ij}) \qquad (13\text{-}34a)$$

$$K_i = \left[\sum_j K'_j A_j f(R_{ij})\right]^{-1}, i=1,2,\cdots,n; j=1,2,\cdots,n \qquad (13\text{-}34b)$$

$$K'_j = \left[\sum_i K_i P_i f(R_{ij})\right]^{-1}, i=1,2,\cdots,n; j=1,2,\cdots,n \qquad (13\text{-}34c)$$

式中:K_i, K'_j——行约束系数、列约束系数。

4. 重力模型的优缺点

重力模型的优点如下：
(1) 直观上容易理解。
(2) 能考虑交通网络的变化和土地利用对人们出行产生的影响。
(3) 特定交通小区之间的 OD 出行量为零时，也能预测。
(4) 能比较敏感地反映交通小区之间行驶时间变化的情况。

重力模型的缺点如下：
(1) 重力模型是基于物理法则得出的模型，比较简单，未考虑复杂因素。
(2) 能考虑路网的变化和土地利用对地应用到社会现象，尽量有类似性，需要更加贴合人们出行的方法。
(3) 一般，人们的出行距离分布在全区域并非为定值，而重力模型将其视为定值。
(4) 交通小区之间的行驶时间因交通方式和时间段的不同而异，而重力模型使用了同一时间。
(5) 小区内出行的行驶时间难以给出。
(6) 交通小区之间的距离小时，有夸大预测的可能性。
(7) 利用重力模型计算出的分布出行量必须借助于其他方法进行收敛计算。

13.5　出行方式划分预测

13.5.1　概述

出行发生预测和出行吸引预测研究的对象是人的出行，然而交通需求预测的目的是为交通设施的规划设计提供定量规模的依据。交通设施直接承载的是各种各样的交通工具。这些交通工具的性质上的差异导致对同样的出行量而言，不同的交通方式选择会导致不同的交通设施利用强度。因此，讲述交通方式划分，明确交通工具的选择是非常有必要的。

就城市客运交通而言，交通方式划分就是对公共交通方式与个体交通方式，常规公共交通方式与城市轨道交通方式等的选择问题。

在预测城市轨道交通客流时，首先必须预测出各远景年份总出行量中公共交通所占的比例，它与出行距离的长短、出行时耗的大小以及出行费用的高低都有直接关系。合理、客观的出行方式划分是正确预测城市轨道交通客流的基础。

13.5.2　出行方式选择的影响因素分析

出行方式选择的影响因素较为复杂，出行目的、交通发展政策、交通管制措施、出行产生和分布的实际情况，以及交通方式本身的运营都会影响到城市居民对交通工具的选择。一般来说，影响出行方式选择的因素可以归结为以下 3 个方面。

1. 出行者的特征

(1) 个体车辆（小汽车、摩托、自行车等）的拥有（或）使用权，主要是指小汽车、摩托、自行车和助动车的拥有情况及居民拥有相应驾驶执照的情况。显然，拥有私家车的居民将比无私家车的居民有更多小汽车出行的机会。

(2)家庭结构(年轻夫妇无子女家庭、有子女家庭)。不同家庭结构的出行者对于出行方式的选择有不同的侧重,同时,以家庭为一个单元来考虑出行还涉及家庭成员之间的相互影响。

(3)收入高低。高收入者偏向于使用私家车或乘坐出租车,而低收入者偏向于公共交通或骑自行车。

(4)其他个人特征(年龄、体质等)。不同年龄阶段的出行者偏好于不同的交通工具,如老年人、儿童偏好于公共交通方式,而较少采用自备车辆;青年人追求方便性,偏好于自主的交通方式。

2.出行的特征

(1)出行目的。不同的出行目的导致不同的出行方式选择倾向。通常来说,公务出行以乘车居多,包括单位车和出租车;城市居民上下班注重快速准时,常选择公交和自行车;购物和娱乐注重方便性和随意,常选择出租车、自行车和步行。

(2)出行的时段。出行的时段指一天中不同时间段的出行规模。由于人们一天中间的活动所形成的出行与时段有关,根据不同时间段的观测,结合道路堵塞与交通目的等调查统计资料,可以明显地看出时间选择出行方式的变化情况。同时,节假日、季节和天气的变化也会影响交通方式的选择。

(3)出行的距离。近距离出行往往采用步行或是骑自行车,随着出行距离的增长,公共交通的选用比例将逐步增大。

3.交通设施的特征

(1)相关出行时间。相关出行时间一般指的是出行起终点之间所需要的全部行程时间。通常人们更倾向于选择省时方便的出行方式,行程时间的长短常常是评价不同出行方式选择的首要条件。同时,可以根据出行距离的长短来选择出行方式,如近距离出行一般采用步行或是自行车,随着出行距离的增大,人们逐渐转向公共交通方式。

(2)相关出行费用。通常,想要缩短行程时间就必须支付较高的交通费用,因此交通费用与行程时间联系起来统一考虑。现阶段,在我国的经济水平还不是很高的现实情况下,城市居民的出行方式选择对于费用的敏感性较之时间而言要高。

(3)可供停车的场地和停车费用。在城市CBD区域,由于停车场的使用限制以及较高的停车费用,间接地限制了部分小汽车的出行。

(4)出行的舒适性和方便程度。出行者主要根据出行目的、路程长短、出行者的体质以及经济条件考虑对于舒适性的要求程度。一般而言,在车厢不拥挤的情况下,乘坐公共交通最为舒适,其次为骑自行车,步行的舒适性最差。

(5)可靠性和准点性。在早高峰期间,大多数出行是由家至工作地点的上班出行,在相同的条件下,出行者宁可采用稍慢却准时的交通工具,而不采用省时却不确定性高的交通工具。公共交通在这方面有优势,尤其是快速、准点的城市轨道交通。

(6)安全性。由于交通事故具有偶然性和小概率的特点,一般来说,城市居民个人出行很少专门明确以安全为选择出行方式的理由。因此,该因素在选择出行方式时难以确定。至于交通安全性在出行方式选择中的贡献大小,还有待于进一步研究。

13.5.3 出行方式选择阶段的分析方法

1. 预测体系的分类

预测不同出行方式出行量的常用方法为：先根据分担率模型预测分担率，再乘以发生、吸引出行量或是分布出行量，从而得到各个交通方式的分担出行量。

交通方式分担率模型根据不同的划分标准可以进行不同的分类，根据在交通需求预测过程中考虑交通方式分担的阶段不同，可以划分为出行末端模型（Trip End Model）和地区间模型（Trip Interchange Model）两大类。前者是各个交通小区的出行量在出行分布之前分配到各个交通方式的方法；后者则先计算各个交通小区间的分布量，然后推求方式分担出行量。

根据交通方式选择特性的不同，交通方式分担率模型可分为一阶段分担率模型和二阶段分担率模型。前者不将不同的交通方式利用者分为固定阶层和选择阶层，而是以整体来考虑分担率。后者把交通方式利用者分为固定地使用某种交通方式的阶层和可能对交通方式进行选择的阶层，用图 13-3 所示的步骤来预测不同的交通方式的交通量。这种方法在确定固定阶层的利用方式时，与出行末端模型一样，完全不考虑地区间的交通服务水平。也就是说，在发生、吸引交通量的阶段，把选择阶层和固定阶层分离开，进行方式选择预测。

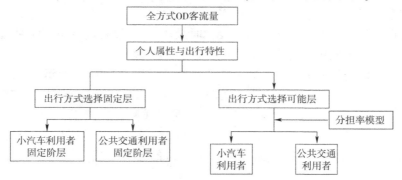

图 13-3　二阶段分担出行量预测框架

根据方式选择的基本单位不同，交通分担率模型可分为集计模型和非集计模型。前者以交通小区为单位，将利用者的方式选择集计起来进行说明。后者以个人为单位构造模型来确定各交通方式的选择概率，然后再将每个人的方式选择结果集计起来，预测分担交通量的模型。

根据方式选择步骤的不同，交通分担率模型可分为二者择一法和多项选择法。前者按照图 13-4 所示把出行方式的选择分为两步。后者用包含各种方式的选择率公式一次求出选择率，这种方法计算简单，但正确地提取说明方式的选择要素十分困难，这是它的一个缺点。

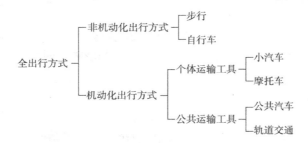

图 13-4　出行方式分担求解步骤（二者择一法）

2. 出行方式划分的预测模型

(1) 出行末端模型。

出行末端模型可以分为适用于全部对象地区的全域模型和考虑各个地区特性的交通方式选择率模型两类,经常使用的是后者。

出行末端模型是根据居民的社会特性,即小汽车的保有率、收入、家庭成员的多少等,从一开始就把交通量分配给各个交通方式来进行预测的模型。这个模型除了考虑各个地区居民的社会特性之外,还需考虑到达城市中心的距离土地利用状况、人口密度、出行目的等,把交通小区的发生、吸引交通量分配给各个交通方式。然而在这些模型中,各个交通方式的服务水平,地区间的时间距离等只能间接考虑。因此,这个方法虽然很简单,但是将来地区间的交通方式的服务水平改善时,无法在方式分担分析中考虑服务水平变化的影响。1956 年美国的芝加哥等地区根据这个模型进行了分担率的预测。

由于这个模型无法考虑地区间交通水平和交通方式间竞争关系等的影响,所以目前使用较多的是出行互换模型(或称地区间模型)。

(2) 地区间模型。

在地区间模型中,各个交通方式的服务水平的差别是决定交通方式分担的最主要的因素,而地区特性则是次要的因素。它是求出分布交通量之后,再求出分担交通量的模型。因而,这个方法在由交通设施建设而引起服务水平变化时最适用,所以在进行包括铁路、公共交通等大运量交通方式在内的大城市交通规划时,经常采用这个模型。

根据地区间模型进行交通方式分担分析预测时通常按照图 13-5 所示步骤进行。

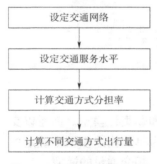

图 13-5　各种交通方式出行量计算步骤

(1) 设定交通网络。为了求出各个交通方式的交通量,首先要设定各种交通方式的交通路线网。虽然不一定是所有的交通路径都包括在内,但各个地区间交通所利用的有代表性的路径一定要考虑,特别是在有新的大运量的公共交通方式路线的计划时,更应加以考虑。

(2) 设定交通服务水平。服务水平的衡量指标也就是利用者在选择交通方式时作为选择标准的时间(速度)、票价、运营次数、直接费用、步行时间、换车时间、等车时间等。除此之外,拥挤程度、舒适性等也可以作为服务水平考虑,但它们很难在进行定量分析时考虑。

(3) 计算交通方式分担率。在确定服务水平的基础上,可计算出利用者选择何种交通方式,即计算出各个交通方式的分担率。在计算交通方式分担率时,往往根据对象区域的土地利用状况及 OD 对间的交通服务水平等对 OD 对进行分类(如市中心相互之间、市中心与郊外之间、郊外相互之间等),再考虑每个组 OD 对的分担率。这样的方法现在被广泛使用。根据分担率的计算方法可以把模型分为分担(选择)率曲线法和函数法两大类。

(4) 不同交通方式交通量计算。

13.5.4　分担率曲线法

分担率曲线法以个人出行调查(Person Trip Survey)结果为基础,依据交通小区间距离、交通小区间交通方式的所需行走时间比或是所需时间差等影响交通方式选择的主要因素,绘成使用者交通方式选择曲线,从而依据该曲线求出该地区交通方式分担率的方法。

图 13-6 所示的是 1971 年日本以名古屋市为中心的中京都市圈公共交通方式的分担率曲线。公共交通方式的利用率可以用下式表示:

$$公共交通方式的利用率 = \frac{利用公共交通出行数}{利用公共交通出行数 + 小汽车出行数} \times 100\%$$

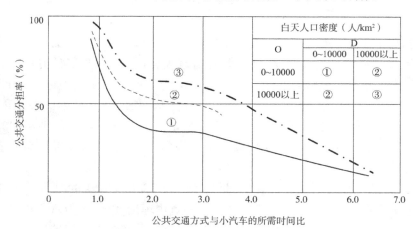

图 13-6 以出勤为目的的公共交通方式分担率(1971 年日本中京都市圈)

分担率曲线法使用简单、方便,但要绘出这些曲线并非易事,需要大量的调查资料,进行大量的统计分析。同时,由于它是依据现状调查资料绘出的,只能反映相关因素变化相对较小的情况。在我国这种交通方式众多、影响因素复杂的情况下,绘出全面反映各交通方式之间转移关系的分担率曲线,所需要拥有的资料是十分巨大的,因此,分担率曲线模型很难表现复杂的分担率的变化。

13.5.5 线性模型

不同的交通方式,都有其固有的特点。不同交通方式对不同的交通范围内的吸引能力是不同的,但它们之间有一定的内在规律。因此,通过回归分析来描述不同交通方式对客流的分担率是可行的。

该模型方法的基本思想是以各种交通方式的分担率为因变量,以影响分担率变化的因素的特征值为自变量,利用回归分析方法,建立交通方式划分模型。该方法不能保证所有交通方式的分担率之和为 100%,所以需要通过比例分配等方法加以调整,使全方式分担率之和为 100%。同时分担率 P 需要满足 $0 < P < 1.0$ 的条件,常用的满足该条件的分担率函数形式为:

$$P = a \cdot e^{-bx} \tag{13-35}$$

$$P = 1 - \frac{c}{1 + a \cdot e^{-bx}} \tag{13-36}$$

$$P = a \cdot d^{-x} \tag{13-37}$$

式中:a,b,c,d——系数,可以通过个人出行调查的结果确定;

  x——自变量,可以取为距离,也可以取交通方式之间的距离比或时间比等影响分担率的因素。

函数模型法的一个突出优点是：只要有必要，就可以将许多自变量引入函数模型。分担率函数的形式因此多种多样，能开发出满足不同精度要求的交通方式划分模型函数。所以利用多元回归分析方法来开发多变量函数的分担率模型是很有意义的，缺点是模型函数的标定比较困难。

13.5.6 Probit 模型

非集计方法将研究的角度从某一特征的出行者群里选择行为的统计平均转向出行者个体选择行为，基于每个出行者按自身获得效用最大化的假设，非集计方法在理论上较为合理且符合人的选择的一般特点。非集计方法以单个出行者为研究对象，充分利用每个调查数据，求出描述个体行为的概率值。相对于集计方法而言，非集计方法模型复杂、要求数据量小、预测精度高、解释性好，具有较强的时空移植能力。现在常用的 Logit 和 Probit 类模型方法被统称为非集计模型方法。现代城市交通规划中，一般多应用非集计模型方法进行交通出行方式划分。

非集计模型划分方法是日本学者在 20 世纪 60 年代提出的，20 世纪 80 年代后有了较大的发展，它以明确的行为假说为基础，借用经济学的效用理论，以个体为研究对象，对于个体选择行为的解释性较强。它的基本思想是：交通方式选择是乘客个人实施的行为，而 OD 交通量中的分担率是在个人基础上的综合。因此，它是将个人数据不经过处理而直接用来构造模型的分析方法。

根据以下所示的备选方案的随机效益函数 $U(k)$（Random Utility Function）决定选择行为：

$$U(k) = V(k) + e(k) \tag{13-38}$$

式中：$V(k)$——方案 k 的固定效益；

$e(k)$——随机项。

固定效益可由行驶时间、费用等的方案特性以及年龄、职业等的个人属性表示。假设 $e(k)$ 服从某种概率分布。由于随机效益是个人在选择时所具有的感觉上的评价值，有时也称为知觉效益。当随机效益 $U(k)$ 比其他任何方案大时，方案 k 被选择，因此，方案 k 的选择概率 $p(k)$ 可由式(13-39)表示：

$$p(k) = p(U(k) > U(j)), \forall j(\neq k) \in K \tag{13-39}$$

式中：K——方案集。

将式(13-33)代入式(13-32)，可得式(13-34)：

$$\begin{aligned} p(k) &= p(e(j) < V(k) - V(j) + e(k)), \forall j(\neq k) \in K \\ &= \int_{g(k)} F(V(k) - V(j) + e(k)) f_k(x) \mathrm{d}x, \forall j(\neq k) \in K \end{aligned} \tag{13-40}$$

式中：$F(\cdot)$——概率分布函数；

$f_k(\cdot)$——概率变量 $x = e(k)$ 的概率密度函数。

上式的含义是：首先，假设 $e(k)$ 固定，求方案 j 相对应的 $e(j)$ 的同时概率分布函数值；其次，$e(k)$ 概率变化时，与其概率密度相乘，再进行积分。式(13-40)中，如假设随机项 $e(k)$ 服从于平均值为 0、具有有限的方差协方差矩阵的多变量正态分布 MVN（Multi - variance Normal Distribution），可得到 Probit 模型。

$$\begin{pmatrix} U(1) \\ U(2) \\ \vdots \\ U(K) \end{pmatrix} \sim \text{MVN} \begin{pmatrix} V(1) \\ V(2) \\ \vdots \\ V(K) \end{pmatrix}, \begin{pmatrix} \sigma_1^2 & \sigma_{12} & \cdots & \sigma_{1k} \\ \sigma_{21} & \sigma_2^2 & \cdots & \sigma_{2k} \\ \vdots & \vdots & \ddots & \vdots \\ \sigma_{k1} & \sigma_{k2} & \cdots & \sigma_k^2 \end{pmatrix} \quad (13\text{-}41)$$

式中：$\sigma_1^2, \sigma_2^2, \cdots, \sigma_k^2$——方差；

σ_{ij}——协方差，$i \neq j, i = 1, 2, \cdots, k, j = 1, 2, \cdots, k$。

使用 Probit 模型时，给定固定效益 $V(k)$ 和随机项的方差协方差矩阵，便能计算选择概率。首先，介绍有两个方案时，概率的求解方法。方案 1 的选择概率由式(13-42)、式(13-43)描述。其概率可由(13-41)式的分布函数值来求解。

$$p(1) = p(U(1) > U(2)) \quad (13\text{-}42)$$

$$p(1) = \Phi\left(\frac{V(1) - V(2)}{\sqrt{\sigma_1^2 + \sigma_2^2 - 2\sigma_{12}}}\right) \quad (13\text{-}43)$$

其中，$\Phi(\cdot)$ 为正态分布概率密度函数。

此分布函数式可利用正态分布概率密度函数按下述方法推导。概率变量向量 $\boldsymbol{X} = (x_1, x_2, \cdots, x_r)$ 服从平均值为 $\boldsymbol{m} = (m_1, m_2, \cdots, m_r)$、方差协方差矩阵为 $\boldsymbol{\Sigma}$ 的多变量正态分布时，对 $\boldsymbol{X}$ 进行线性变换后的概率变量 $\boldsymbol{Y} = (y_1, y_2, \cdots, y_r)$，仍服从于具有平均值 $\boldsymbol{m}_Y$、方差协方差矩阵 $\boldsymbol{\Sigma}_Y$ 的多变量正态分布。即：

$$\begin{aligned} \boldsymbol{Y} &= \boldsymbol{XA} + \boldsymbol{B} \\ \boldsymbol{m}_Y &= \boldsymbol{mA} + \boldsymbol{B} \\ \boldsymbol{\Sigma}_Y &= \boldsymbol{A}^T \boldsymbol{\Sigma} \boldsymbol{A} \end{aligned} \quad (13\text{-}44)$$

式中：$\boldsymbol{A}$——$r \times l$ 矩阵；

$\boldsymbol{B}$——l 维行向量。

假设 $e(2)$、$e(1)$ 分别与 X_1、X_2 对应，并服从平均值 m_1、m_2 分别为 0、满足式(13-45)方差协方差矩阵 $\boldsymbol{\Sigma}$ 的 2 变量正态分布。

$$p(1) = p((e(2) - e(1)) < (V(1) - V(2)))$$

$$\boldsymbol{\Sigma} = \begin{pmatrix} \sigma_1^2 & \sigma_{12} \\ \sigma_{21} & \sigma_2^2 \end{pmatrix} \quad (13\text{-}45)$$

则：

$$\left.\begin{aligned} \boldsymbol{A} &= \begin{pmatrix} 1 \\ -1 \end{pmatrix} \\ \boldsymbol{B} &= 0 \end{aligned}\right\} \quad (13\text{-}46)$$

可得：

$$\boldsymbol{m}_Y = \boldsymbol{mA} + \boldsymbol{B} = 0 \quad (13\text{-}47)$$

$$\sigma_Y^2 = \boldsymbol{A}^T \boldsymbol{\Sigma} \boldsymbol{A} = \sigma_1^2 + \sigma_2^2 - 2\sigma_{12} \quad (13\text{-}48)$$

由上式可知，使用概率变量 $\boldsymbol{Y}$ 用 $(\boldsymbol{Y} - \boldsymbol{m}_Y)/\sigma_Y$，标准化后的式(13-43)的分布函数，可得到方案 1 的选择率 $p(1)$。方案为 3 个时，如径路 3 的选择概率可由下式求解：

$$p(3) = p(\max(U(1), U(2)) < U(3)) \quad (13\text{-}49)$$

该分布函数的形式变得很复杂。方案增加时,与方案3个时的情况相同,可以逐次反复使用求解最大效益的关系式,一般形式可以表示如下:

$$\max\{U(1),U(2),\cdots,U(k)\} = \max\{\max\{\cdots\max\{\max(U(1),U(2),U(3))\}\cdots\},U(k)\} \quad (13\text{-}50)$$

当方案超过3个时,Probit模型的计算非常繁杂,因此很少使用。作为实用的模型为下述的Logit模型。

将式(13-43)中的方差协方差的值固定,仅确定效益的值发生变化,可得到图13-7所示方案1的选择概率。如果采用确定性选择,则当$V(1)>V(2)$时,选择方案1;当$V(1)<V(2)$时,选择方案2,即全有全无(All or Nothing)型选择。而采用概率选择时,其选择概率随$V(1)-V(2)$的值而发生连续变化。也就是说,即使方案1的确定效益$V(1)$比方案2的确定效益$V(2)$小,方案1仍以某一概率被选择。其原因是,表示难以测定和信息不足等因素的随机项发挥了作用,这也是概率选择模型的特征之一。

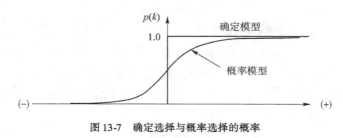

图13-7 确定选择与概率选择的概率

13.5.7 Logit模型

Logit模型假设式(13-38)中效益函数的随机项$e(k)$相互独立,且服从同一干贝尔(Gambel)分布。用概率变量x表示$e(k)$,θ作为参数,随机项的分布函数可表示如下:

$$F(x) = e^{-\theta e^{-x}}, \theta > 0, -\infty < x < \infty \quad (13\text{-}51)$$

将式(13-51)代入式(13-40),可推导出下式:

$$p(k) = \int_{-\infty}^{\infty} \prod e^{-\theta e^{-(V(k)-V(j)+x)}} \times \theta e^{-x} e^{-\theta e^{-x}} dx \quad (13\text{-}52)$$

式(13-52)即为Logit模型,其概率计算及参数推算比Probit模型简单,并且适用性广泛。采用Logit模型时,两个方案的选择概率关系可表述如下:

$$\frac{p(k)}{p(j)} = \frac{e^{V(k)}}{e^{V(j)}} \quad (13\text{-}53)$$

两个方案间的相对优劣仅取决于这两个方案的特性,与其他方案的特性无关。把该性质称为Logit模型的IIA(Independence of Irrelevant Alternative)特性,属于Logit模型的弱点之一。用交通方式选择的例子来说,意味着无论其他交通方式存在与否,选择小客车与公共汽车的相对优劣相等,而实际上并非如此。与小客车相比,城市轨道交通方式的存在对乘客对公共汽车的选择使用有更大影响。

应用到城市轨道交通客流预测方式划分的具体问题的时候,非集计方法也存在着问题。相对于国外城市只有小汽车和公共交通两种方式而言,我国的城市交通系统结构较为复杂。从Logit模型的推导过程中可以看出,其基于的基本假设是:各个选择枝不可预测的随机效用随机部分ε_k相互独立并且同服从Gumbel分布。因为城市轨道交通的优势发挥往往需要其他交通方式尤其是常规公交的接运、支持,所以在使用非集计模型方法时,由于城市轨道交通与其他方式,尤其是与常规公交的相关性较强,违反了 Logit 模型假设中的 IIA 特性,从而造成 Logit 模型预测的失误。

以非集计分析建立起来的非集计模型,不仅是对个人行动的简单描述和表现,而且是建立在合理的选择标准基础上的。由于非集计模型的优点,在进行交通方式划分时,该方法得到了广泛的应用。

由各个交通方式分担率的计算步骤图(图 13-4)所示第一阶段方式划分可获得不同方式的固有 OD。在第二阶段划分时,简单起见,分担率可采用多项 Logit(MNL)模型。根据居民出行调查所获得的数据进行标定。在进行预测时,以每个交通小区的平均值作为说明变量代入进行计算。值得一提的是,在建立各种交通方式出行时间和费用矩阵时,步骤、自行车和其他车的矩阵通过最短路径算法在道路线网中获得;而交通的时间和费用矩阵则需建立包含城市道路和常规公交、轨道线路的综合网络。如果 OD 间最短路径不存在公交路段,则 OD 对的公交出行时间和费用为无穷大,不能参与其他方式的竞争。

在获得公交 OD 后,有两种做法可以得到轨道客流量:一是利用方式划分和交通分配联合模型将公交 OD 在综合网络中进行分配;二是从公交 OD 中划分出常规公交 OD 和轨道站点 OD,再将轨道站点 OD 在轨道网上进行分配。无论哪一种做法,均需要进行常规公交和轨道方式分担率模型的标定。前述的分担率模型标定运用了居民出行中实际发生的信息,为 RP(Revealed Preference)数据。在进行居民出行调查时,一般城市轨道交通这种方式并不存在,为了满足模型标定的需要,我们可以进行居民出行意向调查,获得 SP(Stated Preference)数据。SP 数据的调查常用排序(Ranking)、评分(Rating)、选择(Choice)等调查方法,对应于不同数据形式有不同的模型标定方法。

13.6　客流分配预测

13.6.1　概述

交通分配,就是将预测得到的 OD 客流量,根据已知的交通网络描述,按照一定的规则符合实际地分配到交通网络中的各条路径上去,进而求出路网中各路段的交通流量、所产生的 OD 费用矩阵,并据此对城市交通网络的使用状况做出分析和评价。作为城市轨道交通的线网规划中的交通分配的问题,所需要模拟的是出行选择什么交通工具及走哪条路线的问题。常用交通分配方法有全有全无法(最短路径法)、容量限制法、多路径概率分配法和均衡分配法等。

13.6.2　最短路径分配法

最短路径分配法是一种静态的分配方法,是交通分配最基本的算法,任何一种交通分配法都是建立在最短路径的基础上,且任何一个分配法中,最短路径的计算占据了全部计算时间的主要部分,至少有 90% 的计算时间花在最短路径的寻找上。用该分配方法,取路权(两节点间的行使时间)为常数。每一 OD 对被全部分配在连接该 OD 对的最短路径上,其余路径不分配流量。在所有 OD 对全部按上述原则分配到路网上后,可累计得出各路段流量。该法在进行交通分配时,不考虑路段能力的限制,或不考虑过多流量将影响速度而有可能选择其他路径的交通分配现象。

最短路径交通分配法的步骤是:

(1)确定路段行驶时间。对现状网络,可用实测的路段长度除实测的行驶车速来确定;对规划路网,可用规划路段长度除该路段的设计车速确定。

(2)确定各 OD 对之间的最短路径。目前用于网络最短路计算的方法已有几十种,较典型和常用的方法有 Dijkstra 算法、矩阵迭代法、Floyd 算法、函数迭代法、策略迭代法等。其中最短路径算法包括两个子问题:两点间的最小阻抗,两点间的阻抗最小的路径。前一个子问题是解决后一个子问题的前提。

下面介绍两种算法:

1. 标号校正法

标号校正法是从网络中的某一个目的地节点开始,同时寻找网络中所有节点到该目的地节点的最短路径树,算法以一种循环的方式检查网络中所有的节点。在每一步循环中,总试图找到一条从被检查节点到目的地节点的更短路线,直到没有更短的路线可能被发现为止。研究表明,这种算法在计算时间上最节省。

2. 弗洛伊德-沃沙尔(Floyd-Warshall)法

首先把交通网络中的节点分成 PA 点和交叉点两类,PA 点产生或吸引交通量,而交叉点不会。先定义两个矩阵:

最小阻抗矩阵:

$$C = (c_{ij})_{n \times n} \tag{13-54}$$

式中:c_{ij}——节点对(i,j)间的最小阻抗。

倒数第二个节点矩阵:

$$V = (v_{ij})_{n \times n} \tag{13-55}$$

式中:v_{ij}——节点 i 到节点 j 的最短路径上倒数第二个节点。

根据最后求得的矩阵 V,可以找出任意两点之间的最短路径。具体步骤如图 13-8 所示。

最短路径交通分配法的优点是计算简单、概念清晰。但是,分配结果不尽合理,交通量在路网上分配不均匀,与实际情形误差较大。尤其是当路段和交叉口交通饱和度较大时,将行驶时间作为常数处理明显不符合实际,因为此时车辆行驶车速不可能保持自由流时的速度。但是最短路分配法是其他分配法的基础,在公路网交通分配评价时有很重要的作用。

13.6.3 容量限制增量分配法

容量限制分配法也是把交通区之间的流量分配到交通区之间的最小路权的线路上,不过,容量限制分配法的路权考虑了行驶速度与流量之间关系,从而确定了行驶费用与流量之间的关系。当流量大到一定量时,车辆的行驶速度即会随流量的增加而减小,路权则会变大。因此,先分配到路权最小的线路,当流量分配到一定量时,该路线路权则不再是最小,此时流量会被分配到其他路权最小的线路上。

该方法是一种近似的平衡分配法,具体操作是将 OD 客流量平分成若干等分,循环的分配每一等分的 OD 客流量到网络中。每一次循环分配一等分的 OD 客流量到相应的最短路径上,每循环分配一次重新计算并更新各路段的走行时间,然后按更新后的走行时间重新计算网络各 OD 对的最短路径。下一循环中按更新后的最短路径分配下一等分的 OD 客流量,直到把各区 OD 客流量全部分配到路网上。容量限制分配法的步骤如图 13-9 所示。

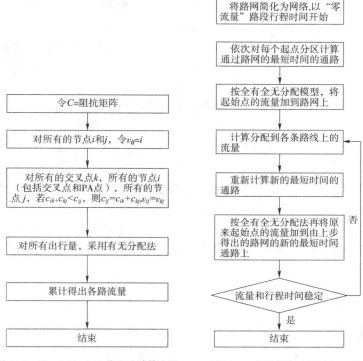

图 13-8　Floyd-Warshall 分配法计算步骤　　图 13-9　容量限制分配法的步骤

其中路阻函数为:

$$T = T_0 \left(1 + 0.15 \left(\frac{V}{C} \right)^4 \right) \tag{13-56}$$

式中:T——分配流量所属路段的行程时间;
　　　V——交通流量;
　　　C——通行能力;
　　　T_0——零流量时行程时间。

该法的复杂程度和解的精确性都介于全有全无法和平衡分配法之间。$N=1$ 时便与全有全无法结果一致;$N\to\infty$ 时,其解与平衡分配法的结果一致。

由于该方法具有简单可行、精确度可以根据 N 的大小来调整等特点,在实际的道路网流量分配中经常被采用,而且也有比较成熟的商用软件可供使用。其缺点是一旦交通流被分配到某一路段上,它就不能被除去而重新加载到其他路段上,因此,初始迭代不能加载太多的流量给某个路段。该分配法仍然是一种近似方法,有时会将过多的交通流量分配到某些容量很小的路段上。一般情况下,该法得不到平衡解。

13.6.4　容量限制迭代加权分配法

该法是一种介于增量分配法和平衡分配法之间的循环分配方法,其基本思路是不断调整已分配到各路段 a 上的交通流量而逐渐到达或接近平衡分配。在每步循环中，根据已分配到各路段上的流量进行一次全有全无分配，得到相应路段的附加流量，然后用该循环中各路段的分配交通流量和该循环中得到的附加流量进行加权平均，得到下一循环中的分配交通流量。当相邻两个循环中的分配流量十分接近时，即可停止计算。其中权重系数 ϕ 需由计算者自己定，既可为常数，也可为变数。由研究表明，$\phi=1/n$ 时，会使分配尽快接近平衡解。容量限制迭代加权分配法的步骤如图 13-10 所示。

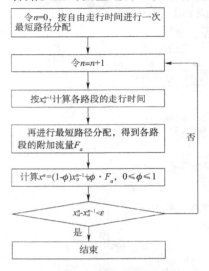

图 13-10 容量限制迭代加权分配法的步骤

在运算中判别 x_a^n 与 x_a^{n-1} 的差值大小时，可控制它们的相对误差在百分之几以内。但用得更多的准则是循环多少次以后令其停止（尽管这种准则并不严格）。

权重系数 ϕ 的取值需由计算者自己定，ϕ 既可定为常数，也可定为变数。定为常数时，最普遍的情况是令 $\phi=0.5$；定为变数时，最普遍的情况是令 $\phi=1/n$（n 为循环次数）。有研究表明，$\phi=1/n$ 时，会使分配尽快接近平衡解。

容量限制迭代加权分配法是一种简单实用却又最接近于平衡分配法的分配方法。

13.6.5 多路径概率分配法

由出行者的路径选择特性可知，出行者总是希望选择最合适（最便捷、最经济等）的路径出行，称最短路因素；但由于交通网络的复杂性及交通状况的随机性，出行者在选择出行路线时由于判断误差而选择的路线不一定是最短路，往往带有不确定性，称为随机因素。这两种因素存在于出行者的整个出行过程中，两因素所处的主次地位取决于可供选择的出行路线的路权差（行驶时间或费用差等）。因此各出行路线被选用的概率可采用 Logit 型的路径选择模型计算。

$$P(r,s,k)=\frac{\mathrm{e}^{-\frac{\theta t(k)}{t}}}{\sum_{i=1}^{m}\mathrm{e}^{-\frac{\theta t(i)}{t}}} \tag{13-57}$$

式中：$P(r,s,k)$——OD 量 $T(r,s)$ 在第 k 条出行路线上的分配率；

$t(k)$——第 k 条出行路线的路权（行驶时间）；

t——各出行路线的平均路权（行驶时间）；

θ——分配参数；

m——有效出行路线条数。

一般来说，交通网络比较复杂，往往含有上百个交通节点，每一 OD 对之间具有很多不同的出行路线，尤其是长距离出行。因此，用本模型分配时，首先必须确定每一 OD 对 (r,s) 的有效路段及有效出行路线。本分配方法中，定义有效路段 (i,j) 为路段终点 j 比路段起点 i 更靠近出行终点 s 的路段，即沿该路段前进更能接近出行终点 s。有效出行路线必须由有效路段所组成，每一 OD 对所对应的客流量只在它相应的有效出行路线上进行分配。

出行者从它的出行起点 r 到达出行终点 s,需经过一系列的交通节点(交叉口)。每到一个交通节点,都必须做出选择,在该节点所邻接的有效路段中选择一条路段作为它出行的一部分,继续进行。因此,在某交通节点,可供出行者选择的有效出行路线条数等于该节点所邻接的有效路段个数。在通常的交通网络中,交通节点邻接多边形为 3~5,而其邻接的有效路段绝大部分为 2,少数为 3 或 1(只有一条有效路段时,不存在选择问题)。

分配模型中,θ 为无量纲参数,它与可供选择的有效出行路线条数有关。根据出行者路径选择模型分析发现,两路选择时,$\theta = 3.00 \sim 3.50$;三路选择时,$\theta = 3.00 \sim 3.75$;其取值比较稳定。在实际应用时,可取 $\theta = 3.00 \sim 3.50$。

13.6.6 均衡分配模型

平衡分配模型是建立在 Wardrop 两个著名原理基础上的。

Wardrop 第一原理:在道路网的利用者都知道网络的状态并试图选择最短路径时,网络会达到这样一种均衡状态,每一 OD 对之间各条被利用的路径的走行时间都相等而且是最小的走行时间,而没有被利用的路径的走行时间都大于或等于这个最小的走行时间。

Wardrop 第二原理:在交通网络中的流量应该按某种方式分配,以使网络中所有交通元的总阻抗最小。

第一原理称为用户最优原理,反映了用户对路径的选择的行为准则。我们知道,任何系统中的有行为选择能力的个体总是以自己利益最大化来决定自己的行为。因此,该原理其实正是反映了交通网络中的用户的实际选择出行路径的情形。第二原理称为系统最优原理,反映的是系统的管理者的主观愿望。一般情况下,它与交通网络上的实际交通分配情况存在差距,但是它可以作为对系统的评价指标,为管理者提供一种决策方法。

1. 用户均衡分配模型

基于 Wardrop 原理,比奇曼(Bechmann)提出了一种满足 Wardrop 准则的数学规划模型,由勒布朗(Leblanc)等学者设计出了求解 Bechmann 模型的算法。其模型基本思路:交通网络的用户都试图选择最短路径,而最终使被选择的路径的阻抗相同且为最小,从而达到一种均衡状态。因此称为"用户均衡状态",由此建立的模型称为用户均衡分配模型。

(1) 介绍模型中使用的变量和参数。

x_a:路段 a 上的流量,它们组成的向量为 $\boldsymbol{x} = (\cdots, x_a, \cdots)$;

t_a:路段 a 的交通阻抗;

$t_a(x_a)$:路段 a 的以流量为自变量的阻抗函数;

f_k^{rs}:点对 (r,s) 间的第 k 条路径的交通流量,其向量为 $\boldsymbol{f} = (\cdots, f_k^{rs}, \cdots)$;

c_k^{rs}:点对 (r,s) 间的第 k 条路径阻抗;

u_{rs}:点对 (r,s) 间最短路径的阻抗,即最小阻抗,所组成的向量为 $\boldsymbol{u} = (\cdots, u_{rs}, \cdots)$;

$\delta_{a,k}^{rs}$:路段—路径相关变量;

$$\delta_{a,k}^{rs} = \begin{cases} 1, & \text{如果路段 } a \text{ 在}(r,s)\text{间的第 } k \text{ 条路径上} \\ 0, & \text{其他情况} \end{cases};$$

W_{rs}:点对 (r,s) 之间的所有路径的集合;

q_{rs}:点对 (r,s) 间的 PA 流量。

(2) 数学模型直接表达 Wardrop 均衡原理。

该原理的内容是:在交通网络达到均衡时,所有被利用的路径具有相等而且最小的阻抗,未被利用的路径与其具有相等或更大的阻抗。

根据上述定义,我们可以立即写出(以下各式对 $\forall \in r,s$; $\forall k \in W_{rs}$ 成立):

$$\begin{cases} c_k^{rs} \geq u_{rs} \\ f_k^{rs} \geq 0 \\ c_k^{rs} > u_{rs} \end{cases} \tag{13-58}$$

f_k^{rs} 和 c_k^{rs} 都是路径的参数。另外还有一组参数,那就是路段的参数:x_a 和 t_a。这两组参数存在密切的关系,那就是:

路段上的流量由各个 PA 对途经该路径的流量累加而成,即:

$$x_a = \sum_{r,s} \sum_{k \in W_{rs}} f_k^{rs} \delta_{a,k}^{rs}, \forall a \tag{13-59}$$

路段的阻抗应等于它途经的各个路段的阻抗之和:

$$c_k^{rs} = \sum_a t_a(x_a) \delta_{a,k}^{rs} \tag{13-60}$$

Bechmann 提出的数学规划模型是:

$$\min Z(X) = \sum_a \int_0^{x_a} t_a(w) dw \tag{13-61}$$

$$\text{s.t.} \sum_k f_k^{rs} = q_{rs}, f_k^{rs} \geq 0, \forall r,s$$

其中:

$$x_a = \sum_{r,s} \sum_k f_k^{rs} \delta_{a,k}^{rs}, \forall a \tag{13-62}$$

模型中约束条件是"出行量守衡",即任意点对间的出行分布量等于它们之间各路径上流量之和。

Bechmann 提出的数学规划模型等价于 Wardrop 均衡原理。

(3) F-W 算法求解 Bechmann 模型。

F-W 算法要求模型的约束条件必须都是线性的。该法是用线性规划逐步法逼近非线性规划的方法,在每步迭代中,先找到一个目标函数的最速下降方向,然后再找到一个最优步长,在最速方向上截取最优步长得到下一步迭代的起点,重复迭代直到找到最优解。

设非线性规划模型:

$$\min Z = f(X)$$
$$AX = B, X \geq 0 \tag{13-63}$$

式中:X,B——向量;

A——矩阵。

$f(X)$ 在 X^0 处的一阶泰勒展开得:

$$f(X) = f(X^0) + \nabla f(X^0)(X - X^0) \tag{13-64}$$

此展开式将 $f(X)$ 近似地表达成线性函数,则上面规划问题可近似化为下列线性规划模型:

$$\min Z = f(X^0) + \nabla f(X^0)(X - X^0) \tag{13-65}$$
$$AX = B, X \geq 0$$

去掉目标函数中的常数项,这等价于线性规划:

$$\min Z = \nabla f(X^0) X$$
$$\text{s. t. } AX = B, X \geq 0 \qquad (13\text{-}66)$$

解该线性规划问题,得最优解 Y,F-W 算法认为 X^0 与 Y 的连线为最速下降方向,然后根据下列一维极值问题：

$$\min\{f(X^0) + \lambda(X - X^0)\} \qquad (13\text{-}67)$$

求得的最优解 λ 作为最佳步长。令：

$$X^1 = X^0 + \lambda(Y - X^0) \qquad (13\text{-}68)$$

而得到下一步迭代的起点。如此循环,直至 X^n 与 $X^{(n-1)}$ 十分接近为止。

下面针对交通分配模型求近似线性规划问题的特点,介绍其求解过程：

设迭代起点为 X^n,对应的目标函数为：

$$\min - Z^n(Y) = \nabla Z(X^n) Y = \sum_a \frac{\partial Z(X^n)}{\partial x_a} y_a \qquad (13\text{-}69)$$

可知 $\partial Z/\partial x_a = t_a$,上式可变换为 $\min - Z^n(Y) = \sum_a t_a y_a$,因此,在每次迭代中的线性规划问题为：

$$\min Z^n(Y) = \sum_a t_a y_a \qquad (13\text{-}70)$$
$$\text{s. t. } \sum_k g_k^{rs} = q_{rs}, \forall r, s$$
$$\sum_k g_k^{rs} \geq 0, \forall r, s$$
$$y_a = \sum_{r,s} \sum_k g_k^{rs} \cdot \delta_{a,k}^{rs}, \forall a$$

式中：y_a——第 n 次迭代时路段 a 的附加流量,其向量为 $y = (\cdots, y_a, \cdots)$；

g_k^{rs}——第 n 次迭代时路径 k 的附加流量。

确定迭代的最佳步长：

$$\min Z(\lambda) = \sum_a \int_0^{x_a^n + \lambda(y_a^n - x_a^n)} t_a(w) dw \qquad (13\text{-}71)$$

令 $\partial Z/\partial \lambda = 0$,得：

$$\sum (y_a^n - x_a^n) \cdot t_a(x_a^n + \lambda(y_a^n - x_a^n)) = 0 \qquad (13\text{-}72)$$

上式中只有一个变量 λ,可以用二分法求解。因此,得下一步迭代起点：

$$x_a^{n+1} = x_a^n + \lambda(y_a^n - x_a^n) \qquad (13\text{-}73)$$

2. 系统最优分配模型

用户均衡模型以 Wardrop 第一原理为基础,反映了用户对路径的选择的行为准则。而系统最优模型以 Wardrop 第二原理为基础,是系统的管理者的主观愿望。一般情况下,它与交通网络上的实际交通分配情况存在差距,但是它可以作为对系统的评价指标,为管理者提供一种决策方法。

系统最优原理的目标函数是网络中所有用户总的阻抗最小,其数学规划模型可表示为：

$$\min Z'(X) = \sum_a x_a t_a(x_a) \qquad (13\text{-}74)$$
$$\text{s. t. } \sum_k f_k^{rs} = q_{rs}, \forall r, s$$
$$f_k^{rs} \geq 0, \forall r, s, k$$
$$x_a = \sum_{r,s} \sum_k f_k^{rs} \cdot \delta_{a,k}^{rs}, \forall a$$

该模型称为系统最优模型,简写为 SO(System Optimization)。相应地,Beckmannn 模型简写为 UE(User Equilibrium)。

关于 SO 模型的求解问题,可分以下 3 种情况:

(1) 当阻抗函数 $t_a(x_a)$ 为常数(用 t_a 表示之)时,目标函数变为:

$$\min Z'(X) = \sum_a x_a t_a \tag{13-75}$$

这就是各路段阻抗为常数时的交通分配问题,此时用全有全无分配方法即可使得目标函数最小化。

(2) 当阻抗函数 $t_a(x_a)$ 为线性函数时,模型即是一个线性的数学规划模型,此时既可以用线性规划的解法去求解,也可以将之归入下面非线性问题去求解。

(3) 当阻抗函数 $t_a(x_a)$ 为非线性时,令:

$$t'_a(x_a) = t_a(x_a) + x_a \frac{\mathrm{d}t_a(x_a)}{\mathrm{d}x_a} \tag{13-76}$$

则:

$$\begin{aligned} \int_0^x t'_a(w)\mathrm{d}w &= \int_0^x \left(t_a(w) + w\frac{\mathrm{d}t_a(w)}{\mathrm{d}w} \right)\mathrm{d}w \\ &= \int_0^x (t_a(w)\mathrm{d}w + w\mathrm{d}t_a(w)) \\ &= \int_0^x \mathrm{d}(t_a(w)w) = x_a t_a(x_a) \end{aligned} \tag{13-77}$$

即可得到 SO 模型的解。

13.6.7 城市轨道交通客流分配的特点

城市轨道交通网络上形成的交通流量分布,是两种机制相互作用直至平衡的结果。一种机制是:系统用户即各种车辆试图通过网络上选择最佳行驶路线来达到自身出行费用最小的目标;另一种机制是:路网提供给用户的服务水平与系统被使用的情况密切相关,道路上的车流量越大,用户遇到的阻力即对应的形式阻抗越高。两种机制的交互使用使人们不易找出出行的最佳行驶路线和最终形成的流量分布结果。用一定的模型来描述这两种机制相互作用,并求解网络上交通流量在平衡状态下的合理分布,即交通流分配。

城市轨道交通出行是交通出行方式中的一种,尽管城市轨道交通系统具有自身的特点及其客流出行存在的特性,但是人们在选择城市轨道交通出行方式时产生的客流分配问题在研究范畴上仍属于交通分配问题,即在一定的交通需求量或客流出行需求模式下,网络上流量的分配格局。形象地说,就是给定网络上总的交通需求量或需求模式,按照某种准则,将这些出行量分配到网络上,这就是所谓的交通配流问题。

配流原则的确定是进行流量分配的重点,只有依据合理和符合实际的流量分配原则,才能建立准确的配流模型,进而对模型进行算法求解。在众多学者对配流模型的研究中,Wardrop 提出的均衡分配模型已经得到了广泛应用,以 Wardrop 均衡分配原理为基础的研究已经使得均衡原理研究形成了完善的体系框架。

与道路网交通分配和常规公交均衡客流分配相比,城市轨道交通配流主要有以下特点。

首先,城市轨道交通网络乘客出行时对于各个路径的出行成本信息基本完全预知,能够根据掌握的信息选择总成本最小的路径出行。在城市轨道交通网络系统上的任意 OD 对之间出行的所有乘客,所选择的各个路径的出行成本相当于最小出行成本,并且该出行成本小于或等于该 OD 对之间任何其他未被乘客选择的路径的总出行成本,此时,城市轨道交通网络客流分配达到均衡稳定的状态。

其次,城市轨道交通网络上的各个路径客流量对于出行成本的影响,不是体现在客流量的增加对于列车运行时间的影响,而是体现在乘客在车站的拥挤效应,即由于列车的容量限制而导致的乘客的过饱和延迟上。乘客此时的路径选择行为具体表现为:如果第一班期待列车过于拥挤,则选择下一班列车或者选择其他线路。显然,乘客流量越大,乘客在站上的等待时间越长,造成了出行总时间的增加。

13.7 客流预测模型的要求

13.7.1 客流预测模型基本要求

城市交通需求预测模型是开展城市轨道交通客流预测建模的基础。模型能够反映实际的居民出行特征和交通供需状况,既适应城市交通现状,又适应城市未来发展状况,能够预测交通需求和供给的总量和特征,并分析供需关系。

城市轨道交通客流预测模型的交通小区系统一般在城市需求预测模型的交通小区系统基础上,将城市轨道交通站点周边的交通小区细化。一般情况下,线网和线路客流预测层次,一个站点至少对应一个交通分区。

城市轨道交通客流预测模型是建立在城市交通需求预测模型基础上的专项模型,其基础交通网络需涵盖城市交通网络各组成部分,并对公共交通网络进行细化,细化程度根据预测内容有所区别,如线路客流预测要求包含城市轨道交通线路、站点的各类接驳线路等,站点分向客流预测需要包含站点周边每类接驳方式的位置、道路通道、与出入口的相对关系等更加详细的交通设施信息。

模型是对现实的模拟,因此要求基础网络能够反映对应特征年交通供给的情况,与对应特征年的网络相一致;为了反映公共交通实际的运行成本和运行规律,特别是地面公共交通与其相依存道路交通服务水平的关系,强调必须采用加载交通量后的道路交通网络。为反映城市轨道交通站点周边服务范围及换乘设施的优劣程度,建模过程中需要考虑城市轨道交通站点与周边区域联系和换乘站内部联系的换乘接驳网络,如 P+R、B+R 接驳方式、公共交通接驳线路、站点内部和站点之间的换乘通道等。

模型中涉及公共交通运营的成本种类较多,主要包括步行时间或接驳时间、等待时间、车内时间、换乘时间、票价等,因此必须包含反映基础网络运营特征的重要属性参数,如考虑地面公共交通车速与道路运行速度关系、发车间隔、车辆配置、换乘惩罚、接驳成本等,并与规划一致。

接驳换乘网络由接驳连接线和换乘连接线构成。接驳连接线指城市轨道交通站点与交通小区形心点连接线;换乘连接线指城市轨道交通站点与其他交通方式换乘点的连接线。接驳惩罚参数指一次出行过程中乘坐公共交通方式的上车惩罚时间;换乘惩罚参数指一次出行过程中在公共交通方式之间换乘一次的惩罚时间,用来反映方式之间换乘的不便。

从预测内容上,城市轨道交通客流预测模型需具有如下功能:

(1) 能够准确把握和预测各预测年出行需求总规模。
(2) 能够预测符合规划的出行空间分布，把握主要客流走廊出行分布特征。
(3) 能够预测各类交通方式的构成。
(4) 能够反映公共交通出行规律。
(5) 能够预测城市轨道交通客流特征。
(6) 能够对模型预测的影响因素进行敏感性分析，包括人口与就业岗位规模及分布、城市轨道交通的运营组织方案、票制票价方案等。

13.7.2 客流预测模型的标定与验证要求

1. 模型标定

模型标定是应用交通调查数据对模型中的参数进行求解的过程，注重把握出行特征与出行者社会经济属性及交通系统运行状况的函数关系，而这种关系的主要数据来源是居民出行调查。鉴于国内城市快速变化的特点，还需要考虑模型标定结果对未来年的适应，即分析模型参数在预测年可能产生的变化。

对模型中主要参数进行标定的具体要求如下：

(1) 出行率是客流预测中决定出行规模的重要参数，与出行者的人群分类、车辆拥有情况、收入、交通可达性、城市结构等因素有关。一般城市交通需求预测模型要根据居民出行调查等数据建立出行生成模型，然后标定其中的参数。

(2) 平均出行距离在一定基础上反映了城市出行空间分布的变化，出行分布模型中现状年和未来年份的平均出行距离的变化要符合城市空间发展的规律。模型中不同出行目的的平均出行距离有所不同，如基于家工作出行(HBW)和基于家其他目的出行(HBO)的不同，模型标定时应该注意检验，并在模型应用中进行分析。

出行空间分布一般需要增加相关调整系数，以反映山峦河流或行政区划等非出行成本因素对出行空间分布的影响，由于国内城市处于快速变化期，应用现状数据标定的调整系数往往不能有效适应未来的特征，因此在应用相关调整系数的时候要注意检验对未来的适应性。

(3) 方式划分模型一般采用分层的形式，即先划分主方式，再划分子方式，如先划分公共交通和私人交通两大类方式，再将公共交通细分为轨道、公共电汽车等方式，将私人交通细分为小汽车、出租车方式。建议分层设计时，考虑不同群体采用不同分层设计，如有车家庭和无车家庭可以采用不同的分层设计，这样可以体现不同群体的行为偏好。在模型设计中可以根据实际情况灵活设计，但必须对其分层的合理性进行说明，目前交通方式划分模型大多采用 Logit 模型结构。

(4) 出行综合成本是贯穿于整个模型的关键值，从出行生成预测中的可达性指标，到出行空间分布、方式结构预测中的出行成本，再到客流分配中的路径选择，都需要综合成本的支持。在综合交通模型中一般建立专门的综合成本计算模块为其他模块提供综合成本。计算综合成本关键是要综合反映整个出行过程中各个环节中的各项时间成本和交通费用，一般公共交通的综合成本函数要考虑车外时间(包括步行时间、等车时间、换乘时间等)、车内时间和票价三大因素，同时依据出行者对不同因素感受，构造不同交通方式的综合成本费用函数，并详细标定各因素权重。

在客流预测中往往涉及票价、过路费、油费等货币费用，为了将其与时间成本统一，引入了时间价值(VOT)参数。时间价值对于不同出行目的、不同人群有所不同,如上班目的的出行比生活休闲目的的出行对时间更敏感,时间的价值更大,根据国内外时间价值的发展趋势,随着国民经济和收入水平的提高,时间价值会增加,即人们更希望用金钱换取时间,因此还需进一步分析未来几个特征年时间价值取值变化依据。

特征年包括基础年、规划年和未来年,其中基础年为建立交通需求预测模型的基年,规划年指城市总体规划的目标年以及城市轨道交通线网规划和建设规划的目标年,而未来年指各城市总体规划、城市轨道交通线网规划和建设规划的远期年或远景年。

不同群体主要分有车无车家庭、就业人员、就学人员、无业人员等。

不同出行目的主要指通勤出行、生活类出行和公务外出,其中通勤类出行包括上下班工作出行和上下学出行,生活类出行包括购物出行、休闲娱乐健身出行、接送人出行、个人事务出行以及其他出行等。

2. 模型验证

模型验证是通过分析模型运算结果与调查结果的差异判断模型预测结果是否合理,并通过调整模型参数使模型能够反映实际供需状况,保证模型具有预测能力的过程。模型验证所采用的调查数据有别于建模阶段模型参数估计所采用的调查数据。一般利用道路核查线流量、公共交通客运量等数据进行模型验证。模型验证包括模型合理性验证和模型敏感性验证两部分。模型验证通常与模型参数调校一起反复交互进行。

基础年的模型合理性验证采用公共交通客运量、道路核查线流量等数据,验证指标包括公共交通客运量、核查线分时段交通量等。根据国内外经验,要求模型运算结果与实际调查结果在验证指标上的误差在15%以内。其余可采用的验证指标还有核查线流量的标准误差、分等级道路平均车速等。

预测年的模型合理性验证是在给定新的输入数据的基础上验证模型结果的合理性,包括验证模型总体结果,如出行率、出行方式构成、出行目的构成、出行距离、公共交通客运量、道路分配流量等指标,并分析判断预测年模型结果相对基础年结果的变化趋势是否合理,与类似城市的发展经验是否吻合,数据指标是否在经验值区间内,并给出充分理由做出解释。

模型敏感性验证是通过测试模型输入数据的变化,如人口社会经济数据、交通系统等来预测模型结果的相对变化范围,并分析判断敏感性测试结果随以上输入数据变化的合理性,如结果变化趋势是否一致,结果变化区间是否可接受,与类似城市的变化规律是否一致等。

思考题

1. 如何划分交通小区?在划分交通小区时应注意些什么?
2. 出行生成预测都有哪些常用方法?各自优缺点是什么?
3. 在应用重力模型时如何确保满足交通守恒约束条件?

4. 针对 Logit 模型的 IIA 特性,谈谈应如何正确运用 Logit 模型。
5. 与道路交通分配相比,城市轨道交通客流分配有何不同之处?
6. 城市轨道交通客流预测建模中都有哪些常用参数?
7. 简述城市轨道交通客流预测模型的基本要求。
8. 简述城市轨道交通客流预测模型的标定与验证要求。

第14章
城市轨道交通客流预测结果的分析与评估

14.1 客流预测的不确定性

14.1.1 客流预测不确定性来源分析

城市轨道交通客流预测利用历史数据,结合模型预测未来客流量,无论是数据本身、模型还是输出的预测结果都存在很大的不确定性。就整个客流预测过程而言,其不确定性主要来源于模型的输入和模型本身,如图14-1所示。

模型输入是城市轨道交通客流预测的基础,模型输入的不确定性一旦随着参数一同参与到模型中,将对客流预测的各个阶段都造成一定的影响。模型输入的数据主要分为情境模式和系统数据。情境模式指与系统相关的情景变化和政策变化;系统数据指模型所依赖的系统相关特征及行为的量化数据。

模型及参数是整个客流预测过程的主体,也是不确定性传递的主要载体。模型输入的不确定性通过在模型中不断传递累积,最终影响客流预测结果的不确定性。然而,客流预测模型及其参数本身也存在一定的不确定性。

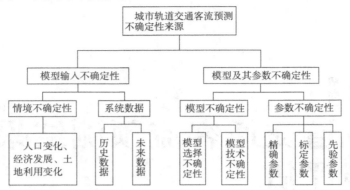

图 14-1 基于四阶段法的城市轨道交通客流预测不确定性来源

1. 情境不确定性

对于城市轨道交通客流预测来讲,情境不确定性主要包括以下几点。

(1) 背景环境未来发展趋势不确定性。

背景环境数据很多都难以具体量化,一些宏观因素的变化趋势更是难以把握。因此很多背景环境因素都难以在预测过程中得到很好的体现。城市轨道交通预测年限较长,预测者往往无法短时间内准确把握未来城市发展趋势,会给未来交通需求增长预测带来一定难度。

(2) 城市交通系统供需变化不确定性。

我国大部分城市仍处于不断发展的过程中,城市的路网结构、出行方式结构、交通设施建设等都处于不断变化的过程中。因此,未来城市交通系统的供需状态如何是很难定量化把握的。目前,城市轨道交通客流预测模型大部分都需要根据以往城市交通的发展趋势预测未来年的交通状态,交通系统供需变化的不确定性使得以往的经验借鉴价值较小。

(3) 其他影响因素。

例如,地方出台的政策等对出行者出行方式选择的影响。四阶段交通模型是基于从经济模型得到的预测人口、就业等数据的,模型也依赖于对个人出行行为和家庭行为的假定。多种影响因素也可能会互相抵消,从而使得预测精度稍有提高,如区域经济的下滑会导致出行量的减少,而另一方面可能会导致工作结构的变化。

2. 系统数据不确定性

系统数据是用于城市轨道交通客流预测的基础数据库,其中包括土地利用性质、人口/就业岗位布局、基础交通设施数据等。系统数据的不确定性主要来源于对历史数据的收集、处理以及对未来数据的预测。

(1) 历史系统数据不确定性。

历史系统数据主要包括社会经济现状、现状公交网络特性、现状路网特性、现状 OD 矩阵、居民出行特征等。历史数据的收集方法科学与否、数据处理过程误差大小等都将直接影响历史数据的不确定性,从而影响预测结果。

(2) 未来系统数据不确定性。

未来系统数据主要是指通过对未来城市发展趋势、未来居民出行行为的分析研究,预测得到的未来城市交通发展、未来交通出行结构、未来居民出行特征等数据。未来数据的获取是城市轨道交通客流预测的一个核心问题。未来数据的不确定性主要依赖于历史数据的不确定性，以及预测过程的不确定性。

3. 模型不确定性

(1) 模型选择不确定性。

用于客流预测的模型众多，虽然它们的大体思路和方向是一致的，但是在适用性和模型要求等方面还是存在一定的差异。不同模型的不确定性与输入变量有关，输入变量的不确定性、边界条件不确定性、假设条件及算法的不确定性等都将影响模型的不确定性。

(2) 模型技术的不确定性。

模型技术的不确定性主要指的是模型软件选择、模型计算或标定过程中的不确定性。其中以模型计算和标定的不确定性为主。例如，方式划分中的 MNL 模型中的线性规划方法本身就存在一定的不确定性，是一种近似的求解方法，这必然导致预测结果的不确定性。

4. 参数的不确定性。

四阶段模型中所使用的参数有以下几种：

精确参数：指普遍公认的常量，如数学常数中的 π 和 e 等。

标定参数：指那些先前调查没有得到的或者由于缺乏相似性条件不能够从先前的调查中沿用下来的参数。这些参数就必须通过标定得到，这就要通过考察模型的输入和输出的历史数据来确定。这种参数就要选择那些能够使模型输出与观察数据误差最小的参数，如重力模型中的分布阻抗系数。

先验选择参数：指那些通过标定很难得到，而是被当成一个不变的量给定一个特定值。这种参数的值的不确定性只能通过对先验的经验基础得到。

模型结构不确定性与标定参数不确定性之间存在一定的关系。一个参数较少的简单模型可能对真实事物的模拟不够真切，但是却可以通过输入与输出的典型数据很好地标定出来。这种情况下模型结构的不确定性很可能会主导结果。若是在有许多参数的复杂模型情况下，参数能够被控制到很好的拟合标定数据，但是模型结果很可能就会被参数不确定性所主导。如果标定数据没有包含足够的信息来将标定参数的不确定性控制在可接受范围内，这种情况就会发生。这种情况可以通过采用与标定模型不同的数据来对模型进行验证。原则上来说，模型复杂程度和参数数量之间就存在一种最优组合，这一组合即是标定模型的数据以及数据中包含信息量组成的函数。给定标定数据量下，如果增加模型中标定参数的数量来增加模型的复杂程度实际上可能会增加模型输出的不确定性。标定样本数据必须包含足够的变化信息能够反映所有待标定的参数的情况。否则参数的估计就会变得很不确定，模型的输出也将变得不确定。最后，即使模型的参数被很好地标定出来，也仍会存在一定的不确定性，而这通常是可以接受的。

标定参数的不确定性是由无法准确得到参数的值或者由于观察样本及统计人员的不严密而产生的。这些不确定性包括由于测量误差、数据不相容性、数据处理及转换误差、时间及空间限制的抽样典型问题等产生的数据不确定性。在自然科学中，这种不确定性通常指的是统计不确定性。

统计不确定性的最明显的例子是与所有数据有关的测量不确定性。测量的不确定性主要是由于测量不能精确反映被测物体的实际值。数据测量的不确定性主要是抽样误差、不精确及测量的不严密。抽样误差主要是由于抽样典型性问题引起的误差。抽样的时间、空间及所处的环境可能不能够完全具有典型性。不精确指的是测量值与真实值之间的差异。不严密主要是指被测变量平均值的变化,可能会由于抽样误差引起测量值跟真实值存在差异。

模型的不确定性与标定参数、先验参数的不确定性有很大关系。如果没有足够的信息来标定参数或用于标定参数的数据信息不确定较大、数据处理及转换过程中的误差等都将导致标定参数的不确定性较大,最终影响预测结果的取值;先验参数是四阶段模型中不确定性最大的参数,它的取值由预测者根据实际经验给出,具有较强的主观性,其不确定性也将随着预测过程的深入不断积累,传递给最终是输出结果。

14.1.2 模型输出的不确定性

模型输出不确定性主要来源于模型输入不确定性在预测过程中的传递积累以及预测过程中模型及其参数不确定性的传递积累,最后反映到输出的预测结果上。实际值与预测值之间肯定是存在差异的,有的文献中将其称为预测误差。若使用的都是传统的科学模型进行预测过程,则可以通过模型的矫正等步骤来减小预测误差。然而客流预测所选用的模型几乎都是利用现状基础资料,推测未来年出行情况,因此需要对城市轨道交通客流预测进行系统的不确定性分析,明确客流预测不确定性来源及不确定性传递效应。

14.1.3 模型不确定性传递分析

前文分析可知,城市轨道交通客流预测的不确定性来源于模型输入参数的不确定传递以及各个阶段新的不确定性的加入。各因素的不确定性之间也存在相互影响的作用,可能新的因素不确定性加入使得原有模型的不确定性更大,或者新因素的加入对原有模型不确定性的积累有消减作用。多因素组合下的不确定性传递效应需要进一步分析。四阶段模型不确定性的传递过程如图14-2所示。

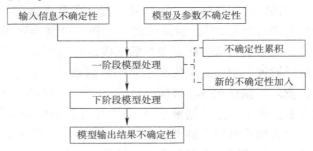

图14-2 四阶段模型不确定性的传递过程

四阶段模型中不确定性传递过程可用函数形式表达。将带有不确定性的四阶段模型表示为:

$$F(D,S,T,a,b,c,d,\varepsilon) \tag{14-1}$$

其中,F 为四阶段模型变量集合,D 为模型输入数据,S 为模型结构选择,T 为模型参数。D,S,T 三者都存在不确定性,因此分别用 a,b,c,d,ε 表示单个变量的不确定性。其中:a 表示模型输入值误差和不确定性;b 表示模型变量在空间上不确定性;c 表示模型变量在时间上不确定性;d 表示模型变量逻辑一致性上的不确定性;ε 表示变量数据完整性方面的不确定性。

这些不确定性相互影响，使得四阶段模型的不确定性呈现出复杂性。根据四阶段模型不确定性传播分类，表示四阶段模型不确定性的累积过程为：

$$F(D,S,T,a,b,c,d,\varepsilon) \xrightarrow{\text{Model}} F'(D',S',T',a,b,c,d,\varepsilon) \quad (14-2)$$

下阶段模型产生的不确定性表示为：

$$F(D,S,T,a,b,c,d,\varepsilon) \xrightarrow{\text{Model}} F'(D',S',T',a+\Delta a,b+\Delta b,c+\Delta c,d+\Delta d,\varepsilon+\Delta \varepsilon) \quad (14-3)$$

通过对四阶段模型中不确定性传递分析可知，减少模型处理过程中的不确定性方法有：减少输入模型的不确定性，模型中不确定性的消减。减少模型不确定性需要从提高输入数据的准确性、完整性入手；模型中不确定性的消减主要依靠参数标定的科学合理以及参数间不确定性的相互制约作用实现。为明确四阶段模型中不确定性关系，需要寻求系统的不确定性分析方法，对各个不确定性因素在预测过程中的不确定性传递进行追踪，全面定量的把握客流预测结果的不确定性。

14.2 客流预测结果的可信度分析

城市轨道交通客流预测是一项复杂的工作，其预测的数据项目繁多，预测年限较长，对于还没有轨道交通运营的城市模型参数标定困难，城市轨道交通环境下的组合出行对模型构建造成麻烦。城市轨道交通客流预测的复杂性导致其预测精度相对较低。此外，城市轨道交通客流预测对城市规划有极大的依赖性，只能在预定的城市规划条件下，具有相对的可信性。城市轨道交通客流预测的可信度评估可以从两个方面进行：一是预测过程，二是预测结果。

14.2.1 从客流预测过程评估可信度

城市轨道交通客流预测过程中的任何偏差，最终都将反映到预测结果的偏差上，因此，对城市轨道交通客流预测结果的可信度分析，首先要评估其预测过程的合理性。结合前文客流预测不确定性来源分析，针对主要不确定性来源，评估各要素的不确定程度，确保客流预测的合理性与可信度。

1. 模型输入

城市轨道交通客流预测是在城市规划所设定的发展情境下进行的，因此，客流预测必须以城市发展规划为依据，通过对城市结构形态、土地利用、人口与就业分布等城市发展背景的分析，进一步预测出行量和分布，这是客流预测的基础。而城市规划年限一般为 10～20 年，相比之下，城市轨道交通客流预测的年限更长，从工程立项开始至远期规划年，时间跨度一般超过 30 年。因此，对情境模式设定的可信度分析重点在远期发展情境的分析，在区域发展规划和城市总体规划的基础上予以把握，控制规模。另外，城市规划中的情境数据（尤其是人口与就业数据）多为总量数据（或片区数据），而城市轨道交通客流预测以交通小区数据为基础，因此，对情境模式设定的可信度分析还应注重人口与就业分布等相关数据细化的准确性分析。

城市轨道交通客流预测主导模型的构建和校验往往依赖于历史数据，如居民出行和相关交通调查数据以及相应的社会经济数据和交通供给等。其中，反映城市居民出行行为特征的居民出行和相关交通调查数据尤为重要，这些数据的时效性和可靠性直接影响预测模型的准确性和预测结果的可信性。客流预测应以居民出行和相关交通调查的成果为基础,并应保证其成果的时效性和可用性,不宜大于5年,否则应补充其他有效措施。客流预测的方法、计算模型以及采用的相关参数,应预先经过实例验证其可用性。

2. 模型参数

目前,国内城市轨道交通客流预测中多采用四阶段法,在四阶段模型所使用的参数中需重点分析先验参数和标定参数取值的合理性。

先验参数主要是指那些通过标定很难得到,而被当成一个不变的量给定一个特定值,或者是通过其他城市的类比得到甚至直接套用的参数,如 BPR 函数中的 α,β 值。对这类参数取值的合理性,只能在先验经验的基础上进行判断。

标定参数必须通过考察模型的输入和输出的历史数据来标定得到,如重力分布模型中的阻抗系数。对这类参数取值的合理性,一方面取决于历史数据的真实性;另一方面则看标定样本数据是否包含了足够的变化信息,使其能够反映所有待标定参数的情况。

3. 模型本身

目前,国内城市轨道交通客流预测中多采用四阶段法。四阶段法是交通需求预测的经典理论和方法,但很多城市对该模型的使用都比较简单化,应该注重分析出行生成、出行分布、方式划分与交通分配4个阶段本身的相互影响,在技术路线上应该有一个迭代的过程。

此外,目前使用的许多模型软件本身有一定的适用范围和精度。许多模型软件比较适合于宏观层面的客流规划预测,但模型开发技术的落后导致许多中微观的客流预测也采用了宏观模型软件,如许多城市轨道交通客流预测在线网规划、线路规划、工可阶段等方面都采用了同一个模型,而这些模型对微观层面上的站点客流、分向客流、换乘客流等的预测精确度本身就较差。

14.2.2 从客流预测结果评估可信度

客流预测结果数据繁多,对每项数值进行推测、分析,再判断其正确性,这是不可能的,只能对城市轨道交通系统设计起控制性作用的关键性指标进行重点评估判断。

1. 全网客流的分析

由于轨道交通客流具有明显的网络效应,因此,对于单条线路的客流预测必须在相应特征年下的城市轨道交通网络中进行,只有保证在线网客流总量控制下,方能提高各条线路客运量预测的可信度。全网客流的可信度分析,主要可从以下两个方面予以把握。

(1) 全网客流总量。

关于全网客流总量的评估分析,应密切结合城市规模和线网规模的大小,做到总量控制。在具体分析时,可重点考查全网客流负荷强度和客运交通结构这两项指标。从目前世界上各城市的轨道交通运营情况来看:城市轨道交通线网人口密度在20~30km/百万人的城市,全网客流负荷强度均在1.5万人次/(km·d)以上;线网人口密度大于40 km/百万人的城市,全网客流负荷强度均低于1.0万人次/(km·d)。城市轨道交通线网规模在200km左右的城市,其全网客流负荷强度达1.7万~2.7万人次/(km·d);线网规模在400km左右的城市,其全网客流负荷强度在1.0万人次/(km·d)左右。

(2) 线网中各条线路客流的平衡协调。

将每条线路的客流负荷强度与全网的客流负荷强度相比较,比较结果应与线路地位相对应。每条线路所处位置不同,其最大断面客运量与客流强度应有所差别,可定性判断确定其在线网中的地位和排序,评判预测量级的相对性和可信性。

2. 全线客流的分析

客流预测数据是一个定性、量化的数字,在实际应用中,应注重数字的量级和精度。"量级"是指运能设计的定位,根据选用车辆、编组长度、定员和发车密度确定;"精度"是指对"量级"有多大影响,精度为 0.1 万人次即可。

根据客流预测数值的增长规律,绘制客流增长曲线:若曲线趋近水平,则属远期客流发展趋势稳定,可以采用;若曲线为上升趋势,则客流发展趋势尚未稳定,不可采用。

一般情况下,市区线路平均运距应为全程运行长度的 1/3,不宜小于 1/4,对于环线、超长线、市郊线等线路的平均运距应进行特殊性分析。

14.3 客流预测结果的特性分析

1. 对高峰小时单向最大断面客流量的分析

对于城市轨道交通而言,客流预测中"高峰小时单向最大断面客流量"可谓是一个至关重要的决策依据。高峰小时单向最大断面是指在高峰小时断面客流分布中,线路某一个方向(上行或下行)上的断面客流量最大的那个区间,也称为"三高"断面。高峰小时单向最大断面客流量是确定系统规模的基本依据,是对车辆选型、运营条件、项目投资及相关设施的设计标准等方面最具决定意义的数据。但是,在使用这个数据时,不能只看最高断面客流量,还要看第二高、第三高断面的客流量,也就是看其能否得到"高断面区间集合"的支撑。对高峰小时的断面流量按由大到小排序,为 $q_1^h(q_{max}^h), q_2^h, q_3^h, \cdots, q_n^h$,依次计算各区间断面流量与最大断面客流量 q_{max}^h 的比值:

$$\delta_i = \frac{q_i^h}{q_{max}^h}, i = 1, 2, 3, \cdots, n \tag{14-4}$$

当 $\delta_k \geq 0.85, \delta_{k+1} < 0.85$,第 1 区间至第 k 区间这 k 个区间构成"高断面集合"。进一步计算这 s 个高断面区间的站间距:$L_1, L_2, \cdots, L_k(km)$,其中 $\delta_i \geq 0.95, \delta_{i+1} < 0.95$ 的高断面区间距离累加值为 L_x,其中 $\delta_i \geq 0.90, \delta_{i+1} < 0.90$ 的高断面区间距离累加值为 L_y。则当 $L_x > 3km$,$L_y > 6km$ 时,认为最大断面客流得到了高断面集合的强支撑;当 $L_x > 3km, L_y \not> 6km$;或 $L_x \not> 3km, L_y > 6km$ 时,认为最大断面客流得到了高断面集合的一般支撑;其他情况下认为最大断面客流量得不到"高断面区间集合"的支撑。

高断面区间集合对高断面客流的支撑是从空间分布角度来分析最大断面客流的稳定性,同时最大断面客流还需要从时间分布角度来分析其稳定性。若全线的全日客运量为 Q_d,全线高峰小时客运量为 Q_h,高峰小时最大断面客流量为 q_{max}^h,全日最大断面客流量为 q_{max}^d,可定义全线高峰小时客运量比例为 $p_l = Q_h/Q_d$,高断面高峰小时客流比例为 $p_s = q_{max}^h/q_{max}^d$。则当 $p_l \geq p_s$ 时,高峰小时最大断面客流的稳定性好;当 $p_l < p_s$ 时,高峰小时最大断面客流的稳定性较差。

线路的高峰小时最大断面位置,会随着线网规模拓展而发生变化移动,尤其是线路上第一换乘点的变化对高峰小时最大断面位置影响很大,有时甚至会影响线路客流断面分布形态。

2. 客流的空间分布分析

(1) 断面分布。

一条城市轨道交通线路上的客流往往存在不均衡现象,可用断面客流不均衡系数 η_s 来反映线路客流的均衡程度,可按下式计算:

$$\eta_s = \frac{q_{\max}}{\dfrac{1}{n-1}\sum_{i=1}^{n-1} q_i} \tag{14-5}$$

式中:q_i——第 i 个断面区间的客流量,人次;

　　　$q_{\max}$——最大断面客流量,人次;

　　　n——全线车站数,座。

η_s 越大,则线路断面客流不均衡程度越大。在线路断面客流不均衡程度较大的情况下,可采用在客流量较大的区段加开区段列车的措施,但在行车密度较大的情况下,加开区段列车会有一定难度,并且加开区段列车对运营组织和车站折返设备都会提出新的要求。

(2) 方向分布。

在城市轨道交通线路上,上、下行方向的客流通常是不相同的,在早、晚高峰小时这种不均衡性尤为明显,可用上下行客流的方向不均衡系数 η_w 来反映,其计算公式如下:

$$\eta_w = \frac{\max\{q^a_{\max}, q^b_{\max}\}}{(q^a_{\max} + q^b_{\max})/2} \tag{14-6}$$

式中:$q^a_{\max}, q^b_{\max}$——上、下行的最大断面客流量。

η_w 越大,则上、下行方向最大断面客流不均衡程度越大。在这种情况下,直径线路上要做到经济合理地配备运力比较困难,但在环形线路上可采取内、外环线路安排不同运力的措施。

3. 客流的时间分布分析

(1) 高峰小时系数。

城市轨道交通客流在全天不同时间上分布是不同的,客流的时段(小时)系数 p 定义为:

$$p = \frac{Q_i}{Q_d} \tag{14-7}$$

式中:Q_i——第 i 小时的客流量,人次;

　　　Q_d——全天的客流量。

p 的最大值即为高峰小时系数($p_{\max}$)。根据客流量的取值不同(可取全线客运量、各断面客流量、各车站乘降客流量),高峰小时系数含义也分别不同。

(2) 客流时段分布均衡系数。

客流高峰时段实际并非仅仅 1 个小时,一般情况下,7:30—10:30 和 16:30—19:30 都是客流的高峰期,将这 6 个小时称为"高峰时间段";其他时间除去运营的第 1 个小时和最后 1 个小时,称为"平峰时间段"。全天运营的第 1 个和最后 1 个小时,其行车计划不是根据客流需求,而是为了保持服务水平和"出车""收车"的需要。定义客流时段分布的均衡系数 U:

$$U = \frac{G}{H} \tag{14-8}$$

式中:G——高峰时间段的小时平均客运量;

　　　H——平峰时间段的小时平均客运量。

当 $U>2.0$，很不均衡；$1.6 \leqslant U \leqslant 2.0$，不均衡；$U<1.6$，较均衡。客流时段分布的均衡性影响行车组织和系统利用效率。

14.4 客流预测的风险性分析

1. 客流在成熟区域内的集中率

由于城市中心区域发展相对比较成熟，人口、就业、用地等发展相对稳定，对未来态势的估计也比较可靠，因此对客流预测风险可以通过对线路在发展成熟区域的客流量与全线客流量的比例来评估。假定某城市轨道交通线路共有 n 个站点，M 为位于城市发展成熟区域的站点集合。则发展成熟区域的客流量占全线客运量的比例为：

$$\mu = \frac{\sum\limits_{i \in M}\sum\limits_{j \in M} t_{ij}}{\sum\limits_{i=1}^{n}\sum\limits_{j=1}^{n} t_{ij}} \times 100\% \tag{14-9}$$

式中：t_{ij}——车站 i 至车站 j 之间的 OD 客流量。

μ 值越大，表明客流的风险越小，一般认为 $\mu \geqslant 70\%$，抗风险能力较强。

成熟区域车站的客流乘降量占全线所有车站乘降量的比例为：

$$\tau = \frac{\sum\limits_{i \in M} B_i}{\sum\limits_{i=1}^{n} B_i} \times 100\% \tag{14-10}$$

式中：B_i——车站 i 的乘降量。

τ 值越大，表明客流的风险越小，一般认为 $\tau \geqslant 75\%$，抗风险能力较强。

2. 客流在某些车站的集中率

如果车站乘降量集中在少数几个大站上，这些大站又往往是换乘站，客流的风险就大。将线路各站乘降量按大小排序，并由大到小将逐站的乘降量累加，直至达到全线乘降量（B）的 40%。

$$B_m = \sum_{i=1}^{m} B_i, B_m \geqslant 0.4B \tag{14-11}$$

式中：B_i——第 i 站的乘降量。

则车站乘降量的集中率 g 为：

$$g = 1 - \frac{m}{n} \tag{14-12}$$

式中：n——全线车站数。

车站乘降量的集中率 g 越大则客流风险越大。

14.5 客流预测的敏感性分析

1. 客流预测敏感性分析技术路线

任何发展预测都是在一定的前提下做出的，预测的基础条件变化了，预测结果也会相应有一定的变化,客流预测也是如此。城市轨道交通客流预测模型中参数众多,由于某些参数的设置仅是一种预测,如票价、票制等,这些参数的预测结果可能与未来年的实际结果不相吻合,因此应该考虑某些参数取值的多种可能性,并进行适当的组合,参数的变动都会引起客流预测结果的变动。所谓客流预测敏感度分析就是指在既定模型的框架下,变更模型参数,考察客流预测结果的变化。通过敏感性分析,找出敏感性因素和客流变化幅度,为系统决策和保障措施制定提供依据,有助于降低客流风险,提高系统效益。轨道客流预测的敏感性分析基本思路如图 14-3 所示。

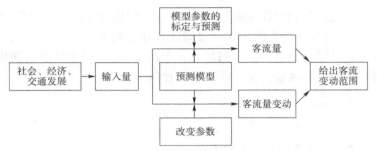

图 14-3 客流预测敏感性分析基本思路

2. 敏感性因素的选择

城市轨道交通客流预测涉及的敏感性因素较多,各因素之间并不是完全独立的,是存在内在的联系的,城市轨道交通沿线土地利用性质的改变集中反映在沿线人口和就业岗位的分布;城市综合交通体系建设力度也在一定程度上影响着城市轨道交通线网的建设进程以及与常规公交的接驳和竞争。

值得注意的是,线路途经的区域不同、线路的功能定位不同以及不同预测时期,系统内外部难以把握的因素不同,即客流的敏感性因素不同。例如,与常规公交的衔接换乘关系,对城市轨道交通的初期客流的影响强度要大于对远期客流的影响强度;又如,城市轨道交通沿线的土地利用和开发状况,对城市轨道交通初期客流的影响强度要小于对远期客流的影响强度。再如,需求引导型线路较客流追随型线路,沿线土地开发的性质和强度的影响更为明显。

(1) 建设规划阶段客流预测敏感性分析。

建设规划阶段客流预测敏感性分析的重点是影响客流总量规模的宏观性影响因素,包括城市人口规模、城市交通发展政策、土地开发时序和进程、票制票价方案等。由于这些因素存在很大的不确定性,又是影响城市轨道交通客流预测结果的关键因素,因此对其需要进行敏感性分析。该阶段敏感性分析主要分析以上不确定性因素对推荐线网方案的拟建线路的影响程度,不用给出波动范围。其中,城市交通发展政策主要包含采取的公交优先策略相关措施以及针对机动车、摩托车、电动自行车等交通方式的相关政策性导向。

(2) 工程可行性研究阶段客流预测敏感性分析。

工程可行性研究阶段客流预测敏感性分析,应根据沿线人口规模、案例票价、发车间隔、交通衔接等主要客流影响因素给出全日客流量及高峰小时单向最大断面客流量的波动范围。

沿线土地开发进程及规模直接影响着城市轨道交通沿线人口规模,进而影响城市轨道交通线路吸引客流。许多城市进行城市轨道交通客流预测时,按照原规划的最终阶段进行预测,但实际上由于各方面的原因,沿线土地开发实施进程和规划存在差异,尤其是郊区的土地开发可能比较滞后，但也有土地开发强度远超出规划的情况，这些都对客流产生了很大影响。票制票价、城市轨道交通发车间隔、其他交通方式特别是公共交通衔接对城市轨道交通的吸引力有很大影响，需要进行敏感性分析。不同时期的影响因素也有所不同，初期可选用票制票价、发车间隔、交通衔接等因素，远期可选择线路沿线人口与岗位规模等因素，针对不同规模的城市以及郊区线和市区线等不同性质的城市轨道交通线路可加以具体分析。

3. 多因素组合敏感性分析

城市轨道交通客流指标的大小往往受多个敏感因素的影响，如何确定各因素的影响程度，结合未来敏感性因素波动的可能性，寻求城市轨道交通客流波动范围，合理规避风险，成为城市轨道交通设计方普遍关心的问题。

思考题

1. 城市轨道交通客流预测的不确定主要来源于哪些方面？
2. 建设规划阶段与工程可行性研究阶段客流预测的敏感性因素如何选择？

第15章 城市轨道交通线网规划案例

本章以 XA 市城市轨道交通线网规划为例,对相关知识点进行介绍。XA 市城市轨道交通线网规划的研究工作历时较长,其间进行了大量的交通调查和素材的积累、分析,并形成不同时期的线网构架方案。较为系统、有序的研究工作始于 2000 年,规划资料于 2005 年编制完成,规划成果已纳入 XA 市第四次城市总体规划。该版线网规划确定了 6 条线路组成的 251.80km 城市轨道交通网络,其中 1~4 号线已经建成运营,5 号线、6 号线和 1 号线东延伸段(LT 线)正在建设中。

15.1 规划目标

15.1.1 研究范围

研究区域为 XA 市域范围,其中,2020 年主城区规划建设用地 600km², 规划人口 600 万; 市区规划建设用地 788km², 规划人口 760 万; 市区外围规划建设用地 60km², 规划人口 240 万(其中非农业人口 60 万)。

15.1.2 规划年限

远期年限为 2020 年,远景年限控制到 2030 年。

15.1.3 规划目标

(1)线网规划应适应城市地位及未来发展的需要,科学论证线网的合理规模和合理结构,满足城市居民出行需求。

(2)线网规划能合理地支持和引导城市空间发展格局的形成和土地开发利用,成为城市总体规划的重要组成部分,并为有效地控制城市轨道交通走廊用地,保障城市轨道交通线网规划的可实施性。

(3)线网规划应充分体现保护历史名城的环境和整体形象,在不伤及文物古迹的前提条件下,促进以文物景点为主的旅游业的发展。

(4)线网规划应充分估计城市客运交通的分布特征,以有效缓解城市交通紧张、促进城市交通良序发展为主要目的,研究建设城市轨道交通的必要性和建设时机,指导城市轨道交通有序建设。

15.2 城市背景研究

15.2.1 社会经济发展分析

2004 年,XA 市国内生产总值完成 1095.87 亿元,比上年增长 13.5%;全市财政总收入 164.5 亿元,同比增长 14.2%。

XA 市社会经济发展的总体目标是:2004 年至 2010 年,初步实现"经济强市"和"西部最佳"的目标;2011 年至 2015 年,经济增长速度要高于全国和全省平均水平,经济和社会发展状况在西部位居前列,在全国省会城市中位次前移,提前 5 年基本实现全面小康社会的总体目标;2016 年至 2020 年,完全实现小康社会,使我市成为经济繁荣昌盛、基础设施完备、人民安居乐业、生活富足殷实、生态环境优美、城乡协调发展、社会有序和谐、政治民主文明的西部最佳城市。

15.2.2 城市建设与规划

1. 城市性质

世界闻名的历史文化古都、旅游名城,我国重要的教育、科研、装备制造业、高新技术产业基地和交通枢纽城市,新欧亚大陆桥中国段和西部及黄河中上游重要的中心城市,SX 省省会。

2. 城市空间布局

XA 市的空间结构将形成一个既有连片发展又有分散点状布局的城市形态。在"拉大城市骨架,发展外围新区;优化布局结构,完善城市功能;降低中心密度,保护古城风貌;显山露水增绿,塑造城市个性;南北拓展空间,东西延伸发展"的原则上,最终将形成以主城区为核心,外围六个副中心的城市结构。

3. 土地利用现状与规划

目前，老城区土地利用比较充分，已建设用地中居住用地比重最高，为46.57%，商业金融用地比重其次，为10.55%；另外，绿地、行政办公用地分别占10.54%、7.41%，是商业行政集中地带。城市南部区域用地结构中突出的特点是教育科研用地比重大，是高等教育科研的聚集区，为全市居住、文教中心，土地使用以居住、办公为主，辅以商贸、金融等配套设施。城市北部区域集聚大量的文物古迹，包括一些大面积遗址保护区；其他用地以居住、工业为主，配以少量的教育科研、公共服务设施。城市东部区域以工业用地为主，占该区域总面积的17.16%。城市西部区域以工业用地为主，占该区域总面积20.47%，制药厂集中，化工、机械工业较发达，教育科研用地占3.7%。

根据城市用地规划，未来老城区内的居住用地比重将有所降低，公共设施用地中商业金融仍是最主要的用地类型，文化娱乐用地又有很大的增长，以商业金融、文化娱乐为代表的第三产业的不断发展最终将演化为老城区的主体功能；随着行政中心的外迁，行政办公用地将会有大幅度的减少。城市南部区域以居住、教育科研为主，辅以较完备的行政办公、商业金融等公共设施。对比现状，居住用地面积变化不大，教育科研用地增加较多。城市北部区域用地以居住、工业、仓储为主。随着行政机构的北迁，该区域的行政办公用地将会大幅度增加，成为新的行政中心；随着火车北客站的建成，该区域将成为对外交通枢纽地。城市东部区域用地功能结构向趋于均衡方向发展，用地结构规划分为三个大层次：一是作为城区的东边的防护屏障；二是增加居住用地、工业用地、道路用地等作为第二层次；三是其他用地类型，如教育科研用地等为第三层次。城市西部区域的用地结构的发展方向，也是多元化的。以居住、工业、绿化、道路为并重用地类型作为发展的重点，辅助以其他类型的用地，如科研教育、市政设施等，用地具有明显的层次性，重点突出。

15.2.3 城市道路交通现状与规划

1. 城市道路

2003年，市区道路网总长度1274km，其中快速路44.87km，主干路128.53km，次干路179.36km，其余均为支路。道路系统的综合指标与发达国家以及国内其他大城市相比还有一定的差距。在老城区，受古城道路网格局及历史遗迹保护的限制，虽有较高的道路网密度，但其间大部分道路等级低下，加之诸多的平交口，交通性能较差，道路的改扩建难度较大。

2. 城市道路机动车出行分析

市区内机动车总出行量达146.78万车次/d，机动车出行分布以老城区为中心向周边放射的形态。机动车高峰小时流量占全日24小时的比例较小（为6.39~6.80），说明市区大部分道路已趋于基本饱和状态，从时间上对机动车交通流进行了自发性强制分流，被动地延长了峰期。机动车交通中以小型车为主，占85.57%。市区一度实施"禁摩"，交通流中摩托车较少。车辆行驶速度较低，大部分在30km/h左右，行程车速不足20km/h，延误较大，路网整体运行效率较低。此外，根据调查结果，每日进出XA市的机动车出行量为15.1万车次/d，过境交通为10.6万车次/d。

3. 城市居民出行特征

2000年市区居民日出行总量为711万人次左右，人均日出行次数1.95次，以老城区为中心向四周呈放射状。沿城市道路两条轴线向老城区客流凝聚力强，是城市两条主要的客流走廊，以横向轴线为界南部客流大于北部客流。

居民工作日出行早高峰发生在7:00—8:00，其出行量占全日出行量的11.9%；晚高峰发生在18:00—20:00，其出行量占全日出行量的19.2%。

居民出行以自行车、公交车为其主要交通工具，占总日出行方式比例的57.15%。居民出行距离主要分布在7km以内，其出行量占总出行量的85.61%，其中6km以上的出行占27.67%。居民出行的平均时耗为44.6min，出行时耗在30min以上的占总出行总数的57.50%，超过1小时的占12%。

4. 城市公共交通

据2003年底的统计资料，XA市共有公交线路159条，市区平均线网密度已达0.22km/km^2，营运公交车辆共3736辆，公交客运量5.45亿人次。由于受城市布局和棋盘状路网格局的限制，公交线网布局情况表现为"三多三少"，即老城区线路多，城郊区线路少；线路东西走向多，南北走向少；南半区走向多，北半区走向少。

居民乘坐公交出行的主要目的是工作、购物和回程，三者占公交出行目的的79.03%，乘客迫切希望快捷的公交系统。

5. 交通规划简介

未来XA市城市交通发展坚持以下战略：

(1) 交通一体化战略。建立多种交通方式、都市圈内部城市交通与城乡交通协调运作的机构、制度与合作机制，建立起多种方式顺畅连接、高效快速的城市现代化交通体系。

(2) 分散老城区交通压力的战略。通过建立富有竞争力的交通替代线路、能与小汽车交通竞争的大众交通方式，减少老城区内的道路交通量，分散老城区交通压力，缓解城市交通压力。

(3) 支撑城市多心化战略。将现有中心的部分功能转移（如行政中心），需要在外围有一定条件、不在交通压力过大敏感点上的区域兴建公建商业设施，需要为规划的近期重点发展的副中心提供较高的可达性。

(4) 交通建设注重古城保护的战略。老城区是城市魅力、城市竞争力的根源所在，需要耐心的呵护。在交通项目规划过程中，必须绕避开重大保护遗址，注重不破坏古城风貌。

(5) 将城市区位优势转化为社会经济优势的战略。空间—距离—可达性对经济的发展具有先决性。要使XA市的区位优势获得大规模的开发和迅速发展，进而转化成社会经济优势，必须大力发展交通事业，完善公路、铁路、民航立体发展的综合交通运输体系。

(6) 交通可持续发展的战略。可持续发展是今后交通发展的必然趋势，交通规划必须从这一基本主题出发，用可持续发展的观念合理协调规划过程中城市社会经济、人口、用地、资源和交通的关系。

(7) 公交优先战略。XA市具有人口密集、活动频繁、设施集中、用地紧张等特点，反映在交通上则表现为人多地少、车多路少，"求"大于"供"的基本矛盾突出，交通拥堵日益严重。要想在有限的道路空间解决好车辆增加与道路畅通问题，仅靠传统的修路、扩路方法已不可能。

因此,在解决 XA 居民的出行问题上,无疑应大力发展大运量、高效率的交通方式,实行"公交优先"。

规划城市道路网为"棋盘"加"环"加"放射线"的形式,规划城市道路 4686.61km,平均路网密度 5.95km/km^2。其中,快速路 270.17km,占 5.8%;主干路 1238.14 km,占 26.4%。形成适应不同特性使用者要求,与交通枢纽、不同交通方式方便衔接的城市道路交通网络:便于汽车交通快速出行的快速道路网,连接各种用地与快速路网的干线道路网。

坚持实施公交优先政策,居民公交出行比较便利,公交线网覆盖率较高,线网密度为 3.6km/km^2;站点服务面积接近 80%;出行时耗控制在 45min 以内。整体公交网络设施和公交出行服务指标在符合规范要求的基础上略有提高,达到国内中等偏上水平,形成"十纵、八横、三环、一放射"的公共交通网络体系。

15.3 线网功能定位及结构形态研究

15.3.1 线网功能定位

XA 市城市轨道交通系统的功能定位:在中心城以城市轨道交通为主体,在主城区以城市轨道交通为骨干的交通方式,而将其他方式定位为向城市轨道交通系统起集散作用的辅助交通方式,形成多层次、多功能、多方位的立体化交通模式。

15.3.2 线网结构层次

结合 XA 市城市轨道交通的功能定位、主要客流集散点分布及城市客流主方向,基于城市发展各方面因素,考虑城市扩展的推进时序,确定 XA 市城市轨道交通线网分为骨架线和辅助线两个层次。

1. 骨架线

骨架线路体现的是城市发展主方向,适应规划期的城市布局结构和主要发展方向、满足既定城市发展目标下的土地利用和交通运输需求、具有明显的城市轨道交通运输效果,支撑起整个线网,对整个城市轨道交通线网的结构起稳固作用,使线网兼有稳定性和扩展性、利于分期实施。

2. 辅助线

辅助线的作用是对线网进行加密,完善城市轨道交通的网络化,承担城市二级客流走廊运输任务,扩大城市轨道交通线网的覆盖范围,提高城市轨道交通的服务水平。

以上两个层次的线路通过线路功能的有机协作和轨道交通的换乘构成整个城市轨道交通网络,并通过大型换乘枢纽、汽车站和大型集散地等与其他交通方式相互融合、相互补充,高质量地满足不同的出行需求。

15.3.3 线网结构形态研究

1. 老城区线网基本结构形态分析

老城区是城市重要的历史文化遗产和标志,有众多历史遗迹和古民居建筑。道路严格按轴线棋盘式分布。因此从保持发展传统的城市格局及保护历史文化的角度出发,老城区内城市轨道交通线网密度应适中,不宜有太多线路进出。由于受区域内道路网分布和空间结构的影响,轨道交通线网的基本形态应沿轴线分布,形成以棋盘式(井字形)为基本结构形态的轨道交通线网,如图15-1所示。

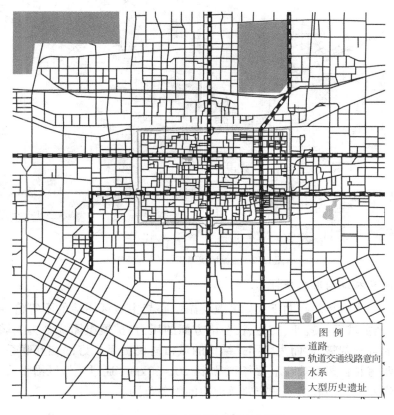

图 15-1　老城区线网基本形态示意图

2. 主城区线网基本结构形态分析

主城区是以老城区为核心,由周边功能不同的区域紧密环绕的团状结构,形成具有传统城市空间特色的"九宫格局"模式,沿老城区中心轴线向外延伸。显然,实现老城区与主城区各功能区域的紧密联系,支持和延伸各区域发展是轨道交通线网应体现的重要功能。由中心唐城的基本线网向外延伸即可基本实现该功能。因此,其线网形态为由棋盘式沿轴线向不同区域放射的结构,如图15-2所示。

主城区不同功能区域的发展是XA市城市发展战略的重要特色,中心市区与各区域之间的联系已十分密切,已形成沿不同方向布局的出行分布,多中心现象已显现。城市轨道交通方式作为一种大运量、迅速、舒适、现代化的交通方式,提高了沿线的可达性,可改变城市轨道交通吸引范围的区位条件,把大量的商业、居住业、工业活动吸引到轨道交通沿线,有利于市中心区人口的疏散,引导城市土地利用向合理方向发展。因此,在中心市区周围,形成空间布局合理、吸引客流范围较大、强化不同区域向外围交通走廊扩展、能促进带状发展的辅助线是主城区线网结构形态的重要组成。

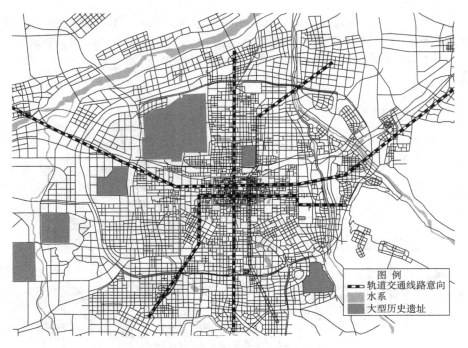

图 15-2 主城区线网基本形态示意图

3. 市区线网基本结构形态分析

城市轨道交通线网布局有助于大幅度改善副中心与主城区用地的不等价性,加快城市副中心的发展,减轻主城区在就业、交通、社会诸方面的压力,扩展组团式结构的城市发展空间,推进城市结构的合理调整,从而为组团式结构的城市居民提供良好的相互联系。规划的 6 个副中心位于东西南北各条主轴线上,距离主城区 20~30km。通过主城区沿轴线主骨架线网的直接延伸便可将外围副中心纳入城市轨道交通的服务范围。

15.4 线网合理规模匡算

XA 市城市轨道交通线网规模主要从"需求"与"可能"两方面分析。

15.4.1 从"需求的角度"计算线网规模

1. 以城市交通需求推算线网线路总长度 L

预计远期(2020 年)及远景年公共交通总客运需求量分别为 772.25 万人次/d、1019.00 万人次/d,其中城市轨道交通的全日客运量分别为 279.94 万人次/d、764.25 万人次/d。

2020 年线网负荷强度 q 取 2.0 万人次/(km·d),则需轨道交通线路 139.97km;远景年线网负荷强度 q 取 3.0 万人次/(km·d),则需轨道交通线路 254.75km。

2. 以线网密度指标计算线网线路总长度 L

中心圈层:以老城区为中心,东、西、南方向截至二环路,北到城市高架路,面积 57.33km^2。

线网的理论密度为 1.33km/km², 考虑到 XA 市的实际经济水平及区域内分布有部分遗址, 在计算时该密度指标可以降低, 取 1.2km/km² 比较适宜。

中间圈层: 以中心圈层为内界线, 以城市三环路为外界线, 面积 307.67km²。线网理论密度为 0.5km/km²。考虑到区域内有大型遗址, 在计算时该密度指标可以降低, 取 0.4km/km² 比较适宜。

外围圈层: 以三环路为内界线, 以主城区外轮廓为外界线, 面积 235km²。线网理论密度为 0.25km/km²。

算得 XA 市远景年轨道线路规模为 250.61km, 考虑到未来城市重点发展各个方向的外围组团等, 还需 10~20km 的线网规模来外延线网或规划新的线路。因此, 按合理线网密度方法匡算的线网规模, XA 市远景年线网规模为 260.61~270.61km。

15.4.2 从"可能的角度"计算线网规模

1. 适宜的城市财政经济承受能力

按每年 GDP 的 0.72% 的投资力度支持城市轨道交通, 并以此作为城市轨道交通建设基金的年度积累目标。

2005—2010 年的 6 年中, XA 市可累计用于城市轨道交通的投资额为 65.69 亿~75.07 亿元, 按目前我国城市轨道交通每公里综合造价 3.5 亿~4.5 亿元初步匡算, 2010 年线网规划实施规模 14.6~21.45km。

2005—2020 年的 16 年中, 可累计用于城市轨道交通的投资额为 298.44 亿~331.6 亿元, 2020 年线网规划实施规模 66.32~94.74km。考虑到资金筹措的多样性, 这样的建设规模是完全可以实现的。

2. 工程实施的可能性

城市轨道交通建设速度相差较大, 但总体上平均每年建设里程为 3~4km, 这是比较接近实际可行的。XA 市采用 4~5km/年 的建设速度是完全可以实现的, 到 2010 年按 6 年建设期计, 宜修建 24~30km; 到 2020 年按 16 年建设期计, 宜修建 64~80km。

XA 市 2020 年轨道网络总长度合理规模范围为 120km 左右, 远景 2030 年轨道网络总长度合理规模范围为 220~270km。该规模比较适合 XA 市的城市规模和经济发展水平。

15.5 线网构架研究

15.5.1 城市客流集散点及主要交通走廊分析

1. 点

交通枢纽点指公交换乘枢纽、长途客运站、火车站、机场; 与用地性质相关的客流集散点主要包括大型企业、居住区、文化商业点等, 其与城市功能区的现状布局及未来规划密切相关。

XA 市主要客流集散点分布

2. 线

根据未来 XA 市城市结构、人口、就业分布和未来出行 OD 的分析,对于整个城市而言,未来客流主导方向是:中心—西、中心—东、中心—南、中心—北、中心—东北、中心—西南。XA 市现状公交客流断面图反映出了目前城市客流的分布状况,以此为基础,同时在城市空间发展方向的指引下,结合城市客流主方向的预测结果。

XA 市现状公交客流断面图

3. 面

一般来说,城市用地越大,城市轨道交通线网覆盖面就应越大;城市人口越多,城市轨道交通线网密度就应越高。城市轨道交通线网布局与城市现状布局相适应,就能够吸引到充分的服务客流,与城市规划布局相协调,就可以发挥其引导城市合理布局的积极效应。

XA 市主要客流通道

根据 XA 市城市空间发展战略,以协调区域共同发展和保持地区生态环境的平衡为前提,保护好历史文化名城,轴向延伸,带状发展,调整城市空间结构,完善城市功能,按照城市发展战略确定的产业发展方向,促进城市结构逐步由单中心向多中心转变,促进经济、社会、环境相互协调,实现城市的可持续发展。未来 XA 市城市空间布局将分为 3 个层次:主城区、市区、市域。

XA 市城市空间布局的发展特点决定了城市轨道交通的建设,不仅要彻底解决日益严重的主城区的交通压力问题,还要实现拉大城市骨架,带动区域共同发展的重任。具体地说,在主城区范围内,城市轨道交通要与常规公交协调配合、有效衔接,形成多方式多层次的综合公共交通体系,致力于提高公共交通的整体竞争力,吸引个体交通向公共交通转移;在外围区域,城市轨道交通需要与市郊铁路和城际铁路相配合、衔接,积极发挥 XA 市中心城市的集散效应,实现 XA 市区外围六个副中心的共同发展。

未来市区居住用地将得以有效调整和均衡,居住用地重心整体向城市横向轴线的南部偏移;市区工业用地主要分布在城市东北和西南对角线上;市区商业金融用地主要分布在老城区和市区南郊;市区行政办公用地主要分布在城市的北部和南郊区域;市区教育科研用地集中在城市横向轴线的南部;市区仓储用地集中在城市横向轴线的北部。为此,需要城市轨道交通线网的构架和布局必须与城市土地利用的布局现状和规划协调一致。

大规模的出行都集中在主城区以内。在主城区范围以内的区域,居民出行不但数量大,而且方向复杂;在主城区以外,出行方向明显减少,出行量也有下降。这说明,城市轨道交通需要覆盖的主要区域应当是主城区,在主城区以外,线网密度可以适当降低。

在主城区以外,存在着少数几个特定方向上的集中出行,这些出行量方向比较单一、明确,但在数量上确有较大的规模,适合大运量交通方式的运送。这说明,在主城区以外,城市轨道交通还有必要在特定方向上予以延伸。

15.5.2 方案构思

结合 XA 市城市客运交通走廊和主要客运交通枢纽点,初步设想城市轨道交通线网构架布局关系如下。

1. 东西、南北骨架线形成十字构架

骨架线路体现城市发展主方向，与城市空间发展轴线相符合，两条骨架线形成的十字构架是线网的支撑，对整个城市轨道交通线网的结构起稳固作用，是城市与交通发展的双重骨架，如图 15-3 所示。

2. 骨架线与辅助线在老城区内形成井字形结构的线网

辅助线作为骨架线路的补充，增加线网在主城区的覆盖密度，同时缓解骨架线路在老城区内的客流压力，四条线路在老城区内形成井字形结构的线网，如图 15-4 所示。

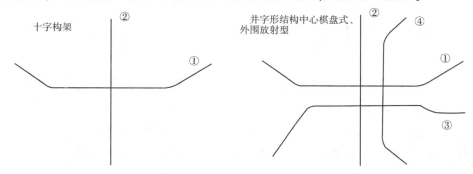

图 15-3　线网构架布局关系构思（一）　　图 15-4　线网构架布局关系构思（二）

3. 西南、东北区位沿东南"L"形线连接，两极放射

采用 L 形线沿东南方向客流走廊连接西南、东北区位，串联东北、东南、西南区位中的客流集散点，与井字形结构形成换乘，并且向外放射可延伸至外围组团，如图 15-5 所示。

4. 西北、东南区位沿西南 L 形线连接，两极放射

L 形线沿西南方向客流走廊连接西北、东南区位，串联西北、西南、东南区位的客流集散点，与井字形结构形成换乘，并且向外放射可延伸至外围组团，如图 15-6 所示。

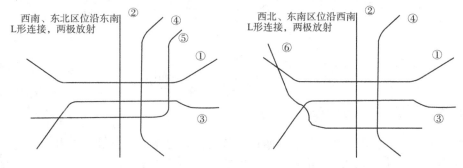

图 15-5　线网构架布局关系构思（三）　　图 15-6　线网构架布局关系构思（四）

5. 西北、东南区位沿东北 L 形线连接、两极放射

以 L 形线沿东北方向客流走廊连接西北、东南区位，串联西北、东北、东南区位的客流集散点，与井字形结构形成换乘，并且两极向外放射可延伸至外围组团，如图 15-7 所示。

6. 外围 U 形线连接东北、东、东南、南、西南线网在外围形成换乘

在城市外围以两个 L 线形连接形成 U 字形线路串联东北、东、东南、南、西南区位的客流集散点,形成中心唐城与外围功能区的联系,同时加强与井字形结构之间的联系,如图15-8所示。

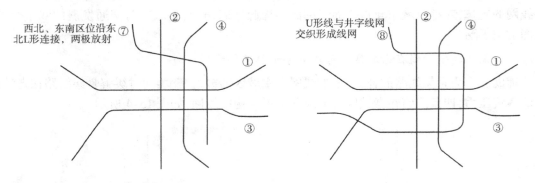

图15-7 线网构架布局关系构思(五)　　图15-8 线网构架布局关系构思(六)

7. 井字形构架 + 环形线

环形线在老城区边沿与井字形结构交织衔接,提高了井字形结构各线之间的互通性和连接性,加强外围客流集散点的联系,同时也提高了中心唐城区内的线网的覆盖范围,如图15-9所示。

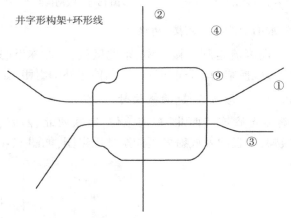

图15-9 线网构架布局关系构思(七)

15.5.3 预选方案的形成

本次线网规划所确定的预选方案是通过对各类初始方案的定性比较分析后得到,每一类形成一个预选方案,共3个预选方案。

1. 方案一:棋盘型 + 放射型

方案一由6条主线和1条支线组成,线网总长249.72km,换乘站16座,主城区线网密度0.337km/km²。

线网方案一

2. 方案二:U形 + 放射型

方案二由6条主线和1条支线组成,线网总长248.27km,换乘站17座,主城区线网密度0.345km/km²。

线网方案二

3. 方案三：环形+放射型

方案三由 6 条主线和 1 条支线组成，线网总长 261.94km，换乘站 22 座，主城区线网密度 0.354 km/km²。

线网方案三

15.5.4 线网补充方案简介

上述 3 个预选方案客流测试后，认为各自存在不足之处，通过吸收各方案好的构思，形成补充方案 A。该方案是方案一的变形，由 6 条主线和 1 条支线组成，如图 15-16 所示，线网总长 251.80km，换乘站 17 座，主城区线网密度 0.338 km/km²。

线网方案 A

1. 方案构思要点

在方案一的基础上，重点调整了 3 号线与 6 号线的线路走向，目的是避免城市东北的大量客流途经老城区而进入西南区域，从而减小老城区内的客流压力，同时 3 号线与 6 号线在城市东部区域相交织，增加线网的换乘功能和灵活性。

2. 主要优点

（1）线网层次分明，功能明确，结构灵活性强，对线网未来扩充调整充分留有余地，整体线网基本覆盖了城市主要客流走廊和大型客流集散点。

（2）井字形结构紧扣老城区交通特征，布局符合棋盘式道路网结构和中心唐城区域城市轨道交通功能定位。

（3）1 号、2 号、4 号、6 号线在老城区交织于几个主要大型客流集散点，在外围形成的八条放射线符合城市"九宫格局"的布局形态，加强了中心区向外辐射的能力，符合城市空间发展战略意图。

（4）与方案一相比，3 号线与 6 号线在城东相交织，增强了线网的换乘功能和灵活性。

（5）只需一次换乘即可到达城市任何一个方向。

3. 主要缺点

（1）城市北部区域线网密度偏低，横贯线偏少，这主要受历史遗址的限制。

（2）5 号线南端走向不顺畅，增加工程实施难度。

（3）与方案一相比，对东北及西南两个城市重点发展区域与城市中心区联系相对较弱。

15.6 线网方案客流测试

客流测试的主要目的是对线网构思中定性分析形成的一些设想进行定量的分析与检验，同时为线网方案综合评价提供客流数据。

15.6.1 交通生成预测

利用出行强度和人口数量来预测出行总量。预测时对常住人口和流动人口进行分别考虑，对周边城镇的居民出行与主城区的居民出行区别对待，此外还考虑周边城镇居民出行中进入主城区的比例，将对外交通枢纽产生的客流量进行专门的考虑。预测得到总出行量：2010 年 1292 万人次/d，2020 年 1826 万人次/d，远景年 2038 万人次/d。

XA市2000年2月的居民出行调查结果表明:现状出行中的工作、上学、购物和回程在日出行量中占87.04%(工作日)和80.31%(周日)。由于工作出行及相应的回程与就业岗位数密切相关,上学、购物及相应的回程与人口数有关,因此,在现状出行发生/吸引量与就业岗位、人口数关系的基础上,考虑未来各远景年的就业岗位数和人口数,得到各交通区在未来各远景年的发生/吸引量初始预测值;然后,根据日出行总量对各交通区的发生/吸引量初始预测值进行修正,从而得出各交通区在未来各远景年的发生/吸引预测量。

15.6.2 出行分布预测

出行分布预测采用双约束重力模型,其中阻抗函数采用负指数函数形式。利用2000年的调查结果和2000年的交通供给,对阻抗函数参数β进行了标定。标定结果: $\beta=0.0326$。

15.6.3 出行方式划分预测

分别建立各种交通方式的交通网络,得到各类方式的时间最短路矩阵,并考虑到公共交通的换乘时间、两端步行时间以及票价,统一换算为价值以后采用改进的Logit模型描述居民的方式选择。最终得到结果如表15-1所示。

XA市城市轨道交通规划区域个人出行方式结构预测结果(%) 表15-1

年 份	公交车+地铁	自行车	步 行	出租车	其 他
2010年	33.04	27.93	19.15	6.25	13.63
2020年	43.21	21.20	17.40	6.01	12.18
远景年	51.94	14.21	13.02	5.80	15.03

15.6.4 交通分配预测

采用用户均衡模型(UE)进行公交客流分配预测。用户均衡模型的基本原理即用户最优化(等时间)原理,其目的是分析运输网络均衡状态下的交通格局。在进行城市轨道交通客流分配时,其分析对象为包括所有地面公交和城市轨道交通线路的整个综合公交网络,分析的依据为:整个综合公交网络的用户广义时间最短。

线网方案一
远景年客流图

15.6.5 客流测试结果

采用TransCAD软件中的公交分配模块,在各预选方案上进行网络流量分配,汇总后得到各预选方案的客流主要指标。

线网方案二
远景年客流图

15.6.6 客流测试的比较分析

1. 方案一

(1)客运量最大,线网平均客流强度也最大;换乘系数最小,说明相比较下方案一线网的直达性最好。

(2)在老城区形成了一个很明显的客流核心,主要是将东北、西南地带发展新区的大量客流直接引入了老城区内,这将不利于客流的疏解,并且将造成

线网方案三
远景年客流图

过大的换乘站规模,同时将会给本已不堪重负的老城区的地面交通带来更大压力。

(3) 3 号线的北部端头有较长一段线路上客流量比较小。

2. 方案二

(1) 客运量最小,线网平均客流强度偏低,线网整体负荷很不均衡,换乘系数与方案一基本相当。

(2) 6 号线线路较长,客流强度不高,但其在城市南部区域的线路上客流量还是比较大的。

(3) 5 号线横亘在城市边缘地带,线路主要路段与城市三环快速路和南绕城高速公路平行,且距离很近,造成该线路客流效果比较差。

(4) 4 号线的北部端头有较长一段线路上客流量比较小。

3. 方案三

(1) 线网平均客流强度最小,线网整体负荷比较均衡,换乘系数较大。

(2) 环线上客流不大,运距较短,且北部与城市道路二环快速路重叠过多,同时说明环线上的客流集散点不是每一对之间都存在必然的交通联系,但是由于环线的存在,对老城区内的客流压力还是有所缓解的。

(3) 4 号线的南部线路客流不是很大,这跟该路段与城市三环快速路和南绕城高速公路平行且距离较近有很大关系。

(4) 5 号线南部端头有较长一段线路上客流量比较小。

15.6.7 补充方案 A 的形成

从客流测试结果上来看,方案一较为优越。因此,针对客流测试结果,综合各个方案中各条线路客流情况,在方案一的基础上调整 3、6 号线位,形成方案 A。在同等条件下,对方案 A 进行客流测试。

线网方案 A
远景年客流图

15.6.8 客流特征比较分析

各预选方案(包括方案 A)的客流预测结果如表 15-2 所示。

各预选方案的主要客流特征比较　　　　　　　　表 15-2

项　目	单　位	方案一	方案二	方案三	方案 A
线路长度	km	249.72	248.27	261.94	251.80
客运量	万人次/d	744.29	720.85	741.12	752.31
客运周转量	万人·km/d	7213.48	7081.84	7174.49	7398.11
平均运距	km/乘次	9.69	9.82	9.68	9.83
客流强度	万人次/km·d	2.98	2.90	2.83	2.99
换乘量	万人次/d	205.41	201.47	215.93	189.31
换乘系数		1.38	1.39	1.41	1.34
不均衡系数		1.502	1.525	1.424	1.496

方案 A 保持了方案一客流量大的优点,同时改善了线网结构,线网的直达性和均衡性都得到了进一步提高,此外还兼顾了方案二、方案三的部分优点,对老城区内的客流压力有了较大缓解。从客流的角度来看,方案 A 的优化是成功的。

15.7 线网方案的综合评价

15.7.1 评价过程

在建立了评价指标体系和对指标标准化处理之后,用层次分析法确定指标权重,然后计算各方案的评价指标及其得分,最后分别计算各线网方案的广义效用函数值,以函数值的大小对各方案进行选优和排序。

15.7.2 线网综合评价指标体系的确定

确定指标构成线网评价指标体系及指标权重,如表 15-3 所示。

线网评价指标体系及其权重   表 15-3

子系统	子系统权重(%)	评价指标	指标权重(%)
运营效果	25	线路负荷强度	32.1
		客流断面不均衡系数	17.3
		日客运周转量	29.7
		换乘系数	20.9
网络结构	21	覆盖中心区面积率	38.5
		线网规模	25.3
		与大型客流集散点衔接数量	36.2
社会效益	19	占公交出行的比例	45
		公交平均出行时间的节约	55
战略发展	21	与城市土地利用的协调	41.7
		沿线土地开发价值	31.6
		与城市自然景观风貌的协调	26.7
可实施性	14	工程难易度	50
		近期路网可实施性	50

15.7.3 对各预选方案的综合评价

运用广义效用函数法,分别计算各线网规划方案的广义效用函数值,以效用函数值的大小,作为线网方案排序和优选的依据。对 XA 市城市轨道交通线网规划的预选方案(方案一、方案二、方案三)和补充方案(方案 A)进行综合评价,如表 15-4 所示。

城市轨道交通线网方案综合评价结果　　　　　表 15-4

子 系 统	方 案 一	方 案 二	方 案 三	方 案 A
运营效果	0.81	0.79	0.78	0.85
网络结构	0.68	0.65	0.63	0.68
社会效益	0.82	0.75	0.79	0.85
战略发展	0.76	0.73	0.73	0.76
可实施性	0.75	0.73	0.68	0.78
总评价	0.766	0.731	0.725	0.787

15.7.4　方案比选结果分析

(1) 上述 4 个方案评价得分均大于 0.7,属于较好级别,说明以上方案作为入选方案都是有价值的,在此基础上进行评选是有意义的。

(2) 线网方案总排序的结果依次为方案 A、方案一、方案二和方案三,得分分别为 0.787(较好)、0.766(较好)、0.731(较好)、0.725(较好)。方案 A 得分是最高的,说明通过客流测试后综合各方面的因素所形成的补充方案是成功的,作为候选方案是有根据的和无可争议的。

(3) 进一步分析:方案 A 在运营效果、社会效益及建设实施性方面比方案一均有了改善和提高,在网络结构和战略发展方面与方案一相仿。方案 A 与方案二和方案三相比,在网络结构、运营效果、社会效益、战略发展与建设实施性各子系统得分也均优于这两个方案。但就各分指标来看,在覆盖中心区面积率与客流集散点衔接数量两个指标上,方案 A 比方案三稍弱,主要是由于其线网规模较方案三小。

最终确定方案 A 为 XA 市城市轨道交通线网的推荐方案。

15.7.5　对推荐方案的整体评价

1. 线网结构基本特征

XA 市城市轨道交通线网规划推荐方案由 6 条线路组成,呈棋盘放射式,线路总长 251.8km,处于推荐的线网合理规模范围的中值。

线网客流覆盖率来看:覆盖了 52 个主要客流集散点,覆盖率达到了 85.2%;说明该方案较好覆盖了 XA 市的交通发生和吸引源。

从大范围整体布局上来看:符合城市形态特点及未来城市空间结构特征和发展方向。线路直接连接或延伸方向辐射外围副中心范围,拉大了城市骨架,带动城市发展。基本实现了主城区与周边城镇之间的连接,又为线网未来扩充调整充留有余地。

推荐方案(方案 A)由 6 条线路组成,线网层次分明,功能明确,共划分为两个功能层次,即骨架线和辅助线。1 号线、2 号线、3 号线构成推荐方案的骨架线网,在中心唐城区形成了三角形稳定结构。4 号线、5 号线、6 号线为线网的辅助线,缓解 1 号线、2 号线在中心唐城内的客流压力,扩大了南部区域线网的覆盖范围,提高了线网的整体服务水平。

2. 轨道交通线网的运营效果

推荐方案日客运周转总量为 7398.11 万人·km,承担客运量为 752.31 万人次/d,将承担

XA市总出行量的27.62%,占公交出行的52.96%。这与城市轨道交通在未来城市客运交通中的骨干地位是相符合的。线网平均负荷强度为2.99万人次/d·km,说明具有较好的运营效益,各条线路主要客流指标如表15-5所示。

XA市城市轨道交通线网规划推荐方案(方案A)主要运营指标　　表15-5

线路名称		1号线	2号线	3号线	4号线	5号线 (含支线)	6号线	全线网
线路长度(km)		53.80	32.53	44.30	35.20	44.89	41.08	251.80
客运量(万人次/d)		140.96	117.52	143.79	106.39	122.69	120.95	752.31
客运周转量[万人次·(km/d)]		1832.63	1006.78	1415.52	863.90	1127.48	1151.81	7398.11
平均运距(km/乘次)		13.00	8.57	9.84	8.12	9.19	9.52	9.83
客流强度[万人次/(km·d)]		2.67	3.61	3.08	3.15	2.73	2.94	2.99
换乘量(万人次/d)		28.67	24.98	32.25	27.83	47.72	27.86	189.31
全日最大客流断面	上行(万人次/d)	34.97	31.49	30.45	26.44	26.65	27.42	
	下行(万人次/d)	33.59	31.28	31.08	25.93	28.86	27.01	
不均衡系数		1.413	1.464	1.509	1.461	1.722	1.406	1.496
高峰小时最大断面客流	上行(万人次/h)	4.03	3.78	3.65	3.17	3.46	3.29	
	下行(万人次/h)	4.20	3.75	3.73	3.11	3.20	3.24	

3. 对公共交通出行时效的提高

城市轨道交通作为城市客运体系中的快捷运输方式,其快速性、准时性在客运中形成强大的优势。在无城市轨道交通的情境下,从市中心出发利用公交40min的出行范围较小,大约只覆盖了主城区面积的1/3。而在有城市轨道交通的情境下,从市中心出发利用公共交通40min的出行范围覆盖了整个主城区,即:从中心车站出发通过公交在40min内可以达到主城区任意一个角落。

无城市轨道交通时
公交出行等时线

有城市轨道交通时
公交出行等时线

15.8　修建顺序规划研究

15.8.1　轨道线网总体建设时序分析

XA市城市轨道交通规划的6条线路的修建时序有两种方案。

方案一:2号线、1号线、3号线、4号线、5号线、6号线。

方案二:1号线、2号线、3号线、4号线、5号线、6号线。

这里需特别强调的是,以上分析不包含1号线西延伸线和东延伸线,两条延伸线的建设时序视外围区域发展的条件而予以动态调整。

15.8.2　2020年以前修建规模

(1)按客流需求计算,城市轨道交通线网规模应在139.97km左右。
(2)按财务实力分析,可修建线网在84km左右。
(3)按工程一般实施进度计算,可修建线网90km左右。

城市轨道交通属于城市基础设施建设中的重点项目,应超前于城市平均的发展水平。经验表明,决定城市轨道交通线网规模的关键因素还是"政策"的力度。

15.8.3　实施规划的总体分析

第一阶段(2010年):起步阶段。修建一条轨道线。

第二阶段(2015年):中心区基本骨架线网形成阶段。修建两条轨道线,满足中心城区主要客流走廊交通需求。

第三阶段(2020年):骨干线网充实、形成阶段。进一步扩大中心区线网结构规模,充实中心区,同时加强城市中心区与外围组团的联系,支持城市新中心的成长,支持城市沿轴向发展。

第四阶段(远景年):完善城市轨道交通线网,形成完整城市轨道交通网阶段。充实城市中心区内部以及向外交通联系,加大线网覆盖范围和密度,提高城市轨道交通系统服务水平。

15.8.4　近期修建方案分析

从客运效果来看,在2010年分别仅有1号线市区段或2号线市区段的情况下,1号线市区段的总客运量和客运周转量均比2号线市区段要小;但是,就单位投资形成的客运量与客运周转量而言,1号线市区段要比2号线市区段大。

从对外交通功能来看,1号线市区段串联众多长途客运站,并且贴近火车站等交通枢纽,能够极大地增强城市对外交通能力;而2号线市区段则与规划的铁路客运专线相接引入火车北客站。

从施工难易程度来看,1号线市区段的施工难度相对较大,而2号线市区段的施工相对简单,先修2号线有利于积累施工经验,培养精良的施工队伍。

从前期准备工作来看,对1号线市区段已经进行了大量的前期准备工作,包括沿线的地质勘探、文物勘探、可行性研究等,先修1号线可以缩短前期准备工作时间,使其尽快建成投入运营;而2号线市区段还未开展过前期准备工作。

从运营组织来看,1号线市区段远期的运营组织要比2号线市区段复杂得多,如果将1号线市区段的修建时机稍微后延,届时可以更清晰地看到未来客流的发展特点,有利于进行合理的运营组织。

从整个线网中的作用来看,1号线市区段与2号线市区段均为骨干线,且均有能力成为线网建设的基线。

从沿线土地开发利用来看,由于1号线市区段与2号线市区段均处于市区,沿线土地利用开发效益基本相当。

从城市空间发展来看,先修1号线市区段有利于促进东郊、西郊的发展,能够为西延伸线的修建提供基础;先修2号线市区段则有利于促进南郊、北郊的发展,有利于行政中心的北迁。

XA市城市轨道交通近期线路建设时序为:至2010年完成2号线市区段建设,至2015年完成1号线市区段建设,至2020年完成3号线建设。

15.9 车辆基地的选址与规模研究

15.9.1 车辆段规模估算

根据国内地铁车辆段设计经验估算XA城市轨道交通线网各线车辆段各级修程所需列位如表15-6所示。

各线车辆段各级修程所需列位   表15-6

线路编号	各级修程所需列位			
	厂修	架修	定修	月检
1号线	1.67	0.89	3.24	7.77
2号线	0.94	0.5	1.81	4.35
3号线	1.28	0.68	2.47	5.94
4号线	0.99	0.53	1.91	4.60
5号线	1.42	0.76	2.75	6.66
6号线	1.21	0.64	2.33	5.60
合计	7.5	4.0	14.5	34.9

15.9.2 车辆段与综合基地用地规模估测

参考国内已建地铁城市车辆段、停车场用地情况和《城市快速轨道交通工程项目建设标准》,结合XA市线网各车辆段、停车场分工与承担的任务量,XA城市轨道交通线网各段、场占地规模估测如表15-7所示。

车辆段与停车场占地面积   表15-7

线路编号	车场名称	占地面积(ha)
1号线 (含东、西延长段)	三桥定修车辆段与综合基地	30
	纺织城停车场	17
	临潼车辆段	20
2号线	北客站厂架修车辆段与综合基地	39
	西寨村停车场	16
3号线	香湖湾定修车辆段与综合基地	29
	侧坡村车辆段	25
4号线	草滩停车场	13
	韦曲厂架修车辆段与综合基地	37

续上表

线路编号	车场名称	占地面积(ha)
5号线	纺织城站定修车辆段与综合基地	21
	尤西停车场	10
	纪阳车辆段	17
6号线	科技园定修车辆段与综合基地	25
	田家湾车辆段	18
合计		317

以上车辆段与综合基地的位置与规划部门结合,规划位置已全部落实。

15.9.3 地面铁路联络线和出入段线

根据 XA 市周围国铁及铁路专用线分布情况,规划的与地面铁路接轨方案是:
1号线三桥车辆段,规划修建联络线从三桥车站的专用线引出,向西接入地铁车辆段。
2号线北客站车辆段,规划修建联络线从北客站东端引出,接入地铁车辆段。
车辆段出入线按2条规划,停车场出入线按1条规划,已全部落实。

15.10 线路敷设方式及主要换乘节点方案研究

15.10.1 线路敷设方式规划

1. 线路敷设方式的规划原则

线路敷设方式的选择应根据城市总体规划,结合城市现状、沿线建筑、文物古迹、道路布局、景观规划、地形与地质条件及工程造价等,综合考虑确定。

线路的敷设方式规划除了考虑一般性要求外,针对 XA 市特点还应将文物保护与线路敷设方式统一协调考虑,尽量保持古城既有的历史风貌。

2. 各线敷设方式设想

初步设想中心城区在二环以内全部为地下线,二环以外优先考虑采用地上线,困难地段采用地下线。

15.10.2 车站站位规划

根据线网推荐方案,本线网共由6条线组成,初步确定设置车站150座(不含1号线东、西延伸段),其中地下站89座,地上站61座。

1号线:共设车站17座,其中地下站11座,地上站6座。
2号线:共设车站23座,其中地下站14座,地上站9座。
3号线:共设车站30座,其中地下站16座,地上站14座。
4号线:共设车站23座,其中地下站17座,地上站6座。
5号线:共设车站31座,其中5号线26座,地下站16座,地上站10座;支线5座,全部为地上站。

6号线:共设车站26座,其中地下站15座,地上站11座。

15.10.3 换乘站规划研究

1. 换乘站点的分布情况

推荐线网方案由6条线构成,共有17处交织点,整个线网规划共设16个换乘点。位于线网中心区范围内的有13个换乘点,占换乘点总数的81.25%。换乘点分布集中在1、2、3号骨架线上,共有13个换乘点,占换乘点总数的81.25%。地下线之间的换乘点有13处,占全部换乘点的81.25%,基本确定为地下线与高架线之间的换乘节点有1处,约占全部换乘点的6.25%,高架线与高架线换乘的节点有2处,约占全部换乘点的12.5%。

2. 换乘站方式分析

由于道路网为棋盘式布局,城市轨道交通线网主要沿城市道路敷设,所有线网交叉绝大部分为垂直的"十"字交叉,只有少量为斜交或平行。因此,XA城市轨道交通线网规划中的换乘站以站厅换乘和站台换乘方式为主,只有钟楼换乘站由于所处地理位置的特殊性,两条线路的交叉点受钟楼限制,线路要避开钟楼敷设,两个换乘车站不能相交在一起,采用通道换乘方式。

根据换乘点上两条或多条线的修建顺序,车站的平面位置、车站的结构形式和施工方法以及换乘点周边环境和实施时对地面交通的影响程度,确定换乘站形式主要选择十字形、T形和L形,具体如表15-8所示,其中"×上×下"意思为"×号线上×号线下"。

车站换乘方式一览表　　　　　　　　　　　　　　　表15-8

换乘方式	换乘地点					
	1号线	2号线	3号线	4号线	5号线	6号线
1号线						
2号线	两地下车站(2上1下)T形换乘形式					
3号线	两地下车站(1上3下)T形换乘形式	两地下车站(2上3下)T形换乘形式				
4号线	两地下车站(1上4下)T形换乘形式	两地下车站(2上4下)"十"字形换乘形式	两地下车站(3上4下)T形换乘形式			
5号线	两座高架车站(1下5上)L形换乘形式	一座高架和一座地下车站(2上5下)L形换乘形式	两地下车站(3上5下)T形换乘形式	两地下车站(4上5下)"十"字形换乘形式		
6号线	两座高架车站和一座地下车站(1上6上,1东延伸下)"一"字换乘形式	两地下车站(2上6下)L形换乘形式	两地下车站(3上6下)T形换乘形式 两地下车站(3上6下)T形换乘形式	两地下车站(4上6下)"十"字形换乘形式	两地下车站(5上6下)L形换乘形式	

15.11 运营管理规划

15.11.1 制式选择

1、2、3 号线为骨架线网,客流量相对较大,远期高峰小时单向最大断面客流量为 3.73 万~4.20 万人次,宜采用大运量的地铁制式;4、5、6 号线为辅助线网,远期高峰小时单向最大断面客流量在 3.17 万~3.46 万人次,可采用中运量的地铁或轻轨;1 号线东延伸段远期高峰小时单向最大断面客流量 1.89 万人次,独立运行时可采用低运量的轻轨制式,西延伸段与 1 号线合并运营时系统制式应统一采用地铁系统。

15.11.2 运营管理

1. 列车运行方式

各条线的列车应分别采取独立运行方式,列车运行为右侧行车制式。在进行列车运行组织时,为提高系统运输效率,减少车辆购置数量,应采取长短交路套跑的运输组织形式,短交路基本安排在城市中心区域,跨越中心区两端,并将大部分换乘站包含在内。

XA 市城市轨道交通网络基本运行方式可分为以下 3 种:

(1) 全线独立运营方式。全线独立运营是本线网的最基本的运营方式,城市轨道交通网络各正线原则上应采用独立运营方式,并根据线路长短和客流分布情况,采用分区运行。地铁各线的旅行速度不低于 35km/h。

(2) 分段运行方式。1 号线的三段线路,市区段与西延伸段贯通运行,东延伸段单独运营与一号线和六号线换乘。

(3) Y 形线的运行方式。5 号线北端主线和支线为 Y 形交叉,由于主线北段和支线客流相对较小,建议采用并线混合运行方式,即东段线路为主线、北段和支线的列车共用线路混合运行。

2. 系统管理构架

针对线网的规划情况,作为一个覆盖 XA 市市域范围主要交通走廊的骨架交通网络,需要进行统一管理的内容应包括客运计划的制订、票务政策、票务清算、车辆维修、设备更新、线网运行监控、电网运行监控、运营数据统计、事故和灾害处理等内容。对于具体到每一条线路的列车运行、设备运行、车站管理、票务管理、车辆和设备的检修等内容,可以由各条线路的运营管理部门独立进行管理。

3. 收费管理

由于城市轨道交通系统和城市公交系统所提供的服务水平和质量是有所差别的,因此其在收费管理的结合上主要考虑为乘客提供最大限度的方便。目前很多城市正在准备试行的一卡通收费就是很典型的方式。

4. 系统维护

城市轨道交通的系统维护主要包含车辆和固定设备的维护和修理。为了停车和检修的方便,线网在每条线路的适当位置都规划了车辆段和停车场。根据线网规划的停车检修能力,2号线的北客站车辆检修基地具备承担地铁1、2、3号线的厂、架修车辆及本线定修、月检的任务;另外,预留4号线韦曲车辆检修基地,具备承担4、5、6号线路的厂、架修车辆及本线定修、月检的任务;其他车辆段承担本线及部分本线定修、月检的任务。设备系统的综合维修在规划阶段考虑分散在各条线路中,当网络形成一定规模后,应考虑采取统一管理,分散配置的原则。

5. 组织机构

为了对路网的运营进行统一的协调管理,应该成立城市轨道交通线网的管理中心,其中包括计划管理、运营管理、票务管理、车辆设备维护管理、安全控制、人员培训等部门。管理中心下辖各条线路的控制中心和运营管理部门。

15.12 联络线规划

1号线和2号线:在2号线和1号线的交叉点西北象限设单联络线。

2号线和3号线:在2号线和3号线的交叉点东北象限设单联络线。

4号线和5号线:在4号线与5号线交叉点西南象限设单联络线。

4号线与6号线:在4号线和6号线的交叉点西南象限设单联络线。

4号线和2号线:在4号线与2号线交叉点东北象限设单联络线。

北客站车辆检修基地和国铁北客站:在北客站车辆检修基地与国铁北客站铁路相接,以满足地铁施工和运营期间的运输需要。

参 考 文 献

[1] 邱志明,周晓勤.城市轨道交通系统规划与建设——中国武汉与日本部分城市的案例研究[M].北京:北京交通大学出版社,2005.
[2] 沈景炎.对城市轨道交通线网规划的认识、实践、再认识[J].城市轨道交通研究,2018,21(5):16-28.
[3] 毛保华.城市轨道交通规划与设计[M].2版.北京:人民交通出版社,2011.
[4] 毛保华,姜帆,刘迁,等.城市轨道交通[M].北京:科学出版社,2001.
[5] 蔡君时.城市轨道交通[M].上海:同济大学出版社,2000.
[6] 何宗华.城市轨道交通发展方向的技术策略[J].城市轨道交通研究,2001(1):1-6.
[7] 刘斌,龙江,许爱农,等.城市轨道交通的发展阶段与特征研究[J].上海铁道大学学报,1998(10):3-5.
[8] 何宁.城市快速轨道交通规划系统分析[D].上海:同济大学,1996.
[9] 沈景炎.城市轨道交通线网总体规划的研究与评价[J].地铁与轻轨,2003(5):1-7.
[10] 姜波.城市轨道交通线网规划与实证研究[D].长春:吉林大学,2005.
[11] 刘菁.城市大容量快速轨道交通沿线地利用研究——以武汉轨道交通2号线为例[D].武汉:华中科技大学,2005.
[12] 马超群,王玉萍.城市轨道交通效益的产生与作用机理分析[J].铁道运输与经济,2006(7):10-12.
[13] 刘迁.辩证分析城市快速轨道交通TOD功能[J].都市快轨交通,2004(2):22-26.
[14] 王放.中国城镇化与可持续发展[M].北京:科学出版社,2000.
[15] 杨京帅.城市轨道交通线网合理规模与布局方法研究[D].成都:西南交通大学,2006.
[16] 陆化普,朱军,王建伟.城市轨道交通规划的研究与实践[M].北京:中国水利水电出版社,2001.
[17] 王炜,杨新苗,陈学武.城市公共交通系统规划方法与管理技术[M].北京:科学出版社,2002.
[18] 吴祖峰,沈菲君.轨道交通客流预测方法研究[J].宁波高等专科学校学报,2004(4):24-28.
[19] 欧阳志坚,马小毅.城市轨道道交通客流规模影响因素分析[J].城市轨道交通研究,2004(3):63-65.
[20] 沈景炎.城市轨道交通客流预测的评估和抗风险设计[J].城市轨道交通研究,2002(2):26-31.
[21] 吴小萍.可持续发展战略指导下的轨道交通规划与评价方法[D].长沙:中南大学,2003.
[22] 陈旭梅,李凤军,马林涛.城市轨道交通线网方案综合评价指标体系研究[J].城市规划,2001(10):61-64.
[23] 邓聚龙.灰预测与灰决策[M].武汉:华中科技大学出版社,2002.
[24] 赵和生.城市规划与城市发展[M].南京:东南大学出版社,2000.

[25] 陆化普.交通规划理论与方法[M].北京:清华大学出版社,1998.
[26] 肖秋生,徐慰慈.城市交通规划[M].北京:人民交通出版社,1998.
[27] 马超群.城市轨道交通网络规划理论与方法研究[D].西安:长安大学,2007.
[28] 罗小强.城市轨道交通线网布局规划理论与方法研究[D].西安:长安大学,2010.
[29] 唐风华.浅析影响轨道交通客流规模的因素[J].江苏交通,2002(12):7-8.
[30] 陈必壮.轨道交通网络规划与客流分析[M].北京:中国建筑工业出版社,2009.
[31] 上海市城市综合交通规划研究所.上海市综合交通年度报告2010[R].上海:上海市城市综合交通规划研究所,2010.
[32] 杨涛,孙俊,郭军.城市活动区位建模:反思与更新[J].东南大学学报,1996,26(4):97-102.
[33] 王炜,徐吉谦,杨涛,等.城市交通规划[M].南京:东南大学出版社,1999.
[34] 李霞.城市通勤交通与居住就业空间分布关系模型与方法研究[D].北京:北京交通大学,2010.
[35] 马超群,杨富社,王玉萍,等.轨道交通对沿线住宅房产增值的影响[J].交通运输工程学报,2010,10(4):91-96.
[36] James P E, Mart in G J.地理学思想史[M].李旭旦,译.北京:商务印书馆出版社,1989:481-482.
[37] 沈景炎.城市轨道交通线网规划的结构形态基本线形和交点计算[J].城市轨道交通研究,2008(6):5-10.
[38] 郭鹏,徐瑞华.基于引力场模型的城市轨道交通与城市发展的相关性[J].系统工程,2006,24(1):36-40.
[39] 沈景炎.客运强度与城市轨道交通线网的合理规模[J].城市轨道交通研究,2009,12(7):2.
[40] 肖斌.城际轨道交通客流及运营特征探讨[J].铁道勘测与设计,2002(4):32-35.
[41] 何明卫.城市居民出行目的地选择的非集计行为模型研究[D].昆明:昆明理工大学,2007.
[42] 过秀成,吕慎.基于合作竞争类OD联合方式划分轨道客流分配模型研究[J].中国公路学报,2000,13(4):91-94.
[43] 马超群,陈宽民,王玉萍.城市轨道交通客流预测方法[J].长安大学学报(自然科学版),2010,30(5):69-74.
[44] 周刚,王炜.地铁线路客流分配方法与算法研究[J].广东公路交通,2001.
[45] 叶霞飞,明瑞利,李忍相.东京、首尔轨道交通客流成长规律与特征分析[J].城市交通,2008,6(6):16-20.
[46] 何宇强.高速客运专线客流分担率模型及其应用研究[J].铁道学报,2006,28(3):18-22.
[47] 马小毅.广州轨道交通网络客流特征及成长规律[C]//北京交通发展研究中心.2009提高城市轨道交通客流预测水平研讨会论文集.北京:北京交通发展研究中心,2009.
[48] 丁成日.城市空间规划——理论、方法与实践[M].北京:高等教育出版社,2007.
[49] 张秀媛.城市轨道交通客流分析[M].北京:北京交通大学出版社,2011.

[50] 张秀媛. 城市轨道交通运营统计分析[M]. 北京:北京交通大学出版社,2011.
[51] 边经卫. 大城市空间发展与轨道交通[M]. 北京:中国建筑工业出版社,2006.
[52] 沈丽萍. 城市轨道交通系统规划[M]. 成都:西南交通大学出版社,2013.
[53] 刘迁,徐双牛,吴爽,等. 我国城市轨道交通线网规划实践与思考[M]. 北京:人民交通出版社股份有限公司,2015.
[54] 王玉萍. 城市轨道交通客流预测与分析方法[D]. 西安:长安大学,2011.
[55] 邵春福. 交通规划原理[M]. 北京:中国铁道出版社,2004.
[56] 钱堃. 城市轨道交通线网规划——基于客流强度特征和换乘组织的实证研究[M]. 哈尔滨:东北林业大学,2017.
[57] 罗芳. 城市轨道交通客流预测不确定性分析[D]. 西安:长安大学,2016.
[58] 蒋玉琨. 轨道交通路网规划中联络线布局方法[J]. 中国铁道科学,2006(5):122-126.